Lexikon des Privatrechts

von

Dr. Herbert Kussmann

Rechtsanwalt und Notar
in Frankfurt a. M.

Band 1
Bürgerliches Recht

WALTER DE GRUYTER & Co.

Berlin 1964

Archiv-Nr. 23 28 64 1

Satz und Druck: Hildebrandt & Stephan KG, Berlin 61

EINFÜHRUNG

Wie schon der Name besagt, soll das „Lexikon des BGB" den Zweck eines Nachschlagewerkes erfüllen. Der Leser erhält die Möglichkeit, sich rasch über Ausdrücke und Grundbegriffe des BGB. zu informieren. Doch das Buch will darüber hinaus noch mehr bieten: Die Hauptbegriffe des BGB sollen nicht nur erklärt, sondern erschöpfend erläutert werden. Darum schließt sich der generellen Definition eines Hauptbegriffes all dasjenige an, was zu ihm gehört und ihm nachgeordnet ist. Aus diesem Grunde ist bewußt von einer schematischen und äußerlichen Zusammenstellung, die weiter nichts will, als alphabetisch vorzugehen, Abstand genommen worden. Die Übersichtlichkeit des Buches dürfte darunter wohl kaum leiden; denn eine Anordnung der alphabetischen Reihenfolge nach gab dem Buche an und für sich schon den Rahmen. Die Abwandlung besteht darin, daß nach Möglichkeit der Definition des Hauptbegriffes die Erklärungen und Unterbegriffe gleich beigefügt worden sind. Als Beispiel wird auf die Ausführungen über „Annahme an Kindes Statt", „Hypothek", „Unerlaubte Handlungen" u. a. m. verwiesen. Dem Leser wird dadurch die Möglichkeit sozusagen einer Generalinformation eines ganzen Institutes verschafft.

Trotzdem nimmt das Buch auch auf rein äußerliche Zusammenfassungen die notwendige Rücksicht: dort, wo ein Ausdruck vieldeutig ist, wie beispielsweise der Begriff „Widerruf", werden all diejenigen Fälle behandelt, in denen das Wort „Widerruf" vorkommt.

Um die Übersichtlichkeit des Buches nicht zu beeinträchtigen, wurden Verweisungen nach Möglichkeit vermieden. Wo dies aus technischen Gründen unvermeidlich war, wurde auf jeden Fall darauf Bedacht genommen, es an einer einzigen Verweisung genug sein zu lassen.

VERZEICHNIS

der im Inhalt des Werkes angewendeten Abkürzungen

1. EheGes. = Ehegesetz (Kontrollratsgesetz Nr. 16) vom 20. 2. 1946.
2. ErbbauVO = Erbbaurechtsverordnung vom 15. 1. 1919.
3. GBO = Grundbuchordnung vom 5. 8. 1935.
4. GG = Grundgesetz vom 23. 5. 1949.
5. HGB = Handelsgesetzbuch vom 10. 5. 1897.
6. JWG = Reichsgesetz für Jugendwohlfahrt vom 11. 8. 1961.
7. KO = Konkursordnung vom 10. 2. 1877.
8. VerschollGes. = Verschollenheitsgesetz vom 4. 7. 1939 in der Fassung vom 15. 1. 1951.
9. ZPO = Zivilprozeßordnung vom 30. 1. 1877 nebst Änderungsgesetzen von 1950—1961.

A

Abgabevertreter eine Person, die für Rechnung eines anderen, sei es in fremden oder eigenen Namen, eine Willenserklärung abgibt (Gegensatz „Empfangsvertreter").

Abhandenkommen aus dem Machtbereich des Berechtigten oder Besitzers wider dessen Wissen und Willen kommen: § 935.

Abholen wenn der Gläubiger eine ihm geschuldete Sache abzuholen hat, so kommt er in Gläubigerverzug, wenn er der Aufforderung des Schuldners nicht nachkommt, die Sache abzuholen: § 295.

Abkömmlinge Personen, die von einer anderen Person abstammen (Verwandtschaft in gerader Linie): § 1589.

Abkömmlinge, des Erblassers sie sind gesetzliche Erben der ersten Ordnung, wobei der nähere Abkömmling den entfernteren von der Erbfolge ausschließt und umgekehrt ein nicht mehr lebender Abkömmling durch seine eigenen Abkömmlinge repräsentiert wird: § 1924.

Abkömmlinge bei der fortgesetzten Gütergemeinschaft s. Gütergemeinschaft, fortgesetzte Gütergemeinschaft.

Ablaufshemmung Sonderart der Hemmung der Verjährung eines Anspruches, falls nämlich ein beschränkt Geschäftsfähiger oder Geschäftsunfähiger ohne gesetzlichen Vertreter ist; die Verjährung des Anspruches kann sich hier erst vollenden, wenn ein neuer gesetzlicher Verteter bestellt worden oder der Berechtigte voll geschäftsfähig geworden ist und außerdem 6 Monate oder eine kürzere Verjährungsfrist verstrichen sind: § 206.

Ablehnung der Leistung bei teilweiser, zu vertretender Unmöglichkeit kann der Gläubiger die noch mögliche Leistung ablehnen und Schadenersatz hinsichtlich der ganzen Leistung verlangen, wenn die teilweise Erfüllung für ihn kein Interesse hat: § 280; ebenso kann im Falle des Schuldnerverzuges der Gläubiger Schadenersatz wegen Nichterfüllung verlangen, wenn er infolge des Verzuges an der Leistung kein Interesse hat: § 286; endlich kann bei gegenseitigen Verträgen im Falle des Schuldnerverzuges der andere Teil nach Fristsetzung unter Ablehnung der Leistung Schadenersatz verlangen: § 326.

Ablehnung, der Nachlaßverwaltung die Anordnung der Nachlaßverwaltung kann abgelehnt werden, wenn eine zur Deckung der Kosten vorhandene Masse fehlt: § 1982.

Ablehnung, der Vormundschaft s. Vormundschaft, Ablehnungsgründe.

Ablieferungspflicht, hinsichtlich von Testamenten s. Testament, Besitz der Testamentsurkunde.

Ablösungsrecht s. ius offerendi.

Ablösungssumme bei der Rentenschuld s. Rentenschuld, Ablösungssumme.

Abnahme Verpflichtung des Käufers einer Sache oder des Bestellers eines Werkes, die gekaufte Sache bezw. das Werk zu übernehmen: Nicht-Erfüllung dieser Pflicht erzeugt Schuldnerverzug: §§ 433, 640.

Abstammung, eheliche ein Kind ist ehelich, wenn es in der Ehe geboren wurde, von der Frau vor oder während der Ehe empfangen worden ist und der Mann innerhalb der Empfängniszeit der Frau beigewohnt hat; dies gilt auch bei Nichtigerklärung der Ehe: § 1591.

Abstammung, eheliche, Vermutung daß der Mann der Frau innerhalb der Empfängniszeit beigewohnt hat: § 1591.

Abstraktes Rechtsgeschäft ein solches, welches von dem zu Grunde liegenden Geschäft juristisch losgelöst ist und auch bei Fehlen oder späterem Wegfall desselben gültig bleibt (dann ungerechtfertigte Bereicherung nach § 812!)

Abstrakte Schuldverträge Verträge, durch die eine Leistung versprochen oder das Bestehen eines Schuldverhältnisses anerkannt wird, und zwar selbständig, also ohne Rücksicht auf einen Verpflichtungsgrund; die Erklärung des Schuldners muß schriftlich sein: §§ 780, 781.

Abtretung (Zession) Übertragung einer Forderung durch Rechtsgeschäft, und zwar auch formlosen Vertrag zwischen altem und neuem Gläubiger; Erlaubnis des Schuldners oder Mitteilung an diesen ist nicht nötig (letzteres aber empfehlenswert wegen § 407); die Zession ist ein abstraktes Verfügungsgeschäft, dem ein kausales Verpflichtungsgeschäft (z. B. Kauf) vorangeht: § 398.

Abtretung, Einreden Einreden gegen eine abgetretene Forderung, die der Schuldner gegen den alten Gläubiger hatte, kann er auch ohne weiteres dem neuen Gläubiger entgegensetzen: § 404.

Abtretung, von Ersatzansprüchen der zum Schadenersatz Verpflichtete kann Abtretung von Ansprüchen verlangen, die dem Ersatzberechtigten aufgrund des Eigentums an einer Sache gegen Dritte zustehen: § 255; bei einer unmöglich gewordenen Leistung kann der Gläubiger ebenfalls Abtretung von Ersatzansprüchen verlangen, die dem Schuldner infolge der Unmöglichkeit gegen Dritte zustehen: §§ 281, 323.

Abtretung, des Herausgabeanspruches s. Übereignung, Abtretung des Herausgabeanspruches.

Abtretung, mehrfache liegt vor, wenn ein und dieselbe Forderung von dem bisherigen Gläubiger nochmals an eine andere Person abgetreten wird; sie steht nur dem ersten Zessionar zu; leistet indes der Schuldner an eine andere, durch Zessionsurkunde ausgewiesene Person, so hat er sich befreit (der echte Gläubiger kann von dem Dritten Herausgabe nach § 816 Abs. 2 verlangen): § 408.

Abtretung, Unkenntnis des Schuldners hiervon dieser kann mit befreiender Wirkung an den alten Gläubiger leisten (weil er ja den Gläubigerwechsel nicht kontrollieren kann!): § 407.

Abtretungsbenachrichtigung Mitteilung des alten Gläubigers an den Schuldner von erfolgter Zession: sie ist nicht nötig, aber empfehlenswert, weil der Schuldner, welcher keine Kenntnis von der Zession hat, mit befreiender Wirkung an den alten Gläubiger leisten kann und der neue Gläubiger sich auch sonst jedes Rechtsgeschäft hinsichtlich der Forderung zwischen Schuldner und altem Gläubiger gefallen lassen muß: § 407.

Abtretungserklärung, bei Hypotheken s. Hypothek, Arten der Übertragung.

Abtretungsurkunde Schriftstück über erfolgte Zession; kann vom neuen Gläubiger, evtl. öffentlich beglaubigt, gefordert werden; leistet der Schuldner gegen Vorlage der Urkunde, so befreit er sich stets, auch wenn die Zession nicht stattgefunden hat oder nichtig war (ebenso bei Zessionsmitteilung durch den alten Gläubiger!): §§ 403, 409.

Abtretungsverbot ein Vertrag zwischen Gläubiger und Schuldner, laut welchem eine Abtretung unstatthaft ist; eine dennoch erfolgte Abtretung ist nichtig, es sei denn, daß eine Urkunde über die Schuld vorlag und diese keinen Vermerk über das Zessionsverbot enthält: §§ 399, 405.

Abwesenheitspflegschaft s. Pflegschaft, Abwesenheitspflegschaft.

actio negatoria es ist dies die Klage des Eigentümers einer Sache auf Beseitigung von Beeinträchtigungen, wenn das Eigentum in anderer Weise als durch Entziehung oder Vorenthaltung des Besitzes beeinträchtigt wird: § 1004; ähnliche Ansprüche stehen einem Nießbraucher und einem Pfandberechtigten zu: §§ 1065, 1227.

Adäquanztheorie Lehre zur Verursachung: im Privatrecht gilt ein Schaden nur insoweit als verursacht, als er nach dem normalen Verlauf der Umstände mit einiger Sicherheit eintreten mußte (Gegensatz: Bedingungstheorien des STGB, wonach Ursache jede Bedingung ist, die man nicht wegdenken kann, ohne daß auch der Erfolg wegzudenken wäre).

Änderung des Inhalts eines Schuldverhältnisses s. Novation.

Änderung, der Satzung eines Vereins s. Satzung.

Änderung, des Vereinsvorstands s. Vorstand, Änderung des Vorstandes.

Aftermiete s. Miete, Untermiete.

Aggressiver Notstand s. Notstand.

aliud Begriff des Kaufes: das Kaufobjekt ist nicht etwa fehlerhaft, sondern ein ganz anderes wie der Käufer glaubte; hier ist nur Anfechtung wegen Irrtums, nicht etwa Wandelung zulässig.

Altenteil ein zusammengesetztes Recht: die Summe der Befugnisse, die sich der bisherige Eigentümer eines Grundstückes bei dessen Übereignung an einen Nachfolger vorbehält; es besteht aus: 1.) einer beschränkten persönlichen Dienstbarkeit, nämlich dem Wohnrecht, 2.) aus einer Reallast (Lieferung von Naturalien und Diensten), 3.) einer obligatorischen Leibrente.

Alternativ-Obligation s. Wahlschuld.

Amortisation Leistung von Zins zugleich mit einem Bruchteil des Kapitals.

Amtspflichtverletzung s. unerlaubte Handlung, Amtshaftung.

Androhung des Verkaufes beim Faustpfand s. Faustpfand, Verkaufsandrohung.

Aneignung Erwerb des Eigentums an einer herrenlosen beweglichen Sache; durch Erwerb des Eigenbesitzes, es sei denn, daß die Aneignung gesetzlich verboten ist oder durch sie das Aneignungsrecht eines anderen verletzt wird: § 958.

Aneignung, herrenloser Grundstücke das Recht hierzu steht nur dem Landesfiskus zu: § 928 Abs. 2.

Aneignungsrecht Befugnis einer Person, unter Ausschluß anderer, das Eigentum an herrenlosen Sachen zu erwerben (z. B. Jagd-, Bergwerksberechtigter): § 958 Abs. 2.

Anerkennung ausländischer Entscheidungen in Ehesachen (Nichtigerklärung, Aufhebung, Scheidung u. a.) ist zwecks Gültigkeit in der Bundesrepublik nötig durch die Landesjustizverwaltung; bei Ablehnung eines Anerkennungsantrages kann die Entscheidung des zuständigen Oberlandesgerichts angerufen werden: Art. 7 Familienrechts-Änderungsgesetz vom 11. 8. 1961.

Anfall, der Erbschaft mit dem Tode des Erblassers geht die Erbschaft ohne weiteres auf den Erben über, mit dem Recht der Ausschlagung: § 1942.

Anfall, des Vereinsvermögens s. Vereinsvermögen, Anfall nach Auflösung.

Anfall, des Vermächtnisses mit dem Erbfall entsteht die Forderung des Vermächtnisnehmers, dem das Recht der Ausschlagung verbleibt: § 2176.

Anfang, einer Frist eine Frist beginnt grundsätzlich um Mitternacht, so daß die vorhergehenden Stunden für die Fristberechnung nicht mitgezählt werden, es sei denn, daß das Ereignis, welches die Frist zum Laufen brachte, gerade auf den Zeitpunkt um Mitternacht fiel: § 187.

Anfang, des Monats hierunter wird der erste Tag des Monats verstanden: § 192.

Anfechtbarkeit Möglichkeit der Beseitigung eines Rechtsgeschäftes, d. h. der Herbeiführung der Nichtigkeit, und zwar mit rückwirkender Kraft: § 142.

Anfechtung formlose, empfangsbedürftige Willenserklärung, durch welche ein Rechtsgeschäft bei Vorlage eines Willensmangels (Irrtum, arglistige Täuschung, Drohung) mit rückwirkender Kraft vernichtet wird: § 143.

Anfechtung, der Ehelichkeit eines Kindes erfolgt durch Klage seitens des Ehemannes der Mutter, nach dessen Tode durch seine Eltern, unter Umständen durch das Kind selbst bzw. seinen gesetzlichen Vertreter; nach dem Tode des Kindes oder des Mannes durch Antrag beim Vormundschaftsgericht: §§ 1593—1599.

Anfechtung, von Erbverträgen s. Erbvertrag, Anfechtung.

Anfechtung, der Erbwürdigkeit erfolgt durch Klage nach Erbanfall, durch den, welchem der Wegfall des Erbunwürdigen zu Statten kommt: §§ 2340—2344.

Anfechtung, von Testamenten s. Testament, Anfechtung.

Angebot empfangsbedürftige Erklärung dahin, daß der Offerent zum Vertragsschluß bereit sei: § 145.

Anhörung, des Mündels vor Genehmigung eines Lehrvertrages oder Eingehung eines Arbeitsverhältnisses soll das Vormundschaftsgericht den Mündel hören, desgleichen falls er über 18 Jahre alt ist, vor Entscheidung über Grundstücksgeschäfte sowie Erwerb oder Veräußerung eines Erwerbsgeschäftes: § 1827.

Anlage, von Geld die Eltern haben das Geld der Kinder, der Vormund das Geld des Mündels, der Vorerbe das zum Nachlaß gehörende Geld verzinslich und mündelsicher anzulegen: §§ 1642, 1806—7, 2119.

Anlagen, gefährliche, bei Grundstücken ein Grundstückseigentümer darf keine Anlagen herstellen oder unterhalten, die aller Voraussicht nach zu einer unzulässigen Einwirkung auf das Nachbargrundstück führen werden: § 907.

Anlagen, Unterhaltung bei Dienstbarkeiten s. Unterhaltung von Anlagen, bei der Grunddienstbarkeit.

Anmeldung, eines Vereins bei Vereinen, die durch Eintragung die Rechtsfähigkeit erlangen, hat der Vorstand den Verein zur Eintragung anzumelden unter Beifügung der Satzung und der Urkunden über die Bestellung des Vorstandes; die Anmeldung ist in öffentlich beglaubigter Erklärung zu bewirken: §§ 59, 77.

Annahme empfangsbedürftige Erklärung desjenigen, dem eine Offerte gemacht worden ist, dahingehend, daß er einverstanden ist; verspätete oder abgeänderte (modifizierte) Annahme gilt als Ablehnung, verbunden mit einem neuen Antrag: § 150.

Annahme an Erfüllungs Statt s. Hingabe an Erfüllungs Statt.

Annahme erfüllungshalber s. Hingabe erfüllungshalber.

Annahme, der Erbschaft eine formelle Annahme der Erbschaft ist nicht notwendig; eine erfolgte Annahme hat die Bedeutung, daß eine Ausschlagung der Erbschaft nicht mehr möglich ist: § 1943.

Annahme an Kindesstatt Vertrag zwischen zwei Personen, durch den zwischen dem Annehmenden und Angenommenen ein Kindschaftsverhältnis begründet wird: §§ 1741, 1757.

Annahme an Kindesstatt eines noch nicht 14 Jahre alten Kindes der gesetzliche Vertreter schließt den Vertrag mit Genehmigung des Vormundschaftsgerichts ab: § 1751.

Annahme an Kindesstatt, gemeinsames Adoptivkind liegt vor, wenn ein Ehepaar zusammen ein Kind adoptiert: § 1749.

Annahme an Kindesstatt, mehrerer Adoptivkinder sie ist möglich, und zwar sowohl gleichzeitig als auch zeitlich nacheinander: § 1743.

Annahme an Kindesstatt, Aufhebung sie ist möglich, und zwar erfolgt sie in derselben Weise wie der Vertragsschluß; außerdem kann sie bei einem minderjährigen Adoptivkind aus bestimmten Gründen durch das Vormundschaftsgericht erfolgen: §§ 1768—1770 c.

Annahme an Kindesstatt, Bestätigung der Adoptionsvertrag bedarf der Bestätigung durch das für den Adoptierenden zuständige Amtsgericht: § 1741.

Annahme an Kindesstatt, Beziehungen des Adoptivkindes zu seinen Verwandten die daraus sich ergebenden Rechte und Pflichten werden durch die Adoption nicht berührt: § 1764.

Annahme an Kindesstatt, Ehe zwischen Adoptierenden und Adoptivkind das Adoptionsverhältnis bildet ein — aufschiebendes — Ehehindernis, doch endet mit Eheabschluß automatisch das Adoptionsverhältnis: § 1771.

Annahme an Kindesstatt, Einwilligung ist der Adoptierende oder das Adoptivkind verheiratet, so ist die Einwilligung des Ehegatten nötig; bei einem ehelichen Kinde bis zum 21. Lebensjahr ist die Einwilligung der Eltern, bei einem unehelichen Kinde die der Mutter nötig, evtl. kann das Vormundschaftsgericht die Einwilligung ersetzen; die Einwilligungen bedürfen der öffentlichen Beurkundung: §§ 1746—1748.

Annahme an Kindesstatt, leibliche Eltern des Adoptivkindes sie verlieren die elterliche Gewalt; das Personalsorgerecht tritt mit Beendigung der elterlichen Gewalt des Adoptierenden wieder ein, nicht aber die gesetzliche Vertretung: § 1765.

Annahme an Kindesstatt, Erbrecht der Adoptierende hat kein gesetzliches Erbrecht gegenüber dem Adoptivkinde, wohl aber besteht umgekehrt ein Erbrecht, sofern es nicht durch Adoptionsvertrag ausgeschlossen ist; das Erbrecht des Kindes gegenüber seinen natürlichen Eltern bleibt bestehen: §§ 1757, 1759, 1767.

Annahme an Kindesstatt, Familienname des Kindes es erhält den Familiennamen des Adoptierenden, bei einer verheirateten Frau ihren vorehelichen oder ehelichen Namen, letzteren nur mit Zustimmung des Ehemannes; es kann dem neuen Namen seinen bisherigen Namen hinzufügen: § 1758.

Annahme an Kindesstatt, Folgen der Aufhebung das Kind muß, falls es minderjährig ist, einen Vormund bekommen; die leiblichen Eltern erhalten nur die Personalsorge: §§ 1765, 1773.

Annahme an Kindesstatt, Form des Vertrages Erklärung bei gleichzeitiger Anwesenheit beider Teile vor Gericht oder Notar, Vertretung ist zulässig mittels öffentlich beurkundeter Vollmacht: §§ 1750—1751 a.

Annahme an Kindesstatt, Genehmigung ist das Adoptivkind beschränkt geschäftsfähig, so ist die Zustimmung des für das Adoptivkind zuständigen Vormundschaftsgerichts nötig: § 1751 .

Annahme an Kindesstatt, Inkrafttreten mit der Bestätigung; doch sind die Vertragschließenden schon vor der Bestätigung gebunden: § 1754.

Annahme an Kindesstatt, Scheinadoption sie ist verboten und nichtig, die Führung des Namens des Adoptierenden ist unzulässig.

Annahme an Kindesstatt, Unterhaltspflicht der Adoptierende haftet dem Adoptivkind auf Unterhalt vor den leiblichen Verwandten und bei einem unehelichen Kinde vor dessen Vater: § 1766.

Annahme an Kindesstatt, Verwandte der Beteiligten 1) die Adoption erstreckt sich auf die Abkömmlinge des Adoptivkindes, auf einen z. Zt. der Adoption schon vorhandenen Abkömmling und dessen Abkömmlinge jedoch nur dann, wenn die Adoption auch mit diesen selbst abgeschlossen wurde; 2) sie erstreckt sich nicht auf die Verwandten des Adoptierenden, auch wird hinsichtlich der Ehegatten von Adoptierenden und Adoptivkind keine Schwägerschaft begründet: §§ 1762, 1763.

Annahme an Kindesstatt, Voraussetsetzungen der Annehmende muß kinderlos, 35 Jahre alt und voll geschäftsfähig, das Kind muß minderjährig sein; Befreiungen sind möglich: §§ 1741, 1744—1745 c.

Annahme an Kindesstatt, Wirkung das Kind erlangt die rechtliche Stellung eines ehelichen Kindes des oder der Annehmenden: § 1757.

Annahme, des Testamentsvollstreckeramtes mit der Annahme beginnt das Amt des Testamentsvollstreckers: § 2202.

Annahme des Vermächtnisses die Annahme des Vermächtnisses führt dazu, daß eine Ausschlagung nicht mehr möglich ist: § 2180.

Annahmebehinderung führt, wenn nur vorübergehend, nicht zu Gläubigerverzug, sofern nicht rechtzeitige Ankündigung der Leistungszeit durch Schuldner vorlag: § 299.

Annahmeverzug s. Gläubigerverzug

Annahmeverzug, des Dienstherrn beim Dienstvertrag s. Dienstvertrag, Gläubigerverzug des Dienstherrn.

Anrechnung auf mehrere Schulden s. Tilgung mehrerer Schulden.

Anspruch Befugnis einer Person, von einer anderen ein Tun oder Unterlassen zu verlangen (Begriff der Verjährung, also damit des ganzen BGB!): § 194.

Anspruch, aus früherem Besitz s. publiciana, deutschrechtliche.

Anspruch, bei rechtskräftiger Feststellung er verjährt in 30 Jahren, auch wenn er an sich einer kürzeren Verjährung unterliegt: § 218.

Ansprüche, aus Geschäften des täglichen Lebens verjähren in 2 Jahren, vom Ende desjenigen Jahres gerechnet, dem der Anspruch entstammt: §§ 196, 201.

Ansprüche, auf wiederkehrende Leistungen verjähren in 4 Jahren vom Ende desjenigen Jahres gerechnet, dem der Anspruch entstammt: §§ 197, 201.

Anstalten, des öffentlichen Rechts für sie gilt die Vorschrift des § 31, wonach die Anstalt für schädigende Handlungen ihrer Organe einstehen muß, desgleichen die Vorschrift des § 42, wonach der Vorstand im Falle der Überschuldung bei Gefahr persönlicher Haftung Konkurseröffnung beantragen muß: § 89.

Anstandsschenkungen s. Schenkung, Anstandsschenkungen.

Anstifter s. unerlaubte Handlung, Mittäter.

Anteil an Gewinn und Verlust, bei der Gesellschaft s. Gesellschaft, Beteiligung an Gewinn und Verlust.

Antichrese s. Faustpfand, Antichrese.

Antrag s. Angebot.

Anwachsung wenn bei Einsetzung mehrerer Erben unter Ausschluß der gesetzlichen Erbfolge einer der Erben vor oder nach Erbfall wegfällt, so wächst dessen Anteil den übrigen Erben nach dem Verhältnis ihrer Erbteile an; dieser anfallende Erbteil gilt für Vermächtnisse und Auflagen als besonderer Erbteil;

eine entsprechende Anwachsung gibt es auch bei mehreren Vermächtnisnehmern: §§ 2094, 2158.

Anwartschaft Warterecht während des Schwebens einer Bedingung: ist vererblich, veräußerlich und wird geschützt: §§ 160—162.

Anweisung eine Schrifturkunde über Geld, Wertpapiere und andere vertretbare Sachen, enthaltend eine doppelte Ermächtigung (keine Verpflichtung!) des Anweisenden an: 1.) den Angewiesenen für Rechnung des Anweisenden an den Anweisungsempfänger zu leisten, 2.) den Anweisungsempfänger, die Leistung bei dem Angewiesenen im eigenen Namen zu erheben: § 783.

Anweisung, Arten 1) auf Schuld: der Angewiesene war Schuldner des Anweisenden und befreit sich diesem gegenüber von seiner Schuld vermittels der Leistung an den Anweisungsempfänger: § 787,
2) auf Leistung: der Anweisende ist Schuldner des Anweisungsempfängers; er befreit sich, wenn der Angewiesene die Leistung an den Anweisungsempfänger bewirkt: § 788.

Anweisung, Entstehung einer Verpflichtung durch schriftliche Annahme der Anweisung, auf diese gesetzt; seitens des Angewiesenen wird zwischen ihm und dem Anweisungsempfänger eine abstrakte Verbindlichkeit begründet: § 784.

Anweisung, häufigste Fälle Reisekreditbrief (Traveller-Schecks) und kaufmännische Anweisung nach § 363 HGB (gewillkürtes Orderpapier!).

Anweisung, Gegensatz zu Wechsel und Scheck letztere sind nur über Geld, die Anweisung auch über Wertpapiere und vertretbare Sachen möglich; Wechsel und Scheck sind Wertpapiere, die Anweisung ist eine konstitutive Urkunde; bei Nichteinlösung von Wechsel und Scheck haftet der Aussteller im Regreßwege, nicht jedoch bei der Anweisung.

Anweisung, Innenverhältnisse das Rechtsverhältnis zwischen dem Anweisenden und dem Empfänger ist das sog. Valutaverhältnis, während dasjenige zwischen dem Anweisenden und dem Angewiesenen das Deckungsverhältnis heißt: §§ 787, 788.

Anweisung, Postanweisung keine Anweisung, da ja die Post dem Einzahlenden gegenüber zur Auszahlung an den Empfänger verpflichtet ist (sog. Postauszahlungsvertrag).

Anweisung, Übertragung sie ist stets schriftlich und kann vor oder nach der Annahme erfolgen; findet sie vor Annahme statt, so wird lediglich eine Ermächtigung übertragen; andernfalls liegt die Abtretung einer Forderung vor: § 792.

Anweisung, Widerruf ist durch den Aussteller möglich, solange der Angewiesene die Anweisung noch nicht angenommen oder die Leistung bewirkt hat: § 790.

Anzeigepflicht bei Hinterlegung hat der Schuldner dem Gläubiger die Hinterlegung mitzuteilen: § 374, bei der Geschäftsführung ohne Auftrag muß der Geschäftsführer dem Geschäftsherrn die Übernahme der Geschäftsführung mitteilen: § 681; der Gast, welchem bei einem Gastwirt Sachen abhanden gekommen oder beschädigt worden sind, muß dem Gastwirt, bei Gefahr des Verlustes seiner Ansprüche, Anzeige erstatten: § 703; der Finder einer verlorenen Sache muß dem Verlierer, Eigentümer oder sonstigen Empfangsberechtigten, andernfalls der Polizeibehörde den Fund anzeigen: § 965.

Anzeigepflicht des Mieters, bei Mängeln s. Miete, Obhutspflicht des Mieters.

Arbeitspflicht der Ehegatten jeder Ehegatte hat im Beruf oder Geschäft des anderen Gatten mitzuarbeiten, soweit dies nach den Lebensverhältnissen der Eheleute üblich ist: § 1356 Abs. 2.

Arbeitspflicht, der ehelichen Kinder Kinder haben, gleichgültig, ob voll- oder minderjährig, im Hauswesen und Geschäft der Eltern Dienste zu leisten, solange sie dem elterlichen Hausstand angehören und von den Eltern erzogen oder unterhalten werden: § 1617.

Arbeitsverhältnis, von Minderjährigen es wird mit Zustimmung des gesetzlichen Vertreters eingegangen, der Minderjährige ist für alle sich auf das Arbeitsverhältnis beziehenden Rechtsgeschäfte voll geschäftsfähig, mit Ausnahme derer, zu denen auch der gesetzliche Vertreter einer vormundschaftsgerichtlichen Genehmigung bedarf: § 113.

Arbeitverträge solche, bei denen die Erbringung der Leistung in Verrichtung von Arbeiten besteht, bei Entgeltlichkeit: Dienst- oder Werkverträge, bei Unentgeltlichkeit: Auftrag.

Arglistige Täuschung Beugung des Willens einer Person durch Hervorrufen von Irrtum bei einer Willenserklärung; berechtigt zur Anfechtung: § 123.

Arglistige Täuschung durch Dritten. berechtigt zur Anfechtung einer Willenserklärung dann, wenn der Empfänger der Erklärung die Täuschung kannte oder kennen mußte: § 123 Abs. 2.

Arglistige Täuschung bei Eheabschluß berechtigt zur Erhebung einer Eheaufhebungs-Klage, mit Ausnahme der Täuschung über Vermögensverhältnisse: § 33 Ehegesetz (Kontrollratsgesetz Nr. 8).

Arglistiges Verschweigen s. Verschweigen, arlistiges.

Arme, Erwähnung in Testamenten wenn der Erblasser durch Testament die Armen bedacht hat, so ist dies dahin auszulegen, daß die Armenkasse der Gemeinde seines letzten Wohnsitzes bedacht ist mit der Auflage, das Zugewendete unter Arme zu verteilen: § 2072.

Arrest, dinglicher und **persönlicher** im Falle der Ausübung der Selbsthilfe muß derjenige, der dazu geschritten ist, bei Wegnahme von Sachen bzw. bei Festnahme des Verpflichteten beim Amtsgericht unverzüglich den dinglichen oder persönlichen Arrest beantragen: § 230.

Aufbewahrung s. Verwahrung.

Aufforderung zur Offerte nicht empfangsbedürftige, unverbindliche, einem unbestimmten Personenkreis gegenüber gezeigte Bereitwilligkeit, Angebote entgegenzunehmen (z. B. Schaufensterauslagen, Inserate, Kataloge).

Aufgabe des Besitzes, bei Gläubigerverzug s. Gläubigerverzug, Wirkungen.

Aufgabeerklärung Willenserklärung einer Person, die ein Recht an einem Grundstück hat, dahingehend, daß sie das Recht nicht mehr haben wolle; sie ist dem Grundbuchamt gegenüber abzugeben oder an denjenigen, zu dessen Gunsten sie erfolgt: § 875.

Aufgebot, beim Eheabschluß öffentl. Mitteilung des Eingehenwollens der Ehe zwecks Feststellung von Ehehindernissen; es soll der Ehe vorangehen und verliert nach 6 Monaten seine Kraft; Befreiung ist statthaft: § 12 Ehegesetz (Kontrollratsgesetz Nr. 16).

Aufgebot, von Hypothekaren, Reallastberechtigten, Vorkaufsberechtigten, Vormerkungsgläubigern wenn diese Personen unbekannt sind, so können sie mit ihren Rechten im Wege des Aufgebotsverfahrens ausgeschlossen werden: §§ 1170, 1112, 1104, 887.

Aufgebot, von Nachlaßgläubigern hat den Zweck, dem Erben eine Übersicht über die Nachlaßforderungen zu verschaffen; der Erbe braucht einen Nachlaßgläubiger, der sich nicht rechtzeitig gemeldet hat, nur insoweit zu befriedigen, wie der Nachlaß ausreicht: §§ 1970, 1973.

Aufhebung, der Adoption s. Annahme an Kindes Statt, Aufhebung.

Aufhebung der Ehe, s. Eheaufhebung.

Aufhebung, eines Erbvertrages s. Erbvertrag, Aufhebung.

Aufhebung, einer Gemeinschaft, kann von jedem Teilnehmer jederzeit verlangt werden, welcher Anspruch unverjährbar ist: §§ 749, 758.

Aufhebung der häuslichen Gemeinschaft s. Ehescheidung, Gründe.

Aufhebung, von Grundstücksrechten erfolgt durch Aufgabeerklärung und Löschung, notfalls unter Zustimmung dritter Personen,, die ihrerseits Rechte an dem aufzuhebenden Recht haben: §§ 875, 876.

Aufhebung, einer Hypothek die Zustimmung des Eigentümers ist erforderlich: § 1183.

Aufhebung, einer Stiftung s. Stiftung, Umwandlung und Aufhebung.

Aufhebung, des Wohnsitzes s. Wohnsitz, Beseitigung.

Aufhebungsklage, im Güterrecht s. Gütergemeinschaft, Klage auf Aufhebung; Gütergemeinschaft, fortgesetzte, Aufhebungsklage.

Aufhebungsverträge Verträge, durch welche ein bestehendes Schuldverhältnis wieder außer Kraft gesetzt wird.

Auflage Verpflichtung einer Person, welcher unentgeltlich etwas zugewendet wird, mit Mitteln der Zuwendung eine Leistung zu bewirken (Begriff der Schenkung und des Erbrechts).

Auflage, Erzwingung die Vollziehung der Auflage kann verlangen: der Erbe, der Miterbe und jeder, dem der Wegfall des Auflagebeschwerten unmittelbar zu Statten kommen würde; liegt die Vollziehung im öffentlichen Interesse, so kann auch die zuständige Behörde die Vollziehung fordern: § 2194.

Auflage, Gegensatz zur Bedingung, bei einer Zuwendung unter einer Bedingung kann die Erfüllung der Bedingung und damit die Zuwendung nicht erzwungen werden; bei der Auflage liegt eine Erzwingungsmöglichkeit vor.

Auflage, Gegensatz zum Vermächtnis zum Vermächtnis gehören stets 2 Personen, zur Auflage ist nur 1 Person, nämlich der Beschwerte, nötig, da ja die Erfüllung der Auflage durchaus nicht stets einem Dritten zu Gute kommen muß: ist dies indes der Fall, so hat der Dritte keine selbständige Forderung gegen den Beschwerten.

Auflage, beteiligte Personen in Betracht kommt, selbst wenn die Vollziehung der Auflage im Interesse eines Dritten ist, nur der Beschwerte: dies kann ein Erbe oder ein Vermächtnisnehmer sein.

Auflage, bei Vergütungen von Todes wegen Verpflichtung einer Person, durch Verfügung von Todes wegen, zu einer Leistung, ohne einem anderen ein Recht auf die Leistung zu gewähren: §§ 1940, 2192.

Auflage, bei Schenkung bei einer unentgeltlichen Zuwendung unter Lebenden wird dem Beschenkten zur Pflicht gemacht, aus den Mitteln des Geschenkes eine Leistung zu bewirken; Erfüllung kann der Schenker verlangen, nach seinem Tode die zuständige Behörde, falls die Vollziehung im öffentlichen Interesse liegt. Wird die Auflage nicht vollzogen, so kann der Schenker Herausgabe insoweit verlangen, als das Geschenk zur Vollziehung hätte verwendet werden müssen: §§ 525, 527; Schenkung unter Auflage kann aber als sog. echter Vertrag zu Gunsten Dritter abgeschlossen werden: § 330.

Auflassung s. Grundstück, Auflassung.

Auflösung, der Gesellschaft die Gesellschaft wird mangels entgegenstehender Bestimmung aufgelöst durch Tod, Konkurs oder Kündigung eines Gesellschafters: §§ 723, 727, 728; auch ist die Kündigung durch den Privatgläubiger eines Gesellschafters statthaft: § 725.

Auflösung, eines Vereins der Verein kann sich selbst auflösen, und zwar durch einen Beschluß der Mitgliederversammlung, mit ¾-Mehrheit: § 41; die Auflösung ist in das Vereinsregister einzutragen: § 74.

Aufrechnung Untergang einer Schuld durch Ausgleichung mit einer Forderung des Schuldners gegen den Gläubiger; erforderlich sind: Personen- und Leistungsgleichheit, Erlaubtheit, Fälligkeit der Forderung, mit der man aufrechnet: §§ 387 ff.

Aufrechnung verjährter Forderungen dann möglich, wenn die Forderung zu einer Zeit, wo noch die Aufrechnungsmöglichkeit bestand, noch nicht verjährt war (also nicht, wenn die Schuldnerforderung beim Entstehen der Gläubigerforderung schon verjährt war): § 390.

Aufrechnung, beim ius offerendi hier kann die Ablösung auch durch Aufrechnung erfolgen, und zwar ausnahmsweise unter 3 Personen: § 268.

Aufrechnung, nach erklärtem Rücktritt wenn das Rücktrittsrecht für den Fall der Nichterfüllung einer Verbindlichkeit des anderen Teiles dem Gegner eingeräumt war, so wird der erklärte Rücktritt durch eine unverzüglich nach dem Rücktritt erklärte Aufrechnung wieder unwirksam: § 357.

Aufrechnung bei Zession ausnahmsweise — entgegen § 387 — unter 3 Personen statthaft: der Schuldner kann gegenüber der abgetretenen Forderung mit einer Gegenforderung gegen den alten Gläubiger aufrechnen, selbst dann, wenn die Gegenforderung erst nach der Zession, aber vor Kenntnis des Schuldners von derselben, entstanden war: § 406.

Aufrechnungserklärung Mitteilung des Schuldners an den Gläubiger (empfangsbedürftiges, einseitiges Rechtsgeschäft!) daß er aufrechne; eine automatische Aufrechnung gibt es nicht: § 388.

Aufrechnungsunfähigkeit einmal, wenn durch Vertrag die Aufrechnung ausgeschlossen war; ferner kann nicht aufgerechnet werden: gegenüber Forderungen aus vorsätzlich begangenen Delikten, gegenüber unpfändbaren Forderungen, endlich gegen Forderungen des Bundes eines Landes, einer Gemeinde pp, wenn Forderung und Gegenforderung verschiedenen Kassen angehören: §§ 393—395.

Aufrechnungsvertrag Vertrag mit dem Recht und der Pflicht zur Aufrechnung (z. B. Kontokurrentvertrag).

Aufschiebende Erbeseinreden der Erbe kann Berichtigung von Nachlaßverbindlichkeiten für die Dauer von 3 Monaten nach Erbschaftsannahme verweigern; ebenso kann er bis zur Beendigung eines Aufgebotsverfahrens die Berichtigung von Nachlaßverbindlichkeiten verweigern, wenn er binnen Jahresfrist seit Erbschaftsannahme den Antrag auf Erlaß eines Gläubigeraufgebotes gestellt hat: §§ 2014, 2015.

Aufsichtspflichtiger s. unerlaubte Handlung, Aufsichtspflicht.

Aufsuchen eines neuen Dienstverhältnisses s. Dienstvertrag, Freizeit nach Kündigung.

Aufsuchungsrecht es ist das Recht eines Besitzers oder Eigentümers einer beweglichen Sache, die auf ein fremdes Grundstück gelangt ist, von dem Grundstücksbesitzer die Erlaubnis zur Aufsuchung und Wegschaffung der Sache zu verlangen: §§ 867, 1005.

Auftrag unvollkommen zweiseitig verpflichtender Vertrag, durch den sich jemand verpflichtet, unentgeltlich ein Geschäft des Auftraggebers auszuführen: § 662.

Auftrag, Anwendung der Regeln auf Dienst- und Werkverträge wenn diese eine Geschäftsbesorgung zum Gegenstande haben, so ist eine Reihe von Auftragsbestimmungen anzuwenden: § 675.

Auftrag, Arten der Geschäfte höhere oder niedere Tätigkeit, tatsächliche Handlungen oder die Vornahme von Rechtsgeschäften (nur im letzten Fall Vollmacht möglich!).

Auftrag, Ende erlischt durch Widerruf, Kündigung, Tod des Beauftragten, jedoch nicht des Auftraggebers (es sei denn, daß der Auftrag nur für die Lebzeiten des Auftraggebers berechnet war): §§ 671—674.

Auftrag, Fiktion des Fortbestehens erlischt der Auftrag z. B. durch Tod des Auftraggebers und weiß der Beauftragte nichts hiervon, so gilt zu seinen Gunsten der Auftrag bis zur Erlangung der Kenntnis der Beendigung als fortbestehend: § 674.

Auftrag, Haftung des Beauftragten für Vorsatz und jede Fahrlässigkeit nach § 276; der Auftraggeber haftet als Gläubiger überhaupt nicht.

Auftrag, Herausgabepflicht der Beauftragte muß dem Auftraggeber alles zukommen lassen, was er aus der Geschäftsbesorgung erlangte, sogar solche Vorteile, mit denen der Auftraggeber nicht gerechnet hat; nur das „gelegentlich des Geschäftes", z. B. Trinkgelder, Erlangte darf der Beauftragte behalten: § 667.

Auftrag, Pflichten des Beauftragten er hat persönlich zu handeln (also kein Substitut, sofern nicht besonders gestattet!), muß die Anordnungen des Auftraggebers beachten, Nachricht und Rechenschaft geben und alles, was er zur Auftragausführung erhalten und aus der Geschäftsführung erlangt hat, herausgeben: §§ 662, 664—667.

Auftrag, Vollmacht kommt nur in Frage, wenn die Tätigkeit des Beauftragten nicht in tatsächlichen Handlungen, sondern in der Vornahme eines Rechtsgeschäftes für den Auftraggeber bestand.

Auftrag, Vorschüsse und Aufwendungen für zu machende Aufwendungen kann der Beauftragte Vorschuß verlangen; ferner kann er Ersatz verlangen für alle Aufwendungen, die er den Umständen nach für erforderlich halten konnte (also subjektiv!): §§ 669, 670.

Aufwendungen Leistungen, die jemand in fremdem Interesse ohne besondere Verpflichtung erbracht hat; sie sind ihm stets in Geld zu ersetzen und zu verzinsen: § 256.

Aufwendungen, Ersatz Aufwendungsersatz kann der Entleiher bei außergewöhnlichen Kosten verlangen: § 601, ein Mäkler nur bei Vereinbarung: § 652, ein Beauftragter und ein Geschäftsführer ohne Auftrag, wenn er sie den Umständen nach für erforderlich halten konnte: §§ 670, 683, desgleichen ein Verwahrer: § 693, dann ein Finder: § 970, der Beklagte der Eigentumsherausgabeklage stets, wenn es sich um notwendige Aufwendungen handelt: § 994; bei grundlosem Verlöbnisbruch: der andere Verlobte, seine Eltern oder dritte Personen, die anstelle der Eltern handelten: § 1298, ferner ein Vormund, bei welchem überdies auch Dienste, die zu seinem Gewerbe oder Berufe gehören, als Aufwendungen gelten: § 1835.

Aufwendungen in Form einer Verbindlichkeit eine Aufwendung, darin bestehend, daß jemand in fremdem Interesse einem Dritten gegenüber eine Verbindlichkeit eingegangen ist; er kann von dem Betroffenen Befreiung von der Verbindlichkeit verlangen: § 257.

Ausbeute, sonstige besondere Art der Früchte einer Sache, und zwar solche, die, im Gegensatz zu den Erzeugnissen, allmählich abgebaut werden (z. B. die Kohlen eines Bergwerkes): § 99.

Auseinandersetzung, von Erben jeder Miterbe kann, mangels anderweitiger Verfügung des Erblassers, die Auseinandersetzung jederzeit verlangen: §§ 2042, 2044.

Auseinandersetzung, von Gesellschaftern kann erst nach der Auflösung verlangt werden, unter Rückgabe der zum Gebrauch eingebrachten Gegenstände, Berichtigung der Schulden, Zurückerstattung der Einlagen und Verteilung des Überschusses unter die Gesellschafter, entsprechend dem Verhältnis ihrer Anteile am Gewinn: §§ 730—734.

Auseinandersetzung, bei Gütergemeinschaft nach ihrer Beendigung, auch der fortgesetzten, findet in Ansehung des Gesamtgutes die Auseinandersetzung statt, derart, daß die Gesamtgutsverbindlichkeiten berichtigt werden und der Überschuß nach Gemeinschaftregeln gleichmäßig geteilt wird: §§ 1471—1477, 1498.

Auseinandersetzungszeugnis, bei Eheschließung s. Ehehindernis, Auseinandersetzung.

Ausgeschlossene Käufer s. Kauf, bei Zwangsversteigerungen oder Pfandversteigerungen.

Ausgleich beim gesetzlichen Güterstand s. gesetzlicher Güterstand, Ausgleich zwischen den Ehegatten.

Ausgleichungspflicht sind Abkömmlinge gesetzliche Erben geworden, so müssen sie Ausstattungen oder Zuschüsse, die sie von dem Erblasser zu seinen Lebzeiten erhalten haben, sich auf ihren Erbteil anrechnen lassen, unter vorheriger Zurechnung des Wertes der Zuwendungen zum Nachlaß: §§ 2050, 2055.

Ausgleichungspflicht, von Miterben s. Miterben, Ausgleichungspflicht.

Ausgleichungspflicht, bei Pflichtsteilsrecht s. Pflichtteilsrecht, Anrechnung und Ausgleichung.

Auskunftspflicht, des Beauftragten s. Auftrag, Pflichten des Beauftragten.

Auskunftspflicht, in Bezug auf Nachlaßgegenstände s. Erbe, Auskunftsanspruch.

Ausländische Währung ist eine Geldschuld in ausländischer Währung ausgedrückt und im Inlande zu zahlen, so kann Zahlung in Inlandswährung erfolgen, sofern nicht Begleichung in ausländischer Währung ausdrücklich ausbedungen ist: § 244.

Ausländischer Verein erwirbt Rechtsfähigkeit durch staatliche Genehmigung: § 23.

Auslegung bei Verträgen: nach Treu und Glauben mit Rücksicht auf Verkehrssitte: § 157: bei Willenserklärungen: nach dem Sinn, nicht nach dem Wortlaut: § 133.

Auslegung, von Verträgen s. Vertragsauslegung.

Auslegung, von Willenserklärungen s. Willenserklärung, Auslegung.

Auslobung öffentliche Bekanntgabe einer Belohnung für die Vornahme einer Handlung oder die Herbeiführung eines Erfolges: einseitiges Rechtsgeschäft, kein Vertrag! Der Anspruch auf die Belohnung entsteht bei Vornahme der Handlung ohne Rücksicht auf die Kenntnis von der Auslobung: §§ 657 ff.

Auslobung, Preisausschreiben Auslobung, welche eine Preisbewerbung zum Gegenstand hat; zur Gültigkeit ist die Bekanntgabe einer Frist nötig, die Entscheidung trifft regelmäßig der Auslobende, und zwar mit Verbindlichkeit; die Eigentumsübertragung an dem Werke kann der Auslobende nur verlangen, wenn er ein derartiges in der Auslobung bestimmte: § 661.

Ausschlagung, einer Erbschaft sie kann durch den Erben nur binnen 6 Wochen seit Kenntnis von Anfall und Berufungsgrund erfolgen, in öffentlich - beglaubigter Erklärung gegenüber dem Nachlaßgericht: §§ 1944, 1945.

Ausscheiden, eines Gesellschafters s. Gesellschaft, Ausscheiden eines Gesellschafters

Ausschließung, von der Erbfolge durch Testament kann der Erblasser einen Verwandten oder Ehegatten von der gesetzlichen Erbfolge ausschließen, ohne einen Erben einzusetzen: § 1938.

Ausschließung, eines Gesellschafters wenn ein Gesellschaftsvertrag den Fortbestand der Gesellschaft im Falle der Kündigung eines Gesellschafters vorsieht, so kann ein Gesellschafter von den übrigen Gesellschaftern bei Vorliegen eines wichtigen Grundes ausgeschlossen werden: § 737.

Ausschlußfrist Zeitraum, nach dessen Ablauf ein Recht oder seine Geltendmachung erloschen ist (z. B. Anfechtungsfrist, Ersitzungsfrist).

Ausspielvertrag s. Spiel, Ausspielvertrag.

Ausstattung dasjenige, was Vater oder Mutter einem Kinde bei einer Heirat oder Begründung einer selbständigen Lebensstellung zuwenden, soweit es den Vermögensverhältnissen des Zuwendenden entspricht: § 1624.

Austritt, aus einem Verein Vereinsmitglieder sind zum Austritt berechtigt, jedoch kann die Satzung bestimmte Fristen für den Austritt vorschreiben: § 39.

B

Bankgeschäft Bankgeschäfte können ausnahmsweise im voraus vereinbaren, daß nichterhobene Zinsen von Einlagen als neue verzinsliche Einlagen gelten sollen (Ausnahme von dem Verbot des vorzeitigen Zinseszinsversprechens): § 248.

Beamter, Amtspflichtverletzung s. unerlaubte Handlung, Amtshaftung.

Beamter, Recht zur gesetzlichen Kündigung bei Mietsvertrag s. Miete, Beamter als Mieter wird versetzt.

Beamter, als Vormund er soll nicht ohne die vorgeschriebene Erlaubnis seiner Behörde zum Vormunde bestellt werden: § 1784.

Bedingung zukünftiges ungewisses Ereignis, von dem es abhängt, ob die Wirkungen eines Rechtsgeschäftes anfangen bzw. wegfallen sollen.

Bedingung, auflösende hier wird ein Rechtsgeschäft mit der Maßgabe vorgenommen, daß seine Wirkungen zunächst in Kraft treten, aber mit einem zukünftigen ungewissen Ereignis später wieder fortfallen, unter Wiedereintritt des früheren Zustandes: § 158 Abs. 2.

Bedingung, aufschiebende hier wird ein Rechtsgeschäft mit der Maßgabe vorgenommen, daß seine Wirkungen noch nicht in Kraft treten, sondern erst bei Eintritt eines zukünftigen ungewissen Ereignisses: § 158 Abs. 1.

Bedingungsfeindliche Geschäfte solche Rechtsgeschäfte, die weder eine Bedingung noch eine Zeitbestimmung vertragen, z. B. Auflassung: § 925, Ehelichkeitserklärung: § 1724, Annahme an Kindes Statt: § 1742, Annahme und Ausschlagung einer Erbschaft: § 1947, Eheabschluß: § 13 EheGes.

Beerdigungskosten wer durch unerlaubte Handlung einen anderen getötet hat, hat die Beerdigungskosten dem zu ersetzen, dem diese Kostenlast obliegt: § 844; ferner trägt die Kosten der standesgemäßen Beerdigung des Erblassers der Erbe: § 1968.

Befreiung von einer Verbindlichkeit, bei Aufwendungen s. Aufwendungen in Form einer Verbindlichkeit.

Befreite Vorerbschaft, s. Vorerbschaft, befreite.

Befreite Vormundschaft s. Vormundschaft, befreite.

Befristung hier wird ein Rechtsgeschäft mit der Maßgabe vorgenommen, daß für den Beginn oder das Ende seiner Wirkungen ein Anfangs- oder Endtermin bestimmt wird: § 163.

Begründung, eines Schuldverhältnisses durch Rechtsgeschäft hierzu ist ein Vertrag zwischen den Beteiligten erforderlich: § 305.

Begründung des Wohnsitzes s. Wohnsitz.

Behörde, Fund in den Geschäftsräumen Sachen, die in den Geschäftsräumen oder Beförderungsmitteln einer öffentlichen Behörde gefunden werden, müssen unverzüglich an die Behörde oder einen ihrer Angestellten abgeliefert werden; die Vorschriften über den Fund finden keine Anwendung: § 978.

Behördliches Veräußerungsverbot s. Veräußerungsverbot.

Beistand eines Elternteiles dem die elterliche Gewalt allein zusteht, s. elterliche Gewalt, Beistand.

Beiträge, von Gesellschaftern durch Vertrag muß bestimmt werden, ob die Gesellschafter Beiträge zu leisten haben; mangels besonderer Vereinbarung sind gleiche Beiträge zu leisten: § 706.

Beiträge, von Vereinsmitgliedern die Satzung eines Vereins kann bestimmen, ob und welche Beiträge von den Mitgliedern zu leisten sind: § 58.

Beiwohnung eine unerlaubte Handlung liegt vor, wenn jemand eine Frau durch Drohung oder Mißbrauch eines Abhängigkeitsverhältnisses zur Gestattung der außerehelichen Beiwohnung bestimmt hat: § 825, in welchem Falle eine billige Entschädigung für den Nichtvermögensschadens zu gewähren ist: § 847; die unbescholtene Verlobte kann wegen Gestattung der Beiwohnung bei grundlosem Verlöbnisbruch durch den anderen Teil eine billige Entschädigung in Geld verlangen: § 1300; wenn ein Kind in der Ehe erzeugt und geboren wird, wird vermutet, daß der Mann innerhalb der Empfängniszeit der Frau beigewohnt hat: § 1591.

Bekanntmachung, öffentliche öffentlich bekanntzumachen sind: Eintragungen im Vereinsregister: § 66, ferner Eintragungen im Güterrechtsregister: § 1562, weiterhin: die Anordnung einer Nachlaßverwaltung: § 1983.

Bekanntmachung, öffentliche, einer Vollmacht wenn durch öffentliche Bekanntmachung eine Bevollmächtigung kundgegeben worden ist, so gilt der Bevollmächtigte jedem Dritten gegenüber zur Vertretung befugt, bis die Kundgebung in derselben Weise, wie sie erfolgt ist, widerrufen wird: § 171.

beneficium competentiae s. Schenkung, Verweigerung der Erfüllung.

Bereicherung ungerechtfertigte s. ungerechtfertigte Bereicherung.

Berichtigungsanspruch, hinsichtlich des Grundbuches steht der Grundbuchinhalt mit der wirklichen Rechtslage nicht in Einklang, so kann der hierdurch Benachteiligte Zustimmung zur Grundbuchberichtigung von demjenigen verlangen, dessen Recht durch die Berichtigung betroffen wird; der Anspruch ist unverjährbar: §§ 894, 898.

Berliner Testament s. Testament, Berliner Testament.

Berufung, der Mitgliederversammlung eines Vereins die Berufung erfolgt in den satzungsgemäß bestimmten Fällen, ferner, wenn das Vereinsinteresse es erfordert oder mindestens der zehnte Teil der Mitglieder schriftlich unter Angabe von Zweck und Gründen den Zusammentritt verlangt; die Satzung soll Bestimmungen über die Form der Berufung treffen: §§ 36, 37, 38.

Berufung zum Vormund s. Vormundschaft, Recht zur Berufung.

Berufungsgrund zur Erbfolge s. Erbfolge, Arten.

Beschränkte Geschäftsfähigkeit Fähigkeit, solche Rechtsgeschäfte, die lediglich rechtliche Vorteile bringen, selbständig abzuschließen, andere Geschäfte hingegen entweder durch den gesetzlichen Vertreter oder mit dessen Zustimmung: §§ 107, 114.

Beschränkt geschäftsfähige Personen 1.) Minderjährige nach Vollendung des 7. Lebensjahres, 2.) wegen Geistesschwäche, Verschwendung oder Trunksucht Entmündigte, 3.) die während eines Entmündigungsverfahrens unter vorläufige Vormundschaft Gestellten: §§ 106, 114, 1906.

Beschränkte persönliche Dienstbarkeit s. Dienstbarkeit, beschränkt persönliche.

Besitz tatsächliche Herrschaftsgewalt über eine bewegliche Sache oder ein Grundstück: § 854; bestritten, ob reine Tatsache oder Recht (wichtig für Delikte: § 823 Abs. 1 u. Abs. 2).

Besitz, alleiniger nur eine einzige Person ist Besitzer.

Besitz, Ansprüche 1.) auf Wiedereinräumung: im Falle der Entziehung; 2.) auf Beseitigung: bei Störung, 3.) auf Aufsuchung: falls eine bewegliche Sache auf ein fremdes Grundstück gelangt ist: §§ 861, 862, 867.

Besitz, Bedeutung 1.) bei beweglichen Sachen: Eigentumsvermutung: § 1006; ferner Erwerb dinglicher Rechte grundsätzlich nur durch Besitzerlangung (Übergabe); 2.) langer Besitz führt unter Umständen zum dinglichen Recht: Ersitzung.

Besitz, Bedeutung des mittelbar-unmittelbaren Besitzes er spielt eine besondere Rolle bei den sog. Traditionssurrogaten, besonders beim Besitzkonstitut: § 930.

Besitz, Besonderheiten der Besitzansprüche sie sind an eine Ausschlußfrist von 1 Jahr seit Verübung der verbotenen Eigenmacht gebunden; dem Beklagten muß fehlerhafter Besitz vorgeworfen werden; der Beklagte kann sich nicht auf Rechte an der Sache stützen (auch ein Eigentümer kann, z. B. einem Mieter gegenüber, verbotene Eigenmacht verüben): §§ 861—865.

Besitz, Besonderheiten der Selbsthilfe sie steht auch dem Besitzdiener, nicht jedoch dem mittelbaren Besitzer zu: §§ 860, 869.

Besitz, Eigenbesitzer wer eine Sache als ihm gehörend besitzt, d. h. in der Absicht, die Gewalt im eigenen Interesse auszuüben (hat nichts mit Rechten zu tun: auch der Dieb ist Eigenbesitzer!): § 872.

Besitz, verbotene Eigenmacht widerrechtliche, d. h. ohne Gestattung des Gesetzes oder des Besitzers erfolgende Entziehung oder Störung des Besitzes (auch ohne Verschulden denkbar! Der Begriff der verbotenen Eigenmacht ist nur dem Besitz eigentümlich!): § 858.

Besitz, fehlerhafter der durch verbotene Eigenmacht erlangte Besitz; auch der Erbe des fehlerhaften Besitzers bekommt den gleichen Besitz, desgleichen der Einzelbesitznachfolger, falls er die Fehlerhaftigkeit beim Erwerb kannte; der fehlerhafte Besitz ist ein relativer Begriff, d. h. nur dem gegenüber gegeben, gegen den sich die verbotene Eigenmacht richtete: § 858.

Besitz, Einrede des fehlerhaften Besitzes bei einer Besitzklage gibt unter Umständen der Beklagte seine verbotene Eigenmacht zu, führt aber an, daß der Kläger ihm selbst gegenüber fehlerhafter Besitzer gewesen sei und daß zwischen der eigenen verbotenen Eigenmacht und der des Klägers noch nicht ein Jahr liege; die Besitzklage wird dann abgewiesen: §§ 861, 862.

Besitz, Fremdbesitzer wer eine Sache als einem anderen gehörend besitzt, d. h. die Gewalt in fremdem Interesse ausübt (z. B. Verwahrer).

Besitz, mehrfacher mehrere Personen sind Besitzer, und zwar: 1.) zur gesamten Hand, d. h. derart, daß nur alle gemeinsam die Gewalt ausüben können, 2.) jeder allein, aber derart, daß er auch den anderen die Gewaltausübung gestatten muß (z. B. die Mieter bezüglich des Treppenhauses); 3.) nach Bruchteilen: §§ 865, 866.

Besitz, des Rechtsvorgängers bei Verjährung und Ersitzung wenn eine Sache, hinsichtlich derer ein dinglicher Anspruch besteht, durch Rechtsnachfolge in den Besitz eines Dritten gelangt, so kommt die Besitzzeit des Rechtsvorgängers dem Rechtsnachfolger hinsichtlich der Verjährung zustatten: § 221; auch bei der Ersitzung kommt im Falle der Rechtsnachfolge die Ersitzungszeit des Rechtsvorgängers dem Rechtsnachfolger zugute: § 943.

Besitz, Selbsthilfe gegen verbotene Eigenmacht kann sich der Besitzer mit Gewalt wehren und 1.) bei beweglichen Sachen sie dem Täter mit Gewalt wieder abnehmen, aber nur, wenn er ihn auf frischer Tat ertappt oder verfolgt, 2.) bei Grundstücken: sofort (d. h. objektiv folgend!) nach der Entziehung den Täter mit Gewalt wieder entsetzen: § 859.

Besitz, Stellung des mittelbaren Besitzers obwohl er nicht die tatsächliche Gewalt ausübt, hat er — bis auf die Selbsthilfe! — die Rechte eines Besitzers: § 869.

Besitz, Stufenbesitz er liegt vor, wenn ein unmittelbarer Besitzer zu einem Dritten in ein Besitzmittlerverhältnis tritt (z. B. bei Untervermietung!); im Verhältnisse zu dem Dritten gilt der unmittelbare Besitzer als mittelbarer Besitzer: § 871.

Besitz, Teilbesitz 1.) nach ideellen Teilen, 2.) nach tatsächlichen Teilen, wenn sich die Herrschaft tatsächlich auf einzelne Teile beschränken läßt, z.B . bei Räumen: § 865.

Besitz, Tod des Besitzers der jeweilige Besitz (mittelbar, fehlerhaft, unmittelbar) geht auf den Erben über (auch ohne tatsächliche Gewalt!): § 857.

Besitz, Übertragung des mittelbaren Besitzes durch Abtretung des Anspruches auf Herausgabe: § 870.

Besitz, unmittelbar — mittelbarer Besitzer wenn jemand auf Grund eines dinglichen oder obligatorischen Rechtsverhältnisses (z. B. Nießbrauch, Pfandrecht, Miete, Leihe, Verwahrung u. a. m.) auf Zeit einem anderen gegenüber zum Besitz berechtigt oder verpflichtet ist, so ist nicht nur er selbst (unmittelbar), sondern auch der andere (mittelbar) zum Besitzer geworden: § 868.

Besitz, Verlust tritt ein durch Aufgabe der Gewalt oder durch Verlust in sonstiger Weise, jedoch nicht durch bloße vorübergehende Behinderung in der Gewaltausübung: § 856.

Besitzdiener wer zwar tatsächliche Gewalt über eine Sache ausübt, jedoch für einen anderen, und gebunden ist: 1.) örtlich = im Haushalt oder Erwerbsgeschäft des anderen;
2.) persönlich = weil er den Weisungen des anderen folgepflichtig ist; er ist nicht Besitzer: § 855.

Besitzerlangung 1.) durch Erreichung der tatsächlichen Gewalt (auch unwissentlich!); 2.) falls Erwerber schon in der Lage ist, die tatsächliche Gewalt auszuüben (z. B. Besitzdiener): durch Einigung zwischen dem bisherigen Besitzer und dem Erwerber: § 854.

Besitzkonstitut Übereignung einer beweglichen Sache oder Bestellung eines Nießbrauches daran dadurch, daß der Veräußerer bezw. Nießbrauchbesteller im Besitze der Sache bleibt und zwischen ihm und dem Erwerber bzw. Nießbraucher ein Besitzmittlerverhältnis gemäß § 868 vereinbart wird: §§ 930, 1032.

Bestätigung, der Adoption s. Annahme an Kindes Statt, Bestätigung.

Bestallung, des Vormundes s. Vormundschaft, Verpflichtung des Vormundes.

Bestand eines Rechts, Haftung beim Verkaufe s. Verität.

Bestandsverzeichnis geordnete Aufstellung einer herauszugebenden Sachgesamtheit oder eines Sachinbegriffes nebst Zu- und Abgängen: § 260.

Bestandteile Teile einer zusammengesetzten beweglichen Sache oder eines Grundstückes (1. wesentliche, die einer Sache ihre Eigenart geben, so daß sie diese durch Trennung verlieren würde, ferner bei Grundstücken: alles, was mit ihnen fest verbunden ist: §§ 93, 94; 2. nicht wesentliche).

Bestandteile, Eigentum daran solange sie mit der Hauptsache zusammenhängen, stehen sie im Eigentum des Eigentümers der Hauptsache: mit der Trennung erlischt das bisherige Recht und es entsteht neues — originäres — Eigentum des bisherigen Eigentümers oder des Trennungsberechtigten: §§ 953 ff.

Besteller s. Werkvertrag.

Bestimmung der Leistung s. billiges Ermessen.

Beurkundung, Beglaubigung der Unterschrift, s. Urkunde, mit Beglaubigung der Unterschrift.

Beurkundung, öffentliche s. Urkunde, öffentliche.

Beweislast, bei der Annahme als Erfüllung wenn ein Gläubiger eine Erfüllung angenommen hat und später behauptet, daß die Leistung unvollständig oder eine andere als die geschuldete gewesen sei, so trifft ihn die Beweislast: § 363.

Beweislast, für Rechtsmängel beim Kauf wenn der Verkäufer Rechtsmängel des Kaufobjektes bestreitet, trifft den Käufer die Beweislast: § 442.

Beweislast beim Rücktritt wenn das Rücktrittsrecht für den Fall der Nichterfüllung einer Verbindlichkeit vereinbart worden war und der andere Teil die Zulässigkeit des Rücktritts deswegen bestreitet, weil er erfüllt habe, so trifft ihn die Beweislast für die Erfüllung, sofern es sich nicht um ein Unterlassen handelt: § 358.

Beweislast, bei der Unmöglichkeit besteht ein Streit darüber, ob die Unmöglichkeit vom Schuldner zu vertreten ist oder nicht, so trifft die Beweislast den Schuldner: § 282.

Bewilligung s. Grundstücksrecht, Bewilligung.

Bewußtlosigkeit erzeugt Nichtigkeit von Rechtsgeschäften, die jemand in diesem Zustande (desgleichen bei vorübergehender Störung der Geistestätigkeit) vorgenommen hat: § 105 Abs. 2.

Bienenschwarm zieht er aus, so wird er herrenlos, wenn der Eigentümer ihn nicht unverzüglich verfolgt oder wenn er die Verfolgung aufgibt: § 961.

Bienenschwarm, sog. Hungerschwarm ausgezogener Schwarm, der in eine fremde besetzte Bienenwohnung einbricht; der Eigentümer des Hungerschwarmes verliert das Eigentum, das auf den Eigentümer der Bienenwohnung übergeht: § 964.

Bienenschwarm, Rechte des Eigentümers der Eigentümer darf bei Verfolgung eines ausgezogenen Schwarmes fremde Grundstücke betreten und die Bienen aus einem fremden, sonst nicht besetzten Stock herausholen: § 962.

Bienenschwärme, Vereinigung die bisherigen Eigentümer werden Bruchteilsmiteigentümer — je nach Zahl der Schwärme! — des eingefangenen Gesamtschwarmes: § 963.

Billiges Ermessen kommt bei Verträgen in Frage, bei denen die Leistung noch nicht fest umrissen ist, sondern erst später bestimmt werden soll, durch einen der Vertragspartner oder einen Dritten, und zwar entsprechend der Billigkeit: sog. **bestimmbare Leistung** (bei unbilliger oder verzögerter Bestimmung erfolgt Festlegung durch den Richter): §§ 315—318.

Billigkeitsentschädigung der nicht deliktsfähige Täter einer unerlaubten Handlung hat, wenn der Schaden nicht von einem aufsichtspflichtigen Dritten ersetzt werden kann, dem Geschädigten eine Schadloshaltung zu gewähren, soweit dies die Billigkeit nach den Umständen, insbesondere nach den Verhältnissen der Beteiligten, verlangt und dem Täter nicht die Mittel zur Bestreitung seines angemessenen Unterhalts und seiner Unterhaltsverpflichtungen entzogen werden: § 829.

Bindung, an eine Einigung s. Grundstücksrecht, Bindung an die Einigung.

Blancoindossament bei Orderpapieren, die mit Blancoindossament versehen sind, steht im Falle eines Nießbrauches der Besitz an dem Papier und dem Erneuerungsschein dem Nießbraucher und dem Eigentümer gemeinschaflich zu: § 1081; Orderpapiere, die mit Blancoindossament versehen sind, hat ein Vormund, falls sie zum Mündelvermögen gehören, bei einer Hinterlegungsstelle zu hinterlegen derart, daß die Herausgabe der Papiere nur mit Genehmigung des Vormundschaftsgerichts verlangt werden kann: § 1814.

Böser Glaube er liegt vor, wenn dem Erwerber einer Sache, die nicht dem Veräußerer gehört, beim Erwerbe bekannt oder infolge Fahrlässigkeit unbekannt ist, daß die Sache nicht dem Veräußerer gehört: § 932.

Bonität Haftung des Verkäufers einer Forderung dafür, daß der Schuldner der Forderung zahlungsfähig ist; die Haftung bezieht sich im Zweifel auf die Zahlungsfähigkeit des Dritten zur Zeit der Abtretung: § 438.

Bote der Bote ist eine zur Übermittlung einer Willenserklärung verwendete Person; der Bote entwickelt keinen eigenen Willen, sondern gibt lediglich die Erklärung eines fremden Willens ab; eine irrtümlich abgegebene Erklärung kann vom Auftraggeber angefochten werden: § 120.

Bote, Verjährung des Anspruches auf Botenlohn der Anspruch verjährt in 2 Jahren: § 196 Ziffer 3.

Bote, Geschäftsfähigkeitsgrad da der Bote keinen eigenen Willen entfaltet, so kann auch ein Geschäftsunfähiger Bote sein.

brevi manu traditio s. Traditionssurrogate, Arten.

Briefhypothek s. Hypothek, Briefhypothek.

Bringschulden solche, die der Schuldner dem Gläubiger überbringt, z. B. Geldschulden (am Erfüllungsort ändert sich nichts): § 270.

Bruchteil, eines Vermögens ein Vertrag, durch den sich jemand verpflichtet, einen Bruchteil seines künftigen Vermögens zu übertragen oder mit einem Nießbrauch zu belasten, ist nichtig: § 310; soweit sich der Vertrag auf den Bruchteil des gegenwärtigen Vermögens bezieht, ist er gültig, bedarf jedoch öffentlicher Beurkundung: § 311.

Bruchteilseigentum s. Miteigentum, Arten.

Bruchteilseigentum, Belastung die Belastung eines Bruchteiles kann nur erfolgen, wenn nicht Alleineigentum, sondern Eigentum nach Bruchteilen vorliegt, dann jedoch auch zu Gunsten eines Miteigentümers: §§ 1095, 1106, 1114.

Buchhypothek s. Hypothek, Buchhypothek.

Bürge, tauglicher s. Sicherheitsleistung, Mittel.

Bürgermeister, Testament s. Testament, Dorftestament.

Bürgschaft 1. wirtschaftlich: Personalsicherung einer Forderung, 2. juristisch: schuldrechtlicher einseitig verpflichtender Vertrag, durch den der Bürge dem Gläubiger eines Schuldners für die Erfüllung einer Verbindlichkeit des letzteren einzustehen verspricht (auch für bedingte oder künftige Forderung zulässig): § 765.

Bürgschaft, Akzessorietät die Bürgschaft ist nach Bestand und Umfang völlig von der Hauptverbindlichkeit abhängig, deren Nichtigkeit, Über- oder Untergang sowie Verringerung das gleiche Schicksal automatisch für die Bürgschaft herbeiführt; eine Vergrößerung der Hauptschuld durch Rechtsgeschäft vergrößert die Haftung der Bürgen nicht, wohl aber eine solche kraft Gesetzes (z. B. Verzugszinsen) oder durch Rechtsverfolgung (z. B. Prozeßkosten): § 767.

Bürgschaft, Anfechtung und Aufrechnung durch Bürgen natürlich kann der Bürge seine eigene Bürgschaftserklärung, z. B. wegen Irrtums, anfechten und mit einer eigenen Forderung gegenüber dem Gläubiger aufrechnen; hingegen kann er nicht die Willenserklärung des Schuldners gegenüber dem Gläubiger anfechten oder mit einer Forderung des Schuldners aufrechnen (sc! weil er nicht über fremde Willenserklärungen oder Forderungen verfügen kann!); solange aber eine solche Anfechtungs- oder Aufrechnungsmöglichkeit besteht, kann er die Befriedigung des Gläubigers verweigern: § 770.

Bürgschaft, Aufgabe von Sicherheiten durch den Gläubiger bestehen neben der Bürgschaft weitere Sicherheiten und gibt der Gläubiger eine davon auf, so wird der Bürge in dem Maße frei, wie er sich bei Entstehung des Revalierungsanspruches aus der aufgegebenen Sicherheit — selbst wenn sie später als die Bürgschaft entstanden war! — hätte befriedigen können: § 776.

Bürgschaft, Ausfallsbürgschaft der Bürge hat sich nur für den Betrag verbürgt, mit dem der Gläubiger beim Schuldner gelegentlich einer Zwangsvollstreckung ausgefallen ist: hier muß der Gläubiger klageweise gegen den Schuldner vorgehen, ehe er sich an den Bürgen wendet (im BGB nicht geregelt!).

Bürgschaft, Einrede der Vorausklage bei Nichterfüllung durch den Schuldner kann der Gläubiger zwar ohne weiteres gegen den Bürgen vorgehen; doch kann dieser verlangen, daß der Gläubiger ihm den Nachweis der vorangegangenen vergeblichen Zwangsvollstreckung beim Schuldner erbringt (bei offensichtlicher Zahlungsunfähigkeit des Schuldners wird der Bürge, um Kosten zu sparen, die Einrede nicht erheben): § 771.

Bürgschaft, Einreden des Bürgen er hat nicht nur seine eigenen Einreden gegenüber dem Gläubiger, sondern auch die des Schuldners, die er sogar dann behält, wenn der Schuldner darauf verzichtet; er hat nicht die Einrede, daß die Schuld sich durch Zwangsvergleich im Konkurs des Schuldners verringert habe oder daß der Erbe des ursprünglichen Schuldners nur beschränkt für die Nachlaßverbindlichkeiten haftet (sc! weil sich der Bürge ja gerade für den Fall der Vermögenslosigkeit des Schuldners verbürgt!): § 768.

Bürgschaft, Form bei dem Vertrage zwischen Gläubiger und Bürgen muß die Erklärung des Bürgen, das sog. Bürgschaftsversprechen, schriftlich sein, nicht aber auch die Annahmeerklärung des Gläubigers; der Formmangel wird durch Erfüllung geheilt: § 766.

Bürgschaft, Gegensatz zur kumulativen Schuldübernahme bei der kumulativen Schuldübernahme entsteht nur ein einziges Schuldverhältnis, bei der Bürgschaft sind es zwei; der leistende Bürge kann vollen Ersatz vom Hauptschuldner fordern, während bei der kumulativen Schuldübernahme dem Leistenden gegen den Mitschuldner nur ein Teil im Ausgleichswege zusteht; die Bürgschaft ist akzessorisch und schriftlich, die kumulative Schuldübernahme selbständig und formlos.

Bürgschaft, Mitbürgschaft mehrere Bürgen haben sich derart verbürgt, daß jeder allein für die ganze Schuld haftet: § 769.

Bürgschaft, Nachbürgschaft eine Bürgschaft, die jemand für den Bürgen, der sich für einen Schuldner verbürgt hat, dem Gläubiger gegenüber übernimmt; der Nachbürge kann stets erst in Anspruch genommen werden, wenn der Bürge vom Gläubiger vergeblich herangezogen wurde (im BGB nicht geregelt!).

Bürgschaft, beteiligte Personen 1.) Gläubiger, 2.) Schuldner, 3.) Bürge. Zwischen Gläubiger und Schuldner: Hauptverbindlichkeit (z. B. Darlehn), zwischen Schuldner und Bürgen: Verbindlichkeit des Bürgen gegenüber Schuldner zur Übernahme der Bürgschaft (z. B. Auftrag), zwischen Gläubiger und Bürgen: Bürgschaft: § 765.

Bürgschaft, Revalierungsanspruch soweit der Bürge den Gläubiger befriedigt, geht dessen Forderung gegen den Schuldner durch cessio legis auf ihn über; bei nur teilweiser Befriedigung und dem Vorhandensein sonstiger Sicherheiten haften diese jedoch in erster Linie für den Gläubiger („der Übergang kann nicht zum Nachteil des Gläubigers geltend gemacht werden"): § 774.

Bürgschaft, Rückbürgschaft Bürgschaft eines Dritten gegenüber dem Bürgen zur Sicherung seines künftigen Revalierungsanspruches gegen den Schuldner; der Rückbürge verbürgt sich also für den Schuldner gegenüber dem Bürgen (im BGB nicht geregelt!).

Bürgschaft, selbstschuldnerische hier steht dem Bürgen die Einrede der Vorausklage nicht zu, und zwar entweder kraft Gesetzes (z. B. Vollkaufmann) oder weil er darauf verzichtet hat: § 771.

Bürgschaft, Teilbürgschaft mehrere Bürgen haben sich derart verbürgt, daß jeder nur für einen Teil der Schuld haftet.

Bürgschaft, Wechsel- und Scheckbürgschaft die auf einem Wechsel oder Scheck schriftl. niedergelegte Bürgschaft zu Gunsten eines durch Wechsel oder Scheck Verpflichteten; sie ist im Gegensatz zur Bürgschaft des BGB nicht streng akzessorisch: der Wechselbürge haftet stets bei echter Unterschrift des Schuldners, selbst wenn dieser aus irgend einem Grunde (z. B. wegen Geschäftsunfähigkeit) nicht haftet.

Bürgschaft, Zeitbürgschaft der Bürge hat sich nur für bestimmte Zeit verbürgt und wird nach deren Ablauf frei, sofern nicht der Gläubiger unverzüglich gerichtlich gegen den Schuldner vorgeht und dem Bürgen nach Verfahrensende anzeigt, daß er ihn in Anspruch nimmt: § 777.

Buchforderung, gegen den Staat Sicherheit kann nur in Höhe von ¾ des Kurswertes geleistet werden: § 236; Buchforderungen gegen einen Staat, die zum Mündelvermögen gehören, hat ein Vormund in das Schuldbuch eintragen zu lassen mit dem Vermerk, daß er über sie nur mit vormundschaftsgerichtlicher Genehmigung verfügen darf: § 1816.

C

cessio legis gesetzlicher Übergang der Forderung vom bisherigen auf einen neuen Gläubiger, wobei die Cessionsregeln Anwendung finden: § 412; solche Fälle treten ein z. B. beim Ablösungsrecht des § 268, beim leistenden Gesamtschuldner nach § 426, beim leistenden Bürgen nach § 774, beim leistenden Faustpfandgeber, welcher nicht der persönliche Schuldner ist nach § 1225 u. a. m.; in allen Fällen findet sich hier der Satz „der Übergang kann nicht zum Nachteil des Gläubigers geltend gemacht werden", was nur in Frage kommt, wenn der alte Gläubiger nur zum Teile befriedigt wird und anderweitige Sicherheiten vorhanden waren, die nunmehr in erster Linie dem alten Gläubiger zur Verfügung stehen.

Cession vertragliche Übertragung einer Forderung vom bisherigen Gläubiger auf einen neuen (abstraktes Verfügungsgeschäft): § 398.

Cessionsverbot Vereinbarung zwischen dem Schuldner und dem Gläubiger einer Forderung dahingehend, daß der Gläubiger die Forderung nicht abtreten dürfe; die dennoch erfolgte Abtretung ist nichtig: § 399.

clausula rebus sic stantibus s. veränderte Vertragsgrundlage.

Collation s. Miterben, Ausgleichungspflicht.

commodum, stellvertretendes Begriff der Unmöglichkeitslehre; wenn der Schuldner statt des untergegangenen Gegenstandes einen Ersatz oder Ersatzanspruch erlangt, so kann der Gläubiger diesen bzw. die Abtretung des Ersatzanspruches begehren: § 281.

compensatio ipso iure fit die Aufrechnung hat rückwirkende Kraft auf den Zeitpunkt, zu welchem sie bereits möglich war (also Aufhören des Zinslaufes, Aufrechnung auch noch evtl. mit verjährten Forderungen): § 389.

compensatio lucri cum damno bei Schadenersatzpflicht wegen Verlustes einer Sache braucht der Verpflichtete Ersatz nur zu leisten gegen Abtretung der Eigentumsrechte des Gläubigers gegen einen Dritten: § 255.

condictio, indebiti, causa finita, ob causam datorum, ob turpem causam s. Ungerechtfertigte Bereicherung.

Construktive Nacherbfolge eine noch nicht erzeugte, zum Erben eingesetzte Person gilt als Nacherbe: § 2101; soll der eingesetzte Erbe die Erbschaft erst mit einem bestimmten Ereignis erhalten, so gilt er als Nacherbe, während die gesetzlichen Erben des Erblassers bis zu dem fraglichen Ereignis als Vorerben anzusehen sind: § 2105.

Contratabularersitzung s. Grundbuch, Kontratabularersitzung.

Contratabularverschweigung s. Grundbuch, Kontratabularverschweigung.

Convaleszenz darunter versteht man einmal die Bestätigung eines anfechtbaren Rechtsgeschäftes durch den Anfechtungsberechtigten: § 144, ferner aber den Umstand, daß in gewissen Fällen Rechtsgeschäfte, die wegen eines Formmangels nichtig sind, durch Erfüllung geheilt werden (z. B. §§ 313, 518, 766 u. a. m.).

culpa in concreto Haftung für diejenige Sorgfalt, die man in eigenen Angelegenheiten anzuwenden pflegt; von der Haftung wegen grober Fahrlässigkeit ist der Schuldner nicht befreit: § 277.

culpa in contrahendo Haftung für Schadenszufügung beim Abschluß eines Vertrages: § 276.

culpa in eligendo, in custodiendo Haftung für mangelnde Sorgfalt bei der Auswahl oder Überwachung einer anderen Person (z. B. §§ 664, 691, 831).

D

Darlehen obligatorischer, einseitiger Realvertrag, entstehend durch Übereignung von Geld oder vertretbaren Sachen, gerichtet auf Rückgabe von Sachen gleicher Art, Güte u. Menge; auch kann, wenn jemand aus einem anderen Grunde solche Sachen schuldet, mit dem Gläubiger vereinbart werden, daß die Sachen als Darlehen geschuldet werden sollen: § 607.

Darlehn, Baugelderdarlehn ein Darlehnsversprechen an einen Grundstückseigentümer zur Durchführung eines Bauvorhabens, meist gegen hyp. Sicherheit; gewöhnlich tritt der Empfänger des Versprechens, je nach Fortschreiten des Baues, einen Teil der Forderung an den Bauunternehmer ab, ohne selbst das Geld zu erhalten, damit für alle Beteiligten die Gewähr für die Durchführung des Baues gegeben ist.

Darlehen, von Kreditanstalten hier können vorzeitige Zinseszinsversprechen von den Darlehensnehmern verlangt werden, soweit in Höhe der Darlehen verzinsliche Inhaberschuldverschreibungen von den Kreditanstalten ausgegeben werden: § 248.

Darlehnsversprechen die dem Darlehn vorangehende Zusage der künftigen Darlehnsgewährung; der daraus hervorgehende Anspruch ist abtretbar; verschlechtert sich nach Abgabe des Versprechens, aber vor Gewährung des Darlehns, die Vermögenslage des Empfängers erheblich, so ist der Versprechende — wegen veränderter Vertragsgrundlage! — zum Widerruf befugt (ähnlich § 321): § 610.

Deckungsverhältnis hierunter versteht man das Rechtsverhältnis zwischen dem Anweisenden und dem Angewiesenen einer Anweisung: § 787.

Deflorationsanspruch s. Verlöbnisbruch, sog. Kranzgeld.

Delikt s. unerlaubte Handlung.

Dereliktion Aufgabe des Eigentums einer beweglichen Sache, welche hierdurch herrenlos wird durch gleichzeitige Besitzaufgabe: § 959.

Devastationsanspruch Anspruch eines Hypothekars auf vorzeitige Befriedigung aus dem belasteten Grundstück, falls durch dessen Verschlechterung eine Gefährdung der Hypothek eintritt: § 1133.

Dienstbarkeiten, Servituten unvererbliche und unveräußerliche Belastungen eines Gegenstandes derart, daß in bestimmter Weise auf diesen eingewirkt werden kann.

Dienstbarkeit, beschränkt persönliche die sog. irreguläre Personalservitut ist das unveräußerliche und unvererbliche Recht einer Person, ein Grundstück in bestimmter Weise benutzen zu dürfen: § 1090.

Dienstbarkeit, Wohnrecht eine beschränkte persönliche Dienstbarkeit, darin bestehend, daß eine Person ein Gebäude oder einem Teil desselben unter Ausschluß des Eigentümers bewohnen darf; sie kommt besonders beim Altenteil vor: § 1093.

Dienstbarkeiten, Objekte Grundstücke, bewegliche Sachen, Rechte, evtl. sogar Vermögensmassen (die drei letzeren beim Nießbrauch)!

Dienste, entgangene, infolge einer unerlaubten Handlung s. unerlaubte Handlung, unmittelbar Geschädigter.

Dienste im Haushalt und Erwerbsgeschäft s. Arbeitspflicht der ehelichen Kinder.

Dienstverhältnis, eines Minderjährigen hat er es mit Ermächtigung des gesetzlichen Vertreters begründet, so ist er für alle in Frage kommenden Rechtsgeschäfte als voll geschäftsfähig zu betrachten, mit Ausnahme derjenigen, zu denen der Vertreter vormundschaftsgerichtliche Zustimmung benötigt: § 113.

Dienstvertrag gegenseitiger Vertrag, gerichtet auf Leistung von Arbeiten gegen Gewährung eines Dienstlohnes: § 611.

Dienstvertrag, Arten der Dienste sie können höherer oder niederer Art sein, in tatsächlichen Verrichtungen oder in der Vornahme von Rechtsgeschäften (nur in diesem Falle Vollmacht möglich!) bestehen: § 611 Abs. 2.

Dienstvertrag, Freizeit nach Kündigung der Dienstpflichtige hat Anspruch auf Freizeit zwecks Aufsuchens einer anderen Stellung: § 629.

Dienstvertag, Fürsorgepflicht des Dienstherrn Räume, Gerätschaften u. a. m. sind in einem, jede Gefahr des Dienstpflichtigen verhindernden Zustand zu halten, ist der Dienstpflichtige in die häusliche Gemeinschaft des Dienstherrn aufgenommen, so muß ihm bei Erkrankung ärztliche Hilfe geleistet werden, ebenso sind Wohn- und Schlafräume, Verpflegung, Arbeits- und Erholungszeit entsprechend der Religion, Gesundheit und Sittlichkeit zu halten; diese sämtlichen Ansprüche sind unabdingbar: §§ 617—619.

Dienstvertrag, Gläubigerverzug des Dienstherrn die Vergütung ist weiter zu gewähren, die Dienste sind nicht nachzuleisten: § 615.

Dienstvertrag, Kündigung die gesetzlichen Kündigungsfristen sind die gleichen wie bei der Grundstücksmiete; bei Diensten höherer Art ist, gleichgültig wie der Dienstlohn bemessen ist, mit einer Frist von 6 Wochen zum Quartalsende zu kündigen: §§ 621, 622.

Dienstvertrag, Persönlichkeitsbetonung der Anspruch auf die Dienste ist nicht abtretbar, umgekehrt muß der Dienstpflichtige in Person (kein Substitut) leisten: § 613.

Dienstvertrag, Verhinderung des Dienstpflichtigen an der Leistung er behält, wenn er für verhältnismäßig nicht erhebliche Zeit durch einen unverschuldeten, in seiner Person liegenden Grund an der Dienstleistung verhindert ist, den Anspruch auf den Dienstlohn: § 616.

Dienstvertrag, Zeugnis bei einem dauernden Dienstverhältnis ist auf Wunsch ein schriftl. Zeugnis über Art und Dauer der Dienste auszustellen, auf Verlangen auch über Führung und Leistungen; es darf nicht unrichtig sein, aber auch nicht so abgefaßt, daß es dem späteren Fortkommen des Dienstpflichtigen schadet: § 630.

Differenzgeschäft Vertrag auf Lieferung von Waren oder Wertpapieren in der Absicht daß keine effektive Lieferung und Zahlung erfolgen soll, sondern lediglich der Unterschied zwischen dem vereinbarten Preise und dem Börsen- oder Marktpreise der Lieferungszeit zu zahlen ist, als Kaufvertrag ist das Geschäft, da ein Scheingeschäft, nach § 117 nichtig; es ist hingegen als ein Spiel aufzufassen: § 764.

diligentia quam suis Einstehen für diejenige Sorgfalt, die man in eigenen Angelegenheiten anzuwenden pflegt; von der Haftung wegen grober Fahrlässigkeit ist der Schuldner nicht befreit: § 277.

Dingliche Rechte Herrschaftsbefugnisse über bewegliche Sachen und Grundstücke; ausnahmsweise auch an Rechten möglich.

Dingliche Rechte, an Grundstücken Eigentum, drei Dienstbarkeiten (Grunddienstbarkeit, Nießbrauch, beschränkte persönliche Dienstbarkeit), 2 Pfand- und 2 absolute Verwertungsrechte (Sicherungs- u. Verkehrshypothek, Grund- und Rentenschuld), Erbbaurecht, dingliches Vorkaufsrecht, Reallast.

Dingliche Rechte, an Rechten Nießbrauch, Pfandrecht.

Dingliche Rechte, an beweglichen Sachen Eigentum, Nießbrauch, Pfandrecht.

Dingliche Surrogation s. Surrogation, dingliche.

Dinglicher Anspruch Anspruch auf: 1. Herausgabe einer Sache, 2. Beseitigung einer Störung, 3. bei beweglichen Sachen außerdem: auf Aufsuchung, falls die Sache, ohne Wegnahme, auf ein fremdes Grundstück gelangt ist.

Dinglicher Arrest hat jemand auf Grund von Selbsthilfe einem Anderen eine Sache weggenommen, so muß er unverzüglich den dinglichen Arrest beantragen: § 230.

Dissens, Mißverständnis das bewußte oder unbewußte Auseinanderfallen von Angebot und Annnahme bei einem Vertrag (dieser ist gewöhnlich nichtig!): §§ 154, 155.

Dividende wiederkehrende, der Höhe nach unregelmäßig schwankende, in Teilen des Hauptrechtes ausgedrückte Nebenleistungen; sie sind Früchte eines Mitgliedschaftsrechts, z. B. einer Aktie.

Dolmetscher wenn bei Errichtung eines öffentlichen Testamentes der Erblasser der deutschen Sprache nicht mächtig ist, so muß ein vereidigter Dolmetscher zugezogen werden: § 2244.

Doppelehe s. Ehehindernis, frühere Ehe und: Ehenichtigkeit, sonstige Gründe.

Dorftestament s. Testament, Dorftestament.

Draufgabe, arrha äußeres Zeichen des Abschlusses eines Vertrages; Leistung ist bei Erfüllung anzurechnen oder zurückzugeben; ist im Zweifel kein Reugeld: §§ 336—338.

Dreimonatseinrede des Erben s. Erbe, aufschiebende Einreden.

Dreißigster s. Nachlaßverbindlichkeiten, „Dreißigster".

Dritter, Verträge zu Gunsten Dritter s. Vertrag zu Gunsten Dritter.

Dritter, Nachlaß eines noch lebenden Dritten Verträge über den Nachlaß eines noch lebenden Dritten sind nichtig, ausgenommen von künftigen gesetzlichen Erben über die gesetzlichen Erbteile: § 312.

Drittgeschädigte, Ersatzansprüche s. unerlaubte Handlung, unmittelbar Geschädigter.

Drittherausgabepflicht, bei ungerechtfertigter Bereicherung s. ungerechtfertigte Bereicherung, gültige Verfügung eines Nichtberechtigten, jedoch unentgeltlich und: unentgeltliche Zuwendung.

Drittleistung s. Substitut.

Dritttäuschung Beugung des Willens einer Person durch Irrtumserregung bei einer Willenserklärung, und zwar nicht durch deren Empfänger, sondern durch Dritten; berechtigt zur Anfechtung nur, wenn der Empfänger die Täuschung kannte oder kennen mußte: § 123 Abs. 2.

Drohender Einsturz s. Grundstück, Einsturzgefahr.

Drohung Willenserklärungen, zu denen der Erklärende widerrechtlich durch Drohung — gleichgültig, durch wen — bestimmt worden ist, können von ihm binnen 1 Jahr seit Aufhören der Zwangslage angefochten werden: §§ 123, 124.

Drohung, erzwungener Geschlechtsverkehr s. unerlaubte Handlung, weibliche Ehre.

Dürftigkeit des Nachlasses Geringfügigkeit eines überschuldeten Nachlasses derart, daß nicht einmal die Kosten einer Nachlaßverwaltung oder eines Nachlaßkonkurses gedeckt sind; der Erbe kann die Befriedigung der Nachlaßgläubiger insoweit verweigern, als der Nachlaß nicht ausreicht, muß jedoch den Gläubigern den Nachlaß herausgeben: § 1990.

E

Ehe, Einwilligung des gesetzlichen Vertreters und des Sorgeberechtigten der Beschränktgeschäftsfähige benötigt zur Eheeingehung die Einwilligung des gesetzlichen Vertreters und, falls dieser nicht allein die Personalsorge hat, auch die Einwilligung des Sorgeberechtigten; die verweigerte Einwilligung kann durch das Vormundschaftsgericht ersetzt werden: § 3 EheGes.

Eheabschluß erfolgt durch mündliche, persönliche, gleichzeitige Erklärung des Eingehenwollens der Ehe vor dem zur Entgegennahme bereiten Standesbeamten; Bedingungen oder Zeitbestimmungen sind unzulässig: § 13 EheGes.

Eheabschluß, Eintragung ins Heiratsregister erfolgt nach Eheabschluß, hat nur deklaratorische Wirkung.

Eheabschluß, Heiratsurkunde Auszug aus dem Heiratsregister, wird den Ehegatten nach Eheabschluß ausgehändigt.

Eheabschluß Zeugen sie sollen beim Eheabschluß zugegen sein: § 14 EheGes.

Eheaufhebung Anfechtung der Ehe im Klagewege wegen 1.) beschränkter Geschäftsfähigkeit, 2.) Willensmängel: §§ 28—34 EheGes.

Eheaufhebung, Willensmängel Irrtum (auch Motivirrtum!), arglistige Täuschung (nicht: über Vermögensverhältnisse!), Zwang: §§ 31—34 EheGes.

Eheaufhebung, Wirkung die Eheaufhebung kann nur im Wege der Klage durchgeführt werden (klagebefugt: bei beschränkter Geschäftsfähigkeit: der gesetzliche Vertreter; in den sonstigen Fällen: der andere Ehegatte); durch das Urteil wird die Ehe — wie bei der Scheidung! — im Moment der Rechtskraft des Urteils beseitigt, jedoch ohne rückwirkende Kraft: §§ 28, 29, 37 EheGes.

Ehebruch s. Ehehindernis, Ehebruch, Ehescheidung, wegen Ehebruches.

Ehehindernisse, Umstände, welche die Eheeingebung verhindern 1.) aufschiebende: sie lassen die dennoch geschlossene Ehe unberührt, 2.) auflösende: sie führen zur Beseitigung der abgeschlossenen Ehe.

Ehehindernis, Auseinandersetzung wer minderjährige eheliche Kinder hat, darf zu einer neuen Ehe erst schreiten, wenn er sich vermögensrechtlich mit den Kindern auseinandergesetzt hat (Zeugnis des Vormundschaftsgerichts!): § 9 EheGes.

Ehehindernis, Ehebruch eine Ehe zwischen einer wegen Ehebruch geschiedenen Person und demjenigen, mit dem urteilsmäßig Ehebruch getrieben worden ist (Grund der Scheidung!), ist verboten; Befreiung ist statthaft: § 6 EheGes.

Ehehindernis, frühere Ehe (Doppelehe) diese verhindert bis zur rechtskräftigen Auflösung oder Nichtigkeitserklärung die Eingehung einer neuen Ehe (trennendes Hindernis): § 5 EheGes.

Ehehindernis, Verwandtschaft Verwandtschaft und Schwägerschaft in gerader Linie sowie zwischen (voll- oder halbbürtigen) Geschwistern ist ein (trennendes) Ehehindernis; Befreiung vom Eheverbot der Schwägerschaft, desgleichen der Geschlechtsgemeinschaft, ist möglich: § 4 EheGes.

Ehehindernis, Wartepflicht eine Frau darf erst 10 Monate nach Auflösung oder Nichtigkeitserklärung einer früheren Ehe heiraten, sofern sie nicht inzwischen geboren hat; Befreiung ist möglich: § 8 EheGes.

Eheleben, Eigentumsvermutung hinsichtlich der Mobilien der Ehegatten was im Besitz beider oder eines der Ehegatten ist, gilt für die Gläubiger des schuldnerischen Ehegatten als

Vermögen dieses Ehegatten; jedoch nicht bei Getrenntleben und Besitz des nichtschuldnerischen Ehegatten, Sachen, die ausschließlich zum persönlichen Gebrauch eines Ehegatten bestimmt sind, gelten im Verhältnis der Ehegatten unter sich und gegenüber Gläubigern als Vermögen des Ehegatten, für dessen Gebrauch sie bestimmt sind; beide Vermutungen sind widerleglich: § 1362.

Eheleben, Entscheidung über persönliche Fragen steht jedem Ehegatten allein zu.

Eheleben, Erwerbstätigkeit der Frau sie kann erwerbstätig sein, soweit dies mit Ehe- und Familienpflichten vereinbar ist: § 1356.

Eheleben, Haftungsgrad der Ehegatten sie haften einander für die Sorgfalt wie in eigenen Angelegenheiten: § 1359.

Eheleben, Leitung des Hauswesens die Frau ist berechtigt und verpflichtet, den Haushalt in eigener Verantwortung zu führen: § 1356.

Eheleben, Schlüsselgewalt Recht der Frau, innerhalb des häuslichen Wirkungskreises Geschäfte mit Wirkung für den Mann zu besorgen; aus derartigen Rechtsgeschäften wird, sofern nicht aus den Umständen sich etwas anderes ergibt, der Mann berechtigt und verpflichtet; bei Zahlungsunfähigkeit des Mannes wird auch die Frau verpflichtet: § 1357.

Eheleben, Schlüsselgewaltsbeschränkung kann durch Ehemann erfolgen, hat Dritten gegenüber aber nur bei Eintragung im Güterrechtsregister oder bei Kenntnis Bedeutung; stellt sich die Beschränkung oder Ausschließung als Mißbrauch dar, so hebt sie das Vormundschaftsgericht auf Antrag der Frau auf: § 1357.

Eheleben, Staatsangehörigkeit der Frau sie verliert durch Heirat mit einem Nichtdeutschen nicht automatisch ihre deutsche Staatsangehörigkeit.

Eheleben, Unterhaltspflicht der Ehegatten wechselseitige Pflicht der Ehegatten, durch ihre Arbeit und mit ihrem Vermögen die Familie angemessen zu unterhalten, wobei die Frau ihren Arbeitsbeitrag gewöhnlich durch die Haushaltsführung erbringt und zu einer Erwerbstätigkeit nur verpflichtet ist, falls die Arbeitskraft des Mannes und die Einkünfte der Eheleute zum Familienunterhalt nicht ausreichen und ferner die Verwertung des Vermögensstammes den Verhältnissen der Eheleute nicht entspricht: § 1360.

Eheleben, Unterhaltspflicht bei Getrenntleben Unterhalt ist in Form einer monatlich vorauszahlbaren Geldrente zu entrichten, jedoch nur, falls dies der Billigkeit entspricht, unter Berücksichtigung der Trennungsgründe sowie der Bedürfnisse und der Erwerbs- und Vermögensverhältnisse; kein Unterhaltsanspruch bei grundloser Verweigerung der Herstellung des ehelichen Lebens; bei Verschulden der Trennung durch den Mann kann dieser von der Frau Bestreitung ihres Unterhalts durch Eigenerwerb nur verlangen, wenn sie auch bei Fortbestehen der häuslichen Gemeinschaft hierzu verpflichtet wäre, oder wenn die Inanspruchnahme des Mannes sich als grobe Unbilligkeit darstellen würde: § 1361.

Eheleben, Unterhaltsumfang hierzu gehört alles, was gemäß den Verhältnissen der Eheleute für die Bestreitung der Haushaltskosten, der persönlichen Bedürfnisse der Ehegatten und des Lebensbedarfes gemeinsamer unterhaltsberechtigter Kinder nötig ist; der Mann hat der Frau seinen Beitrag für einen angemessenen Zeitraum im voraus zu leisten; jeder Ehegatte hat dem anderen bei Bedürftigkeit die Prozeßkosten, auch eines Strafverfahrens, vorzuschießen, soweit der Rechtsstreit eine persönliche Angelegenheit betrifft: § 1360 a.

Eheleben, Verteilung der Haushaltssachen bei Getrenntleben jeder Ehegatte kann seine eigenen Haushaltssachen von dem anderen herausverlangen, muß sie aber dem anderen, ohne Änderung der Eigentumsverhältnisse, zum Gebrauch überlassen, soweit dieser sie benötigt und die Überlassung der Billigkeit entspricht; mangels Einigung der Ehegatten entscheidet das zuständige Gericht, das eine Benutzungsvergütung festsetzen kann: § 1361 a.

Eheleben, Wohnsitz der Frau sie begründet ihren eigenen Wohnsitz.

Eheliches Kind, Arbeitspflicht s. Arbeitspflicht der ehelichen Kinder.

Eheliches Kind, Ausstattung was einem Kinde (Sohn oder Tochter) bei der Verheiratung oder bei der Begründung einer selbständigen Lebensstellung von den Eltern gegeben wird: § 1624.

Eheliches Kind, Ausstattungsnatur es handelt sich um eine — nicht klagbare — Naturalobligation: was die Eltern dem Kinde ihren Vermögensverhältnissen entsprechend mitgegeben haben, ist insoweit keine Schenkung und kann weder widerrufen noch zurückgefordert werden: § 1624.

Eheliches Kind, Ehelichkeitsvermutung liegt vor, wenn ein Kind während der Ehe geboren und vor oder während der Ehe vom Ehemann der Mutter erzeugt worden ist; dies gilt auch bei Nichtigerklärung der Ehe: § 1591.

Eheliches Kind, Familienname der des Vaters: § 1616.

Eheliches Kind, Mitgift ist gewöhnlich eine Ausstattung gemäß § 1624.

Ehelichkeit, des Kindes bei Wiederverheiratung der Frau wird in der zweiten Ehe ein Kind geboren, das nach §§ 1591, 1592 ein eheliches Kind sowohl des ersten als auch des zweiten Mannes wäre, so gilt es als eheliches Kind des zweiten Mannes; bei Anfechtung der Ehelichkeit und rechtskräftiger Feststellung, daß das Kind kein eheliches Kind des zweiten Manes ist, gilt es als eheliches Kind des ersten Mannes: § 1600.

Ehelichkeitsanfechtung s. Anfechtung der Ehelichkeit eines Kindes.

Ehelichkeitsanfechtung, Durchführung der Mann bzw. seine Eltern klagen gegen das durch einen Pfleger vertretene Kind (Frist 2 Jahre bezw. 6 Monate); das Kind klagt gegen den Mann (Frist 2 Jahre); ist das Kind oder der Mann tot, so wird die Ehelichkeit durch Antrag beim Vormundschaftsgericht angefochten: §§ 1594—1599.

Ehelichkeitserklärung s. Legitimation unehelicher Kinder, durch Ehelichkeitserklärung.

Ehename der Ehefrau Familienname des Mannes, dem die Frau ihren Mädchennamen hinzufügen kann, durch öffentlich beglaubigte Erklärung gegenüber dem Standesbeamten: § 1355.

Ehemäklerlohn s. Mäklervertrag, Ehemäklerlohn.

Ehemündigkeit beim Mann: Vollendung des 21., bei der Frau: Vollendung des 16. Lebensjahres; Befreiung kann gewährt werden; dem Manne jedoch nur nach Vollendung des 18. Lebensjahres, falls er vollgeschäftsfähig geworden ist: § 1 EheGes.

Ehenichtigkeit Herbeiführung der Unwirksamkeit einer Ehe mit rückwirkender Kraft; nur durch Klage möglich: § 23 EheGes.

Ehenichtigkeit, bei Formmangel wenn die Ehegatten nicht persönlich und gleichzeitig mündlich ihre Erklärungen vor dem zur Entgegennahme bereiten Standesbeamten abgegeben haben: § 17 EheGes.

Ehenichtigkeit, sonstige Gründe Geschäftsunfähigkeit oder Bewußtlosigkeit eines der Verlobten bei Eheabschluß, Doppelehe, zu nahe Verwandtschaft, Eheabschluß mit Ehebrecher, Namensehe: §§ 18-22 Ehe-Ges.

Ehenichtigkeit, Klagebefugnis jeder der Ehegatten, bei Doppelehe: der verlassene Ehegatte; ferner: der Staatsanwalt: § 24 EheGes.

Ehenichtigkeit, Wirkung gegenüber Dritten sie kann einem Dritten nur entgegengehalten werden, wenn ihm die Nichtigkeit der Ehe oder das Nichtigkeitsurteil bekannt war: § 27 EheGes.

Ehescheidung gerichtliche Auflösung der Ehe mit Wirkung ab Rechtskraft des Urteils: § 41 EheGes.

Ehescheidung, Ablauf des Klagerechtes zehn Jahre nach dem Eintritt des Scheidungsgrundes: § 50 EheGes.

Ehescheidung, Besonderheit bei ehewidrigem Verhalten während Ehebruch ohne weiteres einen Ehescheidungsgrund darstellt, muß bei ehewidrigem Verhalten stets festgestellt werden, daß hierdurch die Ehe tatsächlich zerrüttet worden ist (war sie schon zerrüttet, so stellt das Verhalten keinen Ehescheidungsgrund dar): § 43 EheGes.

Ehescheidung, wegen Ehebruches der Name der Person, mit der die Ehe gebrochen wurde, ist im Urteil festzustellen.

Ehescheidung, Erlöschen des Rechts auf Scheidung 1.) durch Verzeihung, 2.) durch Zeitablauf = 6 Monate seit Kenntnis des Scheidungsgrundes: §§ 49, 50 EheGes.

Ehescheidung, Erlöschen der Unterhaltspflicht mit dem Tode oder der Wiederverheiratung des Berechtigten, nicht aber durch den Tod des Verpflichteten: §§ 67, 69, 70 EheGes.

Ehescheidung, Gründe 1. wegen Verschuldens: bei Ehebruch oder ehewidrigem Verhalten: §§ 42, 43 EheGes., 2. aus anderen Gründen, und zwar a) bei Geisteskrankheit, b) bei Ehezerrüttung wegen eines auf geistiger Störung beruhenden Verhaltens, c) bei ansteckenden oder ekelerregenden Krankheiten, d) bei Aufhebung der häuslichen Gemeinschaft seit 3 Jahren: §§ 44—48 EheGes.

Ehescheidung, sog. Illustrationsfakta Tatsachen, die an sich wegen Zeitablaufes oder Verzeihung eine Ehescheidung selbständig nicht mehr begründen können, aber mit herangezogen werden können neben anderen Gründen: § 51 EheGes.

Ehescheidung, Kinder aus geschiedenen Ehen das Vormundschaftsgericht bestimmt, welchem Elternteil die elterliche Gewalt zustehen soll, wobei von einem gemeinsamen Elternvorschlag nur im Interesse des Kindeswohles abgewichen werden darf; die elterliche Gewalt soll möglichst der nichtschuldige Teil erhalten; Teilung ist möglich, Übertragung der Personal- und Vermögenssorge an einen Vormund oder Pfleger ist statthaft: § 1671.

Ehescheidung, Klagebefugnis niemals ein Dritter oder der Staat, sondern nur jeder der Ehegatten: §§ 42 ff EheGes.

Ehescheidung, Name der geschiedenen Ehefrau sie behält den Ehenamen, kann aber ihren früheren Familiennamen wieder annehmen, wozu öffentlich beglaubigte Erklärung dem Standesbeamten gegenüber nötig ist; der allein oder überwiegend für schuldig erklärten Frau kann der Mann die Weiterführung seines Namens untersagen; endlich kann das Vormundschaftsgericht durch Beschluß auf Antrag des Mannes der Frau die Weiterführung des Ehenamens untersagen, wenn sie nach erfolgter Scheidung sich einer schweren Verfehlung gegen den Mann schuldig macht oder einen ehr- oder sittenlosen Lebenswandel führt: §§ 54—57 EheGes.

Ehescheidung, Prozeßmöglichkeiten des Beklagten er kann 1.) Klageabweisung beantragen, 2.) Widerklage erheben, 3.) einen Mitschuldantrag stellen: § 52 EheGes.

Ehescheidung, Schenkungen bei Alleinschuld eines Ehegatten kann der andere Schenkungen widerrufen, die er während des Brautstandes oder der Ehe gemacht hat: § 73 EheGes.

Ehescheidung, Schuldausspruch wird die Ehe wegen Verschuldens geschieden, so hat ein Schuldausspruch im Urteil zu erfolgen; bei Ehescheidung aus anderen Gründen entfällt ein Schuldausspruch, sofern nicht der Beklagte zur Zeit der Klageerhebung oder später seinerseits auf Scheidung wegen Verschuldens des Klägers hätte klagen können, falls der Antrag des Beklagten vorliegt, das Verschulden des Klägers urteilsmäßig festzustellen: §§ 52, 53 EheGes.

Ehescheidung, Unterhaltsregelung zwischen den Ehegatten der allein oder überwiegend schuldige Mann hat der Frau angemessenen Unterhalt zu gewähren, soweit dieser nicht durch ihre Vermögens- oder Arbeitseinkünfte bestritten wird; die überwiegend oder allein schuldige Frau hat den Mann zu unterhalten, soweit er hierzu außerstande ist; sind beide Ehegatten schuldig, entfallen Unterhaltsansprüche, ausgenommen bei Billigkeitserwägungen: §§ 58—60 EheGes.

Ehescheidung, Unterhaltsverträge die Ehegatten können solche Verträge vor oder nach der Rechtskraft des Urteils schließen; sie sind gültig, auch wenn durch sie die Scheidung erleichtert oder ermöglicht werden sollte, es sei denn, daß die Vereinbarung sittenwidrig ist oder im Zusammenhang mit der Verständigung über die Geltendmachung eines nicht oder nicht mehr bestehenden Scheidungsgrundes steht: § 72 EheGes.

Ehescheidung, ehewidriges Verhalten eine schwere, schuldhafte, die Ehe zerrüttende Verfehlung derart, daß dem anderen Teil die Fortsetzung der Ehe nicht zugemutet werden kann: z. B. grobe Mißhandlung, Beschimpfung, liederlicher Lebenswandel, Verkehrsverweigerung, u. a. m.: § 43 EheGes.

Ehescheidung, ehelicher Verkehr gilt als Verzeihung, bei Kenntnis des Scheidungsgrundes: § 49 EheGes.

Ehescheidung, Zuständigkeit zuständig ist, ohne Rücksicht auf den Streitwert, das Landgericht des Wohnsitzes des Ehemannes.

Eheschließung s. Eheabschluß.

Ehevertrag Regelung der güterrechtlichen Verhältnisse der Ehegatten untereinander; der Vertrag muß bei gleichzeitiger Anwesenheit beider Teile vor Gericht oder Notar geschlossen werden: §§ 1408, 1410.

Ehewirkungen allgemein: die Pflichten und Rechte, welche die Ehegatten durch die Ehe einander gegenüber haben, und zwar ohne Rücksicht auf den Güterstand.

Ehewirkungen, Pflicht zur Lebensgemeinschaft die Ehegatten sind einander zur wechselseitigen Treue und Sorge (Generalklausel), Geschlechtsverkehr pp. verpflichtet, sofern sich nicht das Verlangen als Mißbrauch darstellt oder der andere Gatte befugt ist, Scheidungsklage zu erheben: § 1353.

Ehrenrechte, bürgerliche wer der bürgerlichen Ehrenrechte für verlustig erklärt ist, soll nicht zum Vormunde bestellt werden: § 1781; eine solche Person soll auch nicht als Zeuge bei der Errichtung eines öffentlichen Testamentes mitwirken: § 2237.

Eidesstattliche Versicherung, bei der Erteilung eines Erbscheines s. Erbschein, Erteilung.

Eigenbesitz s. Besitz, Eigenbesitzer

Eigenbesitz, Notwendigkeit des Eigenbesitzes bei der Haftung wegen Einsturz eines Gebäudes kommt als Besitzer der Eigenbesitzer in Frage: §§ 836 ff; zur Ersitzung ist Eigenbesitz notwendig: §§ 900, 937; wer eine Sache als gutgläubiger Eigenbesitzer inne hat, erwirbt das Eigentum an den Erzeugnissen mit der Trennung: § 955.

Eigenhändiges Testament s. Testament, privatschriftliches.

Eigenmacht, verbotene s. Besitz, verbotene Eigenmacht.

Eigenschaften, zugesicherte Nebenabreden beim Kauf-, Miet- und Werkvertrag derart, daß der Verkäufer, Vermieter oder Unternehmer erklärt, daß das Objekt des Vertrages bestimmte Eigenschaften besitze. Das Fehlen dieser Eigenschaften wird als Sachmangel angesehen, berechtigt beim Kauf- und Werkvertrage den Käufer bzw. Besteller zu Wandlung oder Minderung, führt bei der Miete zu einer Minderung des Mietzinses. Fehlt beim Kaufe die zugesicherte Eigenschaft schon beim Vertragsabschluß oder beruht das Fehlen beim Werk- oder Mietvertrage auf einem Umstand, den der Unternehmer oder Vermieter zu vertreten hat, so kann statt der sonstigen Rechte Schadenersatz verlangt werden: §§ 459, 462, 463, 537, 538, 633—635.

Eigentümergrundschuld s. Hypothek, Eigentümergrundschuld.

Eigentümerhypothek s. Hypothek, Eigentümerhypothek.

Eigentum die rechtliche Herrschaft über eine Sache: § 903.

Eigentum, abgeleitetes oder derivatives bei diesem Wechsel des Eigentums tritt nur ein Wechsel in der Person der Berechtigten ein, während das Recht das gleiche bleibt (also Fortdauer der Belastungen!).

Eigentum, Anlagen der Grundstückseigentümer muß — entgegen § 903! — die Errichtung oder Unterhaltung von Anlagen unterlassen, die das Nachbargrundstück voraussichtlich belästigen werden: § 907.

Eigentum, Ansprüche daraus sie sind bei Verletzung des Eigentums gegeben gegen den Verletzenden, und zwar: 1.) bei Wegnahme: auf Herausgabe, 2.) bei Störung: auf Beseitigung der Störung bezw. auf Unterlassung; 3.) ist eine bewegliche Sache ohne Wegnahme auf ein fremdes Grundstück gelangt: auf Aufsuchung: §§ 985, 1004, 1005.

Eigentum, Anspruch auf Herausgabe, rei vindicatio Anspruch des nicht besitzenden Eigentümers gegen den besitzenden Nichteigentümer, auf Herausgabe: §§ 985.

Eigentum, Anspruch auf Herausgabe und Aufwendungen der Beklagte kann Ersatz für Aufwendungen hinsichtlich der Sache verlangen, jedoch nicht für die Zeit, für welche ihm die Nutzungen verbleiben; notwendige Verwendungen nach Rechtshängigkeit oder Eintritt der Bösgläubigkeit sind nach Vorschriften der Geschäftsführung ohne Auftrag zu ersetzen, andere Verwendungen nur, soweit sie den Wert oder die Tauglichkeit der Sache erhöhten: §§ 994—999.

Eigentum, Anspruch auf Herausgabe und Beweislast bei Mobilien der Kläger muß das Nichteigentum des Beklagten und sein eigenes Eigentum beweisen: zu Gunsten des Beklagten spricht die Besitzvermutung des § 1006, die der Kläger widerlegen muß (z. B. Nachweis, daß es eine gestohlene Sache ist oder daß der Beklagte beim Erwerb bösgläubig war); dann hat er seinen früheren Besitz zu beweisen, wodurch er die Vermutung des § 1006 für sich selbst in Anspruch nimmt.

Eigentum, Anspruch auf Herausgabe und Einreden der Beklagte kann geltend machen, daß er zum Besitz berechtigt sei (z. B. durch Miete); hat der Kläger das Eigentum durch Vindikationszession nach § 931 erworben, so kann der Beklagte dartun, daß er dem Veräußerer gegenüber zum Besitz berechtigt ist (z. B. auf Grund eines Mietvertrages): § 986.

Eigentum, Anspruch auf Herausgabe und Nutzungen der Beklagte hat die seit Rechtshängigkeit oder Eintritt seiner Bösgläubigkeit gezogenen

Nutzungen herauszugeben und für schuldhaft ordnungsgemäß nicht gezogene Nutzungen Ersatz zu leisten; bei unentgeltlicher Besitzerlangung hat er die vor Eintritt der Rechtshängigkeit gezogenen Nutzungen nach den Vorschriften der ungerechtfertigten Bereicherung herauszugeben: §§ 987 ff.

Eigentum, Anspruch auf Herausgabe und Verschlechterung der Sache der Beklagte haftet auf Schadenersatz, wenn der Schaden durch sein Verschulden eingetreten ist zur Zeit der Rechtshängigkeit oder des Eintritts der Bösgläubigkeit; war der Besitz durch verbotene Eigenmacht oder strafbare Handlung erlangt, so haftet er sogar (wie bei unerlaubten Handlungen) für Zufall: §§ 989—992.

Eigentum, Anspruch auf Herausgabe und Zurückbehaltungsrecht der Beklagte hat wegen seiner Verwendungen ein Zurückerhaltungsrecht, das, nach fruchtlosem Ablauf einer dem Eigentümer gesetzten Frist, sogar zur Befriedigung (nach den Regeln des Pfandverkaufes!) führt: §§ 1000—1003.

Eigentum, Aufsuchungsanspruch der Anspruch des Eigentümers einer beweglichen, auf ein fremdes Grundstück gelangten Sache, dieses Grundstück betreten und die Sache holen zu dürfen; der durch die Aufsuchung entstehende Schaden ist zu ersetzen, evtl. Sicherheit zu leisten: § 1005.

Eigentum, Eigentums- und Besitzklage sie können miteinander verbunden werden, z. B. § 985 und § 861.

Eigentum, Enteignung Entziehung oder Beschränkung des Eigentums durch Entscheidung im Verwaltungsverfahren.

Eigentum, geistiges Urheber- und Erfinderrechte.

Eigentum, Grundstücksbeschränkung der Eigentümer darf Einwirkungen Dritter unter oder über dem Grundstück dann nicht verbieten — entgegen § 903! —, wenn er am Verbot kein Interesse hat (Tatfrage!): § 905.

Eigentum, Grundstücksumfang das Grundstückseigentum umfaßt nicht nur den abgegrenzten Teil der Erdoberfläche, sondern auch den Erdraum unter und den Luftraum über der Erdoberfläche: § 905.

Eigentum, Immissionen der Grundstückseigentümer muß — entgegen § 903! — die Zuführung von unwägbaren Stoffen, sog. Imponderabilien, (Gase, Dämpfe, Gerüche, Rauch, Ruß, Wärme, Geräusche, Erschütterungen), die von einem anderen Grundstück ausgehen, dulden: § 906.

Eigentum, Immissionenbeschränkung Immissionen sind verboten, soweit sie 1.) übermäßig sind, 2.) ortsunüblich sind, 3.) durch besondere Zuleitung erfolgen: § 906.

Eigentum, aggressiver Notstand Einengung des Eigentums: der Eigentümer muß — entgegen § 903! — fremde Einwirkungen auf seine Sache dulden, wenn dies nötig ist, um den Einwirkenden oder einen Dritten aus einer Gefahr zu erretten sofern der drohende Schaden größer als der angerichtete Schaden ist; der Einwirkende ist schadenersatzpflichtig: § 904.

Eigentum, Ober- und Untereigentum das Eigentum mehrerer Personen über eine Sache, jedoch nicht neben-, sondern hintereinander (wie unmittelbarer u. mittelbarer Besitz!); dem BGB unbekannt (früher im Erbhof- und im Fideikommißrecht!).

Eigentum, Rechte Dritter diese beschränken den Eigentümer, und zwar nicht nur dingliche Rechte, sondern z. B. auch Urheber- und Erfinderrechte.

Eigentum, an Schuldschein s. Schuldschein, Eigentum.

Eigentum, Störungsklage oder actio negatoria hier wird das Eigentum nicht durch Entziehung, sondern in anderer Weise verletzt: der Eigentümer verlangt Beiseitigung der Störung bezw., wenn auch in Zukunft Störungen zu befürchten sind, Unterlassung (nicht: Schadenersatz!): § 1004

Eigentum, Umfang des Herrschaftsrechtes der Eigentümer kann, soweit nicht Gesetz (z. B. Notwehr, Selbsthilfe pp.) oder Rechte Dritter entgegenstehen, a) auf die Sache nach Belieben einwirken (positiv!) und b) andere von jeder Einwirkung ausschließen (negativ): § 903.

Eigentum, ursprüngliches oder originäres hier entsteht völlig neues Eigentum in der Hand des Erwerbers, so daß das bisherige Recht — wenn es schon bestand! — untergeht, damit also auch vorhandene Belastungen verschwinden.

Eigentum, wirtschaftliches die Summe aller geldwerten Güter, im Sinne von Vermögen; Begriff der Enteignung!

Eigentumsvermutung, für den früheren Besitzer einer beweglichen Sache von einem früheren Besitzer wird vermutet, daß er während seiner Besitzzeit Sacheigentümer einer beweglichen Sache war (widerlegliche Vermutung!): § 1006 Abs. 2.

Eigentumsvermutung, bei beweglichen Sachen der Besitzer einer beweglichen Sache wird als deren Eigentümer vermutet (Umkehrung der Beweislast!), was jedoch nicht bei abhandengekommenen Sachen, ausgenommen bei Geld und Inhaberpapieren, dem früheren Besitzer gegenüber gilt: § 1006.

Eigentumsvermutung, hinsichtlich des Vermögens von Ehegatten s. Eheleben, Eigentumsvermutung hinsichtlich der Mobilien der Ehegatten.

Eigentumsvorbehalt, beim Kauf s. Kauf, Eigentumsvorbehalt.

Eigentumsvorbehalt, erweiterter liegt vor, wenn dem unter Eigentumsvorbehalt erwerbenden Käufer die Befugnis zur Verarbeitung der Kaufsache eingeräumt wird, wodurch er Eigentum an der Sache erhält, mit der Maßgabe, daß die verarbeitete Sache dem Käufer — durch Besitzkonstitut — zur Sicherung übereignet wird (meist schon bei Eigentumsvorbehalt vereinbart).

Eigentumsvorbehalt, verlängerter liegt vor, wenn dem Käufer bei Kauf unter Eigentumsvorbehalt die Verfügungsbefugnis über die Kaufsache eingeräumt wird, mit der Maßgabe, daß die dem Käufer durch Weiterverkauf der Sache gegenüber einem Dritten zustehende Forderung zur Sicherung dem Erstverkäufer abgetreten wird (meist schon bei Eigentumsvorbehalt vereinbart).

Einberufung des Familienrates s. Vormundschaft, Familienratsstellung.

Einbringung von Sachen bei Gastwirten s. Gastwirt, Haftung für eingebrachte Sachen.

Einigung, bei grundstücksrechtlichen Vorgängen s. Grundstücksrecht, Konsensprinzip.

Einigung, beim Rechtserwerb an beweglichen Sachen es ist der dingliche Vertrag, durch den die Parteien vereinbaren, daß das Eigentum übergehen, ein Nießbrauch oder ein Pfandrecht entstehen soll: §§ 929, 1032, 1205.

Einigungsmangel s. Dissens, Mißverständnis.

Einlagen, Zurückerstattung nach Gesellschaftsende s. Gesellschaft, Auseinandersetzung.

Einrede Recht, eine Leistung (dauernd oder nur für vorübergehende Zeit) zu verweigern (Einwendung: Leugnen des Bestandes eines Rechts).

Einrede, des nicht erfüllten Vertrages kommt bei gegenseitigen, Zug um Zug zu erfüllenden Verträgen vor, falls der eine Teil leistungsbereit, der andere Teil aber nicht leistungsgewillt ist; die Einrede führt zur Geltendmachung eines Zurückbehaltungsrechts: § 320.

seitigen Rechtsgeschäften kann der Gegner Vorlage einer schriftlichen Einwilligung verlangen und bei Fehlen einer solchen das Rechtsgeschäft unverzüglich zurückweisen: § 111; dies letztere gilt überdies schlechthin für sonstige Fälle einseitiger Rechtsgeschäfte, die eine Einwilligung benötigen: § 182.

Einwilligung, des gesetzlichen Vertreters ist für Verträge oder einseitige Rechtsgeschäfte eines beschränkt Geschäftsfähigen nötig, falls ihm nicht lediglich ein rechtlicher Vorteil erwächst: §§ 107, 111, 114.

Einwilligung, des gesetzlichen Vertreters bei Eheabschluß s. Ehe, Einwilligung des gesetzlichen Vertreters und des Sorgeberechtigten.

Einwilligung, Widerruflichkeit eine Einwilligung kann widerrufen werden bis zur Vornahme des Rechtsgeschäftes, für welches die Einwilligung erforderlich ist: § 183.

Einwilligungen, bei Annahme an Kindes Statt s. Annahme an Kindes Statt, Einwilligung.

Einwirkungen, vom Nachbargrundstück s. Eigentum, Immissionen.

Eisenbahnunternehmungen, Ansprüche wegen des Fahrgeldes diese Ansprüche verjähren in 2Jahren: § 196 Ziffer 3.

Eisernviehvertrag s. Pacht, Eisernviehvertrag.

Ekelerregende Krankheit ein Ehegatte kann Scheidung begehren, wenn der andere an einer Ekel erregenden Krankheit leidet und die Heilung in absehbarer Zeit nicht erwartet werden kann: § 46 EheGes.

Elterliche Gewalt Rechte und Pflichten von Vater und Mutter gegenüber einem minderjährigen Kinde, umfassend Sorge für Person und Vermögen des Kindes sowie die gesetzliche Vertretung, soweit nicht ein Pfleger bestellt ist oder die Eltern nach § 1795 von der Vertretung ausgeschlossen sind: §§ 1626, 1629, 1630.

— **Anlage von Geld des Kindes** es ist verzinslich und mündelsicher anzulegen, soweit das Vormundschaftsgericht nicht eine andere Anlegung gestattet: § 1642.

— **Anzeigepflicht des Jugendamtes** dieses hat dem Vormundschaftsgericht von Fällen, in denen dieses zum Einschreiten berufen ist, Anzeige zu machen: § 1694.

— **Beistand** Persönlichkeit, welche vom Vormundschaftsgericht zu bestellen und zu überwachen ist, auf Antrag eines Elternteiles, dem allein die elterliche Gewalt bezw. Personal- oder Vermögenssorge zusteht; ihm kann auch die Vermögensverwaltung und die Geltendmachung von Unterhaltsansprüchen übertragen werden: §§ 1685, 1690.

— **Beistandstätigkeit** Unterstützung des Elternteiles bei Ausübung der elterlichen Gewalt, Erteilung der Genehmigung zu Rechtsgeschäften, die der Genehmigung des Vormundschaftsgerichts oder eines Gegenvormundes bedürfen; Mitwirkung bei der Anlage von Kindergeld, Zuziehung bei der Aufnahme eines Vermögensverzeichnisses: §§ 1686-1689.

— **bei Ehescheidung** s. Ehescheidung, Kinder aus geschiedenen Ehen.

— **Eingehen einer neuen Ehe** der das Kindesvermögen verwaltende Elternteil hat die Absicht der neuen Eheschließung dem Vormundschaftsgericht anzuzeigen, ein Vermögensverzeichnis des Kindesvermögens einzureichen und bei Bestehen einer Vermögensgemeinschaft mit dem Kinde die Auseinandersetzung herbeizuführen; bei Verletzung dieser Pflichten kann ihm das Vormundschaftsgericht die Vermögensverwaltung entziehen: §§ 1683, 1684.

— **Einkünfte des Kindesvermögens** sie sind, soweit nicht zur ordnungsmäßigen Verwaltung benötigt, für den Unterhalt des Kindes zu verwenden, wobei ev. auch der Arbeitsverdienst oder Einkünfte aus einem Erwerbsgeschäft des Kindes heranzuziehen sind; Überschüsse können die Eltern für ihren eigenen Unterhalt und den der minderjährigen unverheirateten Geschwister der Kinder verwenden, soweit dies gemäß den Vermögens- und Erwerbsverhältnissen der Beteiligten der Billigkeit entspricht, welche Befugnis aber bei Heirat des Kindes erlischt: § 1649.

— **Ende** mit Volljährigkeit oder Volljährigkeitserklärung, mit Adoption oder Tod des Kindes, durch Tod oder Todeserklärung des Elternteiles, durch Verwirkung, durch Übertragung auf einen Elternteil seitens des Vormundschaftsgerichts: §§ 1671, 1672, 1676, 1677, 1681.

— **Ende der Vermögensverwaltung durch Konkurs** die Verwaltung endet mit rechtskräftigem Konkurseröffnungsbeschluß des betreffenden Elternteiles; nach Verfahrensaufhebung ist Wiederübertragung der Verwaltung durch das Vormundschaftsgericht möglich: § 1670.

— **Entzug der Vermögensverwaltung** erfolgt durch das Vormundschaftsgericht, wenn ein Elternteil die Pflicht zur ordnungsmäßigen Vermögensverwaltung verletzt oder in Vermögensverfall gerät und die vom Vormundschaftsgericht nach § 1667 angeordneten Maßnahmen nicht ausführt bzw. eine auferlegte Sicherheit nach § 1668 nicht leistet; ferner, wenn ein Elternteil beim Tode des anderen oder bei Eingehen einer neuen Ehe dem Vormundschaftsgericht nicht ein Verzeichnis des Kindesvermögens einreicht, endlich, wenn ein Elternteil die Unterhaltsrechte des Kindes verletzt und der zukünftige Unterhalt erheblich gefährdet erscheint: §§ 1669, 1684, 1666.

— **Erwerb von Mobilien und Rechten mit Mitteln des Kindes** sie gehen mit dem Erwerb des Eigentums bezw. des Rechts auf das Kind über, es sei denn, daß die Eltern nicht für Rechnung des Kindes erwerben wollten: § 1646.

— **Erwerbsgeschäft des Kindes** ohne vormundschaftsgerichtliche Genehmigung sollen die Eltern nicht ein neues Erwerbsgeschäft im Namen des Kindes beginnen: § 1645.

— **Getrenntleben der Eltern** liegt nicht nur vorübergehendes Getrenntleben vor, so entscheidet über die elterliche Gewalt auf Antrag eines Elternteiles das Vormundschaftsgericht entsprechend den Vorschriften über Ehescheidung: § 1672.

— **Haftung** die Eltern haften für Schadenszufügung dem Kinde für Sorgfalt wie in eigenen Angelegenheiten, ev. gesamtschuldnerisch: § 1664.

— **Heirat der minderjährigen Tochter** die Personalsorge beschränkt sich auf die Vertretung in den persönlichen Angelegenheiten; dies gilt auch für eine Tochter, die verheiratet war und 18 Jahre alt geworden ist: § 1633.

— **Herausgabe des Kindes** sie kann auf Grund der Personalsorge von jedem verlangt werden, der das Kind den Eltern widerrechtlich vorenthält; verlangt ein Elternteil von dem anderen die Herausgabe, so entscheidet das Vormundschaftsgericht: § 1632.

— **Mißbrauch der Personalsorge** wird das Kindeswohl hierdurch gefährdet, so hat das Vormundschaftsgericht die erforderlichen Schritte zu ergreifen, es kann das Kind in einer geeigneten Familie oder Anstalt unterbringen; einem Elternteil kann bei Verletzung der Unterhaltsansprüche des Kindes und erheblicher zukünftiger Gefährdung die Vermögensverwaltung entzogen werden: § 1666.

— **Mißbrauch der Vermögenssorge** das Vormundschaftsgericht kann die erforderlichen Schritte ergreifen, von dem betreffenden Elternteil Einreichung eines Inventars, ferner Hinterlegung von Geld, Wertpapieren pp verlangen, es kann Sicherheitsleistung fordern, sogar die Vermögensverwaltung entziehen: §§ 1667 ff.

—**Personalsorge** sie umfaßt das Recht und die Pflicht, das Kind zu erziehen, zu beaufsichtigen und den Aufenthalt zu bestimmen; auf Antrag hat das Vormundschaftsgericht die Eltern bei der Erziehung durch geeignete Maßregeln zu unterstützen; ist für die Personalsorge ein Pfleger bestellt, so entfällt insoweit das Recht der Eltern: §§ 1631, 1630.

— **persönlicher Verkehr** der Elternteil, dem die Personalsorge nicht zusteht, hat ein Recht auf persönlichen Verkehr mit dem Kinde, wobei nähere Regelung durch das Vormundschaftsgericht erfolgen kann, das im Interesse des Kindes den Verkehr für Zeit oder dauernd ausschließen darf; dies gilt auch für Kinder aus geschiedenen Ehen: § 1634.

— **Rechtsgeschäfte, genehmigungspflichtige** zu Grundstücksgeschäften (§ 1821), Gesamtvermögens- oder Erbschaftsverfügungen, Ausschlagung einer Erbschaft u. a. (§ 1822) ist Genehmigung des Vormundschaftsgerichts nötig; die Eltern dürfen auch Objekte, deren Veräußerung vormundschaftsgerichtlicher Genehmigung bedarf, dem Kinde zur Erfüllung eines Vertrages oder zur freien Verfügung nur mit Genehmigung des Vormundschaftsgerichts überlassen: §§ 1643, 1644.

— **Ruhen** tritt ein, wenn ein Elternteil geschäftsunfähig oder geschäftsbeschränkt ist oder einen Personal- und Vermögenspfleger erhalten hat, desgleichen wenn das Vormundschaftsgericht feststellt, daß er auf längere Zeit an der Ausübung der elterlichen Gewalt tatsächlich verhindert ist; während des Ruhens kann der Elternteil die Gewalt nicht ausüben, der andere übt sie allein aus, es sei denn, daß sie dem ersteren bei Ehescheidung oder dauerndem Getrenntleben durch das Vormundschaftsgericht übertragen war: auf Antrag kann dem anderen Elternteil durch das Vormundschaftsgericht die Gewalt übertragen werden, wenn keine Aussicht auf Wegfallen des Grundes des Ruhens besteht: §§ 1673—75, 1678.

— **Schenkungen aus Kindesvermögen** sie dürfen von den Eltern namens des Kindes nicht vorgenommen werden, ausgenommen Anstandsschenkungen: § 1641.

— **Übergang auf einen Elternteil** durch Tod oder Todeserklärung eines Elternteiles, ferner durch Verwirkung seitens des Elternteiles, dem die Gewalt vormundschaftsgerichtlich bei Ehescheidung oder dauerndem Getrenntleben übertragen worden war: §§ 1681, 1679 Abs. 2.

— **Vermögensverwaltung** erstreckt sich nicht auf unentgeltliche Zuwendungen gegenüber dem Kinde unter Lebenden oder von Todes wegen bei Ausschluß der elterlichen Verwaltung durch Bestimmung des Zuwendenden: ein Pfleger ist zu bestellen; ist nur ein Elternteil von der Verwaltung ausgeschlossen, so hat der andere Teil die Verwaltung einschließlich der alleinigen Vertretungsbefugnis: § 1685.

— **Vermögensverzeichnis** s. Entzug der Vermögensverwaltung: §§ 1682—84.

— **Verwirkung** tritt ein bei rechtskräftiger Verurteilung eines Elternteiles wegen eines am Kinde verübten Verbrechens oder vorsätzlichen Vergehens zu Zuchthausstrafe oder zu Gefängnis von mindestens 6 Monaten; das Vormundschaftsgericht bestimmt, daß die Gewalt bzw. die

Personal- oder Vermögenssorge dem anderen Elternteil allein zusteht, soweit dies dem Wohl des Kindes entspricht, andernfalls es einen Vormund oder Pfleger bestellt, wodurch dann auch der andere Elternteil die Gewalt bezw. Personal- oder Vermögenssorge verliert (s. aber „Elterliche Gewalt, Übergang"): §§ 1676, 1679.

—**Vormundschaftsgericht** bei Verhindederung der Eltern an der Ausübung der elterlichen Gewalt hat das Vormundschaftsgericht die im Interesse des Kindes nötigen Maßregeln zu ergreifen; im übrigen haftet der Vormundschaftsrichter gemäß § 839 dem Kinde bei jeder schuldhaften Pflichtverletzung: §§ 1693, 1697, unter Beachtung von Art. 34 GG.

Empfängniszeit Zeit vom 181. bis 302. Tage vor Tag der Geburt eines Kindes, Anfangs- und Endtag mitgerechnet: § 1592.

Empfangsbedürftiges Rechtsgeschäft ein Rechtsgeschäft, welches nicht schon wirksam ist mit der Vornahme, sondern erst dann, wenn es dem Gegner (unter Abwesenden) zugeht oder (unter Anwesenden) von ihm verstanden ist: § 130.

Empfangsbedürftigkeit, der Anfechtung die Anfechtung muß gegenüber dem Anfechtungsgegner erklärt werden; dies ist bei einem Vertrage der andere Teil, bei einseitigen Rechtsgeschäften der Empfänger, bei einseitigen, nichtempfangsbedürftigen Rechtgeschäften: jeder, der unmittelbar einen rechtlichen Vorteil auf Grund des Rechtsgeschäftes erlangt hat: § 143.

Empfangstheorie man versteht hierunter den Umstand, daß eine unter Abwesenden abzugebende Willenserklärung in demjenigen Zeitpunkt wirksam wird, in welchem sie ihm zugeht: § 130.

Empfangsvertreter dies ist ein Stellvertreter, der im Namen eines anderen für diesen eine Willenserklärung entgegennehmen soll: § 164 Abs. 3.

Empfehlung s. Rat und Empfehlung.

Ende, einer Frist die nach Tagen bestimmte Frist endet mit Ablauf des letzten Tages der Frist; die nach Wochen, nach Monaten oder einem längeren Zeitraum bestimmte Frist endet mit Ablauf desjenigen Tages der letzten Woche oder des letzten Monats, der durch Benennung oder Zahl dem Tage entspricht, in den das Ereignis oder der Zeitpunkt fällt: § 188.

Ende, der Gesellschaft s. Gesellschaft, Ende.

Ende, des Monats hierunter wird der letzte Tag des Monats verstanden: § 192.

Enterbung Ausschließung eines Verwandten oder des Ehegatten von der gesetzlichen Erbfolge, und zwar durch Testament: § 1938.

Entfernung des Wohnsitzes, vom Sitz des Vormundschaftsgerichts wer wegen Entfernung seines Wohnsitzes von dem Sitz des Vormundschaftsgerichts die Vormundschaft nicht ohne besondere Belästigung führen kann, kann die Übernahme der Vormundschaft ablehnen: § 1786 Ziff. 5.

Entgangener Gewinn Schadenersatz umfaßt nicht nur den eingetretenen Schaden, sondern auch den entgangenen Gewinn, der nach normalen oder besonderen Umständen zu erwarten war: § 252.

Entgeltliche Geschäftsbesorgung Dienst- oder Werkverträge, die eine Geschäftsbesorgung zum Gegenstande haben, werden nach den Regeln des Auftrages behandelt: § 675.

Entlassung, des Testamentsvollstreckers s. Testamentsvollstrecker, Amtsende.

Entlassung, des Vormundes das Vormundschaftsgericht entläßt den Vormund, wenn die Fortführung des

Amtes das Interesse des Mündels gefährdet oder wenn der Vormund nachträglich zum Amt des Vormundes untauglich wird: § 1886.

Entlastung, des Vormundes s. Vormundschaft, Schlußrechnung des Vormundes.

Entmündigung Beschluß des Amtsgerichtes, durch welchen einer Person wegen angeblicher Geisteskrankheit (wird geschäftsunfähig!) oder angeblicher Geistesschwäche, Verschwendung, Trunksucht (wird beschränkt geschäftsfähig!) die volle Geschäftsfähigkeit entzogen wird: § 6.

Entmündigung, bei Gütergemeinschaft haben beide Gatten die Gesamtgutsverwaltung und wird der eine unanfechtbar entmündigt, so kann der andere Klage auf Aufhebung der Gütergemeinschaft erheben: § 1469 Z. 5; hat nur ein Gatte die Verwaltung und erfolgt seine Entmündigung, so kann der andere Aufhebungsklage anstrengen: § 1447 Z. 5, in beiden Fällen tritt dann Gütertrennung ein; bei fortgesetzer Gütergemeinschaft kann ein anteilsberechtigter Abkömmling Klage erheben, wenn der überlebende Ehegatte entmündigt worden ist: § 1495 Z. 3.

Entmündigung, des Vormundes das vormundschaftliche Amt endigt: § 1885.

Entmündigungsbeschluß, Aufhebung desselben, wenn ein Entmündigungsbeschluß aufgehoben wird, so wird die Wirksamkeit der von oder gegenüber dem Entmündigten vorgenommenen Rechtsgeschäfte aufgrund des Beschlusses nicht in Frage gestellt; keinen Einfluß hat die Aufhebung auf die Rechtsgeschäfte, die von oder gegenüber dem gesetzlichen Vertreter vorgenommen wurden: § 115.

Entrichtung, des Mietzinses s. Miete, Mietzins.

Entstehung, der Stiftung s. Stiftung.

Entwehrung, beim Kaufe s. Kauf, sog. Entwehrung.

Entziehung des Geschäftsführungsrechts, bei der Gesellschaft die Befugnis zur Geschäftsführung kann einem Gesellschafter durch einstimmigen, evtl. Mehrheits-Beschluß entzogen werden, bei Vorliegen eines wichtigen Grundes: § 712.

Entziehung, des Pflichtteils s. Pflichtteil, Entziehung.

Entziehung, der Verwaltung des Kindesvermögens wenn ein Elternteil Maßnahmen des Vormundschaftsgerichts, die ihm infolge Gefährdung des Kindesvermögens auferlegt worden sind, nicht beachtet, so kann ihm das Vormundschaftsgericht die Vermögensverwaltung entziehen: § 1669.

Entziehung der Vollmacht, bei der Gesellschaft diese Entziehung ist aus denselben Gründen möglich wie diejenige zur Befugnis der Geschäftsführung; wurde die Vollmacht zusammen mit dem Recht zur Geschäftsführung erteilt, dann können nur beide zusammen dem Gesellschafter entzogen werden: § 715.

Erbbaurecht das vererbliche und veräußerliche Recht einer Person, an einem fremden Grundstück, auf oder unter der Oberfläche desselben, ein Bauwerk zu haben: § 1 Erbbau VO vom 15. 1. 1919.

Erbbaurecht, Aufhebung sie ist nur mit Zustimmung des Grundstückseigentümers zulässig: § 26 Erbbau VO.

Erbbaurecht, Bauwerk es gilt als wesentlicher Bestandteil des Erbbaurechts (§§ 94, 95 BGB sind anzuwenden): § 12 Erbbau VO.

Erbbaurecht, Bestellung, sie erfolgt durch Einigung und Eintragung; der Verpflichtungsvertrag ist unter Anwendung von § 313 öffentlich zu beurkunden: § 11 Erbbau VO.

Erbbaurecht, Erbbauzins Belastung des Erbbaurechtes derart, daß wiederkehrende Leistungen als Entgelt für die Bestellung des Erbbaurechts aus diesem zu entrichten sind: die Regeln des BGB über die Reallasten kommen zur Anwendung: § 9 Erbbau VO.

Erbbaurecht, Heimfall Verpflichtung des Erbbauberechtigten, das Erbbaurecht beim Eintreten bestimmter Voraussetzungen auf den Grundstückseigentümer zu übertragen, gegen angemessene Vergütung: §§ 2, 32 ErbbauVO.

Erbbaurecht, Hypothek das Erbbaurecht kann hypothekarisch belastet werden; natürlich ruht die Hypothek dann nur auf dem Erbbaurecht, seinen Bestandteilen und seinem Zubehör, hingegen nicht auf dem Grundstück; auch zur Anlage von Mündelgeld können Erbbaurechte hypothekarisch belastet werden, aber nicht über die Hälfte des Wertes hinaus: §§ 18, 19 ErbbauVO.

Erbbaurecht, Rangstelle das Erbbaurecht muß bei dem belasteten Grundstück an erster Stelle stehen: § 10 ErbbauVO.

Erbbaurecht, Regelung die §§ 1012—1017 BGB sind ersetzt worden durch die VO über das Erbbaurecht vom 15. 1. 1919.

Erbbaurecht, Register die Erbbaurechte werden nicht nur bei den belasteten Grundstücken eingetragen, vielmehr wird daneben noch ein — grundbuchähnliches — Erbbaugrundbuch geführt, in dem jedes Erbbaurecht ein Blatt erhält: § 14 ErbbauVO.

Erbe Gesamtrechtsnachfolger eines Erblassers, dessen Vermögen als Ganzes übergeht; Erbe kann nur sein, wer zur Zeit des Erbfalles noch und schon lebt: §§ 1922, 1923.

Erbe, aufschiebende Einreden der Erbe kann die Berichtigung einer Nachlaßverbindlichkeit für die ersten drei Monate seit Annahme der Erbschaft verweigern (nicht: bei Verlust der Beschränkbarkeit der Erbenhaftung!); dies schützt ihn nicht vor Klage und Verurteilung, wohl aber bei Geltendmachung, vor Zwangsvollstreckung: §§ 2014—2017.

Erbe, Auskunftsanspruch der Erbe kann Auskunft über den Verbleib von Erbschaftsgegenständen (evtl. mit Offenbarungseid!) verlangen: 1.) vom Erbschaftsbesitzer, 2.) von sonstigen Besitzern, 3.) von jedem, der sich z. Zt. des Erbfalles mit dem Erblasser in häuslicher Gemeinschaft befunden hat: §§ 2027, 2028.

Erbe, Ersatzerbe liegt vor, wenn der Erblasser für den Fall, daß der zunächst eingesetzte Erbe vor oder nach dem Erbfall wegfällt, einen anderen zum Erben eingesetzt hat; die Ersatzerbfolge geht dem Anwachsungsrecht vor: §§ 2096—2099.

Erbe, Ersatz- u. Nacherbe der Ersatzerbe wird zum Erben **an Stelle** eines anderen; der Nacherbe wird Erbe **nach** einem anderen; die Einsetzung als Nacherbe gilt auch als Einsetzung zum Ersatzerben: § 2102.

Erbe, noch nicht geborener ist er z. Zt. des Erbfalls bereits erzeugt, so gilt er als vor dem Erbfall geboren: § 1923.

Erben, gesetzliche 1.) Verwandte, 2.) Ehegatte des Erblassers, 3.) der Fiskus: §§ 1924 ff, § 1931, § 1936.

Erben, gesetzliche, Verhältnis zueinander der Ehegatte erbt neben dem Verwandten, und zwar wird sein Erbrecht um so größer, je entfernter die Verwandtschaft ist; der Fiskus erbt nur, wenn ein Ehegatte nicht vorhanden ist und Verwandte nicht zu ermitteln sind: §§ 1931, 1936.

Erbenhaftung der Erbe haftet für die Nachlaßverbindlichkeiten unbeschränkt (d. h. mit seinem eigenen Vermögen!), aber beschränkbar: § 1967.

Erbenhaftung, beschränkte der Erbe haftet an sich für die Nachlaßverbindlichkeiten unbeschränkt, er kann jedoch durch Anwendung bestimmter Mittel erreichen, daß er nur in Höhe der vorhandenen Aktiva haftet: §§ 1975 ff.

Erbenhaftung, beschränkte, Mittel Anordnung von Nachlaßverwaltung oder Eröffnung von Nachlaßkonkurs: § 1975.

Erbenvermögen, und Nachlaß beide vereinigen sich im Moment des Erbfalls: die Aktiva und Passiva des Erblassers werden zur Aktiva und Passiva des Erben.

Erben, Miterben der Nachlaß wird ihr gemeinsames Vermögen (zur gesamten Hand), doch kann jeder Miterbe über seinen Nachlaßanteil verfügen (Vertrag bedarf der öffentlichen Beurkundung!), nicht indes über seinen Anteil an den einzelnen Nachlaßgegenständen: §§ 2032, 2033.

Erben, Miterben als Nachlaßschuldner sie haften für Nachlaßverbindlichkeiten als Gesamtschuldner: § 2058.

Erben, Miterbenstellung bis zur Nachlaßteilung bei Schulden gegenüber Nachlaßschulden kann der einzelne Miterbe bis zur Teilung des Nachlasses Befriedigung aus seinem Privatvermögen verweigern (Einrede des ungeteilten Nachlasses): § 2059.

Erben, Miterbenstellung nach Nachlaßteilung bei Schulden die Miterben haften nach Teilung des Nachlasses den Nachlaßgläubigern nur für den ihren Erbteilen entsprechenden Teil einer Nachlaßverbindlichkeit (und zwar beschränkbar auf den Nachlaß, sofern sie nicht die Beschränkbarkeit der Erbenhaftung verloren haben!): §§ 2060—2063.

Erben, Miterben, gesetzliches Vorkaufsrecht beim Verkauf eines Anteiles an einen Dritten durch einen Miterben haben die übrigen ein gesetzliches Vorkaufsrecht, das sich nach Übertragung gegen den Käufer und Drittkäufer richtet: §§ 2034—2037.

Erbe, Nacherbe eine Person, die vom Erblasser zum Erben eingesetzt wird derart, daß vor ihr ein anderer Erbe geworden ist: § 2100.

Erbe, Nacherbe, Ausschlagungsrecht er kann bei Erbfallseintritt die Erbschaft ausschlagen, worauf sie endgültig dem Vorerben verbleibt: § 2142.

Erbe, Nacherbe, Rechtsstellung bei Eintritt der Nacherbfolge der Vorerbe hört auf, Erbe zu sein, die Erbschaft fällt dem Nacherben zu; die Vorschriften über die beschränkte Erbenhaftung gelten auch für den Nacherben: §§ 2139—2141, § 2144.

Erbe, Nacherbeneinsetzung, auf dem Überrest der Vorerbe ist von allen Beschränkungen frei (wie ein befreiter Vorerbe), der Vorerbe hat nur die beim Eintritt der Nacherbfolge noch vorhandenen Gegenstände, ohne Ersatzpflicht, herauszugeben; lediglich sind Verfügungen über den Nachlaß oder Veränderungen desselben in der Absicht, den Nacherben zu benachteiligen, verboten und verpflichten zum Schadenersatz: §§ 2137—2139.

Erbe, Nacherbeneinsetzung, Unwirksamkeit dreißig Jahre nach dem Erbfall, ausgenommen: 1.) wenn dem Vor- oder Nacherben für den Fall der Geburt von Geschwistern diese als Nacherben bestimmt sind; 2.) wenn die Nacherbfolge für den Fall des Eintrittes eines Ereignisses in der Vor- oder Nacherbenperson angeordnet ist und wenn derjenige, in dessen Person das Ereignis eintreten soll, z. Zt. des Erbfalles lebt: § 2109.

Erbe, Nacherbeneinsetzung, Vermutung wenn eine z. Zt. des Erbfalles noch nicht erzeugte Person zum Erben eingesetzt ist (Vorerben: die gesetzlichen Erben!): § 2101.

Erbe, Nacherbfolge, Eintritt der Vorerbe hat dem Nacherben die Erbschaft herauszugeben (Haftung für Sorgfalt wie in eigenen Angelegenheiten!), muß Rechenschaft ablegen, übermäßig gezogene Früchte abliefern, Wertersatz für verbrauchte Nachlaßgegenstände leisten: §§ 2130—2135.

Erbe, Nacherbenrechte, Gefährdung durch den Vorerben der Nacherbe kann Sicherheitsleistung verlangen, auch kann dem Vorerben das Verwaltungsrecht entzogen werden: §§ 2128, 2129,

Erbe, Nacherbentod, vor Eintritt der Nacherbfolge stirbt der Nacherbe nach dem Erbfall, aber vor dem Nacherbfall, so geht sein Recht auf seine Erben über: § 2108.

Erbe, Nacherbschaftsumfang das Nacherbenrecht bezieht sich auf den Erbteil des Vorerben einschließlich dessen, was diesem infolge des Wegfalls eines Miterben zufällt, sowie auf Surrogate des Vorerbteils, jedoch nicht auf ein dem Vorerben zugewendetes Vorausvermächtnis: §§ 2110, 2111.

Erbe, Vorerbe Person, welche zunächst als Erbe des Erblassers den Nachlaß erhält, diesen jedoch bei einem bestimmten Ereignis oder Zeitpunkt einem anderen (Nacherben) herauszugeben hat: § 2100.

Erbe, Vorerbe, Geldanlage durch Vorerben Geld ist nach den Bestimmungen über Mündelgeld anzulegen: § 2119.

Erbe, Vorerbe, Rechte er kann über Nachlaßgegenstände verfügen, über Grundstücke und Grundstücksrechte jedoch nur mit Zustimmung des Nacherben (sonst: relative Nichtigkeit, jedoch Schutz gutgläubiger Dritter!); desgl. ist zu Schenkungen die Nacherbenzustimmung nötig; Gläubiger des Vorerben (nicht: Nachlaßgläubiger!) dürfen nicht in Nachlaßgegenstände vollstrecken, da derartige Schritte bei Eintritt der Nacherbfolge dem Nacherben gegenüber unwirksam sind: §§ 2112—2115.

Erbe, Vorerbenhaftung, gegenüber Nachlaßgläubigern auch nach Eintritt der Nacherbfolge haftet der Vorerbe den Nachlaßgläubigern insoweit als der Nacherbe nicht haftet; auch können ihm unmittelbar gewisse Nachlaßverbindlichkeiten im Verhältnis zum Nacherben zur Last fallen: § 2145.

Erbe, befreite Vorerbschaft liegt vor, wenn der Erblasser den Vorerben von den Beschränkungen über Grundstücksverfügungen, Hinterlegung von Inhaberpapieren, Geldanlage, Auskunftserbringung, Sicherheitsleistung, Haftung, Wertersatz u. a. m. befreit hat: § 2136.

Erbfähigkeit erbfähig ist nur, wer zur Zeit des Erbfalles noch und schon lebt; jedoch genügt es, daß der Erbe zur Zeit des Erbfalles bereits erzeugt war: § 1923.

Erbfall Tod einer natürlichen Person, wodurch Gesamtrechtsnachfolge durch den oder die Erben herbeigeführt wird: § 1922.

Erbfolge, Arten 1.) gesetzliche Erbfolge: §§ 1924—1936, 2.) gewillkürte Erbfolge: a) durch Testament, b) durch Erbvertrag: §§ 1937, 1941.

Erbfolge, gesetzliche, der Verwandten erfolgt nach Ordnungen oder Parentelen.

Erbfolge, gesetzliche der Verwandten, Begrenzung der Ordnungen oder Parentelen eine Grenze der Parentelen ist nicht gegeben: § 1929.

Erbfolge, gesetzliche der Verwandten, Begriff der Parentelen die Gesamtheit der von einem gemeinschaftlichen Stammvater bzw. Mutter abstammenden Personen einschließlich dieses Vorfahren (familienrechtlicher Begriff!).

Erbfolge, gesetzliche, 1. Ordnung oder Parentel die Abkömmlinge des Erblassers, wobei ein näherer lebender Abkömmling seine eigenen Abkömmlinge ausschließt, während umgekehrt ein verstorbener Abkömmling durch seine eigenen Abkömmlinge repräsentiert wird: § 1924.

Erbfolge, gesetzliche, 2. Ordnung oder Parentel die Eltern des Erblassers und deren Abkömmlinge, wobei Eltern allein und zu gleichen Teilen erben, während ein verstorbener Elternteil durch seine Abkömmlinge repräsentiert wird: § 1925.

Erbfolge, gesetzliche, 3. Ordnung oder Parentel die Großeltern des Erblassers und deren Abkömmlinge: § 1926.

Erbfolge, gesetzliche, 4. Ordnung oder Parentel die Urgroßeltern des Erblassers und deren Abkömmlinge: § 1928.

Erbfolge, gesetzliche, 5. Ordnung oder Parentel die entfernteren Vorfahren des Erblassers und deren Abkömmlinge: § 1929.

Erbfolge, Verhältnis der Ordnungen untereinander eine Parentel ist nicht zur Erbfolge berufen, solange ein Verwandter einer vorhergehenden Ordnung vorhanden ist: § 1930.

Erbieten, öffentliches wer sich zur Besorgung von Geschäften öffentlich erboten hat, muß, wenn er einen darauf gerichteten Auftrag nicht annehmen will, die Ablehnung dem Auftraggeber unverzüglich anzeigen: § 663.

Erbrecht, gesetzliches, des Ehegatten neben Verwandten der 1. Ordnung erbt der Ehegatte ¼ des Nachlasses, neben der 2. Ordnung die Hälfte und den sog. Voraus, desgl. neben Großeltern (3. Ordnung), während beim Fehlen eines Großelternteils der Ehegatte auch noch dessen Anteil erhält; von der 3. Ordnung (als gesetzliche Erben) ab erhält der Ehegatte alles: §§ 1931, 1932; lebten die Ehegatten im gesetzlichen Güterstande der Zugewinngemeinschaft, so erhöht sich der gesetzliche Erbteil des überlebenden Ehegatten um ein Viertel der Erbschaft: § 1371.

Erbrecht, gesetzliches, des Ehegatten: Ausschluß das Ehegatten-Erbrecht ist ausgeschlossen, wenn der Erblasser zur Zeit seines Todes auf Scheidung oder Aufhebung der Ehe nicht nur zu klagen befugt war, sondern die Klage auch bereits erhoben hatte, vorausgesetzt, daß im Falle des Urteilserlasses der Ehegatte als schuldig anzusehen wäre: § 1933.

Erbrecht, gesetzl., des Ehegatten: sog. Voraus die zum ehelichen Haushalte gehörenden Gegenstände sowie die Hochzeitsgeschenke (nach Vermächtnisregeln zu behandeln!); den Voraus erhält der Ehegatte als gesetzlicher Erbe neben Verwandten, und zwar von der 2. Ordnung ab; während er ihm neben Verwandten der ersten Ordnung nur gebührt, soweit er die Gegenstände zur Führung eines angemessenen Haushalts benötigt: § 1932.

Erbrecht, gesetzliches, des Fiskus es kommt in Frage, wenn zur Zeit des Erbfalles weder ein Ehegatte noch ein Verwandter des Erblassers vorhanden ist; berufen ist der Fiskus des Landes, dem der Erblasser zur Zeit des Todes angehört hat: der Fiskus ist Zwangserbe, haftet dafür aber für die Nachlaßverbindlichkeiten nur beschränkt: §§ 1936, 1942.

Erbschaft das Gesamtvermögen des Erblassers, von seiten der Erben als Rechtsnachfolger betrachtet: § 1922.

Erbschaft, Nießbrauch daran der Nießbrauch an einer Erbschaft wird nach den Regeln über den Nießbrauch an einem Vermögen behandelt: § 1089.

Erbschaftsanspruch, sog. hereditatis petitio Klage des wirklichen Erben auf Herausgabe von Nachlaßgegenständen gegen den Besitzer derselben, der sich zu Unrecht ein Erbrecht zuschreibt; es sind auch die gezogenen Nutzungen herauszugeben, umgekehrt sind dem Besitzer — er haftet wegen Verschlechterung von Gegenständen vom Moment der Bösgläubigkeit, spätestens der Rechtshängigkeit ab — die notwendigen Verwendungen zu ersetzen: §§ 2018—2026.

Erbschaftsanspruch, des für tot Erklärten der durch Ausschlußbeschluß für tot Erklärte, welcher den Zeitpunkt der Todeserklärung überlebt, kann die Herausgabe seines Vermögens nach den Regeln über den Erbschaftsanspruch verlangen: § 2031.

Erbschaft, Ausschlagung sie ist möglich binnen 6 Wochen seit Kenntnis des Erben vom Anfall und Berufungsgrund (bei Verfügungen von Todeswegen Fristbeginn erst seit Verkündung der Verfügung!), durch Erklärung gegenüber dem Nachlaßgericht in öffentlich beglaubigter Form (bedingungsfeindlich!); eine Ausschlagung nach Annahme ist unstatthaft: §§ 1943—1947.

Erbschaft, Ausschlagung bei Auslandswohnsitz die Ausschlagungsfrist beträgt 6 Monate, wenn der letzte Erblasserwohnsitz im Ausland liegt oder der Erbe sich im Auslande aufhält: § 1944.

Erbschaft, Ausschlagung, Anfechtung die Ausschlagung und Annahme der Erbschaft ist (nach den allgemeinen Regeln) anfechtbar; und zwar binnen 6 Wochen; die Anfechtung der Ausschlagung gilt als Annahme und ebenso umgekehrt: §§ 1954—1957.

Erbschaft, Ausschlagung, Vererblichkeit des Rechts bei Tod des Erben vor Ablauf der Ausschlagungsfrist geht sein Recht auf seinen Erben über; dieser kann: 1. beide Erbschaften annehmen, 2. beide Erbschaften ausschlagen, 3. die erste Erbschaft ausschlagen und die zweite behalten (aber nicht umgekehrt!): § 1952.

Erbschaft, Ausschlagung, Wirkung der Anfall galt als nicht erfolgt, und die Erbschaft fällt demjenigen zu, der berufen wäre, wenn der Ausschlagende z. Zt. des Erbfalls nicht gelebt hätte: § 1953.

Erbschaft, Übergang auf den Erben der Übergang erfolgt automatisch mit dem Erbfall, ohne daß es einer Annahme bedarf, mit der Befugnis der Ausschlagung: § 1942.

Erbschaftsbesitzer wer Nachlaßgegenstände in Besitz hat und sich zu Unrecht ein Erbrecht zuschreibt; ihm gleich steht eine Person, welche durch Vertrag mit ihm die Erbschaft erwirbt: §§ 2018, 2030.

Erbschaftskauf Verkauf der Erbschaft durch den Alleinerben oder des Erbteils durch einen Miterben; der Vertrag bedarf öffentlicher Beurkundung: § 2371.

Erbschaftskauf, beschränkte Erbenhaftung der Käufer haftet den Nachlaßgläubigern genauso wie der Verkäufer z. Zt. des Verkaufes haftete, d. h. unbeschränkt, aber beschränkbar: § 2383.

Erbschaftskauf, Gefahrenübergang bereits mit Abschluß des Kaufes (nicht erst mit Übergabe!) geht die Gefahr auf den Käufer über: § 2380.

Erbschaftskauf, Gewährleistungspflicht hinsichtlich von Rechtsmängeln haftet der Verkäufer nur dafür, daß ihm das Erbrecht zusteht, daß er keinen Beschränkungen unterliegt, daß die Beschränkbarkeit der Erbenhaftung noch nicht verlorengegangen ist und daß nicht Vermächtnisse, Auflagen pp. bestehen; für Sachmängel haftet er überhaupt nicht: § 2376.

Erbschaftskauf, Nachlaßverbindlichkeiten 1. der Käufer ist dem Verkäufer gegenüber zur Erfüllung der Nachlaßverbindlichkeiten verpflichtet, 2. der Käufer haftet den Nachlaßgläubigern, unbeschadet der Fortdauer der Verkäuferhaftung, vom Vertragsabschluß ab: §§ 2378, 2382.

Erbschaftskauf, weitere und ähnliche Verträge die Regeln des Erbschaftskaufes finden Anwendung auch für den Weiterverkauf der Erbschaft durch den Käufer an einen Dritten, ferner aber auch für andere Verträge zwischen dem Erben und einem Dritten, die sich auf die Veräußerung der angefallenen Erbschaft beziehen (z. B. Tausch, Schenkung): § 2385.

Erbschaftskauf, Vorausvermächtnis dieses gilt nicht als mitverkauft, ebenso auch nicht Familienpapiere und -Bilder: § 2373.

Erbschein Ausweis des Erben über das Erbrecht, die Erbportion und das Vorhandensein von Beschränkungen (z. B. Nacherbfolge, Testamentsvollstreckung): §§ 2353, 2363, 2364.

Erbschein, Erteilung erfolgt durch das Nachlaßgericht auf Antrag des Erben, der die Todeszeit des Erblassers angeben muß, ferner: ob ein Rechtsstreit über das Erbrecht anhängig ist, ob Personen, die das Erbrecht beeinflussen, weggefallen sind; der Erbe auf Grund einer Verfügung von Todeswegen hat diese vorzulegen, ein gesetzlicher Erbe hat das das Erbrecht begründende Verhältnis darzulegen und zu erklären, ob Verfügungen des Erblassers von Todeswegen vorhanden sind; es ist dabei die Richtigkeit an Eidesstatt zu versichern: §§ 2354—2356.

Erbschein, gemeinschaftlicher kann von Miterben beantragt werden, sogar von jedem Miterben allein: § 2357.

Erbschein, öffentlicher Glaube es wird vermutet, daß dem bezeichneten Erben das Erbrecht zusteht und er keinen anderen wie den aufgeführten Beschränkungen unterworfen ist; ein gutgläubiger Dritter, der einen Nachlaßgegenstand von dem durch unrichtigen Erbschein Ausgewiesenen erwirbt oder Leistungen an ihn erbringt, wird geschützt (ähnlich §§ 891—893 beim öffentlichen Glauben des Grundbuches!): §§ 2365—2367.

Erbschein, unrichtiger das Nachlaßgericht muß ihn einziehen, wodurch er kraftlos wird; bei Unmöglichkeit sofortiger Einziehung ist der Erbschein durch Beschluß für kraftlos zu erklären, auch kann der wahre Erbe die Herausgabe des unrichtigen Erbscheines an das Nachlaßgericht von dem Erbscheinbesitzer verlangen: §§ 2361, 2362.

Erbschein, Unterlagen ein gesetzlicher Erbe muß die Urkunden, die sein Erbrecht beweisen (z. B. Verwandtschaft mit dem Erblasser, Standesurkunden), vorlegen: § 2356.

Erbschein, Voraussetzung für die Erteilung Erteilung erfolgt durch das Nachlaßgericht erst, wenn es die zur Begründung des Antrages erforderlichen Tatsachen für festgestellt erachtet (evtl. öffentliche Aufforderung zur Anmeldung von Erbrechten): §§ 2358, 2359.

Erbteil der Anteil eines Miterben am Nachlaß: § 1922.

Erbunwürdigkeit die Möglichkeit, Personen, welche zunächst Erben geworden sind, das Erbe wegen gewisser Verfehlungen gegenüber dem Erblasser wieder zu entziehen: §§ 2339 ff.

Erbunwürdigkeit, Ausschluß des Anfechtungsrechts bei Verzeihung durch den Erblasser: § 2343.

Erbunwürdigkeit, Folge der Anfechtung der Anfall gilt als nicht erfolgt, die Erbschaft fällt dem zu, der berufen sein würde, wenn der Erbunwürdige z. Zt. des Erbfalles nicht gelebt hätte: § 2344.

Erbunwürdigkeit, Geltendmachung durch Anfechtung des Erbschaftserwerbs (nach Erbfall also!) in Klageform durch diejenigen, denen der Wegfall des Erbunwürdigen zustatten kommt: §§ 2340—42.

Erbunwürdigkeit, Gründe widerrechtliche vorsätzliche Tötung des Erblassers oder Versuch dazu, widerrechtliche vorsätzliche Verhinderung oder Bestimmung (durch arglistige Täuschung bezw. Zwang) des Erblassers hinsichtlich der Errichtung oder Aufhebung einer Verfügung von Todes wegen des Erblassers: § 2339.

Erbunwürdigkeit, von Vermächtnisnehmern und Pflichtteilsberechtigten sie können wie die Erben für unwürdig erklärt werden, so daß ihnen nichts aus dem Nachlasse anfällt: § 2345.

Erbvertrag vertragliche Verfügung von Todes wegen, durch welche ein Erbe eingesetzt sowie ein Vermächtnis oder eine Auflage angeordnet wird, wobei der andere Vertragspartner der Erbe bzw. Vermächtnisnehmer oder ein Dritter sein kann: § 1941.

Erbvertrag, Anfechtung sie ist — im Gegensatz zum Testament — auch durch den Erblasser zulässig; handelt es sich um Anfechtung wegen Übergehung eines Pflichtteilberechtigten, so muß dieser z. Zt. der Anfechtung vorhanden sein: §§ 2281, 2285.

Erbvertrag, Aufhebung Beseitigung des ganzen Erbvertrages oder einzelner Verfügungen durch eine Abmachung derjenigen Personen, die den Erbvertrag abgeschlossen hatten, unter Innehaltung der Formen des Errichtungsvertrages: § 2290.

Erbvertrag, Aufhebung durch Ehegatten Ehegatten können einen Erbvertrag auch durch gemeinsames Testament aufheben: § 2292.

Erbvertrag, Aufhebung von Vermächtnissen sie können durch einfaches Testament aufgehoben werden, ebenso angeordnete Auflagen, aber nur mit Zustimmung des anderen Vertragspartners: § 2291.

Erbvertrag, Bedeutung er ist ein Vertrag von Todes wegen (keine „letztwillige Verfügung"), wobei eine Beseitigung grundsätzlich nur mit Einverständnis des anderen Vertragsteiles möglich ist.

Erbvertrag, Befugnisse des Erblassers zu Lebzeiten er kann zu seinen Lebzeiten über sein Vermögen frei verfügen; Schenkungen jedoch, die er in der Absicht, den Vertragserben zu schädigen, macht, kann dieser von dem Beschenkten nach den Vorschriften der ungerechtfertigten Bereichung — Verjährungsfrist 3 Jahre! — herausverlangen: §§ 2286, 2287.

Erbvertrag, Beteiligte die am Erbvertrag Beteiligten sind: 1. derjenige, der die Verfügung von Todeswegen trifft (sog. Erblasser), 2. der Vertragsgegner; die Verfügung kann sowohl dem Gegner als auch einem Dritten zu Gute kommen.

Erbvertrag, einseitiger nur 1 Vertragsteil trifft eine Verfügung von Todeswegen: § 2278.

Erbvertrag, Errichtung vor einem Richter oder Notar bei gleichzeitiger Anwesenheit beider Teile; für Erbverträge zwischen Ehegatten oder Verlobten gilt die Form von Eheverträgen: § 2276.

Erbvertrag, Nichtigkeit haben beide Vertragsteile Verfügungen getroffen, so hat die Nichtigkeit einer Verfügung die Unwirksamkeit des ganzen Vertrages zur Folge: § 2298.

Erbvertrag, Rücktritt 1. bei Rücktrittsvorbehalt, 2. bei einer die Pflichtteilsentziehung rechtfertigenden Verfehlung des Bedachten, 3. bei Nichterfüllung einer vom Bedachten zu Lebzeiten des Erblassers übernommenen Verpflichtung (z. B. Gewährung von Unterhalt): §§ 2293—2295.

Erbvertrag, einseitige Verfügungen neben dem bindenden Vertragsinhalt sind sonstige Verfügungen von Todes wegen (z. B. Ernennung eines Testamentsvollstreckers u. a. m.) zulässig: diese kann der Erblasser einseitig durch Testament ändern oder aufheben: § 2290.

Erbvertrag, frühere letztwillige Verfügung der Erbvertrag hebt frühere letztwillige Verfügungen des Erblassers auf, welche die Rechte des vertragsmäßig Bedachten beeinträchtigen: § 2289.

Erbvertrag, über Verfügung von Todeswegen Verträge, durch die man sich zur Errichtung, Nichterrichtung, Aufhebung oder Nichtaufhebung einer Verfügung von Todes wegen verpflichtet, sind nichtig: § 2302.

Erbvertrag, Verschließung und Verwahrung die Urkunde muß verschlossen, mit einer Aufschrift versehen und in besondere amtliche Verwahrung gebracht werden, unter Erteilung eines Hinterlegungsscheines: §§ 2300, 2300a.

Erbvertrag, Vertragsinhalt bindender Vertragsinhalt kann nur sein: Erbeinsetzungen, Vermächtnisse und Auflagen; andere Bestimmungen tragen Testamentscharakter: § 2278.

Erbvertrag, zweiseitiger beide Vertragsteile treffen Verfügungen von Todes wegen: § 2298.

Erbverzicht Vertrag zwischen dem Erblasser und einem Verwandten oder Ehegatten, wodurch letztere auf ihr gesetzliches Erbrecht verzichten; desgleichen können Personen, die durch Testament als Erbe eingesetzt oder mit einem Legat bedacht worden sind, einen Erbverzicht mit dem Erblasser schließen, endlich auch Drittbegünstigte eines Erbvertrages §§ 2346, 2352.

Erbverzicht Aufhebung ist möglich, durch Vertrag, und zwar in öffentlicher Beurkundung: das Erbrecht setzt wieder ein: § 2351.

Erbverzicht, Form er bedarf der öffentlichen Beurkundung; ferner ist, falls der Verzichtende unter Vormundschaft steht, die Genehmigung des Vormundschaftsgerichts nötig: §§ 2347, 2348.

Erbverzicht, Wirkung, der Verzichtende ist von der Erbfolge ausgeschlossen, wie wenn er z. Zt. des Erbfalles nicht mehr lebte: er hat auch kein Pflichtteilsrecht; der Verzicht eines Abkömmlings erstreckt sich auf seine eigenen Abkömmlinge: §§ 2346, 2349.

Erfolg, Nichteintritt bei ungerechtfertigter Bereicherung s. ungerechtfertigte Bereicherung, Arten der Leistung und: Unstatthaftigkeit der Rückforderung.

Erfüllung Untergang eines Schuldverhältnisses dadurch, daß der Schuldner oder ein Dritter dem Gläubiger die geschuldete Leistung rechtzeitig und in der richtigen Weise erbringt: § 362.

Erfüllung Zug um Zug s. Zug um Zug.

Erfüllungshilfe eine Person, welche dem Schuldner bei Erfüllung eines Schuldverhältnisses hilft; der Schuldner haftet für jeden Schaden, den der Gehilfe dem Gläubiger bezüglich der Leistung schuldhaft zufügt: § 278.

Erfüllungshalber, Hingabe s. Hingabe erfüllungshalber.

Erfüllungslokal Örtlichkeit, in welcher zu erfüllen ist; im BGB nicht genannt, richtet sich nach den Umständen und nach der Verkehrssitte.

Erfüllungsort derjenige Ort, an welchem der Schuldner zu erfüllen hat (Gegensatz: Lieferungsort = der Ort, an dem er erfüllt), er wird bestimmt durch: Vertrag, Umstände oder Gesetz, andernfalls der Schuldner an seinem Wohnsitz bzw. dem Orte seiner gewerblichen Niederlassung zu leisten hat: § 269.

Erfüllungsübernahme Versprechen einer Person an eine andere, deren Schulden an deren Gläubiger zu erfüllen; da diese Gläubiger unmittelbar keine Rechte gegenüber dem Versprechenden haben, liegt ein sog. unechter Vertrag zu Gunsten Dritter vor: § 329.

Erfüllungszeit diejenige Zeit, zu welcher der Schuldner dem Gläubiger die Leistung zu erbringen hat; mangels Bestimmung kann jederzeit geleistet und auch gefordert werden, während bei Zeitbestimmung der Schuldner zwar vorzeitig leisten, der Gläubiger indes nicht vorzeitig fordern darf: § 271.

Erfüllungs Statt, Hingabe s. Hingabe an Erfüllungs Statt.

Erfüllungsverweigerung bei gegenseitigen, Zug um Zug zu erfüllenden Verträgen kann der eine Teil die ihm obliegende Leistung bis zur Bewirkung der Gegenleistung verweigern: § 320.

Erfüllungsverweigerung bei der ungerechtfertigten Bereicherung wenn jemand ohne rechtlichen Grund eine Verbindlichkeit eingeht, so kann er ihre Erfüllung auch noch nach Verjährung des Anspruches auf Befreiung von der Verbindlichkeit verweigern: § 821.

Erfüllungsverweigerung, bei der unerlaubten Handlung wenn der Täter einer unerlaubten Handlung durch diese eine Forderung gegen den Verletzten erlangt hat, so kann dieser Erfüllung auch noch nach Verjährung des Schadenersatzanspruches verweigern: § 853.

Ergänzung des Pflichtteils s. Pflichtteilsrecht, Ergänzungsanspruch bei Schenkungen.

Ergänzungspflegschaft sie kommt für eine Person, die unter elterlicher Gewalt oder unter Vormundschaft steht, in Frage für Angelegenheiten, für die der Gewalthaber oder der Vormund nicht tätig werden kann, z. B. hinsichtlich der Verwaltung eines Vermögens, bei dessen Zuwendung bestimmt worden war, daß dem Gewalthaber oder dem Vormunde die Verwaltung nicht zustehen soll: § 1909.

Erhebliche Fehler s. Fehler, erhebliche.

Erhebung der Klage s. Klageerhebung, Wirkungen.

Erholungszeit, des Dienstpflichtigen s. Dienstvertrag, Fürsorgepflicht des Dienstherrn.

Erklärungsirrtum Art des Geschäftsirrtums, derart, daß sich der Fehler nicht schon bei der Willensbildung, sondern erst bei der äußeren Erklärung einschleicht (z. B. Versprechen, Verschreiben); berechtigt zur Anfechtung: § 119.

Erkrankung des Dienstpflichtigen s. Dienstvertrag, Fürsorgepflicht des Dienstherrn.

Erlaß Vertrag zwischen Gläubiger und Schuldner, daß die Schuld ohne Leistung untergeht, und zwar entweder als: positiver Erlaß oder als: negativer Schuldanerkennungsvertrag (abstraktes Verfügungsgeschäft!): § 397.

Erlös, aus dem Pfande soweit der Pfanderlös dem Pfandgläubiger zwecks Befriedigung gebührt, gilt die Forderung als vom Eigentümer berichtigt, während im übrigen der

Erlös an die Stelle des Pfandes tritt: § 1247.

Erlöschen der Dienstbarkeit s. Grundbuch, Kontratabularverschweigung.

Erlöschen des Pfandrechtes s. Faustpfand, Erlöschen des Pfandrechts.

Erlöschen, nicht eingetragener Rechte s. Grundbuch, Tabularverschweigung.

Erlöschen von Schuldverhältnissen tritt ein durch Erfüllung: §§ 362 ff, Hinterlegung: §§ 372 ff, Aufrechnung: §§ 387 ff und Erlaß: § 397.

Erlöschen, einer Vollmacht s. Vollmachtsende.

Erneuerungsschein s. Inhaberschuldverschreibung, Erneuerungsschein.

Eröffnung des Konkurses, bei juristischen Personen hierdurch verliert ein Verein die Rechtsfähigkeit; die Konkurseröffnung ist von Amtswegen einzutragen: §§ 42, 75.

Eröffnung des Testaments s. Testament, Eröffnung.

Ersatzansprüche Dritter, bei unerlaubten Handlungen s. unerlaubte Handlung, unmittelbar Geschädigter.

Ersatzleistung, Anspruch darauf s. commodum, stellvertretendes und: Schadenausgleich mit Vorteilen; ferner: Abtretung von Ersatzansprüchen.

Erschöpfungseinrede, des Erben wenn ein Nachlaßkonkurs durch Masseverteilung oder Zwangsvergleich beendet worden ist, so kann der Erbe die Befriedigung von Nachlaßgläubigern insoweit verweigern, als der Nachlaß erschöpft ist, ähnlich wie es bei der Ausschließung von Nachlaßgläubigern gemäß § 1973 der Fall ist: § 1989.

Ersitzung Erwerb gewisser dinglicher Rechte durch längeren Zeitablauf und Besitzausübung.

Ersitzung, Bedeutung bei beweglichen Sachen verschafft sie Eigentum oder Nießbrauch in denjenigen Fällen, in denen der gute Glaube allein für den Erwerb nicht ausreichen würde (z. B. bei Erwerb von abhanden gekommenen Sachen, von einem Nichtgeschäftsfähigen, bei mangelnder Verfügungsgewalt u. a. m.).

Ersitzung, Besitzwechsel 1.) wird der Ersitzende beerbt, so setzt der Erbe die Ersitzung fort, 2.) wird die Sache durch Rechtsgeschäft einem Dritten übertragen, so beginnt dieser zwar eine neue Ersitzungszeit, doch kommt ihm die Zeit des Vorgängers zu statten: § 943.

Ersitzung, von beweglichen Sachen Eigentum (ebenso Nießbrauch!) kann durch zehnjährigen Eigenbesitz erworben werden, wenn der Ersitzende die ganze Zeit im guten Glauben ist, d. h. sich für den Eigentümer bezw. Nießbraucher hält: §§ 937, 1033.

Ersitzung, Kontratabularersitzung besitzt jemand 30 Jahre hindurch ein Grundstück, ohne im Grundbuch eingetragen zu sein, so kann er den unbekannten Eigentümer im Aufgebotsverfahren durch Ausschlußurteil ausschließen und auf Grund des Urteils sich selbst als Eigentümer im Grundbuch eintragen lassen: § 927.

Ersitzung, von Grundstücksrechten ersessen werden können Eigentum, zum Besitz berechtigende (Erbbaurecht, Nießbrauch) und nach Besitzregeln geschützte (Grund- und beschränkte persönliche Dienstbarkeiten) Rechte, sofern Eintragung im Grundbuch und dreißigjähriger Eigenbesitz vorliegt: § 900.

Ersitzung, Unterbrechung der Ersitzungsfrist 1.) durch Besitzverlust für die Dauer von 1 Jahr, 2.) durch Erhebung der Eigentumsklage gegen den Ersitzenden: §§ 940—942.

Ersitzung, Vermutung des Dauerbesitzes bei Besitz zu Anfang und zu Ende der Ersitzungszeit wird auch der Besitz der Zwischenzeit vermutet: § 938.

Ersitzung, Wirkung das bisherige Eigentum (falls solches bestanden hat!), sowie die Lasten gehen unter; neues Eigentum entsteht: §§ 937, 945.

Erteilung einer Vollmacht sie erfolgt durch Erklärung gegenüber dem zu Bevollmächtigenden oder Dritten; die Form, welche für das Rechtsgeschäft bestimmt ist, auf das sich die Vollmacht bezieht, ist für die Vollmachtsterteilung nicht inne zu halten: § 167.

Erträge Früchte einer Sache, ferner eines Rechts, falls das Recht sie seiner Bestimmung gemäß gewährt; auch Erträge, die ein Gegenstand vermöge eines Rechtsverhältnisses gewährt (sog. mittelbare Früchte) sind Früchte: § 99.

Erweiterungen, bei der Annahme einer Offerte s. modifizierte Annahme.

Erwerbsgeschäft, eines Ehegatten s. Arbeitspflicht der Ehegatten.

Erwerbsgeschäft, eines Ehegatten bei Gütergemeinschaft bei Einwilligung oder Duldung des selbständigen Betriebes eines Erwerbsgeschäfts durch denjenigen Ehegatten, der das Gesamtgut nicht verwaltet, ist die Zustimmung des verwaltenden Ehegatten zu Rechtsgeschäften des Geschäftsbetriebes nicht erforderlich: § 1431.

Erwerbsgeschäft, des Minderjährigen falls er es mit Zustimmung des gesetzlichen Vertreters und des Vormundschaftsgerichtes führt, wird er für alle darunter fallenden Geschäfte wie ein Volljähriger betrachtet: § 112.

Erwerbsgeschäft, eines Mündels will der Vormund einen Vertrag abschließen, der sich auf den entgeltlichen Erwerb oder die Veräußerung eines Erwerbsgeschäftes richtet, so bedarf er hierzu der Genehmigung des Vormundschaftsgerichtes; auch soll er ohne diese Genehmigung nicht ein neues Erwerbsgeschäft beginnen oder ein bestehendes Erwerbsgeschäft auflösen: §§ 1822, 1823.

Erwerbstätigkeit, der Ehefrau s. Eheleben, Erwerbstätigkeit der Frau.

Erwerbszwecke, in Bezug auf Haustiere s. unerlaubte Handlung, Tierhalterhaftung bei Haustieren.

Erziehungsanstalt, Unterbringung eines Minderjährigen wenn das Wohl eines Kindes gefährdet wird durch Mißbrauch der Personalsorge seitens eines Elternteiles, Vernachlässigung des Kindes oder wenn sich der Elternteil eines ehrlosen oder unsittlichen Verhaltens schuldig macht, so kann das Vormundschaftsgericht das Kind in einer Familie oder einer Erziehungsanstalt unterbringen: § 1666; desgleichen kann das Vormundschaftsgericht schlechthin bei einem Mündel dessen Unterbringung in eine Erziehungsanstalt anordnen: § 1838.

Erziehungsgewalt Teil der Personalsorge über ein minderjähriges Kind mit der Befugnis und der Verpflichtung, das Kind zu erziehen und zu beaufsichtigen: § 1631.

Erzeugnisse dies sind die Früchte einer Sache, die wiederkehrend aus ihr gewonnen werden: § 99.

Erzeugnisse, Eigentum daran bis zur Trennung stehen sie im Eigentum des Eigentümers der Hauptsache; mit der Trennung erlischt das bisherige Eigentum daran: es entsteht neues — originäres — Eigentum des Eigentümers oder des Fruchtziehungsberechtigten: §§ 953 ff.

Erzeugte, noch nicht geborene Person die bei Erbfall schon erzeugte, aber noch nicht geborene Person kann Erbe werden und gilt als vor dem Erbfall geboren: § 1923; wer zur Zeit des Erbfalles noch nicht erzeugt, aber als Erbe eingesetzt ist, gilt nur als Nacherbe eingesetzt: § 2101.

F

Fabrikanten, Verjährung von Ansprüchen Ansprüche von Fabrikanten verjähren in zwei Jahren: § 196 Ziff. 1.

facultas alternativa Recht des Schuldners, statt der geschuldeten Leistung — nur auf diese bezieht sich das Schuldverhältnis! — eine andere zu erbringen (z. B. kann, falls der Schenker wegen Verarmung das Geschenk vom Beschenkten zurückfordert, dieser statt dessen dem Schenker Unterhalt gewähren): § 528.

Fälligkeit, bei Schuldnerverzug s. Schuldnerverzug.

Fahrlässigkeit Art des Verschuldens, darin bestehend, daß der Schuldner die erforderliche Sorgfalt außer Acht gelassen hat; Arten: 1.) leichte = Außerachtlassen einer genauen Sorgfalt; 2.) schwere = Außerachtlassen der landläufigen Sorgfalt (Einstehen nur für schwere Verstöße!).

Falsus procurator s. vollmachtloser Stellvertreter.

Familienname, des Adoptivkindes s. Annahme an Kindesstatt, Familienname des Kindes.

Familenname, der Ehefrau s. Ehename der Ehefrau: § 1355.

Familienname, der geschiedenen Ehefrau s. Name der geschiedenen Ehefrau.

Familienname, des ehelichen Kindes s. eheliches Kind, Familienname.

Familienname, des unehelichen Kindes s. uneheliches Kind, Familienname.

Familienrat ein Kollegium, bestehend aus dem Vormundschaftsrichter und zwei bis sechs Mitgliedern, welches die Rechte und Pflichten des Vormundschaftsgerichts hat und auf Anordnung des Vaters oder der ehelichen Mutter des Mündels eingesetzt wird: §§ 1858, 1860, 1872; s. auch Vormundschaft, Familienrat.

Faustpfand dingliches Recht an einer beweglichen Sache, zur Sicherung einer (nicht nur: Geld-) Forderung, derart, daß der Pfandberechtigte befugt ist, sich aus der Sache zu befriedigen: § 1204.

Faustpfand, Antichrese ein Nutzpfand — s. Nutzpfand —, bei welchem die Früchte statt der Zinsen dem Gläubiger überlassen werden (also keine Abrechnung!): § 1214.

Faustpfand, Arten 1.) Vertragspfand: § 1204; 2.) gesetzliches Pfandrecht: § 1257; 3.) Pfändungspfand: § 804 ZPO.

Faustpfand, Entstehung durch Einigung und Übergabe, die durch Übergabe kurzer Hand oder Vindikationszession, nie jedoch durch Besitzkonstitut, ersetzt werden kann; auch gutgläubiger Pfanderwerb vom Nichtberechtigten ist statthaft: §§ 1205—1207.

Faustpfand, Erlöschen des Pfandrechts 1.) mit Untergang der Forderung: § 1252, 2.) durch Rückgabe der Sache an den Verpfänder, wobei ein Vorbehalt bedeutungslos ist: § 1253, 3.) durch Aufhebungserklärung: § 1255, 4.) durch Schuldübernahme: § 418, 5.) durch Konsolidation: § 1256.

Faustpfand, Ersitzung sie ist, im Gegensatz zum Eigentum und Nießbrauch, nicht möglich.

Faustpfand, Forderung Forderungen aller Art — nicht nur Geldforderungen wie bei Hypotheken! — können durch Faustpfand gesichert werden: § 1204.

Faustpfand, guter Glaube er wird zwar beim Vertragspfand, nicht aber beim gesetzlichen oder Pfändungspfand berücksichtigt: § 1207.

Faustpfand, guter Glaube und Drittbelastung hier geht durch den guten Glauben des Pfandberechtigten, der das Pfandobjekt für lastenfrei hält, die Belastung des Dritten nicht unter, sondern nur dem Pfandrecht nach: § 1208.

Faustpfand, Kaufpreis muß bei der Versteigerung vom Käufer in bar entrichtet werden, bei Gefahr des Rechtsverlustes; anderenfalls gilt der Kaufpreis als vom Pfandgläubiger empfangen: § 1238.

Faustpfand, Markt- oder Börsenpreis des Pfandes hier ist bei der Verwertung keine Versteigerung nötig, sondern freihändiger Verkauf ist statthaft: §§ 1235 Abs. 2, 1221.

Faustpfand, Mindestverkaufspreis er ist nicht vorgeschrieben; nur Gold- und Silbersachen dürfen nicht unter dem Metallwerte zugeschlagen werden: § 1240.

Faustpfand, Nutzpfand ein Pfandrecht an einer fruchtbringenden Sache, wobei dem Pfandberechtigten die Befugnis zur Fruchtziehung unter Anrechnung auf: Kosten, Zinsen, Kapital eingeräumt wird: §§ 1213, 1214.

Faustpfand, mehrere Pfänder es dürfen bei Pfandreife nur soviel Pfänder verkauft werden, als zur Befriedigung des Gläubigers nötig sind: § 1230.

Faustpfand, mehrfaches Pfandrecht ist an derselben Sache möglich, doch braucht der Pfandgläubiger das Pfand einem ihm am Range nachstehenden Gläubiger zum Zwecke des Verkaufes nicht herauszugeben: § 1232.

Faustpfand, Pfandreife Fälligkeit der ganzen oder eines Teiles der Forderung, die, wenn sie nicht in Geld besteht, zudem erst in eine Geldforderung übergegangen sein muß: § 1228.

Faustpfand, Pfandverkauf ist erst bei Pfandreife, Verkaufsandrohung und Ablauf der Wartefrist zulässig: §§ 1228, 1234.

Faustpfand, Pfandvertrag der obligatorische Vertrag, welcher der Bestellung des Pfandrechts vorangeht (ähnlich wie z. B. Kauf vor Übereignung).

Faustpfand, Rechtmäßigkeit der Veräußerung ist gegeben, wenn folgende Vorschriften gewahrt worden sind: über Pfandreife, über Verkauf lediglich der zur Deckung der Forderung nötigen Pfänder, falls mehrere Pfänder bestellt worden sind; ferner: über die Öffentlichkeit der Versteigerung und die öffentliche Bekanntmachung, endlich über Mindestwerte bei Gold- und Silbersachen: § 1243.

Faustpfand, an kleinen Schiffen soweit sie nicht im Schiffsregister eingetragen sind, erfolgt die Verpfändung durch Einigung und Eintragung.

Faustpfand, Schuldner und Verpfänder sind nicht identisch soweit der Verpfänder den Gläubiger befriedigt, geht dessen Forderung gegen den Schuldner kraft Gesetzes auf ihn über: § 1225.

Faustpfand, Stellung des Pfandbestellers auch wenn er nicht der persönliche Schuldner ist, stehen ihm dessen sämtliche Einreden — wie einem Bürgen nach §§ 768, 770! — zu, auch noch nach Verzicht des Schuldners darauf: § 1211.

Faustpfand, Übertragung der Forderung das Pfandrecht geht automatisch mit über: § 1250.

Faustpfand, Unrechtmäßigkeit der Veräußerung liegt vor, wenn die Vorschriften über Pfandreife, über Verkauf nur der notwendigen von mehreren Pfändern, über Öffentlichkeit und öffentliche Bekanntmachung sowie über Gold- und Silbersachen nicht gewahrt wurden: der gute Glaube ersetzt die Rechtmäßigkeit, darüber hinaus sogar ein fehlendes Pfandrecht, sofern nur die Versteigerung öffentlich geschah: §§ 1243, 1244.

Faustpfand, drohender Verderb der Pfandberechtigte kann entweder andere Sicherheit verlangen oder zur vorzeitigen Versteigerung schreiten: §§ 1218, 1219.

Faustpfand, Verfallsklausel oder lex commissoria Abrede, daß das Eigentum am Pfande mangels Befriedigung des Pfandgläubigers auf diesen übergehen soll: sie ist erst nach Pfandreife statthaft, vorher hingegen nichtig: § 1229.

Faustpfand, Verjährung der Forderung das Pfandrecht bleibt trotzdem bestehen: § 223.

Faustpfand, Verkaufsandrohung der Pfandgläubiger muß dem Eigentümer den Verkauf androhen, und zwar nach Pfandreife, unter Angabe des Geldbetrages: § 1234.

Faustpfand, Verletzung des Pfandrechts der Pfandgläubiger hat bei Verletzung seines Rechts durch Dritte ähnliche Ansprüche wie ein Eigentümer; daneben stehen ihm die Ansprüche aus Besitz und — bei Wegnahme! — aus besserem Besitz zu: § 1227.

Faustpfand, Verwertung durch öffentliche freiwillige Versteigerung: § 1235.

Faustpfand, Wartefrist der Pfandverkauf darf erst 1 Monat nach der Verkaufsandrohung erfolgen: § 1234 Abs. 2.

Fehler, erhebliche Begriff des Kauf- und Werkvertrages; man versteht darunter Mängel, die den Gebrauch der Sache wesentlich beeinträchtigen. Der Verkäufer bzw. Unternehmer haftet für Freiheit bei Gefahrenübergang, andernfalls er sich der Wandlung, Minderung (bei Werkverträgen an erster Stelle: Nachbesserungspflicht), evtl. sogar der Verpflichtung zum Schadenersatz aussetzt: §§ 459, 462, 463, 633, 634, 635.

Fehlerhafter Besitz Besitzerposition desjenigen, welcher durch verbotene Eigenmacht oder als Rechtsnachfolger des Täters den Besitz erlangt hat; diese Bezeichnung gilt nur im Verhältnis gegenüber demjenigen, gegen welchen sich die verbotene Eigenmacht richtet: § 858.

Feiertag, gesetzlicher bewirkt, falls am Ende einer Frist liegend, den Ablauf derselben erst mit dem nächstfolgenden Werktag: § 193.

Fernsprechergeschäft gilt als Rechtsgeschäft unter Anwesenden: § 147.

Fiktion, des Fortbestandes eines Auftrages s. Auftrag, Fiktion des Fortbestehens.

Fiktion, des Fortbestandes einer Vollmacht wenn ein Auftrag oder eine Gesellschaft erloschen sind (z. B. durch Tod) und der handelnde Beauftragte oder Gesellschafter dies bei Vornahme eines Rechtsgeschäftes einem Dritten gegenüber nicht weiß, so gilt eine erteilte Vollmacht zu Gunsten des nichtsahnenden Dritten als fortbestehend: § 169; s. Vollmachtsende.

Fiktion, des Zuganges einer Willenserklärung s. Zugehen, Unterstellen derselben.

Fiktive Unmöglichkeit liegt vor, wenn der Schuldner zur Leistung verurteilt worden ist und diese trotz einer gestellten Frist nicht erbringt; nunmehr wird die Unmöglichkeit unterstellt: § 283.

Finden Ansichnehmen einer verlorenen Sache (d. h. einer solchen, die aus dem Machtbereich des Besitzers gekommen ist, daß er nicht weiß, wo sie sich befindet, und die nicht zugleich im Machtbereich eines anderen verblieben ist); Finden ist ein Realakt, welcher für den Finder Eigentumserwerb bewirkt, und zwar ein Jahr nach Anzeige des Fundes (bei Sachen im Werte unter DM 3,—: 1 Jahr nach Fund): §§ 965, 973.

Finderlohn Anspruch des Finders gegen den zum Empfang des Fundes Berechtigten auf 5 % des Wertes der Fundsache (bei Sachen bis zu DM 300.—; darüber hinaus und bei Tieren: 1 %), sofern nicht der Fund verheimlicht oder die Meldepflicht verletzt wurde: § 971.

Fische, in Fischteichen sie sind nicht herrenlos: § 960.

Fiskus, als gesetzlicher Erbe gesetzlicher Erbe ist der Fiskus, wenn beim Erbfall weder ein Verwandter noch ein Ehegatte des Erblassers vorhanden ist, ein Ausschlagungsrecht steht ihm nicht zu, eine Inventarfrist kann ihm nicht gesetzt werden: §§ 1936, 1942, 1964, 2011.

Fiskushaftung für schädigende Handlungen von Organen, sofern es Privatgeschäfte des Fiskus waren (ähnlich bei Gemeinden, Kreisen pp): § 89.

Fixgeschäft gegenseitiger Vertrag mit derart genauer Festlegung der Leistungszeit, daß anzunehmen ist, daß der Vertrag ohne Festlegung der Leistungszeit nicht zustandegekommen wäre (evtl. aus Umständen zu entnehmen!); es berechtigt den Gläubiger bei Nichteinhaltung der Frist zum Rücktritt (auch bei Nichtverschulden des Schuldners!): § 361.

Forderung der Anspruch, der dem Gläubiger gegen den Schuldner vermöge des Schuldverhältnisses zusteht: § 241.

Forderung, unverzinsliche, Nießbrauch daran s. Rechtsnießbrauch an einer unverzinslichen Forderung.

Forderung, verzinsliche, Nießbrauch daran s. Nießbrauch an verzinslichen Forderungen.

Forderungen, als Anlage von Mündelgeld, s. Mündelgeld, Art der Anlage.

Forderungen, Unpfändbarkeit s. unpfändbare Forderungen.

Forderungen, Übertragung s. Übergang von Forderungen.

Form, der Anmeldung eines Vereins s. Anmeldung eines Vereins.

Form, der Eheschließung s. Eheabschluß.

Formfehler führt bei Rechtsgeschäften, falls es sich um eine gesetzliche Form handelt, stets, falls es sich um eine von den Parteien gewillkürte Form handelt, nur im Zweifel zur Nichtigkeit: § 125.

Forstwirte, Verjährung von Ansprüchen Ansprüche derjenigen, welche für Lieferung von forstwirtschaftlichen Erzeugnissen etwas zu fordern haben, verjähren in zwei Jahren: § 196 Ziff. 2.

Fortkommen, des Verletzten, bei unerlaubten Handlungen s. unerlaubte Handlung, Personalverletzung.

Frau, berechtigt zur Ablehnung einer Vormundschaft s. Vormundschaft, Ablehnungsgründe.

Freies Belieben Bestimmung einer Leistung, die bei Vertragsabschluß noch nicht fest umrissen ist, sondern erst später genau festgelegt werden soll, und zwar durch einen

Vertragsteil oder einen Dritten, ohne daß die Leistung dem billigen Ermessen entsprechen muß: § 319.

Freihändiger Verkauf, bei Gläubigerverzug oder Unkenntnis über die Person des Gläubigers handelt es sich um geschuldete nicht hinterlegungsfähige Sachen, die einen Börsen- oder Marktpreis haben, so kann sie der Schuldner durch einen öffentlichen Handelsmäkler aus freier Hand zum laufenden Preise verkaufen lassen: § 385.

Freihändiger Verkauf, von verpfändeten Orderpapieren wenn sie einen Markt- oder Börsenpreis haben, können sie bei Pfandreife freihändig verkauft werden: § 1295.

Freihändiger Verkauf, von Pfändern s. Faustpfand, Markt- oder Börsenpreis des Pfandes.

Freiheit, Entziehung widerrechtliche, schuldhafte Freiheitsentziehung stellt eine unerlaubte Handlung dar; auch für den Nichtvermögensschaden ist eine billige Geldentschädigung zu zahlen, ebenso ist ein Drittgeschädigter zu entschädigen, dem durch die Entziehung der Freiheit eines anderen Dienste entgangen sind, zu denen der unmittelbare Verletzte kraft Gesetzes verpflichtet war: §§ 823, 845, 847.

Fremdbauten s. verselbständigter Bestandteil.

Fremdbesitz s. Besitz, Fremdbesitzer.

Frist Zeiteinheit; kürzeste Zeiteinheit des Rechts ist gewöhnlich ein voller Tag (= von Mitternacht bis Mitternacht), sog. Zivilberechnung, so daß grundsätzlich eine Frist stets um Mitternacht beginnt und um Mitternacht endigt: §§ 187, 188.

Fristablauf, als Ausschlußgrund für Ehescheidung s. Ehescheidung, Erlöschen des Rechts auf Scheidung.

Fristlose Kündigung, beim Dienstvertrag ist bei Vorliegen eines wichtigen Grundes durch jeden Vertragsteil möglich, bei Diensten höherer Art auf Grund besonderen Vertrauens sogar ohne Grund, sofern es sich nicht um ein Dauerverhältnis mit festen Bezügen handelt: §§ 626, 627.

Fristlose Kündigung, des Mieters s. Miete, Kündigung.

Fristlose Kündigung, des Vermieters s. Miete, Kündigung.

Fristsetzung, bei Rücktritt s. Rücktritt, Unwirksamkeit des erklärten Rücktritts.

Fristsetzung, bei Schadenersatz s. Schadenersatz, Fristsetzung durch den Gläubiger.

Fristsetzung, bei Schenkung ist eine Zuwendung ohne Wissen des Beschenkten an ihn erfolgt, so kann ihm der Zuwendende eine Frist zur Erklärung über die Annahme setzen, wobei Schweigen als Annahme gilt: § 516.

Fristsetzung, im Falle des Schuldnerverzuges bei gegenseitigen Verträgen s. Ablehnung der Leistung.

Fristsetzung, für Wandelung s. Kauf, Fristsetzung des Verkäufers bei Mängelrüge des Käufers.

Fruchtziehung, übermäßige, beim Nießbrauch s. Nießbrauch, Fruchtziehung.

Fruchtziehung, übermäßige, durch den Vorerben s. Erbe, Eintritt der Nacherbfolge.

Früchte Erzeugnisse (wiederkehrend!) oder sonstige Ausbeute (verschwindend!) einer Sache oder eines Rechts (wirtschaftlicher Begriff!): §§ 99 ff.

Früchte, Gewinnungskosten Früchte braucht man nur gegen Erstattung der Gewinnungskosten, die einer ordnungsmäßigen Wirtschaft entsprechen und den Fruchtwert nicht übersteigen, herauszugeben: § 102.

Früchte, Verteilung bei Wechsel hinsichtlich der Fruchtziehungsberechtigung eines Gegenstandes gebühren die Früchte grundsätzlich demjenigen, welcher Berechtigter zur Zeit der Trennung ist; nur bei Zinsen und anderen regelmäßig wiederkehrenden Erträgen erhält der Berechtigte lediglich einen der Dauer seiner Berechtigung entsprechenden Teil der Früchte: § 101.

Früherer oder besserer Besitz, Anspruch daraus (sog. deutsch-rechtliche Publiciana) bei beweglichen Sachen — nur bei solchen! — **kann** der frühere Besitzer — jeder, nicht nur der Eigentümer! — von dem jetzigen Besitzer Herausgabe verlangen, wenn er „besser im Besitz" war als der jetzige Besitzer ist: § 1007.

Früherer Besitz, schlechtere Besitzerstellung der spätere Besitzer ist „schlechter im Besitz" als der frühere bei Sachen, 1.) die dem früheren Besitzer abhandengekommen sind; 2.) bei denen der jetzige Besitzer beim Erwerb bösgläubig war: § 1007.

Früherer Besitz, Versagen des Anspruches aus § 1007 dann, wenn der jetzige und der frühere Besitzer gleich „gut" bzw. gleich „schlecht" im Besitze sind: z. B. wenn die Sache schon, als sie der Kläger besaß, eine abhandengekommene Sache war: § 1007.

Fürsorge, des Nachlaßgerichts s. Nachlaßgericht, Fürsorge.

Fürsorgeerziehung s. Jugendamt, Fürsorgeerziehung.

Fürsorgepflicht des Dienstherrn s. Schutzvorschriften, beim Dienstvertrag.

Fund, in Geschäftsräumen einer Behörde oder in Transportmitteln hier ist kein Fund im rechtlichen Sinne möglich, da die Sachen in Gewahrsam der Behörde pp. stehen: sie sind unverzüglich der Behörde pp. abzuliefern, die sie — nach öffentlicher Bekanntgabe! — öffentlich versteigern läßt, unter Anfall des Erlöses an den Fiskus, die Gemeinde, die Verkehrsanstalt: §§ 978—983.

Fund, Pflichten des Finders er hat unverzüglich dem Verlierer, Eigentümer, sonstigen Berechtigten, in Ermangelung der Kenntnis hiervon: der Polizeibehörde (letzterer nicht: bei Sachen im Wert unter DM 3,—) Mitteilung zu machen, der Behörde auf Verlangen die Sache abzuliefern, sonst: sie in Verwahrung zu nehmen (Haftung für Vorsatz und grobe Fahrlässigkeit!): §§ 965—968.

Fund, in Privaträumen entdeckt der Wohnungsinhaber in seinen eigenen Räumen eine liegengebliebene fremde Sache, so erfolgt kein Eigentumserwerb durch Fund, weil die Sache nicht verloren ist, da sie trotz Liegenbleibens im Machtbereich eines anderen verblieben ist; Ersitzung ist mangels Gutgläubigkeit, Aneignung mangels Herrenlosigkeit ebenfalls unmöglich.

Fund, Rechte des bisherigen Eigentümers bei Verlust des Eigentums der Finder haftet nach Eigentumserlangung noch 3 Jahre auf Herausgabe nach den Vorschriften der ungerechtfertigten Bereicherung: § 977.

Fund, Rechte des Finders Anspruch auf Ersatz von Aufwendungen, auf Finderlohn (= 5 % bei Sachen im Werte bis zu DM 300,—, darüber und bei Tieren 1 %), sofern nicht der Fund verheimlicht wurde; ferner tritt 1 Jahr nach Anzeige bzw. Fund Eigentumserwerb ein: §§ 970—973.

Fund, drohender Sachverderb der Finder hat die Sache öffentlich versteigern zu lassen und den Erlös der Polizeibehörde abzuliefern: § 966.

Fund, Verzicht des Finders auf Eigentumserwerb das Recht geht auf die Gemeinde des Fundortes über, desgleichen, wenn der Finder nicht binnen bestimmter Frist von der Polizeibehörde Herausgabe der Sache oder eines etwaigen Versteigerungserlöses verlangt: § 976.

G

Gastwirt wer gewerbsmäßig Fremde zur Beherbergung (Unterkunft!) aufnimmt: § 701.

Gastwirt, Haftung für eingebrachte Sachen der Gastwirt haftet — auch ohne Vertrag — für Verlust oder Beschädigung von Sachen, die der im Gewerbebetrieb aufgenommene Gast eingebracht hat, sofern es sich nicht um Geld, Wertpapiere oder Kostbarkeiten über DM 1000,— handelt; die Haftung für Zufall kann vertraglich, aber nicht einseitig, ausgeschlossen oder gemindert werden: §§ 701, 702.

Gastwirt, gesetzliches Pfandrecht wegen aller Forderungen für Leistungen an den Gast oder Auslagen hat der Gastwirt an den eingebrachten Sachen des Gastes, soweit diese sein Eigentum sind, ein gesetzliches Pfandrecht: § 704.

Gattungskauf s. Kauf, von Gattungssachen.

Gattungsschuld eine Schuld, die bei der Begründung des Schuldverhältnisses noch nicht fest bestimmt ist, sondern sich auf eines von mehreren gleichartigen, beim Schuldner vorhandenen Stücken bezieht, sie wird zur Speziesschuld, wenn der Schuldner, der nur eine Sache mittlerer Art und Güte zu leisten braucht, alles zur Erfüllung Erforderliche getan hat: § 243 (wichtiger Begriff bei der Unmöglichkeit: § 279, beim Kauf: § 480, beim Gläubigerverzug: § 300).

Gattungsschuld, Unvermögen des Schuldners zur Leistung s. Unmöglichkeit der Leistung, bei Gattungsschulden.

Gattungsviehkauf s. Viehkauf.

Gebäude Bestandteile von Grundstücken; die zur Herstellung des Gebäudes mit diesem verbundenen Sachen sind wiederum dessen Bestandteile: § 94.

Gebäude, Teilung ist nur vertikal, niemals horizontal möglich.

Gebäudeeinsturz s. Grundstück, Einsturzgefahr; s. auch unerlaubte Handlung, Haftung bei Gebäudeeinsturz.

Gebäudeversicherung, des hypothekarisch belasteten Grundstückes s. Hypothek, Gebäudeversicherung.

Gebot, geringstes derjenige Betrag, unter welchem ein Grundstück bei einer Zwangsversteigerung nicht zugeschlagen werden darf; er ergibt sich durch Addierung des Geldwertes derjenigen Rechte, die dem die Versteigerung betreibenden Rechte im Range vorgehen.

Gebrauch, der Leihsache s. Leihe. Verpflichtungen des Entleihers.

Gebrechlichkeitspflegschaft s. Pflegschaft, Gebrechlichkeitspflegschaft.

Gebundenheit, an eine Offerte s. Offerte.

Geburt, Berechnung der Empfängniszeit s. Empfängniszeit.

Geburt, des Kindes nach Wiederverheiratung der Mutter s. Ehelichkeit des Kindes bei Wiederverheiratung der Frau.

Geburt, Vollendung derselben mit Vollendung der Geburt beginnt die Rechtsfähigkeit des Menschen: § 1.

Gefährdung der Person des Kindes durch den elterlichen Gewalthaber s. elterliche Gewalt, Mißbrauch der Personalsorge.

Gefährdung des Vermögens des Kindes durch den elterlichen Gewalthaber s. elterliche Gewalt, Mißbrauch der Vermögenssorge.

Gefahrtragung, beim Erbschaftskauf s. Erbschaftskauf, Gefahrübergang.

Gefahrtragung, beim Kaufvertrag s. Kauf, Gefahr, Gefahrübergang.

Gefahrtragung, bei Werkvertrag s. Werkvertrag, Gefahrübergang.

Gegenleistung diejenige Leistung, die bei gegenseitigen Verträgen das wirtschaftliche Äquivalent der Leistung des anderen Teiles darstellt.

Gegenleistung, bei Unmöglichkeit der Leistung des einen Teils bei einem gegenseitigen Vertrage ist bei zu vertretender Unmöglichkeit, falls Schadenersatz begehrt wird, die Gegenleistung zu erbringen. Bei nichtzuvertretender Unmöglichkeit und Befreiung von der Verpflichtung entfällt der Anspruch auf die Gegenleistung bzw. ist die empfangene Gegenleistung herauszugeben (Ausnahme: bei Herbeiführung der Unmöglichkeit durch den anderen Teil oder Eintritt derselben während des Gläubigerverzuges): §§ 323—325.

Gegenseitiger Erbvertrag s. Erbvertrag, zweiseitiger.

Gegenseitiger Vertrag schuldrechtlicher Vertrag, bei dem beide Teile sowohl Schuldner als auch Gläubiger sind und jede Leistung das wirtschaftliche Äquivalent der anderen bildet: §§ 320 ff.

Gegenstand Sammelbegriff für Sachen (körperlich) und Rechte (unkörperlich): § 90.

Gegenvormund s. Vormundschaft, Gegenvormund.

Gegenwärtiges Vermögen, Verträge hierüber s. Vermögensvertrag.

Gehaltsabtretung tritt ein Beamter seinen Gehaltsanspruch ab, so muß die auszahlende Kasse durch Aushändigung einer öffentlich beglaubigten Zessionsurkunde des bisherigen Gläubigers benachrichtigt werden: § 411.

Geheimer Vorbehalt innerer Wille einer Person, daß die von ihr abgegebene Willenserklärung nicht gelten soll (ist bedeutungslos): § 116.

Geisteskrank wer infolge der geistigen Erkrankung seine Angelegenheiten nicht besorgen kann; er kann entmündigt werden: § 6; Folge: Geschäftsunfähigkeit: § 104 Ziff. 3.

Geistesschwach wer infolge seines Geisteszustandes seine Angelegenheiten nicht zu besorgen vermag; er kann entmündigt werden: § 6; Folge: Beschränkte Geschäftsfähigkeit: § 114.

Geistige Störung, als Ehescheidungsgrund s. Ehescheidung, Gründe.

Geisteskrankheit als Ehescheidungsgrund s. Ehescheidung, Gründe.

Geld gilt als bewegliche Sache, gleichgültig ob Papier- oder Metallgeld.

Geld, Arten im engeren Sinne: das vom Staate mit Zwangskurs versehene Zahlungsmittel; im weiteren Sinne: das vom Verkehr anerkannte Zahlungsmittel; s. auch: Münzschuld, Münzsortenschuld.

Geld, Eigentumserwerb an abhandengekommenem Gelde ist bei Gutgläubigkeit trotz Abhandengekommenseins möglich: § 935.

Geld, Erfüllungsort bei Geldschulden ist der Wohnsitz des Schuldners, der allerdings Geld auf seine Kosten u. Gefahr dem Gläubiger zu übermitteln hat: § 270.

Geldersatz Begriff des Schadenersatzes: kommt in Frage, wenn Naturalersatz unmöglich oder unzureichend ist, ferner kann bei Personalverletzung oder Sachbeschädigung der Gläubiger zwischen Natural- u. Geldersatz wählen; endlich kann der Schuldner Geld- statt Naturalersatz leisten, wenn letzteres für ihn zu schwierig oder zu kostspielig ist: §§ 249—251.

Geldrente s. Leibrente.

Geldrente, des unehelichen Kindes s. uneheliches Kind, Unterhalt durch den Erzeuger.

Geltendmachung, nachträgliche, von Scheidungsgründen s. Ehescheidung, sog. Illustrationsfakta.

Gemeindewaisenrat s. Vormundschaft, Gemeindewaisenrat (Jugendamt).

Gemeinschaft gesetzliches, vertragsähnliches (Quasikontrakt!) Schuldhältnis, dadurch entstehend, daß mehrere Personen, ohne Abschluß eines Vortrages, meist ungewollt, in Ansehung eines Gegenstandes oder mehrerer Gegenstände in Rechtseinheit stehen (z. B. Miterben, mehrere Finder, mehrere Personen bei Sammelverwahrung oder Vermischung pp.); es kann eine Gemeinschaft zur gesamten Hand (z. B. Erbengemeinschaft) oder nach Bruchteilen entstehen: § 741.

Gemeinschaft, Auseinandersetzung die in Natur teilbaren Gegenstände werden geteilt und verteilt, wobei bei gleichen Teilen das Los entscheidet, andere Gegenstände werden nach Regeln des Pfandverkaufes verkauft, Grundstücke zwangsversteigert, dann wird der Erlös geteilt: §§ 752, 753.

Gemeinschaft, Rechte und Pflichten der Beteiligten im allgemeinen sind die Gesellschaftsregeln anzuwenden; jeder hat einen Anspruch auf Geschäftsführung, auf einen Anteil an den Früchten, auf Auseinandersetzung: **§§ 743 ff.**

Gemeinschaft, Verfügung über Gegenstände bei einer Gesamthandsgemeinschaft können nur alle gemeinsam verfügen, bei einer Gemeinschaft nach Bruchteilen steht jedem allein die Verfügung über seinen Anteil zu (aber nicht über einzelne Gegenstände): **§ 747.**

Gemeinschaft, Verjährung des Aufhebungsanspruches dieser Anspruch ist unverjährbar: § 758.

Gemeinschaft, häusliche, Aufhebung als Scheidungsgrund s. Ehescheidung, Gründe.

Gemeinschaft, häusliche, beim Dienstvertrag s. Dienstvertrag, Fürsorgepflicht des Dienstherrn; s. auch Schutzvorschriften beim Dienstvertrag.

Gemeinschaftliche Führung, der Vormundschaft s. Vormünder.

Gemeinschaftliche Nachlaßverwaltung und -Verfügung der Miterben s. Erben, Miterben.

Gemeinschaftlicher Erbschein s. Erbschein, gemeinschaftlicher.

Gemeinschaftlicher Erbteil er liegt vor, wenn einige von mehreren Erben auf ein und denselben Bruchteil der Erbschaft eingesetzt sind: § 2093.

Gemeinschaftliches Testament s. Testament, gemeinschaftliches.

Genehmigung nach Vornahme eines Rechtsgeschäftes erteilte Zustimmung (bis dahin schwebende Unwirksamkeit!): **§ 184.**

Genehmigung des Gläubigers, zur Schuldübernahme s. Schuldübernahme, Zustandekommen.

Genehmigung, des gesetzlichen Vertreters bei Verträgen Minderjähriger s. Minderjährige, Rechtsgeschäfte.

Genehmigungspflichtige Geschäfte des Vormundes s. Vormundschaft, genehmigungsbedürftige Geschäfte nach § 1822, Geschäfte des Vormundes mit Genehmigung des Vormundschaftsgerichts.

Gerade Linie der Schwägerschaft s. Schwägerschaft, Arten.

Gerade Linie, der Verwandtschaft s. Verwandtschaft, Blutsverwandtschaft oder Kognation.

Gerichtliche Verwaltung s. Sequester, gerichtlicher.

Gesamtgläubiger mehrere Gläubiger, von denen jeder allein die ganze Leistung an sich allein zu fordern berechtigt ist (stets bei unteilbaren Leistungen): § 428.

Gesamtgläubiger, innerer Ausgleich sie sind im Innenverhältnis zu gleichen Anteilen berechtigt: § 430.

Gesamthandsgläubiger mehrere Gläubiger, von denen nur alle zusammen die Leistung an alle zu fordern berechtigt sind (bei unteilbaren Leistungen): § 432.

Gesamthandsschuldner mehrere Schuldner, bei denen lediglich durch Zusammenwirken eine Leistung erbracht werden kann (im BGB nicht erwähnt).

Gesamtgutverbindlichkeiten Verbindlichkeiten, für welche bei der Gütergemeinschaft das Gesamtgut haftet.

Gesamthypothek, s. Hypothek, Gesamthypothek.

Gesamtpreis, beim Kauf s. Kauf, mehrere Sachen zu einem Gesamtpreis.

Gesamtrechtsnachfolger, beim Erbfall s. Erbfall.

Gesamtschuldner mehrere Schuldner, von denen jeder allein die ganze Leistung zu erbringen verpflichtet ist (stets bei unteilbaren Leistungen): § 421.

Gesamtschuldner, innerer Ausgleich im Innenverhältnis haften sie zu gleichen Teilen; soweit ein Gesamtschuldner den Gläubiger befriedigt hat, geht dessen Forderung auf ihn kraft Gesetzes gegen die übrigen Schuldner über: § 426.

Gesamtschuldner, Erlaß der einem Gesamtschuldner vom Gläubiger gewährte Erlaß befreit nur dann auch die übrigen Schuldner, wenn die Absicht bestand, nicht nur den einen allein zu befreien, sondern darüber hinaus das ganze Schuldverhältnis zu beseitigen: § 423.

Gesamtschuldner, Gläubigerverzug der Verzug des Gläubigers gegenüber einem einzelnen Gesamtschuldner bewirkt Gläubigerverzug gegenüber allen Schuldnern: § 424.

Gesamtschuldner, bei Vertrag wenn mehrere sich vertraglich zu einer Leistung verpflichten, so sind sie, — entgegen § 420 — im Zweifel dennoch Gesamtschuldner: § 427.

Gesamtschuldnerische Haftung, der Miterben s. Erben, Miterben als Nachlaßschuldner.

Geschäfte, des Erben vor der Ausschlagung er hat demjenigen gegenüber, welcher Erbe wird, die Stellung eines Geschäftsführers ohne Auftrag: § 1959.

Geschäftsbesorgung, entgeltliche s. entgeltliche Geschäftsbesorgung.

Geschäftsfähigkeit Fähigkeit, durch willensmäßige, vom Verstande kontrollierte Handlungen Rechte und Pflichten zu erwerben.

Geschäftsfähigkeit, beschränkte besitzen Minderjährige nach Vollendung des 7. Lebensjahres, ferner wegen angeblicher Geistesschwäche, Verschwendung oder Trunksucht Entmündigte sowie nach § 1906 unter vorläufige Vormundschaft gestellte Personen: §§ 106, 114.

Geschäftsfähigkeit, volle besitzen Personen vom 21. Lebensjahre ab sowie für volljährig Erklärte: §§ 1, 2.

Geschäftsführung ohne Auftrag, negotiorum gestio gesetzliches vertragsähnliches (Quasikontrakt!) Schuldverhältnis, das dadurch entsteht, daß sich jemand ungebeten in fremde Angelegenheiten mischt: es wird im allgemeinen nach Auftragsregeln behandelt; Schuldner ist der Geschäftsführer, Gläubiger der Geschäftsherr: §§ 677 ff.

Geschäftsführung ohne Auftrag, Aufwendungen sie sind, falls die Geschäftsführung dem Interesse und dem wirklichen oder mutmaßlichen Willen des Geschäftsherrn entsprach, dem Geschäftsführer zu ersetzen, soweit er diese Aufwendungen den Umständen nach (subjektiv!) für erforderlich halten konnte; soweit diese Voraussetzungen nicht vorliegen, kommen die Vorschriften über ungerechtfertigte Bereicherung in Frage: §§ 683, 684.

Geschäftsführung ohne Auftrag, Haftung des Geschäftsführers er haftet für Vorsatz und jede Fahrlässigkeit; bei bewußtem Handeln im Gegensatz zum Willen des Geschäftsherrn: sogar für Zufall, sofern es sich nicht um die Wahrnehmung öffentlicher Interessen oder von Unterhaltsverpflichtungen des Geschäftsherrn handelt; kam die Abwendung einer dem Geschäftsherrn drohenden Gefahr in Betracht: Haftung nur für Vorsatz und grobe Fahrlässigkeit: §§ 276, 678—680.

Geschäftsführung ohne Auftrag, Irrtum über die Person des Geschäftsherrn irrt sich der Geschäftsführer über die Person des Interessenten, so wird der wirkliche Geschäftsherr berechtigt und verpflichtet: § 686.

Geschäftsführung ohne Auftrag, Pflichten des Geschäftsführers er hat das Geschäft so zu führen, wie das Interesse des Geschäftsherrn mit Rücksicht auf dessen wirklichen oder mutmaßlichen Willen es erfordert, er hat die Übernahme baldmöglichst anzuzeigen, Rechenschaft abzulegen und das Erlangte herauszugeben: §§ 677, 681.

Geschäftsführung ohne Auftrag, vollmachtlose Stellvertretung diese kommt bei einer Geschäftsführung in Frage, wenn die vom Geschäftsführer entfaltete Tätigkeit nicht in einer tatsächlichen Verrichtung besteht, sondern in einem Rechtsgeschäft für den Geschäftsherrn, wobei in dessen Namen gehandelt wird, ohne daß hierzu die Befugnis gegeben war: §§ 177 ff.

Geschäftsführung ohne Auftrag, unechte liegt vor, wenn jemand objektiv fremde Angelegenheiten besorgt, jedoch in der subjektiven Absicht, für sich selbst tätig zu werden; Arten: 1.) der Geschäftsführer weiß, daß es sich um eine fremde Angelegenheit handelt: die Vorschriften über echte Geschäftsführung ohne Auftrag sind anzuwenden; 2.) der Geschäftsführer glaubt, es sei seine eigene Angelegenheit: die Vorschriften über ungerechtfertigte Bereicherung bzw. unerlaubte Handlungen sind anzuwenden: § 687.

Geschäftsführung, des Vorstandes eines Vereins seine Geschäftsführungsbefugnisse und -Pflichten werden nach den Regeln des Auftrages (§§ 664—670) behandelt: § 27.

Geschäftsunfähiger, Wohnsitzbegründung s. Wohnsitz.

Geschäftsunfähigkeit Unfähigkeit, Rechtsgeschäfte vorzunehmen, gleichgültig, ob sie sich auf den Erwerb von Rechten oder auf Übernahme von Pflichten beziehen; dennoch vorgenommene Rechtsgeschäfte sind nichtig: § 105.

Geschäftsunfähigkeit, beim Eheabschluß s. Ehenichtigkeit, sonstige Gründe.

Gesellschaft obligatorischer Vertrag, durch den sich mehrere Personen verpflichten, durch gemeinsame Arbeit ein gemeinsames Ziel zu erreichen: § 705.

Gesellschaft, Aufrechnung schuldet jemand etwas zum Gesellschaftsvermögen, so kann er nicht mit einer ihm gegen einen einzelnen Gesellschafter zustehenden Forderung aufrechnen: § 719.

Gesellschaft, Auseinandersetzung nach Auflösung erfolgt die Liquidation: eingebrachte Gegenstände werden zurückgegeben, die Schulden werden berichtigt, die Einlagen zurückerstattet, ein Rest wird verteilt, entsprechend dem Verhältnis der Gewinnanteile: §§ 730—734.

Gesellschaft, Ausscheiden eines Gesellschafters durch Vertrag kann bestimmt sein, daß durch Kündigung, Tod oder Konkurs eines Gesellschafters die Gesellschaft nicht aufgelöst, sondern unter den anderen fortgesetzt wird; dann ist dem Ausscheidenden oder dessen Erben das Auseinandersetzungsguthaben (keine Liquidation!) auszufolgen: § 736.

Gesellschaft, Beteiligung am Gewinn und Verlust die Gesellschafter haben im Zweifel gleichen Anteil am Gewinn und Verlust: § 722.

Gesellschaft, Einbringung von Sachen entweder nur zu gemeinsamen Gebrauch (societas quoad usum) oder zu gemeinschaftlicher Berechtigung (societas quoad sortem), was bei vertretbaren und verbrauchbaren Sachen anzunehmen ist und bei solchen, bei denen eine Schätzung nicht nur wegen der Gewinnberechnung erfolgt: § 706.

Gesellschaft, Ende durch Zeitablauf, evtl. durch Zweckerreichung, durch Auflösungsbeschluß (einstimmig!), durch Kündigung, Tod, Konkurs eines Gesellschafters: §§ 723—729.

Gesellschaft, geschäftsführender Gesellschafter derjenige, dem gegenüber die Mitgesellschafter auf ihren Anspruch auf Geschäftsführung verzichtet haben: er allein ist zur Ordnung der Gesellschaftsangelegenheiten berechtigt und verpflichtet, während die anderen das Recht haben, sich persönlich zu unterrichten, die Geschäftsbücher einzusehen und sich eine Vermögensübersicht daraus anzufertigen: §§ 710, 713, 716.

Gesellschaft, Geschäftsführung jedem Gesellschafter steht gegen die anderen ein Anspruch darauf zu, die Angelegenheiten der Gesellschaft zu erledigen (im Innenverhältnis); laut Gesetz kann eine Angelegenheit nur erledigt werden, wenn alle zustimmen (positives Konsensprinzip!), doch ist durch Vertrag eine andere Regelung statthaft: Entscheidung durch die Mehrheit, Ressortteilung, Übertragung der Geschäftsführung auf einen oder einzelne Gesellschafter, endlich das negative Konsensprinzip, nach welchem jeder Einzelne eine Angelegenheit erledigen kann, es aber unterlassen muß, sobald ein Mitgesellschafter widerspricht: §§ 709—712.

Gesellschaft, Gesellschaftsvermögen sog. Gesamthandsvermögen, das jedem Gesellschafter ganz, aber keinem allein gehört, so daß es vom Privatvermögen getrennt ist und nur der Verfügung aller unterliegt; dazu gehören: die Beiträge, evtl. eingebrachte Sachen und die durch die Geschäftsführung erworbenen Gegegenstände: §§ 718, 719.

Gesellschaft, Haftung der Gesellschafter gegenüber Dritten gesamtschuldnerisch und mit ihren Privatvermögen.

Gesellschaft, Haftungsgrad der Gesellschafter untereinander für Vorsatz und Sorgfalt wie in eigenen Angelegenheiten: § 708.

Gesellschaft, Kündigung kündigen kann jeder Gesellschafter unter Einhaltung der vereinbarten Kündigungsfrist, ferner jeder Privatgläubiger eines Gesellschafters fristlos: §§ 723—725.

Gesellschaft, Pflichten und Rechte der Gesellschafter Pflichten: für das gemeinsame Ziel zu arbeiten, die Mitgesellschafter arbeiten zu lassen, sich jeder Tätigkeit zu enthalten, die das gemeinsame Ziel beeinträchtigen könnte, evtl. Beiträge — keine Nachschlüsses — und Sacheinlagen zu erbringen; Rechte auf: Beteiligung am Gewinn und am Liquidationserlös, ferner auf Geschäftsführung: §§ 706, 707, 709, 713, 721, 722, 734.

Gesellschaft, Rechte eines Privatgläubigers er kann naturgemäß nicht in das Gesellschaftsvermögen vollstrecken, da dieses allen Gesellschaftern zusammen gehört: er muß seinen Schuldner verklagen und nach rechtskräftigem Urteil die vermögensmäßigen Gesellschafteransprüche pfänden und sich überweisen lassen, nunmehr kann er kündigen, worauf die Auflösung und Auseinandersetzung erfolgt; aus dem Auseinandersetzungsanteil seines Schuldners kann er sich nun befriedigen: § 725.

Gesellschaft, Tod eines Gesellschafters die Gesellschaft ist aufgelöst und kann nicht unter den anderen Gesellschaftern fortgesetzt werden; durch Vertrag kann jedoch bestimmt sein, daß eine Fortsetzung unter den anderen — dann Ausfolgung des Auseinandersetzungsguthabens an die Erben! — oder mit den Erben stattfindet: §§ 727, 736.

Gesellschaft, Vertretung kommt bei Rechtsgeschäften mit Dritten vor: entweder werden sie — gemäß dem positiven Konsensprinzip! — von allen Gesellschaftern vorgenommen oder vom geschäftsführenden Gesellschafter, wenn ein solcher vorhanden; damit aus seinen Geschäften die Mitgesellschafter sofort mitberechtigt und verpflichtet werden und erworbene Gegenstände ins Gesellschaftsvermögen fallen, muß der Geschäftsführer Vollmacht haben: sie gilt als stillschweigend erteilt zugleich mit der Befugnis zur — das Innenverhältnis regelnden — Geschäftsführung: §§ 714, 715.

Gesetzliche Erben s. Erben, gesetzliche.

Gesetzliche Schriftform eine Urkunde muß, wenn das Gesetz Schriftform vorschreibt, vom Aussteller eigenhändig durch Namensunterschrift oder mittels behördlich beglaubigten Handzeichens unterzeichnet werden, ein Vertrag ist von beiden Parteien auf der gleichen Urkunde zu unterzeichnen, sofern nicht mehrere Vertragsexemplare gefertigt wurden, in welchem Falle jede Partei das für die andere Partei bestimmte Exemplar unterzeichnen kann: § 126.

Gesetzliche Vertretung, des ehelichen Kindes s. elterliche Gewalt, Inhalt.

Gesetzlicher Güterstand Regelung der vermögensrechtlichen Beziehungen unter Ehegatten, sofern nicht eine besondere Vereinbarung getroffen wurde. Der regelmäßige gesetzliche Güterstand ist die Zugewinngemeinschaft: §§ 1363 ff (ausnahmsweise Gütertrennung: §§ 1388, 1449, 1470).

Gesetzlicher Güterstand, Zugewinngemeinschaft s. Zugewinngemeinschaft.

Gesetzlicher Übergang von Forderungen, sog. cessio legis s. cessio legis.

Gesetzlicher Vertreter diejenige Person, die bei Geschäftsunfähigen und in der Geschäftsfähigkeit Beschränkten den fehlenden Willen bei Vor- oder Entgegennahme von Rechtsgeschäften ersetzen soll (Vater, eheliche Mutter, Vormund).

Gesetzlicher Zinsfuß s. Zinsfuß.

Gesetzliches Erbrecht, des Ehegatten s. Erbrecht, gesetzliches, des Ehegatten.

Gesetzliches Erbrecht, des Fiskus s. Fiskus, als gesetzlicher Erbe.

Gesetzliches Erbrecht, der Verwandten s. Erbfolge, gesetzliche, der Verwandten.

Gesetzliches Pfandrecht s. Pfandrecht, gesetzliches.

Gesetzliches Rücktrittsrecht s. Rücktritt, kraft Gesetzes.

Gesetzwidrigkeit führt bei Rechtsgeschäften zur Nichtigkeit: § 134, bei Entgegennahme einer gesetzwidrigen Leistung zu einem Rückforderungsanspruch des Leistenden aus ungerechtfertigter Bereicherung: § 817.

Gesperrte Anlegung von Mündelgeld s. Vormundschaft, Geldeinzahlung von Mündelgeld bei einer Sparkasse.

Gestehungskosten Kosten der Fruchtgewinnung: trägt der Fruchtziehende: § 102; s. auch: Früchte, Gewinnungskosten.

Gesundheitsgefährdender Zustand, von Mietsräumen s. Miete, gesundheitsschädlicher Zustand von Wohnungen.

Gesundheitsgefährdung, beim Dienstvertrag s. Dienstvertrag, Fürsorgepflicht des Dienstherrn; s. auch Schutzvorschriften beim Dienstvertrag.

Gesundheitsverletzung s. unerlaubte Handlung, Körperverletzung; unmittelbar Geschädigter, Schmerzensgeld.

Getrenntleben, von Ehegatten, Unterhaltspflicht s. Eheleben, Unterhaltspflicht bei Getrenntleben.

Gewährfristen diejenigen Fristen, in denen sich beim Viehkauf nach §§ 481 ff gewisse Hauptmängel zeigen müssen, falls der Verkäufer haften soll (aufgezählt in der Kaiserl. Verordnung vom 27. 3. 1899): § 482.

Gewährleistungsansprüche Rechte des Käufers auf Wandelung, Minderung bezw. Schadenersatz wegen eines Sachmangels (ebenso des Bestellers beim Werkvertrag): §§ 462 ff, §§ 633 ff.

Gewährleistungsansprüche, des Gläubigers bei der Hingabe an Erfüllungsstatt s. Hingabe an Erfüllungsstatt.

Gewährleistungsansprüche, beim Kauf s. Kauf, Käuferrechte bei Sachmängeln, Erhaltung der Mängeleinrede.

Gewährleistungspflicht, für Mängel bei Vermächtnissen s. Vermächtnis, Gattungsvermächtnis und mangelhafte Erfüllung.

Gewalt, elterliche s. elterliche Gewalt.

Gewerbliche Leistung eine solche, die nicht im Privatleben, sondern im Gewerbebetrieb des Schuldners begründet ist; Erfüllungsort ist hier der Ort der gewerblichen Niederlassung: § 269 Abs. 2.

Gewillkürte Schriftform s. Schriftform, gewillkürte.

Gewinn, entgangener s. entgangener Gewinn.

Gewinnanteilschein s. Inhaberschuldverschreibung, Zins- und Gewinnbezugscheine oder Kupons.

Gezähmte Tiere sie werden herrenlos, wenn sie die Gewohnheit ablegen, an den ihnen bestimmten Ort zurückzukehren: § 960 Abs. 3.

Gläubiger diejenige Person, welche auf Grund des Schuldverhältnisses befugt ist, vom Schuldner ein bestimmtes Verhalten, die Leistung, zu verlangen: § 241.

Gläubigerverzug ein in der Person des Gläubigers liegender, wenn auch unverschuldeter Umstand, der den Schuldner daran hindert, die Leistung zu erbringen: § 293.

Gläubigerverzug, vorübergehende Annahmeverhinderung des Gläubigers der Gläubiger kommt bei vorübergehender Annahmeverhinderung nur dann in Verzug, wenn der Schuldner die Leistung eine angemessene Zeit vorher angekündigt hatte: § 299.

Gläubigerverzug, Geldschulden bei verzinslichen Geldschulden hört ein Zinslauf mit Beginn des Gläubigerverzuges auf: § 301.

Gläubigerverzug, Haftungsgrad des Schuldners er haftet während des Gläubigerverzuges nur für Vorsatz und grobe Fahrlässigkeit; bei Gattungsschulden geht die Gefahr auf den Gläubiger über: § 300.

Gläubigerverzug, Unmöglichkeit der Leistung Unmöglichkeit der Leistung durch den Schuldner und Verzug des Gläubigers schließen einander aus: § 297.

Gläubigerverzug, Voraussetzung Angebot der Leistung durch den Schuldner, und zwar real, jedoch verbal dann, wenn der Gläubiger entweder vorher seine Ablehnung erklärt hatte oder eine Handlung seinerseits zwecks Bewirkung der Leistung durch den Schuldner vornehmen mußte (dies ist regelmäßig der Fall, wenn es sich um Holschulden handelt): §§ 294—296.

Gläubigerverzug, Wirkungen der Schuldner erhält die Möglichkeit, sich der geschuldeten Leistung zu entledigen: herauszugebende Grundstücke gibt er auf, hinterlegungsfähige Sachen hinterlegt er, nichthinterlegungsfähige Sachen läßt er öffentlich versteigern und hinterlegt den Erlös: §§ 303, 372, 383.

Glaube, öffentlicher, des Grundbuches s. Grundbuch, öffentlicher Glaube.

Goldsachen, verpfändete s. Faustpfand, Mindestverkaufspreis.

Grad der Schwägerschaft s. Schwägerschaft, Arten.

Grad, der Verwandtschaft s. Verwandtschaft, Gradesnähe.

Grenze s. Grundstück, Grenzbaum, Grenzberichtigungsanspruch, Grenzeinrichtungen, Grenzzeichen.

Grober Undank s. Undank; s. auch Schenkung, grober Undank des Beschenkten.

Großeltern, als gesetzliche Erben s. Erben, gesetzliche, dritte Ordnung.

Gründung Aufstellung der Satzung eines Vereins (durch 7 Personen): § 56.

Grundbuch es ist ein öffentliches Register mit dem Zwecke, dem Publikum die Rechtsverhältnisse der Grundstücke eines bestimmten Bezirkes ersichtlich zu machen.

Grundbuch, Abstufung des öffentlichen Glaubens 1.) für die Allgemeinheit, ohne spezielles Interesse: eine widerlegliche Vermutung: § 891, 2.) für den rechtsgeschäftlichen Erwerber von Grundstücken oder Grundstücksrechten: eine unwiderlegliche Fiktion: § 892, 3.) für denjenigen, der eine Leistung bewirkt oder ein sonstiges Verfügungsgeschäft vornimmt: wie im § 892 = eine unwiderlegliche Fiktion: § 893.

Grundbuch, Begrenzung des öffentlichen Glaubens des Grundbuches 1.) er kommt nur für rechtsgeschäftliche Vorgänge (nicht: bei richterlichen Verfügungen, z.B. Zwangsversteigerung, oder gesetzlichen Vorgängen, z. B. Erbgang) in Frage; 2.) er versagt bei Eintragung eines Widerspruches oder 3.) wenn der berechtigte Interessent die Unrichtigkeit kennt: §§ 892, 893.

Grundbuch, Berichtigungsanspruch ist das Grundbuch unvollständig oder unrichtig, so kann der Benachteiligte von dem, dessen Recht durch die Berichtigung betroffen wird, die Einwilligung zur Berichtigung des Grundbuches verlangen; das rechtskräftige Urteil zur Berichtigung ersetzt die Abgabe der Willenserklärung, so daß dann sofort der Antrag auf Berichtigung gestellt werden kann: § 894.

Grundbuch, Berichtigungsanspruch und Verjährung der Berichtigungsanspruch ist unverjährbar: § 898.

Grundbuch, Einsetzen des öffentlichen Glaubens niemals dann, wenn das Grundbuch und die tatsächliche Rechtslage übereinstimmen, sondern nur dann, wenn das Grundbuch die tatsächliche Rechtslage nicht widergibt.

Grundbuch, Einteilung der einzelnen Grundbuchblätter jedes Blatt zerfällt in 3 Hauptteile: 1.) die Aufschrift (= Bezeichnung des Grundstückes), 2.) das Bestandsverzeichnis (= Größe, Lage, Bebauung), 3.) die 3 Abteilungen.

Grundbuch, Fälle des öffentlichen Glaubens des Grundbuches 1.) bei Unvollständigkeit: ein dinglicher Vorgang hat sich vollzogen, der nicht oder nicht mehr (z. B. durch versehentliche Löschung) im Grundbuch steht, 2.) bei Unrichtigkeit: im Grundbuch ist ein dinglicher Vorgang vermerkt, der sich nicht vollzogen hat.

Grundbuch, Fortschreibungsverfahren Mitteilungen der Katasterämter an das Grundbuchamt über die tatsächlichen Verhältnisse (Vermessung, Grundsteuerreinertrag pp.) von Grundstücken und umgekehrt.

Grundbuch, öffentlicher Glaube für die Allgemeinheit bei Eintragung eines Rechts wird dessen Bestand, bei Löschung dessen Nichtbestand vermutet (also sowohl Vollständigkeit als auch Richtigkeit!); die Vermutung ist widerleglich: § 891.

Grundbuch, öffentlicher Glaube für den rechtsgeschäftlichen Erwerber für ihn gilt der Inhalt des Grundbuches als richtig und auch als vollständig; ebenso können ihm Verfügungsbeschränkungen nur bei Eintragung oder Kenntnis entgegengehalten werden; der Erwerber indes muß gutgläubig gewesen sein, und zwar zur Zeit der Stellung des Antrages für die Eintragung oder, falls die Einigung nachfolgt, zur Zeit der Einigung: § 892.

Grundbuch, Grundakte ein Aktenband, der neben dem Grundbuchblatt für jedes Grundstück geführt wird: er enthält einen vollständigen Grundbuchauszug, Urkunden, Pläne, Zeichnungen usw.

Grundbuch, Inhalt der 3 Abteilungen Abteilung I = der Eigentümer; Abteilung II = die Belastungen des Grundstückes mit Ausnahme der Hypotheken, Grund- und Rentenschulden; Abteilung III = die Hypotheken, Grund- und Rentenschulden.

Grundbuch, Kontratabularersitzung Ersitzung von Grundstücksrechten entgegen dem Grundbuch, d. h. ohne Eintragung: sie ist unstatthaft; einzige Ausnahme: hat jemand, ohne eingetragen zu sein, ein Grundstück

30 Jahre im Eigenbesitz und ist der Eigentümer unbekannt, so kann er ihn im Wege des Aufgebotsverfahrens durch Ausschlußurteil des Eigentums für verlustig erklären lassen; durch das Urteil wird das Grundstück herrenlos: der Besitzer kann sich jetzt auf Grund des Urteils als Eigentümer im Grundbuche eintragen lassen: § 927.

Grundbuch, Kontratabularverschweigung Untergang von eingetragenen und auch tatsächlich entstandenen Rechten: an sich nicht denkbar; Ausnahmen: 1.) für Ansprüche, die auf Rückstände wiederkehrender Leistungen oder auf Schadenersatz gerichtet sind: § 902, 2.) bei Grunddienstbarkeiten: wird der Berechtigte durch eine sein Recht beeinträchtigende Anlage gestört und ist der Beseitigungsanspruch verjährt, so erlischt — trotz der Eintragung! — die Grunddienstbarkeit: § 1028.

Grundbuch, Personalfoliensystem in einem solchen Falle ist das Grundbuch nicht nach Grundstücken, sondern nach Personen eingerichtet: die sämtlichen Grundstücke eines Eigentümers werden auf einem einzigen Blatte geführt (empfiehlt sich in Gegenden mit Streubesitz oder Gemengelage): § 4 GBO.

Grundbuch, Rangänderung nachträgliche Änderung des Ranges von — in verschiedenen Abteilungen oder in der gleichen Abteilung eingetragenen — Rechten ist statthaft und bedarf der Einigung und Eintragung; das spätere Recht tritt vor, das frühere zurück; bei Belastungen des zurücktretenden Rechts ist die Zustimmung des Dritten nötig: § 880.

Grundbuch, Rangänderung von Grundpfändern bei Zurücktreten von Grundpfändern ist stets die Zustimmung des Grundstückeigentümers (unwiderruflich! dem Grundbuchamt oder einem der Beteiligten zu erklären!) nötig (wegen der evtl. später eintretenden Eigentümergrundschuld!): § 880 Abs. 2.

Grundbuch, Rangänderung und Untergang des zurücktretenden Rechts erfolgte der Untergang durch Rechtsgeschäft, so wird der Rang des vortretenden Rechtes dadurch nicht berührt: § 880 Abs. 4.

Grundbuch, Rangänderungen und Zwischenrechte diese werden durch die Rangänderung nicht berührt, da das vortretende Recht nur im Umfange des zurücktretenden Rechtes an dessen Stelle treten kann: § 880 Abs. 5.

Grundbuch, Rangverhältnis eingetragener Rechte 1.) innerhalb verschiedener Abteilungen: das Datum der Eintragung entscheidet, so daß das früher datierte Recht den Vorrang hat: sog. Prioritätsprinzip; 2.) innerhalb derselben Abteilung: die Reihenfolge entscheidet, so daß das Recht mit der früheren Nummer den Vorrang hat: sog. Lokusprinzip: § 879.

Grundbuch, Rangverhältnis von Rechten mit gleichen Daten sie haben gleichen Rang: § 879.

Grundbuch, Rangvorbehalt des Eigentümers die gelegentlich der Eintragung einer Grundstücksbelastung dem Eigentümer (mit Zustimmung des Berechtigten!) vorbehaltene Befugnis, später ein anderes, dem Umfange nach genau bestimmtes Recht mit dem Rang vor dem augenblicklich eingetragenen Recht eintragen zu lassen: § 881.

Grundbuch, Rangvorbehalt im Gegensatz zu einer Eigentümergrundschuld durch Eintragung einer Eigentümergrundschuld kann nur eine künftige Hypothek oder Grundschuld vorbereitet werden, durch den Rangvorbehalt indes jedes Recht; die Eigentümergrundschuld ist bereits ein dingliches Recht, der Rangvorbehalt nicht (wichtig für Zwangsversteigerung!).

Grundbuch, Rangvorbehalt bei Grundstücksveräußerung die vorbehaltene Befugnis geht auf den Erwerber über: § 881 Abs. 3.

Grundbuch, Rangvorbehalt und Zwischeneintragung wird nach erfolgtem Rangvorbehalt ein anderes, diesen nicht betreffendes Recht eingetragen, so wird es durch den Rangvorbehalt auch nicht berührt: § 881 Abs. 4.

Grundbuch, Rangvorbehaltswirkung 1. vor Eintragung des vorbehaltenen Rechts: das eingetragene Recht behält seinen bisherigen Rang, 2. nach Eintragung des vorbehaltenen Rechts: das zuerst eingetragene Recht tritt zurück: § 881.

Grundbuch, Realfoliensystem das Grundbuch ist als Register nicht nach Personen, sondern nach Sachen eingeteilt: jedes Grundstück erhält im Grundbuch je ein Blatt: § 3 GBO.

Grundbuch, Tabularersitzung sind gewisse Rechte im Grundbuche eingetragen, ohne entstanden zu sein — wegen Fehlens der nach § 873 nötigen Einigung! —, so entstehen sie nach 30 Jahren, falls in dieser Zeit der Besitz ununterbrochen ausgeübt wurde: § 900.

Grundbuch, Tabularersitzung und Berichtigungsanspruch bis zum Ablauf von 30 Jahren — § 900! — besteht der Berichtigungsanspruch; nach dieser Frist geht er unter (nicht: er verjährt, da er ja nach § 898 unverjährbar ist!), weil durch die Entstehung des Rechts das Grundbuch richtig wird.

Grundbuch, Tabularersitzung, ersitzungsunfähige Rechte diejenigen, bei denen der Besitz keine Rolle spielt (d. h. dingliche Vorkaufsrechte, Reallasten und Grundpfänder).

Grundbuch, Tabularersitzungsfälle 1. das Eigentum, 2. die zum Besitz berechtigenden Rechte (Erbbaurecht, Nießbrauch, Wohnrecht), 3. die nach Besitzregeln geschützten Rechte (Grund- und beschränkt persönliche Dienstbarkeit); also alle Rechte, bei denen der Besitz eine Rolle spielt: § 900.

Grundbuch, Tabularverschweigung sind Grundstücksbelastungen — nicht Eigentum! — im Grundbuch gelöscht, ohne untergegangen zu sein — wegen Fehlens der nach § 875 nötigen Aufgabeerklärung —, so gehen sie unter, sobald der Anspruch des Berechtigten gegen den Eigentümer verjährt ist: § 901.

Grundbuch, Tabularverschweigung und Berichtigungsanspruch der im § 901 genannte Anspruch ist nicht etwa der Berichtigungsanspruch, der ja nach § 898 unverjährbar ist, sondern der materielle Anspruch auf Rechtsausübung, welcher der Verjährung unterliegt; mit dessen Verjährung geht das — zu Unrecht gelöschte — Recht unter, das Grundbuch ist dadurch wieder in Ordnung, der Berichtigungsanspruch erlischt: § 901.

Grundbuch, Tätigkeit der Registerführung ein Zweig der freiwilligen Gerichtsbarkeit.

Grundbuch, Vereinigung von Grundstücken wenn ein Eigentümer mehrere Grundstücke besitzt, so kann er sie als ein einziges Grundstück im Grundbuche eintragen lassen: §§ 890 Abs. 1.

Grundbuch, Vormerkung die dingliche Sicherung eines schuldrechtlichen Anspruches auf Vornahme eines dinglichen Vorganges, der also sozusagen prophezeit und dem zugleich der Rang gesichert wird; die Vormerkung schiebt sich zwischen das obligatorische Verpflichtungsgeschäft und den dinglichen Vorgang: § 883.

Grundbuch, Vormerkung und Anspruch gegen den Dritten ist eine nach § 883 dem Vormerkungsberechtigten gegenüber nichtige Verfügung getroffen worden, so kann dieser von dem Dritten Einwilligung zur Grundbuchberichtigung und dann vom Vormerkungspflichtigen Erfüllung verlangen: § 888.

Grundbuch, Vormerkung und Ausschlußurteil ist der Vormerkungsberechtigte unbekannt, so kann er durch Aufgebotsverfahren und Ausschlußurteil seiner Rechte verlustig gehen: mit Urteilserlaß verliert die Vormerkung ihre Kraft: § 887.

Grundbuch, Vormerkung bei Tod des Vormerkungspflichtigen der Erbe kann sich hinsichtlich des gesicherten Anspruches nicht auf Beschränkung der Erbenhaftung berufen: § 884.

Grundbuch, Vormerkung und Urteil soweit jemand durch ein nur für vorläufig vollstreckbar erklärtes Urteil zu einer grundbuchmäßigen Willenserklärung verurteilt wird, kann nur die Eintragung einer Vormerkung zur Sicherung des Anspruches auf die Handlung erzwungen werden: § 895 ZPO.

Grundbuch, Vormerkungsbedeutung bei anderweitigen Verfügungen die Nichtigkeit der Verfügung, die den Anspruch vereitelt oder gefährdet, ist nur eine relative: die Verfügung ist an sich für jedermann wirksam, nur hinsichtlich des Vormerkungsberechtigten ist sie nichtig: § 883 Abs. 2.

Grundbuch, Vormerkungseintragung, Platz sie erfolgt dort, wo später der Vorgang selbst einzutragen wäre.

Grundbuch, Vormerkungseintragung, Voraussetzungen 1.) auf Grund einer Bewilligung des Betroffenen oder 2.) einer einstweiligen Verfügung, zu deren Erlaß übrigens die Glaubhaftmachung der Gefährdung des Anspruches nicht nötig ist: § 885.

Grundbuch, Vormerkungswirkung 1.) wird der durch Vormerkung gesicherte Vorgang verwirklicht, so wird die Vormerkung gegenstandslos, 2.) solange der durch Vormerkung zu sichernde Vorgang nicht verwirklicht wird und nichts Gegenteiliges geschieht, weist die Vormerkung nur auf den künftigen Vorgang hin, 3.) wird jedoch eine Verfügung getroffen, die den Anspruch, der durch die Vormerkung gesichert wird, vereitelt oder gefährdet, so ist die Verfügung insoweit unwirksam: § 883 Abs. 2.

Grundbuch, Widerspruch Sicherung des Berichtigungsanspruches: er weist darauf hin, daß das Grundbuch nicht stimmt und zerstört den öffentlichen Glauben (er ist natürlich nur ein Provisorium!): §§ 892, 899.

Grundbuch, Widerspruchseintragung auf bloßen Antrag erfolgt bei Eintragung einer brieflosen Verkehrshypothek zur Sicherung eines Darlehns, wenn der Grundstückseigentümer binnen 1 Monat seit Hypothekeneintragung den Antrag auf Eintragung eines Widerspruches stellt, mit der Behauptung, daß die Darlehnshingabe nicht erfolgt sei; der öffentliche Glaube wird hier mit rückwirkender Kraft zerstört, nämlich seit Hypothekeneintragung: § 1139.

Grundbuch, Widerspruchseintragung, Voraussetzungen 1.) auf Grund einer Bewilligung des Betroffenen oder 2.) auf Grund einer einstweiligen Verfügung, zu deren Erlaß übrigens die Glaubhaftmachung der Gefährdung nicht nötig ist: § 899.

Grundbuch, Zuschreibung der Eigentümer eines Grundstückes läßt dieses als Bestandteil eines anderen Grundstückes in dessen Grundbuchblatt eintragen: § 890 Abs. 2.

Grundbuchamt, Behörde die Amtsgerichte.

Grundbuchamt, Vornahme von Eintragungen und Löschungen grundsätzlich nur auf Antrag, nur ausnahmsweise (z. B. Konkurseröffnung pp.) von Amtswegen: § 13 GBO.

Grunddienstbarkeit Recht eines Grundstückes, ein anderes Grundstück in ganz bestimmter, einzelner Beziehung benutzen zu dürfen; ebenso kann das Recht darin bestehen, daß auf dem belasteten Grundstück bestimmte Handlungen nicht vorgenommen werden dürfen oder die Ausübung eines aus dem Eigentum sich ergebenden Rechtes ausgeschlossen ist (z. B. Immissionen zu verbieten): § 1018.

Grunddienstbarkeit, Anlage 1.) gehört zur Ausübung der Dienstbarkeit eine Anlage auf dem belasteten Grundstück, so kann dem Eigentümer die Unterhaltspflicht auferlegt werden; 2.) besteht die Dienstbarkeit darin, auf einer baulichen Anlage des belasteten Grundstückes eine bauliche Anlage zu unterhalten, so muß der Eigentümer des belasteten Grundstückes seine Anlage im Interesse der anderen unterhalten: §§ 1021, 1022.

Grunddienstbarkeit, Ansprüche gegen den Verletzenden: 1.) aus der Verletzung des Rechts, 2.) besitzähnliche Schutzansprüche: §§ 1027, 1029.

Grunddienstbarkeit, Eintragung sie kann beim herrschenden Grundstück im Hauptteil II („Bestandsverzeichnis"), als Bestandteil, und muß beim belasteten Grundstück in Hauptteil III Abtlg. 2 („sonstige Lasten") eingetragen werden.

Grunddienstbarkeit, Kontratabularverschweigung trotz Eintragung geht die Grunddienstbarkeit unter, wenn eine Anlage auf dem belasteten Grundstück durch eine Einrichtung oder sonstwie beeinträchtigt wird und der Beseitigungsanspruch verjährt ist: § 1028.

Grunddienstbarkeit, Rechtsnatur sie ist ein subjektiv-dingliches Recht, d. h. sie steht nicht einer Person, sondern einem Grundstück zu, als dessen Bestandteil sie nach § 96 gilt: § 1018.

Grunddienstbarkeit, Teilung 1.) des herrschenden Grundstückes: die Dienstbarkeit besteht fort für alle Teile, sofern sie nicht nur einem Teilstück zugute komme; 2.) des belasteten Grundstückes: sie besteht ebenfalls fort, sofern sie nicht auf ein Teilstück beschränkt war: §§ 1025, 1026.

Grunddienstbarkeit, Untergang 1.) durch Aufgabeerklärung und Löschung: § 875; 2.) durch Tabularverschweigung: § 901; 3.) durch Kontratrabularverschweigung: § 1028.

Grunddienstbarkeit, Wassergerechtigkeit eine Grunddienstbarkeit, die in der Benutzung eines Brunnens, sonstigen Wassers pp. des belasteten Grundstückes (auch des Rechts des Wasserablaufes) besteht.

Grunddienstbarkeit, Wegegerechtigkeit eine Grunddienstbarkeit, die in der Benutzung eines Weges des belasteten Grundstückes (zum Gehen, Fahren, Reiten) besteht.

Grundlose Ablehnung einer Vormundschaft s. Vormundschaft, Pflicht zur Übernahme.

Grundschuld dingliches Recht an einem Grundstück, gerichtet auf Zahlung einer bestimmten Geldsumme aus diesem (evtl. durch Zwangsversteigerung); sie ist als Doppelrecht möglich: 1.) entweder pfandmäßig, d. h. eine Forderung ist vorhanden, für die das Grundstück haftet, oder 2.) als unmittelbare Belastung (ähnlich wie z. B. ein Nießbrauch): § 1191.

Grundschuld, Behandlung nach den Regeln der Hypothek, während die Zinsen entsprechend den Hypothekenzinsen behandelt werden: § 1192.

Grundschuld, als unmittelbare Belastung hier ist die Grundschuld das einzige Vermögensstück des Berechtigten, der nicht irgendeine Person auf Zahlung verklagen, sondern sich nur aus dem Grundstück befriedigen kann.

Grundschuld, auf den Eigentümer ist zulässig: sie entsteht durch Erklärung und — erkennbare! — Eintragung; sie fällt bei Versteigerungen evtl. ins geringste Gebot und ermöglicht die Vorbereitung einer Fremdhypothek; der Eigentümer selbst kann nie die Zwangsversteigerung betreiben: §§ 1196, 1197.

Grundschuld, Forderung auch wenn die Grundschuld Pfandcharakter hat, tritt die Forderung im Grundbuch nicht in Erscheinung: aus dem Register ist also der Charakter der Grundschuld nicht zu entnehmen.

Grundschuld, Grundschulbrief er kann — im Gegensatz zur Hypothek! — auch auf den Inhaber gestellt werden: § 1195.

Grundschuld, als Pfand hier ist das Hauptvermögensstück des Gläubigers seine Forderung; durch das Vorhandensein der Grundschuld hat er 2 Wege, zu seinem Geld zu kommen.

Grundschuld, Umwandlung sie kann in eine Hypothek umgewandelt werden, ebenso umgekehrt: § 1198.

Grundstück abgegrenzter Teil der Erdoberfläche mit dem Luftraum über und dem Erdraum unter dem Grund und Boden: § 905.

Grundstück, Aufgabe des Eigentums erfolgt seitens des Eigentümers durch Verzichterklärung gegenüber dem Grundbuchamt und Eintragung im Grundbuche: § 928.

Grundstück, Auflassung die nach § 873 erforderliche Einigung bei der Übereignung eines Grundstückes: sie ist bedingungsfeindlich, muß der Eintragung vorangehen, wird durch den Grundstücksrichter geprüft und ist mündlich (nicht persönlich!) vor dem zuständigen Grundbuchamt oder einem Amtsgericht bezw. Notar zu erklären: §§ 925, 925 a, § 20 GBO.

Grundstück, Einsturzgefahr ein Grundstückseigentümer muß — entgegen § 903 — auf Verlangen des Eigentümers eines Nachbargrundstückes baufällige Gebäude in Ordnung bringen; die gleiche Pflicht trifft diejenigen Personen, die nach §§ 836—838 für einen durch Gebäudeeinsturz entstehenden Schaden verantwortlich sein würden: § 908.

Grundstück, Früchte vom Nachbargrundstück herübergefallene Baum- und Strauchfrüchte gelten als Früchte des eigenen Grundstückes; es sei denn, daß dieses Grundstück dem öffentlichen Gebrauch dient: § 911.

Grundstück, Grenzbaum er darf als Grenzzeichen nur bei Ersatz durch ein anderes Grenzzeichen entfernt werden; die Früchte und der gefällte Baum gebühren den Nachbarn zu gleichen Teilen, ebenso grundsätzlich die Kosten der Beseitigung: § 923.

Grundstück, Grenzberichtigungsanspruch bei Strittigkeit von Grundstücksgrenzen besteht ein klagbarer Anspruch jedes Eigentümers gegen seine Nachbarn auf Feststellung der richtigen Grenze; im Falle der Unmöglichkeit der richtigen Feststellung ist der letzte Besitzstand maßgebend; ist auch dieses nicht möglich, so ist jedem Nachbar ein gleich großes, unter Umständen ein angemessenes Stück zuzuteilen: § 920.

Grundstück, Grenzeinrichtungen sie stehen den Beteiligten zur gemeinschaftlichen Berechtigung und Benutzung zu (z. B. Mauer, Hecke,

Graben usw.), die Beteiligten tragen auch gemeinsam die Unterhaltungskosten: §§ 921, 922.

Grundstück, Grenzzeichen die Nachbarn können voneinander die Mitwirkung zur Errichtung oder Wiederherstellung fester Grenzzeichen verlangen: § 919.

Grundstück, herrenlose Grundstücke ein Aneignungsrecht herrenloser, d. h. aufgegebener Grundstücke hat nur der betreffende Landesfiskus (vielfach auf die Gemeinden delegiert!), welcher dann Eigentum durch Eintragung im Grundbuch erwirbt: § 928 Abs. 2.

Grundstück, Konsolidation Vereinigung von Grundstückseigentum und -Belastung (z. B. ein Nießbraucher erwirbt das Eigentum am Grundstück); ein Erlöschen der Belastung tritt nicht ein: § 889.

Grundstück, Nachbarrechtsansprüche sie unterliegen nicht der Verjährung: § 924.

Grundstück, Notwegrecht das Recht eines Grundstückes, welches keine Verbindung mit einem öffentlichen Wege hat, das dazwischen liegende Grundstück insoweit benutzen zu dürfen, gegen Rentenleistung: § 917.

Grundstück, Notwegrechtsversagung sie tritt dann ein, wenn die Verbindung mit einem Hauptwege durch eine willkürliche Handlung des Eigentümers aufgehoben wurde: § 918.

Grundstück, Notwegrente für die Benutzung des Notweges ist eine Geldrente, wie die Uberbaurente, zu bezahlen; sie ist jährlich im Voraus zu entrichten, ist nicht eintragungsfähig und geht allen Belastungen, selbst den eingetragenen, vor; hingegen besteht kein Recht auf Abnahme des benutzten Grundstücksteiles: § 917.

Grundstück, Uberbau ist, ohne Vorsatz oder grobe Fahrlässigkeit, die Grenze beim Bau nicht innegehalten worden, so hat der Uberbauende das Recht, auf dem überbauten Grundstück zu bleiben, es sei denn, daß sofort Widerspruch erhoben wurde; eine Geldrente ist zu zahlen: § 912.

Grundstück, Uberbau u. Uberlassungsanspruch der Berechtigte einer Uberbaurente kann jederzeit verlangen, daß ihm der Uberbauende den überbauten Grundstücksteil gegen Erstattung des Wertes z. Zt. des Uberbaues abkauft: § 915.

Grundstück, Uberbaurente sie ist jährlich im Voraus zu entrichten, ist nicht eintragungsfähig, geht aber allen Belastungen, selbst den eingetragenen, vor: §§ 913—916.

Grundstück, Vertiefung sie ist — entgegen § 903! — insoweit verboten, als der Boden des Nachbargrundstückes dadurch seine Stütze verlieren würde: § 909.

Grundstück, Wurzeln und Zweige vom Nachbargrundstück herüberragende störende Wurzeln und Zweige darf der Grundstückseigentümer abschneiden und behalten, nach fruchtlosem Ablauf einer zu ihrer Beseitigung gesetzten angemessenen Frist: § 910.

Grundstück, Zubehör bei Ubereignung das dem Veräußerer gehörige Grundstückszubehör geht ohne besonderen Ubereignungsvorgang der beweglichen Sachen auf den Erwerber mit der Eintragung über, soweit sich die Veräußerung auch auf das Zubehör beziehen sollte, was im Zweifel anzunehmen ist: § 926.

Grundstücke, Verkoppelungsverfahren ein Verfahren, in welchem aus- und durcheinanderliegende Grundstücke verschiedener Eigentümer gegeneinander ausgetauscht werden (Tätigkeit der Kultur- und Landeskulturämter).

Grundstücksbestandteile s. Bestandteile.

Grundstücksgeschäfte, des Vormundes s. Vormundschaft, Geschäfte des Vormundes mit Genehmigung des Vormundschaftsgerichts, Hypothekengeschäfte des Vormundes.

Grundstücksgröße, Zusicherung beim Kaufe s. Kauf, von Grundstücken.

Grundstücksrecht, Antrag der zur Eintragung erforderliche Antrag bedarf keiner Form und kann von jedem der Beteiligten gestellt werden; er ist eine einseitige Willenserklärung.

Grundstücksrecht, Aufgabeerklärung zur Aufhebung eines Grundstücksrechts ist neben der Löschung eine Aufgabeerklärung nötig (kein Vertrag wie die Einigung!), d. h. eine einseitige, formlose Erklärung des Aufgebenden dem Grundbuchamt oder dem Begünstigten gegenüber (Bindung daran wie bei der Einigung!): § 875.

Grundstücksrecht, Ausnahme vom Eintragungsprinzip die Übertragung einer Verkehrshypothek in Briefform: diese kann sich außerhalb des Grundbuches vollziehen, durch schriftliche Zessionserklärung und Briefübergabe: § 1154.

Grundstücksrecht, Bewilligung die zur Eintragung im Grundbuche erforderliche Bewilligung ist entweder öffentlich zu beurkunden, mit einer Beglaubigung der Unterschrift zu versehen oder zu Protokoll des Grundbuchamts mündlich zu erklären, und zwar immer von demjenigen, dessen Recht durch die Eintragung benachteiligt wird; es ist ein einseitiges, empfangsbedürftiges Rechtsgeschäft: §§ 19, 29 GBO.

Grundstücksrecht, Bindung an die Einigung 1.) n a c h erfolgter Eintragung sind die Beteiligten an die Einigung gebunden, 2.) v o r der Eintragung sind sie nicht gebunden, sofern nicht a) die Erklärungen öffentlich beurkundet bezw. vor dem Grundbuchamt abgegeben waren oder b) beim Grundbuchamt eingereicht waren oder c) der Berechtigte dem anderen Teil eine formell gültige Bewilligung ausgehändigt hat: § 873 Abs. 2.

Grundstücksrecht, Eintragungsprinzip zur Übertragung oder Belastung von Grundstücken oder Grundstücksrechten sowie zur Änderung des Inhalts eines solchen Rechts ist stets (neben der Einigung) Eintragung im Grundbuche (mit konstitutiver Wirkung!) nötig, sofern sich der Vorgang auf Grund eines Rechtsgeschäftes (also freiwillig!) vollzieht: §§ 873 Abs. 1, 877.

Grundstücksrecht, Erfordernisse der Eintragung formell (also nicht materiell!) sind ein Antrag und eine Bewilligung nötig: §§ 13, 19 GBO.

Grundstücksrecht, Konsensprinzip 1.) formell: für jede Eintragung und Löschung ist neben dem Antrag die Bewilligung desjenigen, dessen Recht durch die Eintragung bzw. Löschung betroffen wird, nötig; 2.) materiell: für jede Veräußerung oder Belastung von Grundstücken oder Grundstücksrechten ist eine Einigung neben der Eintragung erforderlich: §§ 873, 877.

Grundstücksrecht, Löschung zur Aufhebung eines Grundstücksrechts ist (neben der Aufgabeerklärung!) stets eine Löschung des Rechts im Grundbuche nötig; sie ist ihrem Wesen nach eine Eintragung und bedarf formell eines Antrages und einer Bewilligung: § 875.

Grundstücksrecht, Mitwirkung Dritter bei der Aufgabe von Grundstücks-

rechten neben Aufgabeerklärung und Löschung ist zur Beseitigung von Grundstücksrechten die Zustimmung Dritter (gegenüber dem Grundbuchamt oder dem Begünstigten; unwiderruflich!) nötig: 1.) bei Belastung des aufzuhebenden Rechts mit dem Rechte eines Dritten, 2.) bei subjektiv-dinglichen Rechten, wenn das herrschende Grundstück mit dem Recht des Dritten belastet ist, 3.) bei Grundpfändern: die Zustimmung des Eigentümers: § 876; § 1183.

Grundstücksrecht, löschungsfähige Quittung die bei der Rückzahlung der durch Hypothek gesicherten Schuld vom Gläubiger ausgestellte Urkunde mit Doppelinhalt: 1.) schuldrechtlich = eine Quittung über die empfangene Geldleistung, 2.) sachenrechtlich = eine Bewilligung zur Löschung der Hypothek; als Bewilligung ist die hierzu nötige Form (öffentliche Beurkundung) zu beachten.

Grundstücksrecht, Prinzipien diejenigen Grundsätze, die für sämtliche dingliche Rechtsvorgänge an Grundstücken in Frage kommen, nämlich: 1.) Spezialitätsprinzip, 2.) Eintragungsprinzip, 3.) Konsensprinzip, 4.) Publizitätsprinzip: §§ 873—877; §§ 891—893.

Grundstücksrecht, Prüfungsbefugnis, des Grundbuchrichters hinsichtlich der Einigung diese Befugnis besteht nicht, da ja die Eintragung der Einigung vorangehen kann (ausg. bei der Übereignung von Grundstücken): § 20 GBO.

Grundstücksrecht, Publizitätsprinzip 1.) formell: jeder, der ein rechtliches Interesse glaubhaft macht, kann das Grundbuch einsehen; 2.) materiell: das Grundbuch genießt öffentlichen Glauben: §§ 891—893.

Grundstücksrecht, Spezialitätsprinzip nur bestimmte Vorgänge können im Grundbuche vermerkt werden (dingliche Rechte, Vormerkung, Widerspruch, gewisse Verfügungsbeschränkungen, z. B. Nacherbfolge), und zwar mit den dem BGB entnommenen Bezeichnungen („Nießbrauch", „Sicherungshypothek" pp.), mit möglichst erschöpfendem Inhalt; mangels des letzteren kann auf die Eintragungsbewilligung Bezug genommen werden (Vermerk im Grundbuche: „Unter näherer Bezugnahme auf die Eintragungsbewilligung vom . . ."): § 874.

Grundstücksrecht, spätere Verfügungsbeschränkung des Berechtigten wird nach erfolgter Einigung oder abgegebener Aufgabeerklärung der Berechtigte in der Verfügungsfähigkeit beschränkt, so ist dies bedeutungslos, falls die Erklärungen verbindlich geworden sind (s. §§ 873 Abs. 2, 875 Abs. 2, 877) und außerdem der Eintragungsantrag beim Grundbuchamt gestellt worden ist: § 878.

Grundstücksrecht, Verpflichtungsvertrag den dinglichen Vorgängen (Übereignung, Nießbrauch- oder Pfandbestellung), welche abstrakte Verfügungsgeschäfte sind, gehen kausale Verpflichtungsgeschäfte (z. B. Kauf, Pfandvertrag pp.) voraus; diese Verträge sind formlos (ausgen. bei dem Verpflichtungsvertrag hinsichtlich der Übereignung eines Grundstücks: § 313).

Grundstücksrecht, Vorgänge kraft Gesetzes bei allen Vorgängen hinsichtlich von Grundstücken oder Grundstücksrechten, die sich nicht auf Grund von Rechtsgeschäften vollziehen (z. B. Erbgang, Erwerb in der Zwangsversteigerung pp.) ist eine Grundbucheintragung nicht nötig; sie hat nur deklaratorische Bedeutung.

Grundstücksrecht, allgemeine Vorschriften die §§ 873—902 enthalten Vorschriften, die für sämtliche Rechte an Grundstücken (Eigentum, Erbbaurecht, Dienstbarkeiten, dingliches Vorkaufsrecht, Grundpfänder, Reallasten) gelten.

Grundstücksrecht, Wesen der Einigung sie ist ein dinglicher Vertrag zwischen dem Berechtigten und dem anderen Teil über den Eintritt der Rechtsänderung; sie ist formlos, verträgt Bedingungen und kann zeitlich der Eintragung vorangehen oder nachfolgen (ausg.: die Auflassung!): 873; außerdem ist sie nicht nur ein Vorgang, sondern auch ein Zustand (= Einigsein).

Gültigkeitsdauer, der Nottestamente s. Testamente, Nottestamentsende.

Güteantrag die Verjährung eines Anspruches wird unterbrochen durch Geltendmachung des Anspruches vermittels Anbringung eines Güteantrages bei dem Amtsgericht oder einer Gütestelle: § 209 Ziff. 1 a.

Gütergemeinschaft ist ein vertraglicher Güterstand, bei dem die Einzelvermögen der Ehegatten mit Vertragsabschluß zum Gesamthandsvermögen beider Ehegatten werden, ohne Übertragung der Einzelstücke (sog. dingliche Vertragswirkung!); auch künftiger Erwerb wird automatisch gemeinsam; bei Grundstücken oder Rechten daran ist ein Grundbuchberichtigungsanspruch gegeben: §§ 1415, 1416.

Gütergemeinschaft, Annahme von Erbschaften unterliegt stets dem alleinigen Willen des begünstigten Gatten, ebenso die Ausschlagung, was auch für ein Vermächtnis, einen Verzicht auf den Pflichtteil oder den Ausgleichsanspruch am Zugewinn gilt: §§ 1432, 1455 Z. 1 und 2.

Gütergemeinschaft, Anteil am Gesamtgut kein Ehegatte kann über ihn oder über Anteile an Einzelobjekten des Gesamtgutes verfügen; gegenüber Gesamtgutsforderungen kann ein Schuldner nur mit Schulden gleicher Natur aufrechnen: § 1419.

Gütergemeinschaft, Arten der Vermögensmassen 1. Gesamtgut: § 1416, 2. Sondergut jedes Gatten: § 1417, 3. Vorbehaltsgut jedes Gatten: § 1418.

Gütergemeinschaft, Arten der Verwaltung 1. durch beide Gatten zusammen, sie tritt mangels besonderer Vereinbarung ein: §§ 1450, 1421, 2. durch Mann oder Frau allein, auf Grund vertraglicher Bestimmung: §§ 1421, 1422.

Gütergemeinschaft, Aufhebungsklage kann bei Alleinverwaltung der nichtverwaltende Gatte und bei Mitverwaltung jeder Gatte erheben: wegen unanfechtbarer Entmündigung des anderen, wegen Überschuldung des Gesamtgutes durch Verbindlichkeiten des anderen und erheblicher künftiger Erwerbsgefährdung des Klägers, wegen Verletzung der Beitragspflicht zum Familienunterhalt nebst künftiger erheblicher Unterhaltsgefährdung; bei Mitverwaltung kann die Klage auch gestützt werden: auf den Vorwurf der Alleinvornahme von mitwirkungsbedürftigen Handlungen oder grundloser beharrlicher Mitwirkungsverweigerung; bei Alleinverwaltung ist Klagegrund auch Mißbrauch der Alleinverwaltung oder Unfähigkeit zur Verwaltung; bei Alleinverwaltung kann aber auch der verwaltende Teil Aufhebungsklage erheben wegen Überschuldung des Gesamtgutes durch Verbindlichkeiten des anderen, die diesem zur Last fallen: §§ 1447, 1448, 1469; mit Rechtskraft des Urteils tritt Gütertrennung ein, Dritten gegenüber aber erst wirksam mit Eintragung ins Güterrechtsregister: §§ 1449, 1470.

Gütergemeinschaft, Auseinandersetzung setzt bei Güterstandsende ein, unter Mitverwaltung beider Gatten, wobei erst die Gesamtgutsverbindlichkeiten berichtigt werden, der verbleibende Überschuß jedem Gatten zur Hälfte gebührt und Teilung nach Gemeinschaftsregeln erfolgt; hierbei kann jeder Gatte gegen Wertersatz seine eingebrachten oder geerbten Objekte sowie die zum ausschließlich persönlichen Gebrauch bestimmten Sachen (z. B. Bekleidung, Schmucksachen pp.) übernehmen; hat Teilung stattgefunden vor Berichtigung einer Gesamtgutsverbindlichkeit, so haftet dem Gläubiger jetzt auch der Gatte, der bisher nicht gehaftet hatte, indes nur mit den ihm zugeteilten Objekten; in einem solchen Falle kann aber der nichtverwaltende Gatte von dem anderen Freistellung begehren: §§ 1471—1477, 1480—1482.

Gütergemeinschaft, Auseinandersetzung bei Ehescheidung der schuldlose oder minderschuldige Teil kann verlangen, daß jedem Gatten der Wert der in die Gütergemeinschaft eingebrachten Objekte (hierzu zählen auch spätere Erbschaften sowie Rechte, die mit dem Tod eines Gatten erlöschen) zurückerstattet wird, und daß, falls der Gesamtgutswert nicht ausreicht, jeder die Hälfte des Fehlbetrages trägt: § 1478.

Gütergemeinschaft, Bereicherung des Gesamtgutes ist sie durch ein zustimmungsbedürftiges, vom anderen Gatten aber nicht genehmigtes Rechtsgeschäft eines Ehegatten eingetreten, so muß sie, bei Einzel- wie bei Mitverwaltung, nach den Vorschriften über ungerechtfertigte Bereicherung aus dem Gesamtgut herausgegeben werden: §§ 1434, 1457.

Gütergemeinschaft, Einkünfte, der Vermögensmassen die Erträge des Gesamt- und des Sondergutes — es wird „für Rechnung des Gesamtgutes" von jedem der Gatten nach § 1417 verwaltet! — fallen in das Gesamtgut, diejenigen des Vorbehaltsgutes gemäß § 1418 in das Vorbehaltsgut.

Gütergemeinschaft, einwilligungsbedürftige Rechtsgeschäfte 1. bei Einzelverwaltung bedürfen Verpflichtungs- und Verfügungsverträge des verwaltenden Gatten über: das Gesamtgut als Ganzes, über Grundstücke sowie Schenkungen der Zustimmung des anderen Gatten, während einseitige einwilligungslose Rechtsgeschäfte nichtig sind: §§ 1423—1425, 1427; die verweigerte oder wegen Krankheit, Abwesenheit usw. unterbliebene Zustimmung kann durch das Vormundschaftsgericht nach § 1427 ersetzt werden, auch hat der über den Güterstand in Unkenntnis befindliche Dritte ein Widerrufsrecht: § 1427 Abs. 2, und endlich steht dem die Zustimmung verweigernden Gatten gegen den Dritten ein selbständiges Klagerecht zu: § 1428, 2. bei Mitverwaltung gilt das gleiche, falls ein Gatte allein ein Rechtsgeschäft ohne Zustimmung des anderen vorgenommen hat: §§ 1452, 1453, 1455 Z. 8.

Gütergemeinschaft, Ersatzausgleich hat ein Gatte etwas aus dem Gesamtgut in sein Vorbehalts- oder Sondergut verwendet, so hat er den Wert des Verwendeten zum Gesamtgut zu ersetzen; dies gilt aber auch umgekehrt, falls aus dem Vorbehaltsgut usw. etwas zum Gesamtgut verwendet wurde; es spielt keine Rolle, ob Einzel- oder Mitverwaltung vorliegt: §§ 1445, 1467.

Gütergemeinschaft, Ersatz der Zustimmung durch das Vormundschaftsgericht kann erfolgen, wenn bei Alleinverwaltung die Zustimmung zu den Geschäften der §§ 1423—1425 (Gesamt-, Grundstücks-, unentgeltliche Verfügung) grundlos verweigert wird oder durch Krankheit usw. nicht zu erlangen ist: § 1426; bei Mitverwaltung kann stets im Falle einer grundlos verweigerten Zustimmung diese vormundschaftsgerichtlich ersetzt werden: § 1452; der gleiche Ersatz tritt bei Allein- und Mitverwaltung ein, wenn der allein- oder mitverwaltende Gatte die Zustimmung zur Vornahme eines die persönlichen Angelegenheiten betreffenden Geschäfts verweigert: §§ 1430, 1452 Abs. 2.

Gütergemeinschaft, Familienunterhalt wird bestritten: zunächst aus den Einkünften des Gesamtgutes, dann aus denen des Vorbehaltsgutes; reichen diese Einkünfte nicht aus, so ist heranzuziehen zunächst der Stamm des Gesamtgutes, dann erst der des Vorbehalts- und Sondergutes: § 1420.

Gütergemeinschaft, fortgesetzte zwischen dem überlebenden Ehegatten und gemeinschaftlichen Abkömmlingen tritt nur ein, falls dies im Ehevertrag vereinbart ist; Erbrecht und Erbteile nichtgemeinsamer Abkömmlinge werden behandelt, wie wenn es keine fortgesetzte Gütergemeinschaft gäbe (also unter Heranziehung des Erblasser-Anteils am Gesamtgut!); der überlebende Gatte hat die Stellung des verwaltenden, die Abkömmlinge die des nichtverwaltenden Gatten: §§ 1483, 1485, 1487.

Gütergemeinschaft, fortgesetzte, Ablehnungs- und Aufhebungsrecht des Überlebenden er kann bei Tod des anderen Gatten die Fortsetzung, entsprechend den Regeln über Erbschaftsausschlagung ablehnen, worauf Beerbung des Verstorbenen, nach Allgemeinregeln, unter Einbeziehung des Erblasseranteils am Gesamtgut in den Nachlaß, einsetzt: §§ 1484, 1482; er kann außerdem jederzeit die Aufhebung, durch einseitiges Rechtsgeschäft oder durch Vertrag, erklären, worauf Auseinandersetzung stattfindet: § 1492.

Gütergemeinschaft, fortgesetzte Anordnung durch letztwillige Verfügung jeder Gatte kann testamentarisch, trotz der vertraglichen Vereinbarung, die Fortsetzung ausschließen, wenn der andere Gatte sich einer Verfehlung schuldig macht, welche zur Pflichtteilsentziehung berechtigen würde; er kann auch einen der Abkömmlinge von der Teilnahme an der fortgesetzten Gemeinschaft ausschließen, dessen Anteil bei Beendigung der Gemeinschaft herabsetzen oder ihm diesen sogar entziehen; diese Bestimmungen bedürfen aber, falls nicht durch gemeinschaftliches Testament getroffen, der öffentlich beurkundeten Zustimmung des anderen Gatten: §§ 1509—1516.

Gütergemeinschaft, fortgesetzte, Ende tritt ein durch Wiederverheiratung oder Tod des überlebenden Gatten, ferner durch rechtskräftiges Urteil auf Grund einer Aufhebungsklage eines Abkömmlings: §§ 1493—1496.

Gütergemeinschaft, fortgesetzte, Gesamtgut besteht aus dem bisherigen Gesamtgut, ferner aus dem Anteil des überlebenden Ehegatten an dem Nachlaß des Verstorbenen und seinem späteren Erwerb, während der Erbanteil der Abkömmlinge und ihr späterer Erwerb nicht ins Gesamtgut fallen; Vorbehalts- und Sondergut gibt es nur beim überlebenden Ehegatten: §§ 1485, 1486.

Gütergemeinschaft, fortgesetzte, Gesamtgutsverbindlichkeiten sind die früheren, vom verstorbenen Gatten stammenden Gesamtgutsverbindlichkeiten sowie die neuen Verbindlichkeiten des Überlebenden; dieser haftet persönlich, jedoch soweit seine Haftung erst durch den Eintritt der Fortsetzung entstanden ist, nur entsprechend den Regeln über die Beschränkbarkeit der Erbenhaftung (anstelle des Nachlasses tritt das Gesamtgut!): §§ 1488, 1489.

Gütergemeinschaft, fortgesetzte, Wirkungen der Auseinandersetzung sie selbst entspricht der Auseinandersetzung zwischen den Ehegatten, doch fallen dem überlebenden Ehegatten fast alle Gesamtgutsverbindlichkeiten zur Last, während sich die Abkömmlinge Verbindlichkeiten, die dem Verstorbenen allein zur Last gefallen wären, auf ihren Anteil anrechnen lassen müssen, wenn auch in beschränktem Maße; der überlebende Gatte hat gegen Wertersatz ein Übernahmerecht hinsichtlich des Gesamtgutes; mehrere Abkömmlinge teilen ihren Anteil am Gesamtgut im Verhältnis ihrer gesetzlichen Erbteile: §§ 1497—1503.

Gütergemeinschaft, Gesamtgut s. Gütergemeinschaft.

Gütergemeinschaft, Gesamtgutsverbindlichkeiten sind solche, für welche das Gesamtgut haftet und daneben: bei Mitverwaltung auch noch jeder Gatte persönlich und gesamtschuldnerisch, bei Einzelverwaltung der verwaltende Teil persönlich: §§ 1459, 1437.

Gütergemeinschaft, Gesamtgutsverbindlichkeiten, Entstehung 1. bei Einzelverwaltung: durch Rechtsgeschäfte nur dann, wenn sie der verwaltende Teil vornimmt oder der andere mit Zustimmung des Verwalters bzw. mit Wirkung auch ohne diese Zustimmung; ferner durch unerlaubte Handlungen und sonstige Umstände, gleichgültig, in wessen Person sie eintreten: §§ 1437, 1438; 2. bei Mitverwaltung: durch Rechtsgeschäfte, wenn sie gemeinsam oder von einem Teil mit Zustimmung des anderen vorgenommen werden bzw. auch ohne diese Zustimmung wirksam sind: § 1460; für unerlaubte Handlungen usw. gilt das gleiche wie bei Einzelverwaltung: § 1438.

Gütergemeinschaft, Gesamtgutsverbindlichkeiten, im Verhältnis unter den Gatten im Innenverhältnis hat der Ehegatte, der eine unerlaubte Handlung begeht oder gegen den ein Strafverfahren gerichtet ist, die daraus entstehenden Verbindlichkeiten zu tragen, desgleichen solche, die sich auf sein Vorbehalts- oder Sondergut beziehen sowie die Prozeßkosten, die aus den genannten Handlungen oder Gütern resultieren, sofern es sich nicht um ein für Rechnung des Gesamtgutes geführtes Erwerbsgeschäft handelt; auch Ausstattungen für ein nicht gemeinschaftliches Kind sind dem fraglichen Elternteil anzulasten; dies gilt sowohl bei Allein- als auch bei Mitverwaltung: §§ 1441—1444, §§ 1463—1466.

Gütergemeinschaft, Gesamtverfügungen, über das Gesamtgut bedürfen bei Alleinverwaltung stets der Einwilligung des nichtverwaltenden Teils, ebenso derartige Verpflichtungsgeschäfte: § 1423.

Gütergemeinschaft, Grundstücksgeschäfte sowohl Verpflichtungs- wie Verfügungsgeschäfte benötigen bei Alleinverwaltung der Einwilligung des nicht verwaltenden Gatten: § 1424.

Gütergemeinschaft, Mitwirkungspflicht bei Mitverwaltung hat jeder Gatte zu Maßregeln mitzuwirken, die zur ordnungsmäßigen Verwaltung des Gesamtgutes nötig sind: § 1451.

Gütergemeinschaft, Notverwaltungsrecht, sog. ist bei Mitverwaltung ein Ehegatte an der Mitwirkung, bei Alleinverwaltung der verwaltende Ehegatte an der Vornahme von Rechtsgeschäften durch Krankheit oder Abwesenheit verhindert und liegt Gefahr im Verzuge vor, so kann der andere Ehegatte das Geschäft allein vornehmen, sei es in eigenem Namen oder im Namen des verwaltenden bzw. beider Gatten (richtet sich danach, ob Allein- oder Mitverwaltung vorliegt!): §§ 1429, 1454.

Gütergemeinschaft, Pflichten des alleinverwaltenden Gatten er hat das Gesamtgut ordnungsgemäß zu verwalten, den anderen zu informieren und auf Verlangen über den Stand der Verwaltung Auskunft zu erteilen sowie Ersatz zu leisten bei Gesamtgutsminderung durch verschuldete — Haftung nach § 1359 für Sorgfalt wie in eigenen Angelegenheiten! — Verluste oder durch genehmigungsbedürftige, aber nicht genehmigte Geschäfte: § 1435.

Gütergemeinschaft, Schenkungen aus dem Gesamtgut bedürfen bei Alleinverwaltung der Einwilligung des nicht verwaltenden Teiles: § 1425.

Gütergemeinschaft, selbständiges Erwerbsgeschäft wird es bei Alleinverwaltung vom nicht verwaltenden Teil, bei Mitverwaltung von einem der Gatten betrieben, mit Einwilligung oder unter Duldung des anderen, so ist Zustimmung zu den einzelnen, gewöhnlichen Rechtsgeschäften oder Prozessen nicht mehr nötig; ein Einspruch oder Widerruf der Einwilligung hat Dritten gegenüber Wirkung nur bei Kenntnis oder Eintragung ins Güterrechtsregister: §§ 1431, 1456.

Gütergemeinschaft, Sondergut besteht aus Gegenständen, die rechtsgeschäftlich nicht übertragbar sind (z. B. Nießbrauch, unpfändbarer Lohnteil usw.); es wird von jedem Gatten allein verwaltet, indes für Rechnung des Gesamtgutes, so daß die Nutzungen letzterem zufließen: § 1417.

Gütergemeinschaft, Tod eines Ehegatten mangels Vereinbarung fortgesetzter Gütergemeinschaft durch Ehevertrag endet der Güterstand, der Anteil des Verstorbenen am Gesamtgut gehört zu seinem Nachlaß, er wird nach allgemeinen Vorschriften beerbt: § 1482.

Gütergemeinschaft, Verwaltung des Gesamtgutes 1. bei Alleinverwaltung nimmt der Verwalter es in Besitz und hat das alleinige Recht zu Verfügungen und zur Prozeßführung im eigenen Namen, kann indes nicht durch Verwaltungshandlungen den anderen Gatten persönlich verpflichten: § 1422; 2. bei Mitverwaltung haben die Ehegatten Mitbesitz, können nur gemeinschaftlich verfügen und Rechtsstreitigkeiten führen und haften bei Gesamtgutsverbindlichkeiten persönlich als Gesamtschuldner: §§ 1450, 1459.

Gütergemeinschaft, Vorbehaltsgut besteht aus Objekten, die durch Ehevertrag als Vorbehaltsgut erklärt sind, ferner aus unentgeltlichen Zuwendungen Dritter unter Lebenden oder von Todes wegen mit der gleichen Zweckbestimmung, endlich aus Nutzungen und Ersatzvorteilen und Surrogaten des Vorbehaltsgutes; jeder Ehegatte verwaltet sein Vorbehaltsgut allein und für eigene Rechnung; zur Wirksamkeit der Vorbehaltsgutseigenschaft Dritten gegenüber ist deren Kenntnis oder Eintragung ins Güterrechtsregister nötig: § 1418.

Güterrecht, eheliches Regelung der Vermögensverhältnisse der Ehegatten.

Güterrecht, eheliches, Arten 1.) gesetzliche Güterstände, 2.) vertragliche Güterstände.

Güterrechtsregister öffentliches Register mit dem Zweck, dem Publikum die güterrechtlichen Verhältnisse der Ehegatten eines bestimmten Bezirkes ersichtlich zu machen.

Güterrechtsregister, Einsicht sie ist jedermann gestattet; ebenso können Eintragungsabschriften gefordert werden: § 1563.

Güterrechtsregister, Eintragungsantrag er ist grundsätzlich von beiden Ehegatten in öffentlich-beglaubigter Form zu stellen; jeder Ehegatte ist dem anderen gegenüber zur Mitwirkung verpflichtet; Antrag eines Gatten genügt zur Eintragung eines Ehevertrages oder einer auf Änderungsurteil beruhenden Änderung der bisherigen Güterrechtsverhältnisse, ferner zur Wiederholung einer in einem Register erfolgten Eintragung, weiter zur Eintragung des Einspruchs gegen den selbständigen Betrieb eines Erwerbsgeschäfts des anderen Ehegatten bezw. des Widerrufes der Einwilligung (Gütergemeinschaft!); bei Ausschluß oder Beschränkung der Schlüsselgewalt genügt der Antrag des Mannes: § 1561.

Güterrechtsregister, Inhalt einzutragen sind: alle Abweichungen vom gesetzlichen Güterstand sowie Ausschließung oder Einschränkungen der Schlüsselgewalt der Frau, ferner Einspruch eines Ehegatten gegen den selbständigen Betrieb eines Erwerbsgeschäfts durch den anderen Gatten bei der Gütergemeinschaft; Vorbehaltsgut-Eigenschaft: §§ 1357, 1418, 1431, 1449, 1456, 1561.

Güterrechtsregister, Veröffentlichung die Eintragungen sind zu veröffentlichen: § 1562.

Güterrechtsregister, Zuständigkeit das Amtsgericht des Wohnsitzes des Ehemannes; bei Wohnsitzverlegung muß Umtragung erfolgen: §§ 1558, 1559.

Güterstände, gesetzliche treten ohne besondere Vereinbarung ein, und zwar 1.) gewöhnlich: Zugewinngemeinschaft: §§ 1363 ff; 2.) ausnahmsweise: Gütertrennung: §§ 1388, 1449, 1470.

Güterstände, vertragliche treten nur ein auf Grund besonderen Güterrechtsvertrages; die Ehegatten können Verträge nach Belieben (Vertragsfreiheit!) schließen; die Güterrechtsverträge des BGB sind nur Beispiele.

Güterstande vertragliche, Beispiele des BGB Gütertrennung und Gütergemeinschaft.

Güterstände, vertragliche, Form des Vertrages der Vertrag muß bei gleichzeitiger Anwesenheit beider Teile vor Gericht oder Notar geschlossen werden; Verweisung auf ehemaliges oder ausländisches Güterrecht ist unstatthaft (genaue Aufzählung!), ausgenommen, wenn ein Ehegatte bei Eheschließung oder späterem Vertragsabschluß seinen Wohnsitz im Ausland hatte: §§ 1409, 1410.

Güterstände, vertragliche, Wirkung gegenüber Dritten Dritten gegenüber ist die Berufung auf ein vom gesetzlichen Güterstand abweichendes Güterrecht nur bei Eintragung ins Güterrechtsregister oder bei Kenntnis des Dritten statthaft: § 1412.

Gütertrennung Güterstand, bei welchem die Ehegatten vermögensrechtlich wie nicht verheiratet behandelt werden; Gütertrennung tritt ein: 1. kraft Gütervertrages, wenn die Ehegatten den gesetzlichen Güterstand ausschließen oder aufheben, desgleichen, wenn der Ausgleich des Zugewinnes ausgeschlossen oder die Gütergemeinschaft aufgehoben wird: § 1414, 2. kraft Gesetzes, z. B. §§ 1388, 1449, 1470.

Gütertrennung, Gütermassen Mannes- und Frauengut.

Gütertrennung, Wirkung Dritten gegenüber nur bei Eintragung ins Güterrechtsregister oder Kenntnis: § 1412.

Güterverwaltung, Widerruf der Vermögensverwaltung wenn ein Ehegatte die Verwaltung seines Vermögens dem anderen Gatten überlassen hat, so kann der Ausschluß des Widerrufes oder der Einschränkung dieser Verwaltung nur durch Ehevertrag bestimmt werden; ausgenommen bleibt Widerruf aus wichtigem Grunde: § 1413.

Guter Glaube s. Übereignung, Gutgläubigkeit, guter Glaube.

Guter Glaube, bei Zession von Forderungen der gute Glaube, grundsätzlich nur dem Sachenrecht angehörig, kann nicht mangelnde Forderungen ersetzen (wichtig für die Abtretung forderungsloser Verkehrshypotheken: § 1138).

Guter Glaube an mangelnde Geschäftsfähigkeit der gute Glaube an die mangelnde Geschäftsfähigkeit des Geschäftspartners vermag diese nicht zu ersetzen.

Guter Glaube an mangelnde Verfügungsfähigkeit hilft nur in den ausdrücklich bestimmten Fällen, z. B. bei gesetzlichen relativen oder behördlichen Verfügungsverboten: §§ 135, 136, bei Vor- und Nacherbfolge: §§ 2113, 2114, bei Testamentsvollstreckung: § 2211.

Guter Glaube, mangelnde Vollmacht er vermag mangelnde Vollmacht (anders bei zunächst vorhandener, später erloschener Vollmacht: §§ 169—173!) nicht zu ersetzen, ausgenommen beim Überbringer einer echten Quittung: § 370.

H

Haftung Einstehen des Schuldners eines Schuldverhältnisses auf Erbringung der Leistung, in Sonderfällen (Schlechterfüllung, Schuldnerverzug, Unmöglichkeit) auf Schadenersatz im Falle des Verschuldens: § 276.

Haftung der Ehegatten untereinander s. Eheleben, Haftungsgrad der Ehegatten.

Haftung, der Liquidatoren eines aufgelösten Vereines s. Liquidation eines Vereines.

Haftung, des Besitzers gegenüber dem Eigentümer bei der Herausgabeklage s. Eigentum, Anspruch auf Herausgabe und Verschlechterung der Sache.

Haftung, eines Deliktsunfähigen aus Billigkeit s. unerlaubte Handlung, Schadensausgleich bei fehlender Deliktsfähigkeit; ferner: Billigkeitsentschädigung.

Haftung, des Erwerbes bei einer Vermögensübernahme s. Vermögensübernahme.

Haftung, des Finders s. Fund, Pflichten des Finders.

Haftung, des Gastwirtes s. Gastwirt, Haftung für eingebrachte Sachen.

Haftung, des elterlichen Gewalthabers gegenüber dem Kinde s. elterliche Gewalt, Haftung.

Haftung, für Gesamtgutsverbindlichkeiten bei der Gütergemeinschaft s. Gütergemeinschaft, Gesamtgutsverbindlichkeiten.

Haftung, des Schenkers s. Schenkung.

Haftung, des Schuldners für den Erfüllungsgehilfen s. Erfüllungsgehilfe.

Haftung, des Schuldners im Gläubigerverzug s. Gläubigerverzug, Haftung des Schuldners.

Haftung, des Schuldners ab Rechtshängigkeit s. Klageerhebung, Wirkungen.

Haftung, des Schuldners im Schuldnerverzug s. Schuldnerverzug, Wirkungen.

Haftung, des Testamentsvollstreckers s. Testamentsvollstrecker, Haftung.

Haftung, des Vereins für schädigende Handlungen der Organe s. Organe, Haftung.

Haftung, des Vertreters ohne Vertretungsmacht bei Verweigerung der Genehmigung des Vertretenen haftet der vollmachtlose Stellvertreter dem anderen Teil auf Erfüllung oder Schadenersatz wegen Nichterfüllung, es sei denn, daß dieser bösgläubig war; kannte der Vertreter selbst nicht den Mangel der Vollmacht, so haftet er nur auf das negative Interesse: § 179.

Haftung, des Vorerben gegenüber dem Nacherben s. Erbe, Eintritt der Nacherbfolge.

Haftung, des Vormundes gegenüber dem Mündel s. Vormundschaft, Verantwortung des Vormundes.

Haftung, für Handlungen des Vorstandes eines nichtrechtsfähigen Vereines der Handelnde haftet persönlich, sofern er nicht in Vollmacht der Mitglieder tätig wurde: § 54.

Haftung, für die Leistungen bei der Reallast s. Reallast, Haftung für die Leistungen.

Haftung, für Sorgfalt wie in eigenen Angelegenheiten s. diligentia quam suis.

Haftungsvertrag Vereinbarung über den Haftungsgrad des Schuldners; von vornherein kann die Haftung für Vorsatz nicht erlassen werden: § 276.

Handgeschenk Art der Schenkung; hier fallen die Vereinbarung der Unentgeltlichkeit und die Vollziehung der Zuwendung zusammen; formlos: § 516.

Handzeichen ersetzt, falls behördlich beglaubigt, die Eigenhändigkeit der Unterschrift: § 126.

Handlung des Bestellers, beim Werkvertrag s. Werkvertrag, Mitwirkung des Bestellers.

Handlung des Gläubigers, bei Gläubigerverzug s. Gläubigerverzug, Voraussetzung.

Handschlag an Eidesstatt, Verpflichtung des Vormundes s. Vormundschaft, Verpflichtung des Vormundes.

Handwerker, Verjährung ihrer Ansprüche die Ansprüche verjähren in zwei Jahren: § 196 Ziff. 1.

Häusliche Gemeinschaft, Aufhebung zwischen den Ehegatten s. Ehescheidung, Gründe.

Häusliche Gemeinschaft, beim Dienstvertrag s. Dienstvertrag, Fürsorgepflicht des Dienstherrn; s. auch Schutzvorschriften beim Dienstvertrag.

Hausangestellter des Notars oder Amtsrichters, als Zeuge bei Testamentserrichtung wer als Hausangestellter oder Gehilfe im Dienste des Richters oder des beurkundenden Notars steht, soll nicht als Zeuge bei der Errichtung eines Testamentes mitwirken: § 2237 Ziff. 6.

Haushalt, tatsächliche Gewalt des Besitzdieners s. Besitzdiener.

Haustier, zu Erwerbszwecken s. Tier, Haustier zu Erwerbszwecken.

Hauswesen, Arbeiten der Frau s. Eheleben, Leitung des Hauswesens.

Hauswesen, Dienstleistung des Kindes s. Eheliches Kind, Arbeitspflicht.

Hauswesen, Leitung durch die Frau s. Eheleben, Leitung des Hauswesens.

Hauptmängel diejenigen Sachmängel, für die der Verkäufer von Vieh im Sinne der §§ 481 ff haftet (aufgezählt in der Kaiserl. Verordnung vom 27. 3. 1899).

Hebammen, Verjährung ihrer Ansprüche die Ansprüche verjähren in zwei Jahren: § 196 Ziff. 14.

Heilung von Mängeln s. Convaleszenz.

Heirat der minderjährigen Tochter s. elterliche Gewalt, Heirat der minderjährigen Tochter.

Hemmung Umstand, welcher bei einer Frist deren Weiterlaufen hindert, so daß diese erst nach Wegfall des Hemmungsgrundes sich fortsetzen kann (Begriff der Verjährung und Ersitzung!): §§ 205, 939.

Hemmung, der Ersitzung die Ersitzung kann nicht beginnen bzw. nicht fortgesetzt werden, solange die Verjährung des Eigentumsanspruches gehemmt ist: § 939.

Herabsetzung des Mäklerlohnes bei Vereinbarung eines unverhältnismäßig hohen Mäklerlohnes für die Vermittlung eines Dienstvertrages oder für den Nachweis zum Abschluß eines solchen kann auf Antrag des Schuldners der Lohn, sofern er noch nicht entrichtet ist, durch Urteil auf einen angemessenen Betrag herabgestzt werden: § 655.

Herabsetzung einer Vertragsstrafe diese kann durch richterliche Entscheidung erfolgen bei unverhältnismäßiger Höhe der Vertragsstrafe, unter Berücksichtigung sämtlicher Gläubigerinteressen; jedoch stets nur dann, wenn Zahlung noch nicht erfolgt ist (keine Herabsetzung bei Versprechen unverhältnismäßig hoher Vertragsstrafen durch Vollkaufleute): § 343.

Herausgabe, der Verlobungsgeschenke s. Verlobungsgeschenke.

Herausgabe, des Erlangten bei ungerechtfertigter Bereicherung s. ungerechtfertigte Bereicherung.

Herausgabe, des Kindes bei Vorenthalten durch Dritten s. elterliche Gewalt, Herausgabe des Kindes.

Herausgabe des Mündelvermögens der Vormund hat nach Beendigung seines Amtes dem Mündel das verwaltete Vermögen herauszugeben: § 1890.

Herausgabe, eines unrichtigen Erbscheines s. Erbschein, unrichtiger.

Herausgabe, eines Geschenkes s. Schenkung, grober Undank, Verarmung des Schenkers.

Herausgabe, von Ersatzvorteilen s. commodum, stellvertretendes.

Herausgabe, von Nutzungen, bei der Eigentumsherausgabeklage s. Eigentum, Anspruch auf Herausgabe, rei vindicatio.

Herausgabepflicht, des Beauftragten s. Auftrag, Herausgabepflicht.

Herbeiführung, des Eintrittes einer Bedingung s. Eintritt einer Bedingung, Verhinderung der Herbeiführung des Eintrittes.

Herbeiführung, eines Erfolges, bei der Auslobung s. Auslobung.

Herrenlose Grundstücke unterliegen nur dem Aneignungsrecht des Fiskus: § 928 Abs. 2.

Herrenlose Sachen solche, die noch nicht oder nicht mehr im Eigentum eines anderen stehen: §§ 958 ff.

Herstellung, verspätete, beim Werkvertrag s. Werkvertrag, nichtrechtzeitige Herstellung.

Herstellung des Werkes, beim Werkvertrag s. Werkvertrag, Arten des Werkes.

Hingabe erfüllungshalber, datio solutionis causa Eingehung eines neuen Schuldverhältnisses zur Sicherung eines früheren, zwischen Schuldner und Gläubiger bestehenden: das alte Schuldverhältnis erlischt nicht (z. B. Hingabe eines Wechsels bei einer Kaufgeldschuld): § 364 Abs. 2.

Hingabe an Erfüllungsstatt, datio in solutum Erbringung einer anderen Leistung anstelle der geschuldeten unter Billigung seitens des Gläubigers: das Schuldverhältnis erlischt; bei Rechts- oder Sachmängeln des an Erfüllungsstatt gegebenen Gegenstandes wird das Verhältnis zwischen Gläubiger und Schuldner nach den Regeln des Kaufes behandelt (also evtl. Wandelung!): § 364 Abs. 1, § 365.

Hinterleger, bei der Verwahrung diejenige Person, die einer anderen eine bewegliche Sache zur Obhut übergibt: § 688.

Hinterlegung Schulderlöschung durch Hinterlegung von Geld, Wertpapieren, sonstigen Urkunden und Kostbarkeiten, falls der Gläubiger im Annahmeverzug ist oder der Schuldner unverschuldet die Person des Gläubigers nicht oder nicht mit Sicherheit kennt: § 372 (außerdem: Sicherheitsmittel zur Festigung von Schulden: § 232).

Hinterlegung, Ersatzpflicht s. Verwahrung, Schadenersatzpflicht des Hinterlegers.

Hinterlegung, als Mittel der Sicherheitsleistung s. Sicherheitsleistung, Mittel.

Hinterlegung, bei Ablösungsrecht, ius offerendi der Dritte kann den Gläubiger auch durch Hinterlegung befriedigen: § 268.

Hinterlegung, bei Dritten s. Verwahrung, wechselseitige Pflichten.

Hinterlegung, ohne Rücknahmeverzicht die Schuld geht nicht unter, doch kann der Schuldner den Gläubiger auf die hinterlegte Sache verweisen: § 379.

Hinterlegung, von Wertpapieren, bei der Summenverwahrung die Abrede einer Summenverwahrung muß hier ausdrücklich getroffen werden: § 700 Abs. 2.

Hinterlegungskosten fallen dem Gläubiger zur Last, sofern nicht der Schuldner die hinterlegte Sache zurücknimmt: § 381.

Hinterlegungsstelle Ort, an welchem eine Hinterlegung zu erfolgen hat; das Amtsgericht am Wohnsitz des Schuldners: § 374.

Höhere Gewalt Sonderart des Zufalls: ein außerhalb der normalen Betriebsgefahr liegendes, äußeres Ereignis, besonders Naturereignisse.

Höchstbetragshypothek s. Hypothek, Höchstbetragshypothek.

Höchstpersönliche Natur des Nießbrauches s. Nießbrauch, usus fructus.

Höchstpersönliche Verpflichtung, des Beauftragten s. Auftrag, Pflichten des Beauftragten.

Höchstpersönliche Verpflichtung, des Dienstverpflichteten der Dienstverpflichtete hat im Zweifel die Dienste in Person zu leisten, darf sich also keinen Substituten nehmen: § 613.

Holographisches Testament eigenhändiges Testament: § 2247.

Holschulden solche, die der Gläubiger sich beim Schuldner zu holen hat (was gewöhnlich der Fall ist): § 269.

Hypothek Pfandrecht an einem Grundstück zur Sicherung einer Geldforderung: § 1113.

Hypothek, Änderung der Forderung durch Einigung zwischen dem Eigentümer und dem Gläubiger und Eintragung kann die hypothekengesicherte Forderung durch eine andere ersetzt werden: § 1180.

Hypothek, Arten 1. Verkehrshypothek: jede ohne besonderen Zusatz eingetragene Hypothek ist Verkehrshypothek, 2. Sicherungshypothek: eine solche, die im Grundbuch ausdrücklich mit „Sicherungshypothek" bezeichnet wird.

Hypothek, Arten der Übertragung 1.) über das Grundbuch: durch Zession der Forderung, Einigung und Eintragung nebst Briefübergabe, 2.) außerhalb des Grundbuches: durch schriftliche Zession der Forderung — zweckmäßig mit öffentlicher Beglaubigung der Unterschriften! — und Übergabe des Briefes: §§ 1154, 1155.

Hypothek, Aufhebung durch Rechtsgeschäft außer der Aufgabeerklärung und Löschung ist stets die Zustimmung des Grundstückseigentümers nötig: § 1183.

Hypothek, Ausschließung des Briefes Einigung zwischen Gläubiger und Grundstückseigentümer ist dazu nötig sowie Eintragung im Grundbuch; dies kann auch nachträglich geschehen sowie wieder geändert werden: § 1116.

Hypothek, Ausschluß des unbekannten Gläubigers ist durch Aufgebotsverfahren und Ausschlußurteil statthaft, wenn seit der letzten Eintragung 10 Jahre verstrichen sind; bei fälligen, noch nicht beglichenen Schulden schreitet der Eigentümer dann zur Hinterlegung des Kapitals unter Rücknahmeverzicht; es entsteht eine Eigentümergrundschuld: §§ 1170, 1171.

Hypothek, Bedeutung des Hypothekenbriefes für die Hypothek ist er erforderlich: 1. zur Entstehung, 2. zur Übertragung, 3. zur Geltendmachung: §§ 1117, 1154, 1160.

Hypothek, Befriedigung sie erfolgt im Wege öffentlicher Zwangsversteigerung, d. h. durch das Gericht, wozu stets ein vollstreckbarer Titel nötig ist: gewöhnlich eine bei Hypothekenbestellung aufgenommene notarielle vollstreckbare Urkunde: § 1147.

Hypothek, Befriedigung des Gläubigers durch Zwangsversteigerung die Hypothek erlischt, ebenso die nachfolgenden Rechte: § 1181.

Hypothek, Besitzvermutung bzgl. des Hypothekenbriefes besitzt der Gläubiger den Brief, so wird die ordnungsmäßige Übergabe vermutet: § 1117 Abs. 3.

Hypothek, Beschlagnahme des Grundstückes die Enthaftung von Erzeugnissen, Bestandteilen des Grundstückes und Zubehörstücken tritt bei Veräußerung und Entfernung vom Grundstück nicht ein, wenn diese erfolgen, nachdem das Grundstück zu Gunsten des Gläubigers einer Beschlagnahme unterworfen wurde (ausgenommen bei gutem Glauben: § 1121).

Hypothek, Brief bei Verkehrshypothek über die Verkehrshypothek wird, ohne daß es eines besonderen Antrages bedarf, vom Grundbuchamt ein Hypothekenbrief ausgestellt; er verkörpert lediglich das Recht am Grundstück, nicht jedoch die Forderung: § 1116.

Hypothek, Briefaushändigung bei der Bestellung auch nach Entstehung der Forderung, trotz Einigung und Entragung, erwirbt der Gläubiger die Hypothek erst, wenn ihm vom Grundstückseigentümer — oder auf dessen Veranlassung vom Grundbuchamt — der Hypothekenbrief ausgefolgt wird (Grund: die Hypothek soll Zug um Zug gegen Aushändigung der Valuta entstehen!); ohne den Brief kann der Gläubiger die Hypothek weder übertragen noch geltend machen: § 1117.

Hypothek, Briefhypothek nur bei Verkehrshypotheken möglich: über die Hypothek wird neben der Eintragung im Grundbuch eine Urkunde, der Hypothekenbrief, gebildet: § 1116.

Hypothek, Bruchteilsbelastung ein Alleineigentümer kann niemals einen Grundstücksbruchteil mit einer Hypothek belasten, wohl aber kann dies ein Bruchteilseigentümer hinsichtlich seines Bruchteils tun (auch zu Gunsten des Miteigentümers!): § 1114.

Hypothek, Buchhypothek eine Hypothek, bei welcher die Erteilung eines Briefes ausgeschlossen ist; stets bei Sicherungshypotheken; bei Verkehrshypotheken kraft ausdrücklicher Bestimmung nebst Vermerk im Grundbuche: §§ 1116 Abs. 2, 1185 Abs. 1.

Hypothek, Devastationsanspruch bei Verringerung der Sicherheit durch Verschlechterung des Grundstückes (z. B. durch Naturereignisse) kann der Gläubiger schon vor Fälligkeit sich aus dem Grundstück befriedigen, wobei bei unverzinslichen Forderungen der Zwischenzins (Hoffmann'sche Ermittlungsmethode!) abgezogen wird: § 1133.

Hypothek, Eigentümergrundschuld das dem Grundstückseigentümer an seinem eigenen Grundstück zustehende Recht auf Verwertung in Höhe einer bestimmten Geldsumme, ohne daß er eine Forderung gegen einen Dritten hat: § 1177 Abs. 1.

Hypothek, Eigentümergrundschuld, einzelne Fälle sie entsteht dann, wenn eine Hypothek für eine Forderung bestellt wurde, die entweder gar nicht begründet worden oder untergegangen ist; ferner: falls bei einer Briefhypothek der Brief dem Gläubiger noch nicht ausgehändigt worden ist; endlich auch: falls der Gläubiger einer Forderung auf die zur Sicherung derselben bestellte Hypothek verzichtet: §§ 1163, 1168 (einen Sonderfall bildet die „sichtbare Eigentümergrundschuld", die ein Grundstückseigentümer für sich selbst nach § 1196 hat eintragen lassen).

Hypothek, Eigentümerhypothek das dem Grundstückseigentümer an seinem eigenen Grundstück zustehende Recht auf Verwertung in Höhe einer bestimmten Geldsumme, jedoch unter Vorhandensein einer Forderung gegen einen Dritten, zu deren Sicherheit dem Eigentümer das eigene Grundstück dient: § 1177 Abs. 2.

Hypothek, Eigentümerhypothek, einzelne Fälle wenn bei Auseinanderfallen von persönlichem Schuldner und Grundstückseigentümer letzterer mangels Zahlung der Schuld durch den Schuldner den Gläubiger auszahlt, zwecks Verhinderung der Zwangsversteigerung seines Grundstückes, so geht die Forderung des Gläubigers gegen den Schuldner und damit auch die Hypothek auf den Grundstückseigentümer über: hier hat er also eine Forderung gegen den Schuldner, zu deren Sicherung ihm das eigene Grundstück dient: § 1143.

Hypothek, Eigentümergrundschuld und -Hypothek, Bedeutung der Eigentümer kann zwar nicht selbst die Zwangsversteigerung seines eigenen Grundstückes betreiben; betreibt sie jedoch ein nachstehend Berechtigter, so fällt die Eigentümerhypothek bzw. -Grundschuld in das geringste Gebot.

Hypothek, Einreden des Grundstückseigentümers der Eigentümer hat, falls er nicht persönlicher Schuldner ist, dem Hypothekar gegenüber sämtliche Einreden des Schuldners und verliert sie auch nicht durch Verzicht des Schuldners: er hat die gleiche Stellung wie ein Bürge nach §§ 768, 770: § 1137.

Hypothek, Einreden gegen die Hypothek bei Übertragung derselben der Eigentümer hat dem neuen Hypothekar gegenüber die bisherigen Einreden, doch kann sich der Erwerber auf den öffentlichen Glauben des Grundbuches auch hinsichtlich dieser Einreden berufen; es sind daher nur folgende Einreden zulässig: 1.) die sich aus dem Grundbuch oder 2.) aus dem Hypothekenbrief ergeben, 3.) die persönlich gegen den Erwerber gegeben sind: §§ 1156 bis 1158.

Hypothek, verschlechternde Einwirkung auf das Grundstück wirken der Eigentümer oder ein Dritter verschlechternd auf das Grundstück ein, so steht dem Hypothekar ein Unterlassungsanspruch zu: § 1134.

Hypothek, Enthaftung getrennter Erzeugnisse 1.) bei Veräußerung und Entfernung von Grundstück, 2.) ohne Veräußerung, durch bloße Entfernung im Rahmen ordnungsmäßiger Wirtschaft vor erfolgter Beschlagnahme: §§ 1121, 1122.

Hypothek, Enthaftung von Zubehörstücken 1.) durch Veräußerung und Entfernung vom Grundstück, 2.) durch Aufhebung der Zubehöreigenschaft im Rahmen ordnungsmäßiger Wirtschaft: §§ 1121, 1122.

Hypothek, Entstehung vorausgesetzt, daß die zu Grunde liegende, zu sichernde Forderung entstanden ist (Akzessorietätsprinzip!): durch Einigung und Eintragung, bei Verkehrshypotheken ist überdies Aushändigung des Hypothekenbriefes an den Gläubiger nötig: §§ 1117, 1163 Abs. 2.

Hypothek, Gebäudeversicherung bei Versicherung eines Gebäudes darf die Auszahlung der Versicherungssumme mit Wirkung gegen den Hypothekar an den Versicherten erst erfolgen, falls Anzeige des Schadenseintrittes an den Hypothekar stattgefunden hat und ein Monat verstrichen ist: § 1128.

Hypothek, Gegensatz zum Faustpfand 1.) durch Grundpfänder können nur Geldforderungen, durch Faustpfänder Forderungen aller Art gesichert werden: §§ 1113, 1204; 2.) es gibt nur eine einzige Faustpfandart, hingegen 2 Grundpfänder a) Sicherungs-, b) Verkehrshypothek; 3.) das Faustpfand kommt zum Pfandberechtigten, das Grundpfand bleibt beim Eigentümer; 4.) die Befriedigung aus dem Faustpfand erfolgt durch öffentliche freiwillige, aus dem Grundpfand durch öffentliche Zwangsversteigerung: §§ 1147, 1235.

Hypothek, Gesamthypothek für dieselbe Schuld haften mehrere Grundstücke oder dasselbe Grundstück mehrfach (ähnlich wie bei Mit- und Teilbürgschaft!): §§ 1132, 1172 ff.

Hypothek, öffentlicher Glaube des Grundbuches bei Sicherungs- und Verkehrshypotheken wird bei einem Dritterwerb das Fehlen der Einigung — Unrichtigkeit des Grundbuches! — durch den öffentlichen Glauben nach § 892 ersetzt, das Fehlen der Forderung — auch hierdurch ist ja das Grundbuch unrichtig! — jedoch nur bei Verkehrshypotheken (der Dritte erwirbt nicht die fehlende Forderung, sondern kann sich nur in deren Höhe aus dem Grundstück befriedigen): §§ 1138, 1184/85.

Hypothek, Haftung des Grundstückes es haftet für die Kapital- und Zinsschulden sowie für die Kosten der Kündigung und der Zwangsversteigerung (nicht: für die Kosten der Eintragung!): § 1118.

Hypothek, Haftung zugeschriebener Grundstücke die Hypothek des Hauptgrundstückes erstreckt sich auf die zugeschriebenen Grundstücke, deren eigene Belastungen jedoch im Range vorgehen: § 1131.

Hypothek, Höchstbetragshypothek Hypothek für eine Forderung, deren Höhe erst festzustellen ist, wobei jedoch der Betrag angegeben wird, bis zu dem höchstens das Grundstück haften soll; sie ist stets Sicherungshypothek, auch wenn ein entsprechender Vermerk im Grundbuch fehlen sollte; es kann bei ihr die Forderung ohne die Hypothek — entgegen § 1153! — übertragen werden: § 1190.

Hypothek, Höchstbetragshypothek, Fälle die Baugelderhypothek, die Kontokorrenthypothek u. a. m.

Hypothek, Hypothekarbefriedigung durch Grundstückseigentümer falls dieser nicht der persönliche Schuldner ist, geht auf ihn die Forderung über, deren Berichtigung auch durch Hinterlegung oder Aufrechnung erfolgen kann: §§ 1142, 1143.

Hypothek, Hypothekarbefriedigung durch Schuldner mit Regreßanspruch ist der Schuldner nicht der Grundstückseigentümer, hat er aber gegen diesen oder dessen Rechtsvorgänger einen Erstattungsanspruch — z. B. bei Grundstücksveräußerung nach § 416 und Ablehnung der Schuldübernahme durch den Gläubiger —, so geht bei Zahlung durch den Schuldner die Hypothek nicht nach § 1163 Abs. 1 S. 1 auf den Eigentümer, sondern auf den Schuldner über und sichert den Erstattungsanspruch: § 1164.

Hypothek, Hypothekenklage Klage des Hypothekars gegen den Grundstückseigentümer auf Duldung der nach § 1147 zur Realisierung der Hypothek nötigen Zwangsvollstrekkung; in der Praxis nicht üblich; meist wird als vollstreckbarer Titel bei Bestellung der Hypothek eine vollstreckbare notarielle Urkunde errichtet: § 1147.

Hypothek, Hypothekenzinsen Zinsen der Forderung, wobei das Grundstück nicht nur für das Kapital, sondern auch für die Zinsen haftet; bei Unverzinslichkeit kann ohne Zustimmung nachfolgender Hypothekare ein Zinsfuß bis zu 5 Prozent nebst Grundtückshaftung vereinbart werden, ebenso bis 5 Prozent, falls der Zinsfuß niedriger war: § 1119.

Hypothek, Inhaberschuldverschreibungshypothek die Sicherungshypothek für eine Forderung aus einer Schuldverschreibung auf den Inhaber, aus einem Wechsel oder einem anderen indossablen Papier; sie ist stets Sicherungshypothek, auch wenn sie nicht im Grundbuch als solche bezeichnet worden ist: § 1187.

Hypothek, Inhaberschuldverschreibungshypothek, Behandlung sie entsteht durch Erklärung des Eigentümers gegenüber dem Grundbuchamt und Eintragung (meist Treuhänder!); die Übertragung erfolgt durch Übereignung des Papiers, wodurch die Forderung und damit automatisch die Hypothek übergeht: §§ 1188, 1189.

Hypothek, Inhalt der Eintragung Gläubiger, Geldbetrag der Forderung, Zinssatz; zur Bezeichnung der Forderung kann auf die Bewilligung Bezug genommen werden: § 1115.

Hypothek, Inhalt des Hypothekenbriefes 1. Muß-Inhalt: Bezeichnung „Hypothekenbrief", Geldbetrag der Hypothek, Angabe des belasteten Grundstückes, Unterschrift und Siegel, 2. Soll-Inhalt: Nummer des Grundbuchblattes, Auszug aus dem Grundbuch mit Bezeichnung des belasteten Grundstückes nach dem Inhalt des Grundbuches, Bezeichnung des Eigentümers, Bezeichnung der der Hypothek im Range vorgehenden oder gleichstehenden Rechte: §§ 56, 57 GBO.

Hypothek, Kette der öffentlichbeglaubigten Zessionen sie stellt sich als eine Art von Seitenkanal zum Grundbuch dar, genießt auch in der gleichen Weise öffentlichen Glauben: § 1155.

Hypothek, Kraftloserklärung des Briefes diese kann im Wege des Aufgebotsverfahrens erfolgen bei Vernichtung oder Abhandenkommen des Briefes: § 1162.

Hypothek, Kreditanstalten handelt es sich um die Eintragung der Hypothek für ein Darlehen einer Kreditanstalt, so ist bei der Eintragung im Grundbuche hinsichtlich der Nebenleistungen eine Bezugnahme auf die Satzung der Kreditanstalt ausreichend, falls diese Satzung von der zuständigen Behörde öffentlich bekannt gemacht worden ist: § 1115 Abs. 2.

Hypothek, Löschungsvormerkung hat sich der Eigentümer zur Löschung der Hypothek verpflichtet im Falle der Konsolidation von Eigentum und Hypothek, so kann zur Sicherung des Löschungsanspruches eine Vormerkung eingetragen werden: § 1179.

Hypothek, Miet- und Pachtzinsforderungen diese Forderungen unterliegen der Hypothek und werden erst mit Ablauf eines Jahres nach Fälligkeitseintritt von der Haftung frei: § 1123.

Hypothek, mündelsichere s. Vormundschaft, mündelsicheres Grundpfand.

Hypothek, Nichtübereinstimmung von Grundbuch und Brief das Richtige geht vor; bei Richtigkeit des Briefes kann man sich niemals auf den öffentlichen Glauben des — unrichtigen — Grundbuches berufen: § 1140; zwecks Herbeiführung einer Übereinstimmung zwischen Grundbuch und Brief hat das Grundbuchamt die Eintragungen, die bei der Hypothek erfolgen, auch auf dem Hypothekenbriefe zu vermerken: § 62 GBO.

Hypothek, Sicherungshypothek sie muß im Grundbuch als solche bezeichnet sein, ist brieflos und streng an die Forderung gebunden, so daß sie ohne eine solche weder entstehen noch — im Gegensatz zu § 1138! — erworben werden kann: §§ 1184, 1185.

Hypothek, Fälle der Sicherungshypothek 1.) alle Zwangshypotheken, 2.) alle gesetzlichen Hypotheken, 3.) rechtgeschäftlich: die Inhaberschuldverschreibungs- und die Maximalhypothek: §§ 1187—1190.

Hypothek, Teilhypothek ein durch Teilung der bisher hypothekarisch gesicherten Forderung entstandenes Teilpfandrecht, das im Range dem Restpfande gleich steht: §§ 1151, 1152.

Hypothek, Teilhypothekenbrief eine Urkunde, die über den übergegangenen Teil der Hypothek hergestellt wird, die Bezeichnung „Teilhypothek" tragen muß, sowie eine beglaubigte Abschrift der Angaben des bisherigen Briefes zu enthalten hat, unter Angabe des Teilbetrages zur Hypothek: § 61 GBO.

Hypothek, Übertragung der Briefhypothek diese ist in doppelter Weise möglich; jedoch stets unter Übergabe des Briefes, und zwar: 1. über das Grundbuch: durch mündliche Abtretung der Forderung, Einigung und Eintragung oder 2. außerhalb des Grundbuches: durch schriftliche Zession der Forderung: § 1154.

Hypothek, Übertragung der Buchhypothek diese ist nur über das Grundbuch möglich, also durch — mündliche — Zession der Forderung nebst Einigung und Eintragung: § 1154 Abs. 3.

Hypothek, Übertragung bei Fehlen der Forderung entgegen dem Akzessorietätsprinzip („keine Sicherheit ohne Forderung!) erwirbt bei Verkehrshypotheken ein Dritter auch die forderungslose Hypothek, da das Fehlen der Forderung hier durch den öffentlichen Glauben des Grundbuches gedeckt wird; der Dritte erwirbt nicht etwa die fehlende Forderung, kann sich jedoch in Höhe der angeblichen Forderung aus dem Grundstück befriedigen: § 1138.

Hypothek, Übertragung der Forderung während sonst bei Übertragung von Forderungen Sicherheiten automatisch mit übergehen, muß bei der Übertragung einer durch Hypothek gesicherten Forderung neben der Abtretung des obligatorischen Rechts die Beobachtung der Regeln über Grundstücksvorgänge stattfinden: die Forderung kann nicht ohne die Hypothek, die Hypothek nicht ohne die Forderung übertragen werden, beides muß zeitlich miteinander verbunden werden: § 1153.

Hypothek, Umfang der Haftung es haften: 1.) das Grundstück selbst mit allen Bestandteilen und ungetrennten Erzeugnissen, 2.) die getrennten Erzeugnisse, falls sie in das Eigentum des Grundstückseigentümers fallen: § 1120, 3.) das Zubehör, falls es dem Grundstückseigentümer gehört: § 1120, 4.) Miet- und Pachtzinsforderungen, 5.) falls das Grundstück ein subjektiv-dingliches Recht auf wiederkehrende Leistungen (z. B. Reallasten) hat: diese; § 1126, 6.) die Versicherungsforderung: §§ 1127—1130, 7.) zugeschriebene Grundstücke: § 1131, 8.) bei Gesamthypotheken: die anderen Grundstücke: § 1132.

Hypothek, Unbrauchbarmachung des Hypothekenbriefes bei Löschung einer Hypothek, desgleichen bei nachträglichem Ausschluß der Brieferteilung ist der Brief unbrauchbar zu machen: § 69 GBO.

Hypothek, Unterschied zwischen Verkehrs- und Sicherungshypothek 1.) wirtschaftlich: die Sicherungshypothek dient nur der Kapitalanlage und -Sicherung, die Verkehrshypothek daneben vor allem dem Kapitalverkehr; 2.) juristisch: die Sicherungshypothek ist streng akzessorisch, pfandmäßig betont, sie kann ohne eine Forderung weder entstehen noch erworben werden, so daß der Mangel der Forderung durch den öffentlichen Glauben des Grundbuches nicht ersetzt werden kann: §§ 1184, 1185; bei der Verkehrshypothek ist der Grundstückscharakter mehr betont: wenn sie auch ohne eine Forderung nicht entstehen kann, so kann sie ohne eine solche von einem Dritten doch erworben werden, da der öffentliche Glaube des Grundbuches das Fehlen der Forderung ersetzt: § 1138; 3.) formell: die Sicherungshypothek ist stets Buchhypothek, die Verkehrshypothek hingegen Briefhypothek, sofern nicht ausdrücklich die Bildung eines Hypothekenbriefes ausgeschlossen ist: §§ 1116, 1185.

Hypothek, vollstreckbare Urkunde da eine Hypothek nach § 1147 im Wege der Zwangsversteigerung realisiert werden muß und hierzu ein vollstreckbarer Titel nötig ist, so wird regelmäßig bereits bei Bestellung der Hypothek dieser vollstreckbare Titel in Gestalt einer vollstreckbaren Urkunde nach § 794 Ziff. 5 ZPO erwirkt: der Grundstückseigentümer unterwirft sich — gewöhnlich auch für seine Rechtsnachfolger — im Falle der Fälligkeit der Hypothek der Zwangsvollstreckung seines Grundstückes.

Hypothek, Veräußerungsverbot ein Veräußerungs- und Belastungsverbots-Vertrag zwischen Eigentümer und Hypothekar ist — entgegen § 137! — nichtig: § 1136.

Hypothek, Verlust des Hypothekenbriefes er kann im Wege des Aufgebotsverfahrens für kraftlos erklärt werden: § 1162.

Hypothek, Versicherungsforderung sind der Hypothek unterliegende Gegenstände versichert worden, so unterliegt der Hypothek auch die Forderung gegen den Versicherer; die Haftung erlischt bei Wiederherstellung des versicherten Objekts oder bei Ersatzbeschaffung: § 1127.

Hypothek, Vertreterbestellung bei Inhaberschuldverschreibungs-Hypotheken kann für den jeweiligen Gläubiger, unter Eintragung in das Grundbuch, ein Vertreter bestellt werden, mit der Befugnis, für jeden späteren Gläubiger Verfügungen über die Hypothek zu treffen: § 1189.

Hypothek, Verzicht bei Verzicht des Gläubigers auf die Hypothek wird diese zur Eigentümergrundschuld: § 1168.

Hypothek, Verzichtsanspruch steht dem Eigentümer eine Dauereinrede zu in Bezug auf die Geltendmachung der Hypothek, so kann er vom Hypothekar Verzicht auf die Hypothek verlangen: § 1169.

Hypothek, Widerspruch bei brieflosen Verkehrshypotheken fehlt hier die zu sichernde Darlehnsforderung — nur eine solche! —, so daß das Grundbuch unrichtig ist —, so kann hier ein den öffentlichen Glauben des Grundbuches zerstörender Widerspruch auf bloßen Antrag des Eigentümers eingetragen werden, jedoch nur binnen 1 Monat (seit Hypothekeneintragung): er hat ausnahmsweise rückwirkende Kraft auf den Zeitpunkt der Hypothekeneintragung: § 1139.

Hypothek, Zubehörhaftung obwohl Zubehörstücke bewegliche Sachen sind, unterliegen sie der Hypothek, sofern sie dem Grundstückseigentümer gehören: § 1120.

Hypotheken- und Schuldübernahme s. Schuldübernahme, bei Erwerb hypothekenbelasteter Grundstücke.

I

Idealverein Verein, der nicht auf Erreichung von wirtschaftlichen Vorteilen für sich selbst gerichtet ist (aus Satzung zu entnehmen!); erlangt Rechtsfähigkeit durch Eintragung in ein öffentliches Register (Vereinsregister): § 21.

Ideeller oder immaterieller Schaden Schaden, der nicht Vermögensschaden ist; Ersatz ist stets zu leisten, wenn er als Naturalrestitution möglich ist, als Geldersatz nur in bestimmt bezeichneten Fällen (z. B. Schmerzensgeld): § 253.

Illustrationsfakta, bei der Ehescheidung s. Ehescheidung, sog. Illustrationsfakta; ferner: nachträgliche Geltendmachung von Scheidungsgründen.

Immission Einwirkung von einem Grundstück auf ein anderes durch Zuführung von unwägbaren Stoffen (Gase, Dämpfe, Gerüche, Rauch, Ruß, Wärme, Geräusch, Erschütterungen u. a. m.): diese müssen grundsätzlich geduldet werden, sofern sie nicht übermäßig, nach Lage der Grundstücke unüblich sind oder durch besondere Leitung zugeführt werden: § 906.

Inbegriff von Gegenständen s. Inventarverzeichnis.

Inhaber von Bankgeschäften, Zinseszinsversprechen s. Bankgeschäfte; ferner: Zinseszins.

Inhaber, Grundschuldbrief s. Grundschuld, Grundschuldbrief.

Inhaberpapiere Wertpapiere, bei denen der Berechtigte nicht mit Namen genannt ist, sondern das Recht aus dem Papier dem jeweiligen Papiereigentümer zusteht; sie werden wie bewegliche Sachen behandelt: § 935.

Inhaberpapiere, dem Eigentümer abhandengekommen durch guten Glauben kann bei ihnen Eigentum durch Erwerb vom Nichtberechtigten erlangt werden: § 935 Abs. 2.

Inhaberpapiere, Nießbrauch an ihnen und an Orderpapieren s. Blanco-indossament.

Inhaberpapiere, Pfandrechte an ihnen sie werden wie bewegliche Sachen verpfändet, durch Einigung und Übergabe: § 1293.

Inhaberschuldverschreibung Wertpapier, auf den Inhaber lautend, dem der Aussteller eine Leistung irgendeiner Art (Geld, Sachleistungen, Dienste pp.) verspricht: § 793.

Inhaberschuldverschreibung, Berechtigter nur der Eigentümer — Inhaberpapiere sind wie bewegliche Sachen zu behandeln, siehe § 935! — des Papiers; jedoch befreit sich der Aussteller, der die Berechtigung ja nicht prüfen darf (Besitz läßt Eigentum vermuten: § 1006!), durch Leistung an den bloßen Besitzer: § 793 Abs. 1 Satz 2.

Inhaberschuldverschreibung, Einwendungen des Ausstellers nur solche, welche die Gültigkeit der Urkunde betreffen, sich aus ihr ergeben oder dem Aussteller unmittelbar gegen den Inhaber zustehen: § 796.

Inhaberschuldverschreibung, Entstehung der Verpflichtung nicht durch Vertrag, sondern durch einseitiges Rechtsgeschäft des Ausstellers; dieser wird auch dann verpflichtet, wenn die Urkunde gegen seinen Willen in den Verkehr gelangt (sog. Kreationstheorie): § 794.

Inhaberschuldverschreibung, Erneuerungsschein oder Talon Urkunde (meist schmaler Streifen), auf Grund deren Zins- oder Gewinnbezugsscheine ausgefolgt werden; neue Zinsbezugsscheine pp. dürfen nur bei Vorlage des Talons ausgegeben werden: § 805.

Inhaberschuldverschreibung, Fristen 1.) Vorlegungsfrist, innerhalb deren bei Gefahr des Rechtsunterganges (Ausschlußfrist!) die Urkunde präsentiert werden muß: sie beträgt 30 Jahre; 2.) Verjährungsfrist, innerhalb deren der Anspruch geltend gemacht werden muß: sie beträgt 2 Jahre, vom Ende der Vorlegungsfrist an: § 801.

Inhaberschuldverschreibung, auf Geld lautend darf nur mit Genehmigung der Regierung in den Verkehr gebracht werden, bei Gefahr der Nichtigkeit und Verpflichtung des Ausstellers dem Inhaber gegenüber zum Schadenersatz: § 795; das Gleiche gilt für Geld-Orderschuldverschreibungen, wenn sie Teile einer Gesamtemission darstellen: § 808 a.

Inhaberschuldverschreibung, hinkendes Namenspapier, Legitimationspapier ein Namens- oder Orderpapier, bei dem der Aussteller neben dem Namen des Erstberechtigten den Vermerk „oder Überbringer“ oder eine ähnliche Klausel gesetzt hat; das Papier ändert seine Natur dadurch nicht, doch ist der Aussteller bei Vorzeigung nicht, wie bei Namens- oder Orderpapieren, verpflichtet, die Legitimation des Präsentanten zu prüfen, wohl aber dazu berechtigt; er befreit sich, wie bei Inhaberpapieren, auch durch Leistung an den Nichtberechtigten (meist bei Schecks oder Sparkassenbüchern): § 808.

Inhaberschuldverschreibung, Leistung gegen Urkundenaushändigung der Aussteller braucht nur gegen Aushändigung des Papiers zu leisten, worauf er Eigentum am Papier erwirbt, auch wenn der Inhaber nicht Eigentümer war: § 797.

Inhaberschuldverschreibung, Stellung des Ausstellers bei Verlust oder Diebstahl er befreit sich durch Leistung an den Dieb oder Finder, obwohl dieser ein Nichtberechtigter ist: § 793 Abs. 1 Satz 2; hat der Dieb oder Finder die Urkunde an einen gutgläubigen Erwerber veräußert, so erwirbt dieser Eigentum und wird zum Berechtigten der verbrieften Forderung: § 935.

Inhaberschuldverschreibung, Übertragung erfolgt durch Übereignung des Paipers, wodurch das darin verbriefte Recht automatisch auf den Erwerber übergeht, ohne besondere Zession.

Inhaberschuldverschreibung, Verlust oder Diebstahl sie sind sehr gefährlich, infolge dessen ist zuerst eine Zahlungssperre gegenüber dem Aussteller zu erklären, worauf die Urkunde im Aufgebotsverfahren für kraftlos erklärt werden muß; jetzt kann der bisherige Inhaber die Ausstellung einer neuen Urkunde verlangen: §§ 799, 800.

Inhaberschuldverschreibung, Zins- und Gewinnbezugsscheine oder Kupons Nebenpapiere, auf Grund deren nicht die Hauptleistung, sondern nur Zins oder Dividende gewährt wird; man erhält sie nicht gegen Vorlage des Stammpapiers, sondern nur bei Vorzeigung des Erneuerungsscheines, (Talon): §§ 803, 804.

Inhaberschuldverschreibungshypothek s. Hypothek, Inhaberschuldverschreibungshypothek.

Inhaberzeichen Urkunden, in denen zwar nicht ausdrücklich vom Aussteller dem Inhaber eine Leistung versprochen wird, die aber unter Umständen ausgegeben werden, aus denen hervorgeht, daß sich der Aussteller dem Inhaber zu einer bestimmten Leistung verpflichtet (z. B. Eisenbahn- oder Theaterkarte); sie werden nach den Regeln der Inhaberschuldverschreibung behandelt: § 807.

Inhalt, der Eintragung eines Vereins einzutragen sind: Name und Sitz des Vereins, der Tag der Satzungserrichtung, die Mitglieder des Vorstandes sowie Beschränkungen der Vertretungsmacht: § 64.

Inhalt des Eigentums dem Eigentümer einer Sache steht die Befugnis zu, mit ihr, soweit nicht das Gesetz oder Rechte Dritter engegenstehen, nach Belieben zu verfahren und andere von jeder Einwirkung auszuschließen: § 903.

Inhalt des Schuldverhältnisses, Änderung s. Novation.

Inhaltsirrtum Art des Geschäftsirrtums, derart, daß der Fehler nicht erst bei der Erklärung, sondern schon bei der Willensbildung gemacht wurde (als Inhaltsirrtum gilt auch ein solcher über wesentliche Personal- oder Sacheigenschaften); berechtigt zur Anfechtung: § 119.

Inkassozession eine Abtretung, bei welcher der neue Gläubiger die Forderung nur erhält zur Wahrung der Rechte, zur Einziehung der Leistung und Aushändigung derselben an den Zedenten (analog der fiduziarischen Übereignung).

Interesselosigkeit bei Schuldnerverzug berechtigt den Gläubiger, die Leistung abzulehnen und statt ihrer Schadenersatz zu verlangen: §§ 286, Abs. 2, 326.

Interessenkollision Gegensatz zwischen verschiedenen Berechtigungen, deren Wahrnehmung durch ein und dieselbe Person unstatthaft ist (z. B. bei Stellvertretung, bei Ausübung der Rechte des elterlichen Gewalthabers u. a. m.).

Inventar bewegliche Sachen, welche, regelmäßig als Zubehör, den Zwekken eines Grundstückes oder eines Betriebes dauernd dienen sollen.

Inventar, Pacht eines Grundstückes mit Inventar s. Pacht, eines Grundstückes mit Inventar.

Inventar des Erben, Inhalt er soll die bei dem Eintritt des Erbfalles vorhandenen Nachlaßgegenstände und die Nachlaßverbindlichkeiten vollständig unter Wertangabe angeben: § 2001.

Inventar des Erben, Unrichtigkeit absichtlich durch den Erben herbeigeführte Unvollständigkeit des Inventars bewirkt, daß der Erbe für die Nachlaßverbindlichkeiten unbeschränkt, d. h. nicht mehr beschränkbar, haftet: § 2005.

Inventarerrichtung, des Erben der Erbe kann ein Inventar bei dem Nachlaßgericht einreichen, auf Antrag eines Nachlaßgläubigers muß das Nachlaßgericht dem Erben eine Inventarfrist setzen: §§ 1993, 1994.

Inventarfrist des Erben, Dauer die Frist soll mindestens 1 Monat, höchstens 3 Monate betragen: § 1995.

Inventarfrist des Erben, Verabsäumung der Erbe, der die ihm gesetzte Inventarfrist nicht innehält, haftet für die Nachlaßverbindlichkeiten unbeschränkt, d. h. nicht mehr beschränkbar: § 1994.

Inventarverzeichnis Aufstellung eines Inbegriffes von Gegenständen: § 260; wer einen solchen Inbegriff herauszugeben oder über einen solchen Bestand Auskunft zu erteilen hat, muß ein Verzeichnis vorlegen und dessen Vollständigkeit notfalls beschwören: §§ 260, 261.

Interesse, berechtigtes bei Kreditgefährdung wer in Bezug auf einen anderen eine unwahre kreditgefährdende Mitteilung macht, deren Unwahrheit ihm unbekannt ist, wird nicht zum Schadenersatz verpflichtet, wenn er oder der Empfänger der Mitteilung an ihr ein berechtigtes Interesse hat: § 824 Abs. 2.

Interesse des Geschäftsherrn, bei der Geschäftsführung ohne Auftrag s. Geschäftsführung ohne Auftrag, Pflichten des Geschäftsführers.

Interesse des Gläubigers, bei Herabsetzung einer Vertragsstrafe s. Herabsetzung einer Vertragsstrafe.

Interesse, mangelndes, des Gläubigers bei teilweiser Unmöglichkeit s. Unmöglichkeit der Leistung, teilweise.

Interesse, mangelndes, des Grundstückseigentümers an Verboten gegenüber Dritten der Eigentümer eines Grundstückes darf Einwirkungen in Bezug auf den Raum über und unter der Erdoberfläche nicht verbieten, wenn sie in solcher Höhe oder Tiefe vorgenommen werden, daß er an der Ausschließung kein Interesse hat: § 905.

Interesse, öffentliches, bei der Geschäftsführung ohne Auftrag s. Geschäftsführung ohne Auftrag, Haftung des Geschäftsführers.

Irreguläre Personalservitut s. beschränkt persönliche Dienstbarkeit.

Irrtum unbewußte Willensmängel bei der Abgabe von Willenserklärungen.

Irrtum, Anfechtungsfrist die Anfechtung muß unverzüglich, d. h. ohne schuldhaftes Zögern, nach Kenntnis des Irrtums erfolgen; sie ist ausgeschlossen, wenn seit der Abgabe der Willenserklärung 30 Jahre verstrichen sind: § 121.

Irrtum, Arten 1. Geschäftsirrtum, welcher zeitlich bei Vornahme des Rechtsgeschäfts gegeben ist und bei Erheblichkeit zur Anfechtung der Willenserklärung berechtigt: § 121; 2. Motivirrtum, welcher zeitlich vor der Vornahme des Rechtsgeschäfts liegt und grundsätzlich nicht dazu führt, das Rechtsgeschäft zu beseitigen.

Irrtum, bei der Eheschließung s. Eheaufhebung, Willensmängel.

Irrtum, über die Geschäftsgrundlage beide am Rechtsgeschäft Beteiligte haben sich über Umstände geirrt, die zwar nicht zum Geschäftsinhalt gehören, aber nach der deutlich hervorgetretenen Auffassung beider Parteien für den Geschäftsabschluß ausschlaggebend waren: gewöhnlich wird dann ein Geschäft mit verändertem Inhalt angenommen (evtl. Einrede der Arglist!).

Irrtum, bei ungerechtfertigter Bereicherung eine Forderung auf Herausgabe des durch Leistung Erlangten ist nur möglich, wenn der Leistende nicht gewußt hat, daß er zur Leistung nicht verpflichtet war, d. h. wenn er sich im Irrtum über seine Leistungspflicht befand (der Irrtum wird unterstellt, so daß das Gegenteil bewiesen werden muß): § 814.

Irrtum, Erheblichkeit eine Anfechtung der Willenserklärung wegen Irrtums ist nur bei Erheblichkeit gegeben, d. h. wenn sie bei Kenntnis der Sachlage und bei verständiger Würdigung des Falles nicht abgegeben worden wäre: § 119.

Irrtum, Erklärungsirrtum hier liegt ein Irrtum bei einer Willenserklärung derart vor, daß der Erklärende zwar das richtige gewollt hat, jedoch etwas anderes erklärte: § 119.

Irrtum, negatives Interesse bei Anfechtung einer Willenserklärung wegen Irrtums ist dem Anfechtungsgegner der sog. Vertrauensschaden zu ersetzen, nicht über das positive Interesse hinausgehend, und niemals dann, wenn der Geschädigte den Irrtum kannte oder kennen mußte: § 122.

Irrtum, bei Testamenten hier ist eine Anfechtung nicht nur bei Vorliegen eines Geschäfts-, sondern auch eines Motivirrtums möglich, desgleichen bei irrtümlicher Übergehung eines Pflichtteilberechtigten; anfechtungsberechtigt ist derjenige, dem die Aufhebung der letztwilligen Verfügung unmittelbar zustatten kommen würde: §§ 2078—2080.

Irrtum, über den Berufungsgrund bei Erbannahme eine Annahme der Erbschaft gilt als nicht erfolgt, wenn der Erbe über den Berufungsgrund im Irrtum war: § 1949.

Irrtum, über den Geschäftsherrn, bei der Geschäftsführung ohne Auftrag s. Geschäftsführung ohne Auftrag, Irrtum über die Person des Geschäftsherrn.

Irrtum, über die Voraussetzungen der Selbsthilfe s. Selbsthilfe, irrtümlich durchgeführte.

J

Jahr, halbes darunter wird eine Frist von 6 Monaten verstanden: § 189.

Jahr, nicht zusammenhängende Frist braucht ein nach Jahren bestimmter Zeitraum nicht zusammenhängend zu verlaufen, so wird das Jahr zu 365 Tagen gerechnet: § 191.

Jahr, Vierteljahr, hierunter versteht man einen Zeitraum von 3 Monaten: § 189.

Jahresbetrag, bei der Leibrente der für die Rente bestimmte Betrag ist im Zweifel der Jahresbetrag der Rente: § 759.

Jugendamt Behörde zum Zwecke der Mitwirkung im Vormundschaftswesen, bei der Schutzaufsicht und Fürsorgeerziehung, zum Schutze von Pflegekindern, Wahrnehmung der Jugendgerichtshilfe u. a. m.: § 3 JWG.

Jugendamt, Amtsvormundschaft das Jugendamt ist Amtsvormund über alle in seinem Bezirke geborenen unehelichen Kinder: § 40 JWG.

Jugendamt, Erziehungsbeistandschaft sie wird durch das Jugendamt, evtl. auf Anordnung des Vormundschaftsgerichts, über einen Jugendlichen ausgeübt, wenn sie zur Verhütung seiner Verwahrlosung geboten und ausreichend erscheint: §§ 55—57 JWG.

Jugendamt, Fürsorgeerziehung antragsberechtigt ist das zuständige Jugendamt: die Fürsorgeerziehung dient der Verhütung oder Beseitigung der Verwahrlosung in Bezug auf Minderjährige, die das 20. Lebensjahr noch nicht vollendet haben: §§ 64 ff JWG.

Jugendhilfe tritt ein, wenn der Anspruch eines Kindes auf Erziehung von der Familie nicht erfüllt wird, und zwar unter Wahrnehmung durch die Jugendwohlfahrtsbehörde: §§ 1, 2 JWG.

Jugendwohlfahrt Recht eines jeden Kindes auf Erziehung und Hilfe: § 1 JWG.

Juristische Personen Organisationen der menschlichen Gesellschaft (Personenmehrheiten oder Vermögensmassen), die durch den Staat mit Rechtsfähigkeit ausgestattet sind.

Juristische Personen, Arten 1. Personenvereinigungen—Vereine, 2. Vermögensmassen — Stiftungen.

Juristische Personen, ausländische sie erlangen die Rechtsfähigkeit nur durch Verleihung: § 23.

Juristische Personen, Nießbrauch der einer juristischen Person zustehende Nießbrauch erlischt mit dieser: § 1061.

Juristische Personen, des öffentlichen Rechts die Bestimmung, daß für schädigende Handlungen der Organe ein Verein haften muß, findet auch auf juristische Personen des öffentlichen Rechts Anwendung, soweit es sich um private Rechtsgeschäfte handelt: § 89.

jus offerendi Recht eines Dritten, statt des Schuldners zu leisten, wenn er Gefahr läuft, ein Recht an einem Gegenstande, in den die Gläubiger die Zwangsvollstreckung betreiben, oder den Besitz daran zu verlieren; die Forderung des Gläubigers geht hier auf den leistenden Dritten über: § 268.

jus tollendi dies ist das Recht einer Person, eine Einrichtung von einer Sache wegzunehmen, wenn die Sache einem anderen herauszugeben ist: § 258.

jus variandi s. Kauf, Wahlrechte des Käufers, sog. ius variandi.

K

Kalendermäßig bestimmte Zeit, bei Schuldnerverzug s. Mahnung.

Kapitalforderung, Nießbrauch daran der Schuldner kann das Kapital nur an Nießbraucher und Gläubiger gemeinschaftlich zahlen: § 1077.

Kasse, öffentliche, Aufrechnung s. öffentliche Kassen, Aufrechnung.

Kauf gegenseitiger Vertrag, gerichtet auf Umsatz von geldwerten Gütern gegen Geld: § 433.

Kauf, Anfechtung wegen Irrtums bei Sachmängeln ist grundsätzlich ausgeschlossen, da die Vorschriften über Wandelung und Minderung gegenüber den Irrtumsbestimmungen Spezialvorschriften sind; hingegen ist eine Anfechtung bei arglistiger Täuschung statthaft; nur wenn die Sache nicht mangelhaft, sondern eine ganz andere, ein sog. aliud ist, kann wegen Irrtums angefochten werden, während dann umgekehrt die Wandelung oder Minderung unstatthaft ist.

Kauf, arglistiges Verschweigen ein Vertrag über Erlaß oder Beschränkung der Pflichten des Verkäufers wegen Rechts- oder Sachmängel ist bei arglistigem Verschweigen des Verkäufers hinsichtlich des Mangels nichtig: §§ 443, 476.

Kauf, mehrere Beteiligte Wandelung kann nur von allen Käufern gegenüber allen Verkäufern, Minderung von jedem gegen jeden verlangt werden: §§ 467, 356, 474.

Kauf, Beweislast bei Mängeln 1. bei Rechtsmängeln: der Käufer hat den Mangel zu beweisen: § 442, 2. bei Sachmängeln: hat der Käufer die Sache angenommen und behauptet er nachträglich Mangelhaftigkeit, so ist er beweispflichtig: § 363.

„Kauf bricht nicht Miete" s. Miete, Veräußerung eines vermieteten Grundstückes durch den Vermieter; ferner: Miete, Veräußerung einer vermieteten beweglichen Sache durch den Vermieter.

Kauf, Eigentumsvorbehalt bedeutet 1. obligatorisch: stillschweigend vereinbartes Rücktrittsrecht für den Verkäufer, falls der Käufer mit der Zahlung in Verzug kommt; 2. dinglich: aufschiebend bedingte Übereignung bis zur völligen Zahlung; ist nur bei beweglichen Sachen statthaft: § 455.

Kauf, Entfallen der Verkäuferhaftung bei Sachmängeln wenn der Käufer diese Mängel bei Kaufabschluß kannte oder einen erheblichen Fehler infolge grober Fahrlässigkeit nicht kannte, es sei denn, daß der Verkäufer den Fehler arglistig verschwiegen oder die Mangelfreiheit zugesichert hat: § 460.

Kauf, sog. Entwehrung bei beweglichen Sachen kann ein Käufer wegen eines Rechtsmangels Schadenersatz wegen Nichterfüllung nur verlangen, wenn ihm die Sache zum Zwecke der Übereignung übergeben worden ist, und der Rechtsmangel in dem Rechte eines Dritten besteht, das zum Sachbesitz berechtigt. Außerdem darf der Käufer die Sache nicht mehr haben: sie muß entweder untergegangen, dem Verkäufer zurückgegeben oder dem Dritten mit Rücksicht auf sein Recht herausgegeben worden sein: § 440 Abs. 2.

Kauf, Ersatz von Verwendungen wenn bereits vor der Übergabe der verkauften Sache die Gefahr auf den Käufer übergegangen ist und der Verkäufer vor der Übergabe notwendige Verwendungen auf die Sache macht, so sind sie ihm vom Käufer zu ersetzen: § 450.

Kauf, von Forderungen der Verkäufer haftet für den rechtlichen Bestand (Verität), aber nicht für die Beitreibbarkeit (Bonität) der Forderung: §§ 437, 438.

Kauf, Form des Vertrages grundsätzlich formlos, soweit nicht besondere Vorschriften (z. B. bei Grundstücken § 313) eine Form anordnen.

Kauf, Fristsetzung des Verkäufers bei Mängelrüge des Käufers der Verkäufer kann dem Käufer eine Frist zur Wandelung setzen; nach Fristablauf ist nur noch Minderung statthaft: § 466.

Kauf, von Gattungssachen bei Sachmängeln kann der Käufer statt Wandelung oder Minderung Lieferung einer mangelfreien Sache verlangen; ebenso steht ihm hier ein Schadenersatzanspruch zu, wenn eine zugesicherte Eigenschaft bei Gefahrübergang (sonst: bei Kaufabschluß!) fehlt: § 480.

Kauf, Gefahr Tragung des Schadens, der durch zufällige oder selbst verschuldete Verschlechterung oder Zerstörung der Sache entsteht.

Kauf, Gefahrübergang Wechsel der Gefahr: er tritt ein im Moment der Übergabe; bei Grundstücken: mit der Übergabe oder Eintragung, je nachdem, was zuerst erfolgt; beim Versendungskauf: mit der Aushändigung an den Transporteur: §§ 446, 447.

Kauf, Grundbuchkosten beim Kauf von Grundstücken und Grundstücksrechten gehen zu Lasten des Käufers: die Kosten der Kaufbeurkundung, der Auflassung, der Eintragung und der zu der Eintragung erforderlichen Erklärungen: § 449.

Kauf, von Grundstücken nicht bestehende, im Grundbuch eingetragene Rechte muß der Verkäufer auf seine Kosten beseitigen, während er für die Freiheit von öffentlichen Lasten (z. B. Steuern) nicht haftet; die Kosten des Vertrages sowie der Übereignung trägt der Käufer, auf den die Gefahr entweder mit der Übergabe oder der Eintragung, je nachdem, was zuerst erfolgt, übergeht; fehlt die zugesicherte Grundstücksgröße, so ist dies — als Fehlen einer zugesicherten Eigenschaft — ein Sachmangel: §§ 435, 436, 446 Abs. 2, 449, 468.

Kauf, von Haupt- und Nebensache die Wandelung der Hauptsache erstreckt sich auf die Nebensache, aber nicht umgekehrt: § 470.

Kauf, kaufähnliche Verträge die Vorschriften der §§ 433—444 sowie die Gewährleistungsvorschriften wegen Sachmängeln finden auf andere Verträge Anwendung, die auf entgeltliche Veräußerung oder Belastung eines Gegenstandes gerichtet sind: §§ 445, 493.

Kauf, Käuferrechte bei Sachmängeln der Käufer kann, falls die Sachmängel im Moment des Gefahrenüberganges vorlagen, wahlweise: Wandelung (= Rückgängigmachung der Vertrages) oder Minderung (der Wertminderung entsprechende Herabsetzung des Preises) verlangen; hat im Moment des Vertragsabschlusses der Verkäufer einen Fehler arglistig verschwiegen oder fehlte zu dieser Zeit bereits die zugesicherte Eigenschaft, so kann statt Wandelung und Minderung Schadenersatz wegen Nichterfüllung gefordert werden: §§ 462, 463.

Kauf, Kenntnis des Käufers von Mängeln nimmt der Käufer die Kaufsache in Kenntnis ihrer Mängel an, so behält er die Gewährleistungsansprüche nur, wenn er sie sich vorbehält: § 464.

Kauf, Lieferungskauf Kauf von Sachen, die sich der Verkäufer selbst erst besorgen muß.

Kauf, Mängelrüge sie ist grundsätzlich, im Gegensatz zum Handelskauf, bedeutungslos.

Kauf, Erhaltung der Mängeleinrede hat der Käufer innerhalb der Verjährungsfrist dem Verkäufer den Mangel angezeigt, den Kaufpreis jedoch noch nicht bezahlt, so kann er auch noch nach Verjährung des Wandelungs- oder Minderungsanspruches im Wege der Einrede (d. h. wenn von ihm Zahlung begehrt wird) wandeln oder mindern, niemals aber gezahltes Geld zurückfordern: § 478.

Kauf, mehrfache Mängel verschiedene Mängel berechtigen zu verschiedenen Maßnahmen des Käufers (also Wandelung neben Minderung!): § 475.

Kauf, Nachbesserung von Sachmängeln kann vom Käufer nur verlangt werden, wenn dies bei Kaufabschluß vertraglich vereinbart wurde (sog. Garantieschein).

Kauf, Objekte jedes übertragungsfähige wirtschaftliche Gut; das BGB nennt als Beispiele: Sachen und Rechte: § 433.

Kauf, Pflichten des Käufers er hat den vereinbarten Kaufpreis zu zahlen und beim Sachverkauf die Sache abzunehmen: § 433 Abs. 2.

Kauf, Pflichten des Verkäufers 1. verkaufte Sachen: der Verkäufer hat sie a) zu übergeben (= Verschaffung des Gebrauches) und b) zu übereignen (= Überführung in das Vermögen des Käufers), 2. verkaufte Rechte: der Verkäufer hat sie dem Käufer zu verschaffen (z. B. durch Zession) und, wenn es sich um ein zum Besitze berechtigendes Recht handelt, die Sache zu übergeben: § 433 Abs. 1.

Kauf, auf Probe, auf Besicht Kauf, dessen Bestand von der Billigung des Käufers abhängig ist; er ist aufschiebend bedingt; das Schweigen des Käufers gilt, falls ihm das Kaufobjekt übergeben wurde, als Billigung, andernfalls als Ablehnung: §§ 495, 496.

Kauf, nach Probe Kauf, dem ein Muster oder eine Probe zu Grunde liegt: alle Eigenschaften der Probe gelten als zugesichert: § 494.

Kauf, zur Probe Kauf, bei welchem der Käufer unverbindlich weitere Bestellungen in Aussicht stellt.

Kauf, von künftigen Rechten dies ist zulässig; dann hat der Verkäufer dem Käufer das Recht zu bestellen.

Kauf, Rechtsmängel Rechte Dritter bezüglich des Kaufobjektes derart, daß der Käufer nicht die freie Verfügungsgewalt erhält (Verkäufer hat dann die Pflicht aus § 433 verletzt); dem Käufer steht nach Fristsetzung das Recht zu, zurückzutreten oder Schadenersatz zu fordern: §§ 434, 440.

Kauf, von künftigen Sachen dies ist möglich, und zwar 1. derart, daß der Kauf durch die gültige Entstehung der Sache bedingt ist (emptio rei speratae) oder 2. derart, daß eine Chance verkauft wird, wie z. B. beim Verkauf einer künftigen Ernte (emptio spei).

Kauf, mehrerer Sachen zu einem Gesamtpreise bei Mängeln einer einzelnen Sache kann nur in Bezug auf diese eine gewandelt oder gemindert werden, es sei denn, daß es sich um eine Einheit handelt: §§ 469, 471.

Kauf, Sachmängel sie bestehen 1.) in erheblichen Fehlern, d. h. solchen, die den Wert oder die Tauglichkeit zum Gebrauche erheblich aufheben oder mindern, 2.) im Fehlen von zugesicherten Eigenschaften: § 459.

Kauf, Sachmängel bei Pfändern der Verkäufer haftet hierfür nicht, wenn eine Sache auf Grund eines Pfandrechtes in öffentlicher Versteigerung unter Bezeichnung als Pfand verkauft wurde: § 461.

Kauf, Sachmangel und Sachverarbeitung zeigt sich der Sachmangel erst bei Verarbeitung oder Umbildung, so ist hier, im Gegensatz zum vertraglichen Rücktrittsrecht, die Wandelung statthaft: § 467.

Kauf, Schadensersatzanspruch des Käufers wegen eines Sachmangels er ist statt Wandelung oder Minderung nur gegeben, wenn 1. der Verkäufer einen Fehler (bei Vertragsabschluß) arglistig verschwiegen hat oder 2. eine zugesicherte Eigenschaft bei Vertragsabschluß fehlte: § 463.

Kauf, Sukzessiv-Lieferungsvertrag ein Kauf, bei welchem feste Warenmengen zu festen Preisen und zu festen Zeiten verkauft werden.

Kauf, Übergang der Nutzungen und Lasten erfolgt mit dem Moment der Übergabe; bei Grundstücken: mit der Eintragung, falls diese der Übergabe vorangeht: § 446.

Kauf, Umtausch bei Sachmängeln der Käufer hat einen Anspruch darauf nur beim Gattungskauf: § 480.

Kauf, Verjährung der Gewährleistungsansprüche sie verjähren, bei Sachmängeln, für bewegliche Sachen in 6 Monaten ab Ablieferung, für

Grundstücke in einem Jahr ab Übergabe, bei arglistigem Verschweigen des Mangels in 30 Jahren: § 477.

Kauf, Verlängerung der Verjährungsfristen für Gewährleistungsansprüche hier ist ausnahmsweise eine Vereinbarung über die Verlängerung von Verjährungsfristen, entgegen § 225, statthaft: § 477.

Kauf, Versendungskauf Kaufvertrag, bei dem auf Wunsch des Käufers Erfüllungs- (Wohnort des Verkäufers) und Lieferungsort auseinanderfallen; die Gefahr geht auf den Käufer in dem Augenblick über, in welchem die Sache den Machtbereich des Verkäufers (z. B. durch Aushändigung an den Frachtführer) verläßt: § 447.

Kauf, Verzinsung des Kaufpreises hat durch den Käufer, der noch nicht bezahlt hat, zu erfolgen, von dem Moment ab, in welchem ihm die Nutzungen zustehen, sofern ihm nicht Stundung erteilt war: § 452.

Kauf, Viehkauf s. Viehkauf.

Kauf, Vollziehung von Wandelung und Minderung s. Kauf, Wahlrechte des Käufers.

Kauf, Wahlrechte des Käufers sog. ius variandi: der Käufer hat die Wahl zwischen Wandelung und Minderung selbst dann noch, wenn er sich für eine der beiden Möglichkeiten entschieden hat; erst wenn der Verkäufer sich für einverstanden erklärt, kann der Käufer nicht mehr wechseln: § 465.

Kauf, Wandelung die Wandelung wird nach den Regeln über das vertragsmäßige Rücktrittsrecht (§ 346—348, 350—354, 356) behandelt: § 467.

Kauf, Wiederverkauf s. Wiederverkauf.

Kauf, Zeitpunkt der Freiheit von Sachmängeln der Verkäufer haftet grundsätzlich dafür, daß die Sache mangelfrei ist in dem Zeitpunkt des Gefahrenüberganges: § 459.

Kauf, bei Zwangs- oder Pfandversteigerungen der Gerichtsvollzieher, Auktionator, die Gehilfen, der Protokollprüfer dürfen nicht selbst oder durch Vertreter mitbieten: §§ 456, 457.

Kaufleute, Verjährung ihrer Ansprüche die Ansprüche der Kaufleute verjähren in zwei Jahren: § 196 Ziff. 1.

Kausalgeschäft Rechtsgeschäft, bei dem der Rechtsgrund wesentlicher Bestandteil des Geschäftes ist (Gegensatz: abstraktes Geschäft!).

Kausalität Verursachung, d. h. der Zusammenhang zwischen einem Verhalten und einem schädigenden Erfolge.

Kausalitätstheorie Theorie über die Lehre von der Ursache, im BGB herrscht die Theorie der adäquaten Verursachung; ein schädigender Erfolg gilt als insoweit verursacht, wie er unter normalen Umständen mit einer gewissen Sicherheit eintreten konnte und mußte.

Kausalunterbrechung liegt vor, wenn der Zusammenhang zwischen dem schädigenden Verhalten einer Person und dem eingetretenen Schaden durch ein neues, selbständiges, von außen her kommendes Ereignis zerstört wird.

Kennenmüssen Nichtkennen gewisser Umstände, beruhend auf Fahrlässigkeit.

Kenntnis, eines Dritten vom Erlöschen der Vollmacht wenn eine Vollmacht trotz ihres Erlöschens als fortbestehend gilt, weil z. B. ein öffentlicher Widerruf noch nicht stattgefunden hat oder eine Vollmachtsurkunde noch nicht zurückgegeben worden ist, so wird ein Dritter nicht geschützt, wenn er bei der Vornahme eines Rechtsgeschäftes von oder mit dem Bevollmächtigten das Erlöschen der Vertretungsmacht kennt oder kennen muß: § 173.

Kenntnis, des Käufers von Mängeln wenn dem Käufer Rechts- oder Sachmängel bekannt waren, so stehen ihm Rechte gegen den Verkäufer nicht zu: §§ 439, 460.

Kenntnis, des Mangels der Vertretungsmacht s. Haftung des Vertreters ohne Vertretungsmacht.

Kenntnis, des Mieters von Mängeln der Mietsache bei Kenntnis des Mieters von Mängeln der Mietsache stehen ihm Rechte gegen den Vermieter nicht zu: § 539.

Kenntnis, des Stellvertreters, von Willensmängeln s. Repräsentationstheorie.

Kinder, eheliche s. eheliches Kind.

Kinder, uneheliche s. uneheliches Kind.

Kinder, aus nichtigen Ehen sie gelten als ehelich, sofern sie im Falle der Gültigkeit der Ehe ehelich wären: § 25 EheGes.

Kinder, aus nichtigen Ehen, elterliche Gewalt die gleichen Vorschriften gelten wie für den Fall der Ehescheidung, das Vormundschaftsgericht trifft Bestimmung darüber, wer die elterliche Gewalt bzw. Personal- und Vermögenssorge haben soll; der Schuldigerklärung steht es gleich, wenn einem der Ehegatten die Nichtigkeit der Ehe bei der Eheschließung bekannt war: § 1671 Abs. 6.

Kindererziehung, religiöse unterliegt der freien Einigung der Eltern; mangels Einigung trifft die Bestimmung der Personalsorgeberechtigte. Während bestehender Ehe kann kein Teil ohne Zustimmung des anderen bestimmen, daß das Kind in einem anderen als in dem zur Zeit der Eheschließung gemeinsamen Bekenntnis oder in einem anderen Bekenntnis als bisher erzogen wird: §§ 1, 2 des Ges. über die religiöse Kindererziehung vom 15. 7. 1921.

Kindererziehung, religiöse, Alter des Kindes ist das Kind über 12 Jahre alt, so kann es nicht gegen seinen Willen in einem anderen Bekenntnis als bisher erzogen werden. Nach Vollendung des 14. Lebensjahres trifft das Kind selbst die Entscheidung über sein religiöses Bekenntnis: § 5 Ges. vom 15. 7. 1921.

Kindererziehung, religiöse, Verträge hierüber sie sind ohne bürgerliche Wirkung: § 4 Ges. vom 15. 7. 1921.

Kindesvermögen s. elterliche Gewalt, Vermögensverwaltung.

Kindeskinder, Wirkungen der Adoption s. Annahme an Kindesstatt, Verwandte der Beteiligten.

Kirchliche Verpflichtungen in Ansehung der Ehe sie werden durch die Bestimmungen über die Ehescheidung nicht berührt: § 1588.

Klage eines Ehegatten gegen den anderen, in gesetzlichem Güterstand s. Zugewinngemeinschaft, vorzeitiger Ausgleich des Zugewinns.

Klagebefugnis, zur Erhebung der Ehenichtigkeitsklage s. Ehenichtigkeit, Klagebefugnis.

Klageerhebung, Wirkungen der Lauf einer Verjährungsfrist wird unterbrochen: § 209; unverzinsliche Geldschulden sind ab Klageerhebung zu verzinsen: § 291, der auf Herausgabe eines bestimmten Gegenstandes verklagte Schuldner haftet für Verschlechterung oder Untergang gemäß den Vorschriften über die dingliche Herausgabeklage der §§ 989 ff: § 292; ab Klageerhebung hat der Besitzer dem Eigentümer gezogene Nutzungen herauszugeben, kann aber umgekehrt von diesem Ersatz von Verwendungen verlangen: §§ 987 ff; bei der ungerechtfertigten Bereicherung vergrößert sich ab Rechtshängigkeit der Umfang der Herausgabepflicht, auch tritt von diesem Augenblick ab eine verstärkte Haftung ein: § 818.

Klagefrist, bei der Eheaufhebungsklage s. Eheaufhebung, Wirkung.

Klagerücknahme durch eine Klagerücknahme gilt die Unterbrechung der Verjährung eines Anspruches als nicht erfolgt; bei erneuter Klageerhebung binnen 6 Monaten gilt die Verjährung als durch die Erhebung der ersten Klage unterbrochen: § 212.

Klasse von Personen, als Bedachte durch Testament eingesetzt hat der Erblasser eine Klasse von Personen bedacht, die zu ihm in einem Dienst- oder Geschäftsverhältnis stehen, so sind darunter diejenigen zu verstehen, die zur Zeit des Erbfalles dieser Klasse angehört haben: § 2071.

Körperliche Mißhandlung, des Erblassers hat ein Abkömmling den Erblasser oder dessen Ehegatten körperlich vorsätzlich mißhandelt, so kann der Erblasser dem Abkömmling den Pflichtteil entziehen: § 2333.

Körperverletzung, durch unerlaubte Handlung s. unerlaubte Handlung, Körperverletzung, Schmerzensgeld, unmittelbar Geschädigter.

Körperlicher Zwang Rechtsgeschäfte, die unter Vorliegen körperlichen Zwanges vorgenommen wurden, sind nichtig.

Kollationspflicht s. Miterben, Ausgleichungspflicht.

Kollationspflicht, des Pflichtteilsberechtigten s. Pflichtteilsrecht, Anrechnung und Ausgleichung.

Kommorienten Personen, die in der gleichen Gefahr umgekommen sind; es wird der gleichzeitige Tod vermutet.

Konfusion Vereinigung von Schuld und Forderung, wodurch die Schuld grundsätzlich untergeht; bei Anordnung von Nachlaßverwaltung oder -Konkurs gilt die infolge des Erbfalles eingetretene Konfusion als nicht erfolgt: § 1976.

Konkurrierendes Verschulden mitwirkendes Verschulden eines Beschädigten bei der Entstehung eines Schadens führt zu einer Verminderung des Umfanges des zu leistenden Ersatzes seitens des Schadenersatzpflichtigen: § 254.

Konkurs, eines Gesellschafters die Gesellschaft wird hierdurch aufgelöst, soweit nicht durch den Gesellschaftsvertrag der Fortbestand unter den übrigen Gesellschaftern vereinbart worden ist: §§ 728, 736 .

Konkurs, des Hauptschuldners bei einer Bürgschaft sobald über das Vermögen des Hauptschuldners der Konkurs eröffnet ist, ist dem Bürgen die Einrede der Vorausklage versagt: § 773 Ziff. 3.

Konkurs, eines Elternteiles s. elterliche Gewalt, Ende der Vermögensverwaltung durch Konkurs.

Konkurs, des Vereins dieser verliert dadurch seine Rechtsfähigkeit: § 42.

Konkurs, Nachlaßkonkurs durch Eröffnung des Nachlaßkonkurses beschränkt sich die Haftung des Erben für die Nachlaßverbindlichkeiten auf den Nachlaß; der Erbe hat die Pflicht, sobald er von der Uberschuldung des Nachlasses Kenntnis erlangt, das Konkursverfahren zu beantragen, andernfalls er den Gläubigern für den daraus entstehenden Schaden haftet: §§ 1975, 1980.

Konkurs, Untauglichkeit der Bestellung zum Vormunde wer in Konkurs geraten ist, soll während der Dauer des Konkurses nicht zum Vormund bestellt werden: § 1781 Ziffer 3.

Konkurs, Verjährung von Ansprüchen durch Anmeldung des Anspruches im Konkurse wird eine Verjährungsfrist unterbrochen: § 209 Ziffer 2.

Konkurs, Verzögerung des Antrages durch den Vorstand des Vereins hier haften die Vorstandsmitglieder bei Verschulden persönlich den Gläubigern für den daraus entstandenen Schaden: § 42.

Konnexität Zusammenhang zwischen einer Schuld und einer Forderung, vor allem bei dem Zurückbehaltungsrecht nach § 273; der Zusammenhang kann sein: 1. juristisch: Forderung und Gegenforderung stammen aus demselben Rechtsverhältnis oder 2. wirtschaftlich: sie stammen aus verschiedenen Rechtsverhältnissen, welche jedoch eine wirtschaftliche Einheit bilden.

Konsensprinzip, negatives Regelung bei einer Gesellschaft derart, daß jeder Gesellschafter die Gesellschaftsangelegenheiten ordnen darf, es aber unterlassen muß, sobald ein Mitgesellschafter widerspricht: § 711.

Konsensprinzip, positives Regelung bei einer Gesellschaft derart, daß eine Angelegenheit nur bei Zustimmung aller Gesellschafter vorgenommen werden darf: § 709.

Konsolidation Zusammenfallen von Eigentum und dinglicher Belastung; bei beweglichen Sachen gehen Belastungen grundsätzlich unter, jedoch nicht bei Grundstücken, z. B. wenn der Eigentümer des Grundstückes das Recht oder der Berechtigte das Grundstückseigentum erwirbt: § 889.

Konsolidation, beim Faustpfand s. Faustpfand, Erlöschen des Pfandrechts.

Konsolidation, bei Grundstücken ein Recht an einem fremden Grundstück bleibt bestehen, wenn der Grundstückseigentümer das Recht oder umgekehrt der Berechtigte das Grundstückseigentum erwirbt: § 889.

Konsolidation, beim Nießbrauch s. Nießbrauch, Konsolidation.

Konstruktive Nacherbfolge s. Construktive Nacherbfolge.

Kontrahieren mit sich selbst s. Selbstkontrahieren.

Kontrabularersitzung und -Verschweigung s. Grundbuch, Kontrabularersitzung und -Verschweigung.

Konvaleszenz Heilung eines nichtigen oder anfechtbaren Rechtsgeschäftes; s. auch Convaleszenz.

Konvaleszenz, Fälle 1. bei anfechtbaren Rechtsgeschäften: durch Ablauf der Anfechtungsfrist oder durch Bestätigung: § 141, 2. bei Rechtsgeschäften, die wegen Formfehlers nach § 125 nichtig sind: bisweilen durch gänzliche oder teilweise Erfüllung (z. B. bei Verträgen zwecks Verpflichtung zur Grundstücksübereignung § 313; bei der Bürgschaft: durch Erfüllung der Hauptverbindlichkeit seitens des Bürgen: § 766 u. a. m.).

Konversion Umdeutung eines nichtigen Rechtsgeschäftes in ein anderes, das einen wirtschaftlich gleichen Zweck erfüllt: § 140.

Korrespektivtestament s. Testament, gemeinschaftliches: Korrespektivtestament.

Kostbarkeiten sie können Gegenstand einer Hinterlegung sein: § 372; ferner haftet ein Gastwirt für Kostbarkeiten, die der Gast eingebracht hat, nur bis zum Betrage von 1000 DM: § 702; das Vormundschaftsgericht kann dem Vormund aufgeben, daß Kostbarkeiten zu hinterlegen sind: § 1818.

Kosten, der Abtretungsurkunde wenn der neue Gläubiger vom Zedenten eine öffentlich beglaubigte Zessionsurkunde verlangt, so hat die Kosten hierfür der neue Gläubiger zu tragen und vorzuschießen: § 403.

Kosten, der Beerdigung, bei Erbfall der Erbe trägt die Kosten der standesgemäßen Beerdigung des Erblassers: § 1968.

Kosten, der Beerdigung, bei Tod durch unerlaubte Handlung s. unerlaubte Handlung, Tötung.

Kosten der Hinterlegung s. Hinterlegungskosten.

Kosten, der Kündigung und Befriedigung, bei der Hypothek s. Hypothek, Haftung des Grundstückes.

Kosten, der Quittung, s. Quittung, Kosten.

Kosten, des Rechtsstreites eines Ehegatten s. Eheleben, Unterhaltsumfang.

Kosten, der Übergabe beim Kaufe die Übergabekosten treffen den Verkäufer, während die Abnahmekosten dem Käufer zur Last fallen: § 448.

Kosten, vom Schuldner außer der Hauptleistung geschuldet wenn der Schuldner neben der Hauptleistung Zinsen und Kosten schuldet und seine Leistung nicht zur Tilgung der gesamten Verbindlichkeit ausreicht, dann wird die Leistung zunächst auf die Kosten, dann auf die Zinsen, zuletzt auf die Hauptleistung angerechnet: § 367.

Kostenanschlag, beim Werkvertrag s. Werkvertrag, Kostenanschlag.

Kostenersatz, beim Viehkauf im Falle der Wandelung der Verkäufer hat hier dem Käufer die Futter- und Pflegekosten, die Kosten einer tierärztlichen Behandlung und die Tötungskosten zu ersetzen: § 488.

Kraftloserklärung dies ist der Umstand, daß einer Urkunde, welche ein Recht trägt (z. B. Wertpapier), dieses Recht im Wege des Aufgebotsverfahrens entzogen wird, z. B. § 799, § 1162.

Kraftloserklärung, des Hypothekenbriefes s. Hypothek, Kraftloserklärung des Briefes.

Kraftloserklärung einer Vollmachtsurkunde der Vollmachtgeber kann die Urkunde durch öffentliche Bekanntmachung für kraftlos erklären, vermittels einer Veröffentlichung gemäß den Vorschriften der ZPO für die öffentliche Zustellung einer Ladung; die Kraftloserklärung erlangt Wirksamkeit mit Ablauf eines Monats nach der letzten Einrückung in die öffentlichen Blätter: § 176.

Krankhafte Störung der Geistestätigkeit s. Störung der Geistestätigkeit; ferner: unerlaubte Handlung, Deliktsfähigkeit.

Krankheit, anhaltende, als Grund für die Ablehnung einer Vormundschaft s. Vormundschaft, Ablehnungsgründe.

Kreationstheorie Theorie, nach welcher ein Schuldverhältnis, welches auf rechtsgeschäftlicher Grundlage ruht, ausnahmsweise, entgegen § 305, nicht durch Vertrag, sondern durch einseitige Willenserklärung entsteht, z. B. bei der Verpflichtung durch Ausstellung einer Inhaberschuldverschreibung: § 794.

Kreditanstalten, Zinseszinsversprechen s. Zinseszins; ferner Sparkasse, Zinseszinsversprechen.

Kreditauftrag Auftrag an einen anderen, einem Dritten im eigenen Namen und für eigene Rechnung Kredit zu gewähren; der Auftraggeber haftet dem Kreditgeber wie ein Bürge: § 778.

Kreditgefährdung s. unerlaubte Handlung, Kredit.

Kreditversprechen s. Darlehensversprechen.

Kriegsverschollenheit s. Verschollenheit, Kriegsverschollenheit.

Kündigung, Bedeutung für die Verjährung eines Anspruches wenn bei einem Anspruch der Berechtigte die Leistung erst dann verlangen kann, wenn er dem Verpflichteten gekündigt hat, so beginnt die Verjährung mit dem Zeitpunkt, von welchem an die Kündigung zulässig ist: § 199.

Kündigung, beim Auftrag s. Auftrag, Ende.

Kündigung, bei Dienstverträgen s. Dienstvertrag, Kündigung.

Kündigung, der Gesellschaft s. Gesellschaft, Kündigung; ferner Gesellschaft, Rechte eines Privatgläubigers.

Kündigung, der Mitgliedschaft bei einem Verein Vereinsmitglieder sind zum Austritt befugt, doch kann durch die Satzung bestimmt werden, daß der Austritt erst nach dem Ablauf einer Kündigungsfrist zulässig ist, welche höchstens 2 Jahre betragen darf: § 39.

Kündigung, des Eigentümers bei einer Rentenschuld der Eigentümer kann statt der Renten eine Ablösungssumme an den Gläubiger zahlen, jedoch erst nach vorgängiger Kündigung, wobei die Kündigungsfrist mangels besonderer Bestimmung 6 Monate beträgt: § 1202.

Kündigung, des Testamentsvollstreckers s. Testamentsvollstrecker, Amtsende.

Kündigungsandrohung, des Unternehmers beim Werkvertrag s. Werkvertrag, Mitwirkung des Bestellers.

Kündigungsarten, bei der Miete s. Miete, Kündigung.

Kündigungsrecht des Bestellers, beim Werkvertrag s. Werkvertrag, Kündigungsrecht des Bestellers.

Künftiges Vermögen, Verträge hierüber s. Vermögensvertrag.

Kürzung, von Beschwerungen beim Vermächtnis s. Vermächtnis, Nichtausreichen des Nachlasses zur Erfüllung.

Kupons s. Inhaberschuldverschreibung, Zins- und Gewinnbezugschein.

L

Landgut, Bedeutung bei der Pflichtteilsberechnung wenn einer von mehreren Erben ein zum Nachlaß gehörendes Landgut zum Ertragswert übernehmen soll, so ist dieser Ertragswert auch für die Berechnung des Pflichtteiles maßgebend: § 2312.

Landgut, Pachtvertrag bei Vormundschaft s. Vormundschaft, genehmigungsbedürftige Geschäfte nach § 1822.

Landgut, Übernahme zum Schätzungswert die Regeln des Eisernviehvertrages nach § 589 finden Anwendung: § 594.

Landgut, Zubehör daran als Zubehör gilt das zum Wirtschaftsbetrieb bestimmte Gerät und Vieh, die zur Fortführung der Wirtschaft nötigen landwirtschaftlichen Erzeugnisse sowie der Dünger: § 98.

Landwirtschaftliches Grundstück, Pacht desselben der nach Jahren bemessene Pachtzins ist nach dem Ablauf je eines Pachtjahres am 1. Werktage des folgenden Jahres zu entrichten; das gesetzliche Pfandrecht des Verpächters bezieht sich auf den gesamten Pachtzins und unterliegt nicht einer Einschränkung bei Konkurrenz mit anderen Gläubigern: §§ 584, 585.

Lasten, öffentliche, eines verkauften Grundstückes der Grundstücksverkäufer haftet nicht für Freiheit des

Grundstückes von öffentlichen nicht eintragungsfähigen Lasten: § 436.

Lasten, Tragung bei einer Gemeinschaft jeder Teilhaber ist den anderen Teilhabern gegenüber verpflichtet, die Lasten des gemeinschaftlichen Gegenstandes nach dem Verhältnis seines Anteiles zu tragen: § 748.

Lasten, Verteilung derselben tritt bei regelmäßig wiederkehrenden Lasten ein Wechsel in der Person des Verpflichteten ein, so hat jeder der Verpflichteten die Lasten nach dem Verhältnis der Dauer seiner Verpflichtung zu tragen: § 103.

Lastenfreier Erwerb wenn jemand eine Sache erwirbt, die mit dem Recht eines Dritten belastet ist, so erlischt das Recht des Dritten mit Eigentumserwerb, falls der Erwerber in Unkenntnis in Bezug auf das Recht des Dritten war: § 936.

Lastenfreier Erwerb, bei Ersitzung Rechte Dritter an der ersessenen Sache gehen nur dann unter, wenn der Eigenbesitzer im guten Glauben ist: § 945.

Lastenfreier Erwerb, bei Verbindung, Vermischung und Verarbeitung hier gehen Rechte Dritter bei Erwerb des Eigentums unter: §§ 949, 950.

Lastentragung, bei Miete die auf der vermieteten Sache ruhenden Lasten trägt der Vermieter: § 546.

Lastentragung, beim Nießbrauch s. Nießbrauch, Sachlasten.

Lastenübergang, bei Kauf von der Übergabe der Kaufsache an trägt der Käufer die Lasten der Sache, beim Kauf von Grundstücken jedoch schon mit der Eintragung als Eigentümer, wenn die Eintragung der Übergabe vorangegangen ist: § 446.

Leben, Verletzung desselben stellt bei widerrechtlicher schuldhafter Verletzung eine unerlaubte Handlung dar: § 823 Abs. 1.

Lebensgemeinschaft, eheliche die Ehegatten sind hierzu wechselseitig verpflichtet, ausgenommen, wenn sich das Verlangen darauf als Rechtsmißbrauch darstellt oder der andere Ehegatte berechtigt ist, auf Scheidung zu klagen: § 1353.

Lebensgemeinschaft, eheliche, Zerrüttung die Wiederherstellung der Lebensgemeinschaft muß aussichtslos sein, damit die Ehescheidung wegen Verfehlungen, wegen eines auf geistiger Störung beruhenden Verhaltens oder wegen Aufhebung der häuslichen Gemeinschaft durchgeführt werden kann; wenn im Falle des § 48 EheGes. der die Scheidung begehrende Gatte die Zerrüttung verschuldet hat, so ist bei Widerspruch des anderen Teiles Scheidung unstatthaft, es sei denn, daß dem widersprechenden Teil die Bindung an die Ehe und die zumutbare Bereitschaft zu ihrer Fortsetzung fehlen: §§ 43, 44, 48 EheGes.

Lebensnachstellung, Pflichtteilsentziehung hat der Pflichtteilsberechtigte dem Erblasser, dessen Ehegatten oder Abkömmlingen nach dem Leben getrachtet, so kann der Erblasser ihm den Pflichtteil entziehen: §§ 2333, 2334.

Lebensversicherungsvertrag zu Gunsten Dritter echter Vertrag zu Gunsten Dritter (Erbschaftsausschlagung unter Fortbestand des Versicherungsanspruches möglich!): § 330.

Lebensvermutung solange eine Todeserklärung noch nicht erfolgt ist, wird das Leben eines Verschollenen nach wie vor vermutet: §§ 9, 10 Verschollenh.Ges. vom 4. 7. 1939.

Lebenszeit, Gesellschaftsdauer eine für die Lebenszeit eines Gesellschafters abgeschlossene Gesellschaft kann gekündigt werden wie eine für unbestimmte Zeit eingegangene Gesellschaft: § 724.

Lebenszeit, Mietsdauer ist ein Mietsverhältnis für länger als 30 Jahre abgeschlossen, so kann es nach 30 Jahren gesetzlich gekündigt werden, es sei denn, daß es für die Lebenszeit von Mieter oder Vermieter abgeschlossen wurde: § 567.

Unter Lebenden, Stiftungsgeschäft es bedarf der Schriftform: § 81.

Legat s. Vermächtnis.

Legitimation unehelicher Kinder 1.) durch nachfolgende Ehe zwischen Kindesmutter und Erzeuger; dies gilt auch, wenn die Ehe für nichtig erklärt wird, 2.) durch Ehelichkeitserklärung: §§ 1719, 1723.

Legitimation unehelicher Kinder, durch nachfolgende Ehe auch wenn das Kind vor der Eheschließung der Eltern gestorben ist, hat die Ehe für die Abkömmlinge des Kindes trotzdem legitimierende Wirkung; wenn rechtskräftige vormundschaftsgerichtliche Entscheidung der Legitimation durch nachfolgende Ehe vorliegt und der Ehemann nicht der Vater des Kindes ist, so ist trotzdem Anfechtung der Ehelichkeit möglich, durch den Mann aber nur, wenn er erst nach Eheschließung von den für die Unehelichkeit des Kindes sprechenden Umständen Kenntnis erlangt hat: §§ 1722, 1721.

Legitimation unehelicher Kinder, durch Ehelichkeitserklärung erfolgt durch eine Verfügung der Staatsgewalt; erforderlich sind: Erklärung des Vaters, des Kindes und, falls dieses noch nicht 21 Jahre alt ist, Einwilligung der Mutter, die jedoch durch das Vormundschaftsgericht ersetzt werden kann: §§ 1723—1727.

Legitimation unehelicher Kinder, durch Ehelichkeitserklärung; Antragsteller ist nicht der Erzeuger das Kind wird trotzdem ehelich; auch hier kann der Mann, falls er nicht der Vater des Kindes ist, die Ehelichkeit anfechten, wenn er erst nach der Ehelichkeitserklärung von den zweifelerregenden Umständen Kenntnis erlangt hat; desgleichen ist Anfechtung der Ehelichkeit durch das Kind möglich: §§ 1735, 1735 a.

Legitimation unehelicher Kinder, durch Ehelichkeitserklärung, Folgen das Kind erlangt die Stellung eines ehelichen Kindes, desgl. seine Abkömmlinge; es gilt jedoch als mit den Verwandten des Vaters nicht verwandt und mit seiner Ehefrau nicht verschwägert: §§ 1736, 1737.

Legitimation unehelicher Kinder, durch Ehelichkeitserklärung, Stellung der Mutter die Mutter verliert das Recht und die Pflicht, für die Person des Kindes zu sorgen: § 1738.

Legitimation unehelicher Kinder, Fälle der Ehelichkeitserklärung sie wird meist dann gewährt, wenn einer Heirat zwischen der Kindesmutter und dem Erzeuger Hindernisse entgegenstehen, z. B. wenn der Erzeuger oder die Kindesmutter verheiratet oder wenn letztere verstorben ist: § 1734.

Legitimation unehelicher Kinder, Form des Antrages auf Ehelichkeitserklärung in öffentlicher Urkunde; dieser Form bedürfen auch die nötigen Anträge, Erklärungen und Einwilligungen: § 1730.

Legitimation eines Mündels, Beendigung der Vormundschaft s. Vormundschaft, Beendigung.

Legitimationspapier s. Inhaberschuldverschreibung, hinkendes Namenspapier, Legitimationspapier.

Lehrer, Verjährung ihrer Ansprüche sie verjähren in 2 Jahren: § 196 Ziff. 13.

Lehrherr, Ansprüche sie verjähren, soweit es sich um Lehrgeld und Auslagen für die Lehrlinge handelt, in 2 Jahren: § 196 Ziffer 10.

Lehrvertrag, für Mündel abzuschließen er bedarf, wenn er für längere Zeit als ein Jahr geschlossen wird, der Genehmigung des Vormundschaftsgerichtes: § 1822 Ziff. 6.

Leibesfrucht, Pfleger für diese soweit die künftigen Rechte einer Leibesfrucht einer Fürsorge bedürfen, wird zu deren Wahrung ein Pfleger bestellt: § 1912.

Leibrente Gewährung regelmäßig wiederkehrender Leistungen (Geld, Naturalien pp.) an Stelle eines Kapitals; das BGB regelt nicht, wann jemand zur Rentenleistung verpflichtet ist (z. B. auf Grund einer Schenkung, eines Versicherungsvertrages pp.), sondern nur die Art und Weise; Dauer: im Zweifel für die Lebenszeit des Gläubigers; der Rentenbetrag ist im Zweifel Jahresbetrag, die Entrichtung erfolgt im voraus: §§ 759, 760.

Leibrente, in Geld sie ist für 3 Monate vorauszuzahlen (andere Leistungen: je nach Beschaffenheit): § 760.

Leibrente, Rentenversprechen es bedarf der Schriftform: § 761.

Leibrentenvertrag, zu Gunsten Dritter er ist im Zweifel ein echter Vertrag zu Gunsten Dritter: § 330.

Leihe obligatorischer, hinkend zweiseitig verpflichtender Realvertrag, gerichtet auf unentgeltliche Überlassung des Gebrauchs einer Sache; der Leihvertrag entsteht erst mit der Hingabe der Sache: § 598.

Leihe, Verpflichtungen des Entleihers er hat den vertragsmäßigen Gebrauch vom Leihobjekt zu machen, hat die gewöhnlichen Erhaltungskosten zu tragen, darf nicht ohne Erlaubnis zur Unterverleihung schreiten und hat bei Leihende die Sache zurückzugeben; der Verleiher kann sogar vorzeitig kündigen, wenn er unvorhergesehenermaßen die Sache selbst benötigt; Aufwendungen, die der Entleiher auf die Sache machte, sind ihm zu ersetzen: §§ 601 ff.

Leihversprechen Konsensualvertrag, welcher dem Realvertrag „Leihe", der erst durch Sachhingabe entsteht, vorangeht.

Leistung dasjenige Verhalten (Tun oder Unterlassen), welches der Gläubiger vom Schuldner vermöge des Schuldverhältnisses verlangen kann: § 241.

Leistung, Art der Bewirkung allgemein nach Treu und Glauben mit Rücksicht auf die Verkehrssitte: § 242.

Leistung, bei Gattungsschulden bei einer Sachgattungsschuld hat der Schuldner eine Sache mittlerer Art und Güte zu leisten: § 243.

Leistung, teilbare der Schuldner ist zu Teilleistungen nicht berechtigt: § 266.

Leistung, teilbare, geschuldet durch mehrere Personen die Schuldner sind im Zweifel Teilschuldner: § 420.

Leistung, teilbare, auf Grund Vertrages geschuldet die Schuldner sind dennoch im Zweifel Gesamtschuldner: § 427.

Leistung, des Schuldners bei Nießbrauch an einem Recht s. Rechtsnießbrauch, an einer unverzinslichen Forderung.

Leistung des Schuldners, an den Zedenten einer abgetretenen Forderung s. Abtretung, Unkenntnis des Schuldners hiervon.

Leistung, durch Dritten s. Substitut.

Leistung, nach Treu und Glauben der Schuldner hat bei seiner Leistung nicht nur die Vorschriften des Rechts zu beachten, sondern muß auch den Forderungen der Moral und Sittlichkeit genügen: § 242.

Leistung an Dritten, Versprechen s. Vertrag zu Gunsten Dritter.

Leistung Zug um Zug kommt bei gegenseitigen Verträgen in Betracht, wenn gleichmäßige Leistungszeit für beide Vertragsteile vorliegt: § 320.

Leistungsannahme hat der Gläubiger eine ihm als Erfüllung angebotene Leistung auch als solche angenommen, so hat er zu beweisen, falls er sie bemängelt, daß sie nicht die geschuldete Leistung oder unvollständig gewesen sei: § 363.

Leistungsbestimmung bei bestimmbaren Leistungen kann die Bestimmung entweder durch einen Vertragspartner oder, nach Vereinbarung, durch einen Dritten erfolgen, und zwar, wiederum je nach Vereinbarung, entweder nach billigem Ermessen oder nach freiem Belieben: §§ 315—319.

Leistungsfähigkeit, bei Unterhaltspflicht unterhaltsverpflichtet ist jemand nur dann, wenn er in der Lage ist, ohne Gefährdung seines eigenen angemessenen Unterhaltes, einem andern Alimentation zu gewähren: § 1603.

Leistungsgleichheit, bei der Aufrechnung s. Aufrechnung.

Leistungs- oder Erfüllungsort derjenige Ort, an welchem der Schuldner die Leistung zu erbringen hat; gewöhnlich, wenn nicht durch Vertrag anders bestimmt, der Wohnsitz des Schuldners: § 269.

Leistungsstörung Haftung auf Schadensersatz im Falle von Unmöglichkeit der Leistung, Schlechterfüllung oder Schuldnerverzug.

Leistungsverweigerungsrecht, infolge der Verjährung s. Verjährung, Wirkung.

Leistungszeit fehlt es an einer Zeitbestimmung, so kann die Leistung jederzeit verlangt und bewirkt werden; bei Bestimmung einer Leistungszeit kann der Schuldner zwar vorzeitig leisten, der Gläubiger die Leistung jedoch nicht vorzeitig verlangen: § 271.

Leitung des Haushaltes die Frau ist berechtigt und verpflichtet, den Haushalt in eigener Verantwortung zu leiten: § 1356.

Letztwillige Verfügung s. Verfügung, letztwillige.

Lieferungsort der Ort, an welchem der Schuldner tatsächlich erfüllt (kann mit Leistungsort zusammen- oder auseinanderfallen, letzteres z. B. beim Versendungskauf: § 447).

Lieferungsvertrag Kaufvertrag, bei dem sich der Verkäufer das Kaufobjekt selbst erst beschaffen muß.

Liquidation eines Vereines Abwicklung nach Auflösung eines Vereines, dies erfolgt durch Beendigung der laufenden Geschäfte, Einziehung der Forderungen, Versilberung des Vermögens, Befriedigung der Gläubiger und Herausgabe des Überschusses an die Anfallberechtigten: § 49.

Liquidatoren, eines Vereins dies sind grundsätzlich die Vorstandsmitglieder, doch können auch andere Personen bestellt werden; sie haften den Gläubigern des Vereines für Verletzung ihrer Pflichten bei Verschulden, und zwar gesamtschuldnerisch: §§ 48, 53.

Lizenzvertrag Pachtvertrag hinsichtlich der Ausnutzung einer Erfindung; die Lizenzgebühr ist der Pachtzins.

Löschung, im Grundbuch diese ist neben der Aufgabeerklärung des Berechtigten zum Untergange eines im Grundbuch eingetragenen Rechts erforderlich: § 875.

Löschungsbewilligung Bewilligung zur Löschung eines im Grundbuch eingetragenen Rechts.

Löschungsbewilligung, Bindung daran die Erklärung ist vor erfolgter Löschung nur verbindlich, wenn sie vor dem Grundbuchamt abgegeben wurde oder dem Begünstigten eine ordnungsmäßige Löschungsbewilligung ausgehändigt worden ist: § 875.

Löschungsfähige Quittung s. Grundstücksrecht, löschungsfähige Quittung.

Löschungspflicht des Verkäufers eines Grundstückes in Bezug auf nicht bestehende Rechte s. Kauf, von Grundstücken.

Löschungsvormerkung wenn gegenüber dem Eigentümer ein Anspruch auf Löschung einer Hypothek, falls sie sich mit dem Eigentum am Grundstück vereinigt, besteht, so kann dieser Löschungsanspruch durch Vormerkung im Grundbuch gesichert werden: § 1179.

Löwengesellschaft, societas leonina eine Gesellschaft, bei der ein Gesellschafter nur am Gewinn, nicht aber am Verlust beteiligt ist; sie ist dem BGB unbekannt.

Lohn, Dienst- und Werklohn er ist nachträglich zu entrichten: §§ 614, 641.

Lohn, Ehemäklerlohn s. Mäklervertrag, Ehemäklerlohn.

Lohnkutscher, Verjährung ihrer Ansprüche die Ansprüche verjähren in 2 Jahren: § 196 Ziff. 3.

Lokusprinzip s. Grundbuch, Rangverhältnis eingetragener Rechte.

Los, Verteilung durch Los werden bei Aufhebung einer Gemeinschaft Gegenstände geteilt, so hat die Verteilung gleicher Teile unter die Teilhaber durch Los zu erfolgen: § 752.

Lotterielos es stellt sich als eine Inhaberschuldverschreibung dar; der entgeltliche Erwerb eines Lotterieloses ist Kauf einer Chance.

Lotterievertrag Spielvertrag, bei dem die Gewinne in Geld bestehen; er begründet eine Verbindlichkeit nur dann, wenn er staatlich genehmigt worden ist: § 763.

Lotterielosvertrieb, Verjährung der Ansprüche daraus diese Ansprüche verjähren in 2 Jahren: § 196 Ziff. 5.

lucida intervalla lichte Momente während eines sonstigen Dauerzustandes der Willenlosigkeit infolge geistiger Störungen: sie sind dem BGB unbekannt.

Luftverschollenheit s. Verschollenheit, Arten.

M

Mäklervertrag obligatorischer Vertrag, durch den jemand einen Lohn verspricht für 1.) den Nachweis zum Abschluß oder 2.) die Vermittlung eines Vertrages; es besteht weder eine Pflicht zum Handeln noch eine Pflicht zum Abschlusse des vom Mäkler angebotenen Geschäftes: § 652.

Mäklervertrag, Aufwendungen sie werden dem Mäkler nur bei besonderer Vereinbarung ersetzt: § 652 Abs. 2.

Mäklervertrag, Ehemäklerlohn da nur eine Naturobligation vorliegt, kann der Ehemäklerlohn weder eingeklagt noch durch Pfänder oder Wechsel gesichert werden; die erfolgte Zahlung des Lohnes kann jedoch nicht zurückgefordert werden: § 656.

Mäklervertrag, Rechtsverlust bezüglich Mäklerlohn und Aufwendungsersatz tritt ein bei vertragswidriger Tätigkeit (d. h. beim Nachweismäkler!) auch für den anderen Teil: § 654.

Mängel s. Kauf-, Sach- und Rechtsmängel.

Mängelrüge Anzeige eines Sachmangels durch den Käufer an den Verkäufer; an sich beim BGB-Kauf bedeutungslos; jedoch mit einer Ausnahme: hat der Käufer den Kaufpreis noch nicht bezahlt, in der Verjährungszeit indes den Mangel gerügt, so kann er trotz Verjährung der Gewährleistungsansprüche dem Verkäufer gegenüber, der die Kaufpreisforderung geltend macht, einredeweise noch immer wandeln oder mindern: § 478.

Mahnung Erinnerung des Gläubigers an säumigen Schuldner, zu leisten; Voraussetzung für Schuldnerverzug (unnötig bei festem Leistungsdatum!): § 284.

Mangel der Ernstlichkeit wenn eine nicht ernstlich gemeinte Willenserklärung in der Erwartung abgegeben wird, der Mangel der Ernstlichkeit werde nicht verkannt werden, so ist sie nichtig, doch ist unter Umständen dem, der ohne Verschulden auf die Gültigkeit vertraute, das negative Interesse zu ersetzen: §§ 118, 122.

Marktpreis hat ein Pfand einen Markt- oder Börsenpreis, so kann es freihändig durch einen öffentlichen Handelsmäkler oder eine sonstige zur öffentlichen Versteigerung befugte Person zum laufenden Preise verkauft werden: § 1221; ist ferner bei einem Kaufvertrage als Kaufpreis der Marktpreis bestimmt, so kommt der für den Erfüllungsort zur Erfüllungszeit maßgebende Marktpreis in Frage: § 453.

Maßregeln, des Vormundschaftsgerichts in Bezug auf Mündel das Vormundschaftsgericht kann die im Interesse eines Mündels erforderlichen Maßregeln treffen, wenn ein Vormund noch nicht bestellt oder an der Erfüllung seiner Pflichten verhindert ist; das Vormundschaftsgericht kann auch den Mündel zum Zwecke der Erziehung in einer geeigneten Familie oder Anstalt unterbringen: §§ 1846, 1838.

Maximalhypothek s. Hypothek, Höchstbetragshypothek.

Mehrere Bedürftige ist jemand mehreren Bedürftigen unterhaltspflichtig und außerstande, allen Unterhalt zu gewähren, so ist eine bestimmte Reihenfolge inne zu halten (1. der Ehegatte der bestehenden Ehe sowie minderjährige unverheiratete Kinder, 2. der schuldlos geschiedene Ehegatte, 3. volljährige und verheiratete Abkömmlinge, 4. Verwandte der aufsteigenden Linie): § 1609.

Mehrere Mitwirkende bei der Auslobung haben zu einem ausgelobten Erfolge mehrere mitgewirkt, so wird die Belohnung vom Auslobenden unter sie nach billigem Ermessen verteilt, unter Berücksichtigung des jeweiligen Anteiles an dem Erfolge: § 660.

Mehrere Testamentsvollstrecker sie führen ihr Amt gemeinschaftlich, doch kann jeder einzelne die zur Erhaltung des Nachlasses erforderlichen Maßregeln allein treffen: § 2224.

Mehrfache Verpfändung ist ein und dieselbe bewegliche Sache mehreren Personen nacheinander verpfändet worden, so ist ein besitzender Pfandgläubiger nicht verpflichtet, einem im Rang nachstehenden Pfandgläubiger das Pfand zum Zwecke des Verkaufes herauszugeben: § 1232.

Mehrfache Vornahme einer Handlung, bei der Auslobung die Belohnung gebührt dem, welcher die Handlung zuerst vorgenommen hat, bei Gleichzeitigkeit der Vornahme erhält jeder einen gleichen Teil der Belohnung: § 659.

Mehrheit von Schuldnern und Gläubigern liegt vor, wenn bei einem Schuldverhältnis auf Gläubiger- oder Schuldnerseite mehrere Personen in Frage kommen; dieser Umstand ist wichtig für das Problem, wer die Leistung zu fordern oder zu erbringen hat und wieviel.

Mentalreservation s. Geheimer Vorbehalt.

Miete gegenseitiger Vertrag, durch den sich der Vermieter zur zeitlich begrenzten Überlassung des Gebrauches einer Sache an den Mieter, der den vereinbarten Mietzins zu entrichten verspricht, verpflichtet: § 535.

Miete, Beamter als Mieter wird versetzt er kann gesetzlich kündigen: § 570.

Miete, Form des Vertrages grundsätzlich formlos; bei Grundstücksmiete für die Zeit von mehr als 1 Jahr ist Schriftform nötig, andernfalls der Vertrag als für unbestimmte Zeit geschlossen gilt, wobei jedoch die Kündigung frühestens zum Schlusse des 1. Jahres zulässig ist: § 566.

Miete, Fristen bei gesetzlicher Kündigung für bewegliche Sachen richten sich nach der Bemessung — nicht: Zahlung! — des Mietzinses; falls er nach Tagen bemessen ist: an jedem Tag für den Ablauf des folgenden Tages, falls nach längerem Zeitraum bemessen: spätestens am 3. Tage vor demjenigen, an dem das Mietverhältnis endigen soll (gilt auch bei vorzeitiger Kündigung eines Mietvertrages!): § 565 a.

Miete, Fristen bei gesetzlicher Kündigung für Grundstücke richten sich nach der Mietzinsbemessung; falls nach Tagen bemessen: von jedem Tag zum Ablauf des folgenden Tages, falls nach Wochen bemessen: am 1. Werktag einer Woche für den Ablauf des folgenden Sonnabends, falls nach Monaten oder längeren Zeitabschnitten bemessen: am 3. Werktage eines Kalendermonats für den Ablauf des übernächsten Monats, bei gewerblich genutzten, unbebauten Grundstücken jedoch nur für den Ablauf eines Kalendervierteljahres: § 565a (in Fassung des Gesetzes vom 23. 6. 1960).

Miete, Fristen bei gesetzlicher Kündigung für Wohnraum Kündigung ist zulässig am 3. Werktag eines Kalendermonats für den Ablauf des übernächsten Monats, doch verlängert sich nach 5, 8 und 10 Jahren seit Gebrauchsüberlassung die Kündigungsfrist um jeweils 3 Monate (zwingende Vorschrift!); ist Wohnraum vom Vermieter mit Gebrauchsobjekten ausgestattet und nicht zum Dauer-Familiengebrauch überlassen, so richtet sich Kündigung nach der Mietzinsberechnung, und zwar nach Tagen: an jedem Tag zum Ablauf des folgenden Tages, nach Wochen: am 1. Werktag der Woche für den Ablaufs des folgenden Sonnabends, nach Monaten oder längeren Zeitabschnitten: am 15. eines jeden Monats für den Ablauf dieses Monats: § 565 a (in Fassung des Gesetzes vom 23. 6. 1960).

Miete, Gebrauchsunfähigkeit der Sache diese führt automatisch zur entsprechenden Senkung des Mietzinses; hat der Vermieter den (Rechts- oder Sach-) Mangel zu vertreten oder kommt er mit der Beseitigung des Mangels in Verzug, so kann der Mieter Schadensersatz wegen Nichterfüllung verlangen; endlich kann er fristlos kündigen, wenn der Vermieter eine ihm gesetzte Frist zur Beseitigung des Mangels hat verstreichen lassen: §§ 537, 538, 542.

Miete, Kündigung Erklärung des Mieters oder Vermieters, daß das Mietsverhältnis beendigt werde; Arten: 1.) vertragliche, 2.) gesetzliche: bei unberechtigter Verweigerung der Untervermietung durch den Vermieter, bei Tod des Mieters, 3.) fristlose: bei gesundheitsschädlichem Zustand von Wohnräumen, ferner bei Gebrauchsunfähigkeit der Sache, falls der Vermieter eine ihm gesetzte Frist hat verstreichen lassen, endlich bei vertragswidriger, trotz Abmahnung fortgesetzter Benutzung der Mietsache durch den Mieter, bei zweimal aufeinanderfolgendem Verzuge hinsichtlich des Mietzinses: §§ 542, 544, 549, 553, 554.

Miete, Kündigungswiderspruch des Mieters ist, falls Mietverwältnis vertragsmäßig endet, dem Mieter gewährt, doch muß er den Widerspruch spätestens 3 evtl. 2 Monate vor Vertragsende dem Vermieter gegenüber schriftlich erklären mit dem Verlangen der Fortsetzung: dies kann er fordern, wenn die Mietbeendigung wegen besonderer Umstände seines Einzelfalles einen nicht gerechtfertigten Eingriff in seine Lebensverhältnisse oder die seiner Familie bewirken würde, evtl. unter Würdigung der Vermieterbelange; bei Unzumutbarkeit des Mietverhältnisses zu den bisherigen Bedingungen für den Vermieter kann der Mieter nur Fortsetzung unter angemessener Vertragsänderung verlangen, wobei mangels Einigung über Dauer und Änderung gerichtliche Entscheidung durch Urteil erfolgt (kein Recht auf Fortsetzung bei: Kündigung durch Mieter, Recht des Vermieters zu fristloser Kündigung, bereits einmal erfolgter Fortsetzung auf Grund von Mieterwiderspruch!): § 556a (in Fassung des Gesetzes vom 23. 6. 1960, beachte Inkrafttreten!).

Miete, Mietzins laut Gesetz vom Mieter nachträglich zu entrichten (evtl. vertragliche Sonderregelung; auch abweichendes Gewohnheitsrecht!); der Mietzins ist auch dann zu zahlen, wenn der Mieter aus einem in seiner Person liegendem Grunde, selbst ohne Verschulden, die Mietsache nicht benutzen kann (doch muß sich der Vermieter einen anderweitig erzielten Mietzins anrechnen lassen): bei zweimal aufeinanderfolgendem Mietzinsverzug kann der Vermieter fristlos kündigen: §§ 551—554.

Miete, Obhutspflicht des Mieters der Mieter hat die Sache in Obhut zu nehmen, haftet für das Verschulden von Erfüllungsgehilfen oder Untermietern, hat auftretende Mängel und die Notwendigkeit von Vorkehrungen zwecks Gefahrenabwendung dem Vermieter mitzuteilen; er haftet nicht für die durch gewöhnlichen Gebrauch auftretenden Schäden: §§ 545, 548, 549 Abs. 2.

Miete, gesetzliches Pfandrecht des Vermieters ist bei Grundstücken, Wohn- und anderen Räumen gegeben wegen aller Forderungen des Vermieters aus dem Mietsverhältnis; es besteht nur an den eingebrachten Sachen des Mieters (Eigentum!), bis auf die unpfändbaren, ist durch Sicherheitsleistung abwendbar und endet mit der Entfernung der Sachen, sofern nicht der Vermieter berechtigterweise widersprochen hat oder die Entfernung heimlich erfolgt (sog. Rücken): §§ 559 bis 563.

Miete, Rücken des Mieters heimliches Entfernen der dem Vermieterpfandrecht unterliegenden Sachen; das Pfandrecht bleibt erhalten; ein Widerspruch ist nicht gegeben, wenn die Entfernung im regelmäßigen Geschäftsbetriebe erfolgte oder die zurückbleibenden Sachen zur Vermietersicherung ausreichen: §§ 560, 561.

Miete, Selbsthilfe des Vermieters der Vermieter kann auch ohne Anrufen des Gerichts, ohne Vorliegen der Voraussetzung der gewöhnlichen Selbsthilfe, die Entfernung der seinem Pfandrecht unterliegenden Sachen verhindern und bei Auszug des Mieters sie in seinen Besitz nehmen: § 561.

Miete, Tod des Mieters seine Erben und der Vermieter können gesetzlich kündigen: § 569.

Miete, Untermiete der Mieter darf die Mietsache einem Dritten nur dann zum Gebrauch überlassen, besonders untervermieten, wenn ihm der Vermieter die Erlaubnis gegeben hat; bei unberechtigter Verweigerung kann der Mieter mit gesetzlicher Frist kündigen: § 549.

Miete, Veräußerung eines vermieteten Grundstückes durch den Vermieter 1. war der Mieter schon im Besitz, so geht das Mietsverhältnis auf den Erwerber über, wobei der Veräußerer dem Mieter für die Vertragserfüllung wie ein selbstschuldnerischer Bürge haftet; 2. war der Mieter noch nicht im Besitz, so geht der Mietsvertrag auf den Erwerber nur über, wenn er ihn übernimmt: andernfalls kann der Mieter lediglich von dem Veräußerer Schadenersatz verlangen: §§ 571 ff, §§ 578 ff.

Miete, Veräußerung einer vermieteten beweglichen Sache durch den Vermieter 1. war der Mieter noch nicht im Besitz, so hat er keine Rechte gegen den Erwerber und kann nur vom Vermieter Schadensersatz wegen Nichterfüllung verlangen; 2. war er schon im Besitz, so braucht er dem Erwerber die Sache vor Ablauf des Mietsverhältnisses, das zwischen ihm und dem Veräußerer bestehen bleibt, nicht herauszugeben: § 986 Abs. 2.

Miete, von Wohnräumen wird nach den Vorschriften über die Grundstücksmiete behandelt: § 580.

Miete, gesundheitsschädlicher Zustand von Wohnungen berechtigt den Mieter zur fristlosen Kündigung, sogar bei Kenntnis des Mangels oder Verzicht auf das Kündigungsrecht: § 544.

Mietzins, Verjährung der Mietzinsforderung des Vermieters soweit es sich um bewegliche Sachen handelt, verjährt die Mietzinsforderung in 2 Jahren, soweit es sich um Grundstücksmiete handelt hingegen in 4 Jahren: §§ 196 Ziff. 6, 197.

Minderjähriger eine Person, welche, da sie noch nicht das 21. Lebensjahr erreicht hat, entweder geschäftsunfähig (bis zum 7. Lebensjahr) oder in der Geschäftsfähigkeit beschränkt (nach Vollendung des 7. Lebensjahres) ist: §§ 104, 107.

Minderjähriger, Rechtsgeschäfte zu Willenserklärungen, welche ihm nicht lediglich einen rechtlichen Vorteil bringen, bedarf der Minderjährige der Zustimmung des gesetzlichen Vertreters. Einwillige Rechtsgeschäfte müssen mit vorheriger Zustimmung versehen sein, während Verträge infolge Ausstehens der Genehmigung auch schwebend unwirksam sein können: §§ 107 ff.

Minderjähriger, Taschengeld-Geschäfte Verträge, die der Minderjährige mit Mitteln des Taschengeldes erfüllen will, sind zunächst schwebend unwirksam; sie erlangen Wirksamkeit durch Erfüllung mit Mitteln des Taschengeldes: § 110.

Minderjährige Ehefrau s. elterliche Gewalt, Heirat der minderjährigen Tochter.

Minderjährige Mutter wegen ihrer Minderjährigkeit ruht ihre elterliche Gewalt, doch steht ihr die Personalsorge für das Kind neben dessen gesetzlichen Vertreter zu, und es geht ihre Meinung bei Meinungsverschiedenheiten vor, falls der Vertreter ein Vormund oder Pfleger ist: § 1673.

Minderjährige Witwe für eine Volljährigkeitserklärung einer minderjährigen Witwe ist die Einwilligung des elterlichen Gewalthabers nicht erforderlich: § 4.

Minderung s. Kauf, Minderung.

Mißbrauch eines Abhängigkeitsverhältnisses, Beiwohnung ist eine Frau unter Mißbrauch eines Abhängigkeitsverhältnisses zum außerehelichen Geschlechtsverkehr veranlaßt worden, so ist ihr derjenige, der sie dazu veranlaßt hat, zum Schadensersatz verpflichtet; auch steht der Frau eine billige Entschädigung in Geld für den Nichtvermögensschaden zu: §§ 825, 847.

Mitbesitz er liegt vor, wenn mehrere eine Sache gemeinschaftlich besitzen, sei es jeder selbständig, sei es durch gemeinsames Zusammenwirken; untereinander steht den Mitbesitzern ein Besitzschutz nicht zu, soweit es sich um die Grenzen des den einzelnen zustehenden Gebrauches handelt: § 866.

Mitbieten bei Versteigerungen der Pfandgläubiger und der Eigentümer können bei einer Pfandversteigerung mitbieten: § 1239.

Mitbürgen dies sind mehrere Bürgen, die sich für dieselbe Verbindlichkeit verbürgt haben; auch wenn sie die Bürgschaft getrennt übernahmen, haften sie als Gesamtschuldner: § 769.

Miteigentum liegt vor, wenn eine Sache im Eigentum mehrerer Personen steht.

Miteigentum, Arten 1.) nach — gedachten — Bruchteilen, 2.) zur gesamten Hand: §§ 1008 ff.

Miteigentum, Eigentumsansprüche gegen Dritte jeder Eigentümer kann sie alleine gegen den Dritten geltend machen, die rei vindicatio des § 985 jedoch nur alle zusammen oder einer allein mit Antrag auf Leistung an alle: § 1011.

Miteigentum, Verfügung der Miteigentümer 1.) bei Eigentum zur gesamten Hand: nur durch alle Miteigentümer zusammen, 2.) bei Bruchteilseigentum: jeder Miteigentümer verfügt über seinen Bruchteil allein; es ist dies auch zu Gunsten eines Miteigentümers (z. B. Belastung bei Grundstück!) möglich: § 1009.

Miterben es sind diejenigen Personen, welche nebeneinander den Erblasser beerben; der Nachlaß wird ihr gemeinschaftliches Vermögen: § 2032.

Miterben, Ausgleichungspflicht sind Abkömmlinge gesetzliche Erben geworden, so müssen sie untereinander bei der Auseinandersetzung dasjenige zur Ausgleichung bringen, was sie von dem Erblasser zu dessen Lebzeiten als Ausstattung, Aufwendungen für eine Berufsvorbildung oder als Zuschüsse erhalten haben: §§ 2050 ff.

Miterben, Befugnisse die Verwaltung und die Verfügung in Bezug auf Nachlaßobjekte steht ihnen nur gemeinschaftlich zu, Leistungen können nur an alle gemeinsam erbracht werden; jeder Miterbe kann jederzeit die Auseinandersetzung verlangen, soweit nicht der Erblasser Bestimmungen getroffen hat: §§ 2032—2044.

Miterben, Vorkaufsrecht wenn ein Miterbe seinen Anteil an einen außenstehenden Dritten verkauft, so sind die übrigen Miterben kraft Gesetzes vorkaufsberechtigt: § 2034.

Mitgliedschaftsrecht Beteiligung an einem rechtsfähigen Verein (weder dingliches, noch obligatorisches, sondern selbständiges Recht!).

Mitgliederversammlung beschließendes Organ eines Vereins, in welchem die Mitglieder ihr Stimmrecht ausüben: § 32.

Mitgliederzahl, bei einem eingetragenen Verein eine Eintragung soll nur erfolgen, wenn wenigstens 7 Mitglieder vorhanden sind; der Vorstand hat dem Amtsgericht auf Verlangen jederzeit eine Bescheinigung über die Zahl der Vereinsmitglieder einzureichen; sinkt die Zahl der Vereinsmitglieder unter 3, so wird dem Verein durch das Amtsgericht die Rechtsfähigkeit entzogen: §§ 56, 72, 73.

Mittäter mehrere Personen, die durch ein und dieselbe gemeinschaftlich begangene unerlaubte Handlung einen Schaden angerichtet haben: jeder haftet als Gesamtschuldner: § 830.

Mitteilung einer Vollmachtserteilung, Wirkung hat der Vollmachtgeber die Vollmachtserteilung einem Dritten oder öffentlich bekanntgegeben, so kann der Dritte bzw. die Öffentlichkeit sich solange auf das Bestehen der Vollmacht verlassen, bis die Kundgebung in der gleichen Weise widerrufen wird, wie sie erfolgt ist: § 171.

Mittelbarer Besitz er steht demjenigen zu, welcher aufgrund dinglichen oder obligatorischen Verhältnisses auf Zeit einem anderen (unmittelbarer Besitzer) den Besitz an einer Sache überläßt, derart, daß dieser andere zum Besitze berechtigt oder verpflichtet ist: § 868.

Mittelbarer Besitz, Ansprüche des Besitzers gegen Dritte er hat die Besitzansprüche nach den §§ 861, 862, jedoch nur bei Verübung verbotener Eigenmacht auch gegenüber dem unmittelbaren Besitzer: § 869.

Mittelbarer Besitz, Übertragung dieses kann dadurch erfolgen, daß einem anderen der Anspruch auf Herausgabe der Sache abgetreten wird: § 870.

Mitverschulden s. konkurrierendes Verschulden.

Mitvormünder sind mehrere Vormünder bestellt worden, so führen sie die Vormundschaft gemeinschaftlich, doch kann das Vormundschaftsgericht den einzelnen Vormündern auch bestimmte Wirkungskreise zuweisen: § 1797.

Mitwirkendes Verschulden wenn bei Entstehung eines Schadens ein Verhalten des Beschädigten (z. B. durch Nichtabwenden des Schadens, durch Unterlassen der Mitteilung einer besonders großen Schadensmöglichkeit) mit ausschlaggebend gewesen ist, so wird dies bei der Schadenberechnung zu Lasten des Beschädigten angerechnet (sog. culpa concurrens): § 254.

Mitwirkung, eines Bestellers, wenn bei einem Werkvertrag zur Werkherstellung eine Handlung des Bestellers nötig ist, so kommt der Besteller durch Unterlassen der Handlung in Gläubigerverzug, und der Unternehmer kann eine angemessene Entschädigung verlangen: § 642.

Modifizierte Annahme Annahmeerklärung mit Abweichungen gegenüber der Offerte: gilt als Ablehnung, verbunden mit einer neuen Offerte: § 150.

Möglichwerden einer Leistung wenn ein Vertrag auf eine ursprünglich objektiv unmögliche Leistung gerichtet ist, er jedoch für den Fall des Möglichwerdens abgeschlossen worden ist, so ist er gültig: § 308.

Monat wenn eine in Monaten berechnete Frist nicht zusammenhängend zu verlaufen braucht, so wird der Monat zu 30 Tagen gerechnet; unter Monatsanfang wird der Erste, unter Monatsmitte der Fünfzehnte, unter Monatsende der letzte Tag des Monats verstanden: §§ 191, 192.

Motivirrtum ein Irrtum, welcher zeitlich vor der Abgabe einer Willenserklärung liegt und sich besonders auf die wirtschaftlichen und rechtlichen Folgen einer Willenserklärung bezieht.

Motivirrtum, Fälle desselben im BGB. 1. nach vielfach vertretener Ansicht enthält § 119 Abs. 2 (Irrtum über wesentliche Eigenschaften einer Person oder Sache) einen Motivirrtum, 2. der Irrtum bei der arglistigen Täuschung ist ebenfalls Motivirrtum, 3. die irrtümliche Leistung bei der ungerechtfertigten Bereicherung (§ 814) ist ein Motivirrtum, 4. die Anfechtung von Testamenten nach § 2078 Abs. 2 kann sich auch auf einen Motivirrtum gründen.

Mühle bei ihr sind die zu dem Betriebe bestimmten Maschinen und sonstigen Gerätschaften als Zubehör anzusehen: § 98.

Mündel diejenige minderjährige oder entmündigte volljährige Person, welche unter Vormundschaft steht.

Mündelgeld der Vormund hat Geld des Mündels verzinslich und mündelsicher anzulegen, unter Herbeiziehung der Genehmigung eines Gegenvormundes: §§ 1806, 1810.

Mündelgeld, Art der Anlage in mündelsicheren inländischen Hypotheken, Grund- oder Rentenschulden, in verbrieften Forderungen gegen ein Land oder dann, wenn ein Land die Zinsgarantie für verbriefte Forderungen übernommen hat, ferner in inländischen, für mündelsicher erklärten Wertpapieren, endlich durch Einzahlung bei einer inländischen öffentlichen für mündelsicher erklärten Sparkasse: § 1807.

Münzschuld Geldschuld, die in ausländischer Währung ausgedrückt ist, sie ist in Reichswährung zu erfüllen: § 244.

Münzsortenschuld Geldschuld, die in veralteter Währung ausgedrückt ist; sie ist in geltender Reichswährung zu erfüllen: § 245.

Mutmaßliche Lebensdauer wer einen anderen durch unerlaubte Handlung getötet hat, hat für dessen mutmaßliche Lebensdauer den Unterhaltsberechtigten des Getöteten Unterhalt zu gewähren: § 844.

Mutter, elterliche Gewalt s. Elterliche Gewalt.

Mutter, uneheliche ihr und ihren Verwandten gegenüber hat das uneheliche Kind die rechtliche Stellung eines ehelichen Kindes, doch steht ihr die elterliche Gewalt über das uneheliche Kind nicht zu, hingegen, wenn auch ohne Berechtigung zur Vertretung des Kindes, die Personalsorge; ist sie volljährig, so kann ihr das Vormundschaftsgericht die elterliche Gewalt übertragen: §§ 1705, 1707.

Mutter, uneheliche, Entbindungskosten der Kindeserzeuger hat der Mutter die Entbindungskosten sowie den Unterhalt für die ersten 6 Wochen nach der Entbindung in Höhe des gewöhnlichen Betrages hierfür, sogar ohne Rücksicht auf die wirklichen Kosten, zu gewähren; der Kindsvater kann auf Antrag der Mutter durch einstweilige Verfügung zur Zahlung bzw. Hinterlegung dieser Kosten angehalten werden: §§ 1715—1716.

N

Nachbarrechte die nachbarrechtlichen Ansprüche in Bezug auf Immissionen, Beseitigung gefährlicher Anlagen, Vorkehrungen gegen drohenden Gebäudeeinsturz, Abnahme eines überbauten Grundstücksteils, Benutzung eines Notweges, Wiederherstellung einer Grenze, Beseitigung einer Grenzverwirrung usw. unterliegen nicht der Verjährung: § 924.

Nachbesserung Anspruch des Bestellers bei einem Werkvertrage dahingehend, daß der Unternehmer Mängel des Werkes beseitigt: § 633.

Nachbürgschaft eine Bürgschaft, welche dem Gläubiger eines Schuldners gegenüber versprochen wird hinsichtlich der Verpflichtung eines Bürgen; der Nachbürge verbürgt sich also für den Bürgen gegenüber dem Gläubiger.

Nacherbe ein vom Erblasser eingesetzter Erbe, der erst dann zum Erben wird, nachdem zunächst eine andere Person Erbe geworden ist: § 2100.

Nacherbfall Eintritt desjenigen Ereignisses, mit welchem die Erbschaft dem Nacherben anfällt und der Vorerbe aufhört, Erbe zu sein.

Nachfolgende Unmöglichkeit erst nach Entstehung des Schuldverhältnisses ist die Leistung unmöglich geworden; falls nicht vertretbar, wird der Schuldner frei (ausgenommen bei Gattungsschulden: § 279), falls vertretbar, ist er schadensersatzpflichtig: §§ 275, 280.

Nachlaß Gesamtvermögen des Erblassers, das auf die Erben übergeht, und zwar sowohl Aktiva als auch Passiva: § 1922.

Nachlaß, Aufrechnung gegenüber einer Nachlaßforderung kann der Schuldner nicht mit einer Forderung gegen einen einzelnen Miterben aufrechnen: § 2040.

Nachlaß, Auseinandersetzung von Miterben diese kann jederzeit verlangt werden, jedoch nicht vor der zu erwartenden Geburt eines Miterben, ferner nicht, wenn der Erblasser die Auseinandersetzung — nicht über 30 Jahre hinaus! — ausgeschlossen hat, endlich nicht vor Ablauf einer Gläubiger-Aufgebotsfrist: §§ 2042—2045.

Nachlaß, Ausgleichungs- oder Kollationspflicht Abkömmlinge des Erblassers als gesetzliche Erben müssen die zu Lebzeiten des Erblassers von diesem erhaltenen Ausstattungen pp, mangels anderer Bestimmung des Erblassers bei der Zuwendung, bei der Auseinandersetzung zur Ausgleichung bringen; hierbei gelten Zuwendungen aus dem Gesamtgut einer Gütergemeinschaft als von jedem der Ehegatten zur Hälfte gemacht: §§ 2050 ff.

Nachlaß, Ausgleichungsdurchführung dem ausgleichenden Miterben wird der Wert der Zuwendung auf den Erbteil angerechnet, unter Hinzurechnung sämtlicher ausgleichungspflichtigen Zuwendungen zum Nachlasse; hat dabei ein Miterbe mehr erhalten, als ihm bei der Auseinandersetzung zukommen würde, so ist er indes zu einer baren Herauszahlung des Mehrbetrages nicht verpflichtet: §§ 2055, 2056.

Nachlaß, Durchführung der Auseinandersetzung nach Berichtigung der Nachlaßverbindlichkeiten wird der Überschuß unter die Erben im Verhältnis ihrer Erbteile verteilt, unter Beachtung von Auseinandersetzungsvorschriften des Erblassers: §§ 2046—2049.

Nachlaß, Gläubiger bei Miterbschaft die Gläubiger müssen bis zur Teilung des Nachlasses sämtliche Miterben belangen, um sich aus dem Nachlasse befriedigen zu können, da die einzelnen Miterben bis zur Teilung den Zugriff auf ihr Privatvermögen verbieten können: § 2059.

Nachlaß, Inventarerrichtung der Erbe kann dem Nachlaßgericht ein Inventar des Nachlasses einreichen, muß dies sogar auf Antrag eines Nachlaßgläubigers tun: durch verspätete, unvollständige oder unrichtige Inventareinreichung verliert der Erbe die Beschränkbarkeit der Erbenhaftung, desgleichen bei Verweigerung des Offenbarungseides hinsichtlich des Inventars; zur Inventaraufnahme ist ein Notar oder eine zuständige Behörde zuzuziehen, sofern nicht das Nachlaßgericht auf Antrag des Erben die Inventaraufnahme durchführt: §§ 1993—2007.

Nachlaß, rechtzeitige Inventarerrichtung begründet zwischen Erben und Nachlaßgläubigern die Vermutung, daß weitere als die vorhandenen Nachlaßgegenstände nicht vorhanden waren: § 2009.

Nachlaß, Leistung durch Verpflichteten dieser kann nur an alle Erben gemeinschaftlich leisten, wie auch jeder Miterbe nur Leistung an alle fordern kann: § 2039.

Nachlaß, Überschuldung durch Vermächtnisse und Auflagen der Erbe kann die Befriedigung eines Nachlaßgläubigers insoweit verweigern, als der Nachlaß nicht ausreicht; er muß jedoch dem Gläubiger den Nachlaß zum Zwecke der Befriedigung herausgeben, was er allerdings durch Zahlung des Wertes der noch vorhandenen Nachlaßgegenstände vermeiden kann: § 1992.

Nachlaß, Verwaltung durch Miterben steht den Miterben gemeinschaftlich zu, unter Anwendung der Regeln über die Gemeinschaft; Teilung der Früchte erfolgt bei der Auseinandersetzung, evtl. am Schlusse eines Jahres: § 2038.

Nachlaß, Verweigerung des Offenbarungseides bezgl. des Inventars der Erbe haftet nicht allen Gläubigern unbeschränkt, sondern nur demjenigen gegenüber, der den Antrag auf Leistung des Offenbarungseides gestellt hatte: § 2006.

Nachlaßgericht, noch nicht geborener Erbe ist z. Zt. des Erbfalles die Geburt eines Erben zu erwarten, so kann die Mutter, falls sie sich nicht selbst unterhalten kann, bis zur Entbindung standesgemäßen Unterhalt aus dem Nachlaß verlangen, unter Anrechnung auf den Erbteil des Kindes: § 1963.

Nachlaßgericht, Fiskus als Erbe falls ein Erbe nicht ermittelt wird, hat das Nachlaßgericht festzustellen, daß ein anderer Erbe als der Fiskus nicht vorhanden ist; es muß jedoch vorher erfolglos eine öffentliche Aufforderung zur Anmeldung der Erbrechte erfolgt sein: §§ 1964—1966.

Nachlaßgericht, Fürsorge das Nachlaßgericht trifft die zur Sicherung des Nachlasses nötigen Maßregeln; es kann die Siegelung anordnen, die Aufnahme eines Inventars sowie die Hinterlegung von Geld, Wertpapieren und Kostbarkeiten: § 1960.

Nachlaßgericht, Nachlaßpfleger das Gericht kann zu Gunsten des Erben einen Pfleger einsetzen und muß dies sogar auf Antrag einer Person tun, welche gerichtlich einen Anspruch gegen den Nachlaß geltend machen will: §§ 1960, 1961.

Nachlaßgericht, Zuständigkeit das Amtsgericht des letzten Wohnsitzes des Erblassers.

Nachlaßgläubiger, Aufgebot Aufforderung an die Nachlaßgläubiger zur Anmeldung ihrer Forderungen (ausgenommen: dinglich gesicherte Gläubiger sowie Berechtigte hinsichtlich von Pflichtteilen, Vermächtnissen, Auflagen): §§ 1970—1972.

Nachlaßgläubiger, ausgeschlossene solche, die sich erst nach Ablauf des Aufgebotes melden oder — auch ohne Aufgebot — erst 5 Jahre nach dem Erbfall: der Erbe braucht sie nur insoweit zu befriedigen, als der Nachlaß ausreicht, jedoch vor Vermächtnisnehmern und Pflichtteilsberechtigten: §§ 1973, 1974.

Nachlaßkonkurs kann auf Antrag des Erben erfolgen: er muß, bei Gefahr der Haftung dem Gläubiger gegenüber, den Antrag auf Eröffnung des Konkurses (evtl. des Vergleichsverfahrens) stellen, sobald er von der Überschuldung des Nachlasses Kenntnis erlangt: § 1980.

Nachlaßpflegschaft Einrichtung einer Pflegschaft durch das Nachlaßgericht, wenn die Bestellung wegen der gerichtlichen Geltendmachung eines gegen den Nachlaß gerichteten Anspruches von dem Berechtigten beantragt wird: § 1961.

Nachlaßverbindlichkeiten die Schulden des Erblassers aus seinen Lebzeiten, ferner: Verbindlichkeiten aus Pflichtteilrechten, Vermächtnissen und Auflagen, die Bestattungskosten, die Kosten der Nachlaßverwaltung und -Pflegschaft, sowie der „Dreißigste": §§ 1967—1969.

Nachlaßverbindlichkeiten, der „Dreißigste" der Erbe muß den Familienangehörigen des Erblassers, die z. Zt. des Todes zu dessen Hausstand gehörten und von ihm Unterhalt bezogen, für 30 Tage seit dem Erbfall in der bisherigen Weise Unterhalt gewähren sowie ihnen die Benutzung der Wohnung und der Haushaltsgegenstände gestatten: § 1969.

Nachlaßvertrag Vertrag über den Nachlaß, hinsichtlich eines Verstorbenen: gültig, hinsichtlich eines noch Lebenden: nichtig (ausgenommen: zwischen künftigen gesetzlichen Erben; öffentlich zu beurkunden: § 312).

Nachlaßverwaltung, Einrichtung erfolgt durch das Nachlaßgericht auf Antrag des bzw. sämtlicher Erben oder eines Nachlaßgläubigers — letzterer nur binnen 2 Jahren —, wenn der Nachlaß unübersichtlich ist: §§ 1981, 2062.

Nachlaßverwaltung, Folgen der Anordnung mit der Ernennung des Nachlaßverwalters verliert der Erbe die Verwaltung und Verfügung des Nachlasses; Zwangsvollstreckungen von privaten Erbengläubigern in den Nachlaß sind verboten, der Nachlaßverwalter berichtigt die Nachlaßverbindlichkeiten und gibt nach deren Erledigung den Nachlaß an den Erben heraus: §§ 1982—1988.

Nachlaßverwaltung u. -Konkurs, Ablehnung mangels Masse der Erbe kann die Befriedigung eines Nachlaßgläubigers insoweit verweigern, als der Nachlaß nicht ausreicht; er hat jedoch den Nachlaß zum Zwecke der Befriedigung des Gläubigers im Wege der Zwangsvollstreckung herauszugeben: § 1990.

Nachlaßverwaltung und -Konkurs, Wirkung es tritt wieder eine Trennung von Erblasser- und Erbenvermögen ein; die durch Vereinigung von Recht und Verbindlichkeit bzw. Belastung erloschenen Rechtsverhältnisse gelten als nicht erloschen: § 1976.

Nachschußpflicht, bei Sicherheitsleistung wenn eine geleistete Sicherheit ohne Verschulden des Berechtigten unzureichend wird, so muß sie ergänzt oder durch eine anderweitige Sicherheit ersetzt werden: § 240.

Nachträgliche Geltendmachung von Scheidungsgründen Scheidungsgründe können auch nach erfolgtem Ausschluß des Scheidungsrechts durch Fristablauf in einem Scheidungsprozeß geltend gemacht werden, wenn die Frist bei der Klageerhebung noch nicht verstrichen war; trotz eines solchen Verstreichens können sie noch vorgebracht werden zur Unterstützung einer auf andere Eheverfehlungen gegründeten Scheidungsklage: § 51 Ehe-Ges.

Nachvermächtnis ein Vermächtnis, bei welchem der vermachte Gegenstand zunächst einem ersten Vermächtnisnehmer zufällt, mit einem bestimmten Zeitpunkt oder Ereignis jedoch einem Dritten zugewendet ist: § 2191.

Name Bezeichnung der natürlichen oder juristischen Person; Persönlichkeitsrecht, das gegen Verletzung geschützt ist (Anspruch auf Feststellung zur Berechtigung der Führung, auf Unterlassung unrechtmäßiger Führung durch andere): § 12.

Name, der geschiedenen Ehefrau sie behält den Familiennamen des Mannes, sie kann jedoch auch durch Erklärung gegenüber dem Standesbeamten ihren Familiennamen wieder annehmen; einen früheren Ehenamen darf sie jedoch nur wieder annehmen, wenn aus dieser früheren Ehe Nachkommenschaft vorhanden ist und sie nicht für allein oder überwiegend schuldig erklärt worden ist. Ist sie bei der Ehescheidung allein oder überwiegend für schuldig erklärt worden, so kann ihr der Mann die Weiterführung seines Namens untersagen. Macht sie sich nach der Scheidung einer schweren Verfehlung gegen den Mann schuldig oder eines ehrlosen oder unsittlichen Lebenswandels, so kann ihr das Vormundschaftsgericht auf Antrag des Mannes die Weiterführung seines Namens untersagen: §§ 54—57 EheGes.

Namensehe eine Ehe, die ausschließlich oder vorwiegend bezweckt, der Frau den Familiennamen des Mannes zu geben, ohne Begründung einer ehelichen Lebensgemeinschaft; die Eingehung einer Namensehe ist ein Ehenichtigkeitsgrund: § 19 EheGes.

Namenspapier, Eigentum es steht automatisch jedem jeweils Berechtigten der im Namenspapier verbrieften Befugnis zu: Zession dieses Rechts bewirkt gleichzeitig Übergang des Eigentums an Namenspapier („das Papier folgt dem Recht"); das gleiche gilt für sonstige Rechte — Dritter — an der Befugnis: § 952.

Naturalberechnung Berechnung von Fristen nicht nach vollen Tagen, sondern nach Tag, Stunde und Minute.

Naturalfrüchte Früchte eines Gegenstandes, die aus ihm seiner natürlichen Bestimmung entsprechend gewonnen werden (Gegensatz: Zivilfrüchte!): § 99 Abs. 3.

Naturobligationen nicht erzwingbare (nicht einklagbare, durch Dauer-Einrede entkräftbare) Schuldverhältnisse, deren Erfüllung zwar nicht aufgrund des Rechtes, wohl aber des natürlichen Rechtsempfindens (Moral) verlangt werden kann (z. B. verjährte Schuld, Spielgewinn, Ehemäklerlohn).

Naturalrestitution Schadensersatzleistung nicht in Geld, sondern in Herstellung desjenigen Zustandes, welcher ohne die schädigende Handlung bestanden hätte: § 249.

Naturalteilung Teilung von Gegenständen, die einer Gemeinschaft zustehen, falls sich diese Gegenstände ohne Wertverminderung in gleichartige Anteile zerlegen lassen: § 752.

Nebenleistungen, Verjährung von Ansprüchen daraus derartige Ansprüche verjähren zugleich mit dem Hauptanspruch, auch wenn für sie selbst eine Verjährung noch nicht vollendet war: § 224.

Negatives oder Vertrauensinteresse derjenige Schaden, den jemand dadurch erleidet, daß er sich auf die Gültigkeit eines Rechtsgeschäftes verläßt (im BGB niemals größer als das Erfüllungsinteresse!): §§ 122, 179, 307.

negotiorum gestio s. Geschäftsführung ohne Auftrag.

negotium mixtum cum donatione ein Vertrag, bei dem jemandem ein Vorteil teils entgeltlich, teils unentgeltlich — um ihm insoweit schenkungsweise eine Zuwendung zu machen — überlassen wird.

Neidgeschenk Begriff der Schenkung: der Schenker verschweigt arglistig einen Mangel des Geschenkes und haftet für den dadurch dem Beschenkten erwachsenen Schaden: § 524.

Nichteingetragene Rechte, Ersitzung und Verjährung s. Grundstücksrecht, Tabularersitzung und -Verschweigung.

Nichteintritt des Erfolges, ungerechtfertigte Bereicherung während eine Leistung sonst zurückgefordert werden kann, wenn der mit der Leistung nach dem Inhalt des Rechtsgeschäfts bezweckte Erfolg nicht eintritt, ist die Rückforderung dann ausgeschlossen, wenn der Erfolgseintritt von Anfang an unmöglich war und der Leistende dies gewußt hat oder wenn er den Erfolgseintritt wider Treu und Glauben verhinderte: § 815.

Nichterfüllter Vertrag, Einrede der Nichterfüllung bei einem gegenseitigen, Zug um Zug zu erfüllenden Vertrage kann der leistungsbereite Teil seine Leistung verweigern bis zur Bewirkung der Gegenleistung, indem er dem Leistungsverlangen des anderen Teiles die Einrede entgegenhält, daß dieser seinerseits nicht erfülle: § 320.

Nicht hinterlegungsfähige Sachen können im Falle des Gläubigerverzuges stets öffentlich versteigert werden unter Erlös-Hinterlegung; bei unverschuldeter Unkenntnis des Schuldners über die Person des Gläubigers: nur dann, wenn der Verderb der Sachen zu befürchten oder ihre Aufbewahrung zu kostspielig ist: § 383.

Nichtigkeit völlige Unwirksamkeit eines einseitigen Rechtsgeschäftes oder eines Vertrages.

Nichtigkeit des Eröffnungsverbotes hinsichtlich eines Testamentes eine Anordnung des Erblassers, durch die er verbietet, sein Testament zu eröffnen, ist nichtig: § 2263.

Nichtigkeit von Rechtsgeschäften sie kann gegeben sein, weil es sich um Rechtsgeschäfte von Geschäftsunfähigen handelt oder um solche, die im Zustande der Bewußtlosigkeit vorgenommen wurden, ferner um zustimmungsbedürftige Rechtsgeschäfte von beschränkt Geschäftsfähigen, bei denen die Zustimmung des gesetzlichen Vertreters nicht erteilt wird; außerdem beim Vorliegen gewisser Willensmängel (Geheimer Vorbehalt, Scheingeschäft, Mangel der Ernstlichkeit). Die Nichtigkeit kann auch auf Verletzung der gesetzlich vorgeschriebenen Form oder auf einem unzulässigen Inhalt (Verstoß gegen Veräußerungsverbote, bei Sittenwidrigkeit oder Wucher) beruhen: §§ 105, 107 ff, 116 bis 118, 125, 134—138.

Nichtigkeitsgründe, hinsichtlich einer Ehe eine Ehe ist nichtig bei Verletzung der zwingenden Formvorschrift, bei Geschäfts- oder Urteilsunfähigkeit; wenn es sich um eine Namensehe handelt, um eine Doppelehe, um eine Ehe zwischen gewissen Verwandten und Verschwägerten, endlich wenn sie wegen Ehebruches verboten war: §§ 17—22 EheGes.

Nichtigkeitsklage, Ehenichtigkeit auf die Nichtigkeit einer Ehe kann sich jemand erst berufen, wenn sie durch gerichtliches Urteil für nichtig erklärt worden ist; klagebefugt sind: der Staatsanwalt, jeder der Ehegatten, im Falle der Doppelehe auch der Ehegatte der früheren Ehe: §§ 23, 24 EheGes.

Nichtrechtsfähiger Verein Personenmehrheit mit korporativer Verfassung, aber ohne Rechtsfähigkeit; behandelt nach den Regeln über die

Gesellschaft, jedoch vom Bestande der Mitglieder — wie beim Verein — unabhängig; der Vorstand ist nur Bevollmächtigter und kann die Beteiligten nur im Rahmen seiner Vollmacht — anders als beim Verein! — berechtigen und verpflichten: § 54.

Nichtvermögensschaden s. ideeller Schaden.

Nichtvertretbare Unmöglichkeit eine solche, für die der Schuldner nicht einzustehen hat, was sich nach dem Haftungsgrade richtet; er wird von der Verpflichtung frei, ausgenommen bei Gattungsschulden: §§ 275, 279.

Nießbrauch, usus fructus das unvererbliche und unveräußerliche Recht einer Person, einen fremden Gegenstand: zu besitzen, zu verwalten, zu gebrauchen und die Früchte zu ziehen: §§ 1030 ff.

Nießbrauch, Ansprüche des Nießbrauchers gegen Dritte bei Verletzung der Rechte stehen dem Nießbraucher folgende Befugnisse zu: 1. Ansprüche wegen Verletzung seines Rechts (ähnlich wie beim Eigentum!): § 1065, 2. Ansprüche aus dem Besitz: §§ 861, 862, 867, 3. bei beweglichen Sachen: der Anspruch aus besserem Besitz: § 1007.

Nießbrauch, Besitzverhältnisse der Nießbraucher ist unmittelbarer, der Nießbrauchbesteller mittelbarer Besitzer: § 868.

Nießbrauch, Entstehung 1. an beweglichen Sachen: durch Einigung und Übergabe, hierbei auch vermittels der Traditionsurrogate sowie durch gutgläubigen Erwerb vom Nichtberechtigten, ferner durch Ersitzung, 2. an Grundstücken: durch Einigung und Eintragung, ferner durch Tabularersitzung: §§ 873, 900, 1032/33.

Nießbrauch an Forderungen der Nießbraucher darf die Forderung einziehen und erwirbt automatisch einen Nießbrauch am Objekt der Forderung: §§ 1074, 1075.

Nießbrauch, an verzinslichen Forderungen die Zinsen stehen dem Nießbraucher allein zu; das Kapitel hingegen können Besteller und Nießbraucher nur zusammen einziehen und müssen es bis zur Fälligkeit verzinslich und mündelsicher anlegen: §§ 1076—1079.

Nießbrauch, Fruchtziehung der Nießbraucher erwirbt Eigentum an den Früchten mit der Trennung, und zwar auch an solchen, die nicht im Rahmen einer ordnungsmäßigen Wirtschaft gezogen werden: insoweit hat er jedoch bei Nießbrauchsende den Wert zu ersetzen: § 1039.

Nießbrauch, Konsolidation Zusammentreffen von Eigentum und Nießbrauch in derselben Person: bei beweglichen Sachen erlischt im Zweifel der Nießbrauch: § 1063.

Nießbrauch, und Pacht die Pacht ist ein obligatorisches, der Nießbrauch ein dingliches Recht; der Nießbrauch erlischt mit dem Tode des Nießbrauchers: § 1061, die Pacht geht auf die Erben über.

Nießbrauch, an Rechten, Bestellung sie erfolgt nach den Regeln der Übertragung: § 1069.

Nießbrauch, an Rechten ist, obwohl die dinglichen Rechte grundsätzlich nur an Sachen möglich sind, statthaft, jedoch nur an übertragbaren Rechten, unter Anwendung der Regeln des Sachnießbrauches: §§ 1068, 1069.

Nießbrauch, an verbrauchbaren Sachen, quasi usus fructus er ist statthaft, erfolgt durch Übereignung, mit der Verpflichtung, bei Beendigung in Geld den Wert der Sachen zur Zeit der Nießbrauchstellung zu ersetzen: § 1067.

Nießbrauch, Sachlasten der Nießbraucher ist gegenüber dem Besteller — nur diesem! — zur Tragung der privaten und öffentlichen Lasten (Hypothekenzinsen, Steuern), soweit sie gewöhnlich aus dem Ertrage beglichen werden, verpflichtet: § 1047.

Nießbrauch, Sicherheitsleistung der Nießbraucher hat sie dem Besteller zu leisten, wenn die Besorgung einer erheblichen Rechtsverletzung begründet ist: § 1051.

Nießbrauch, Übertragbarkeit sie ist unstatthaft; jedoch kann der Nießbraucher mit einem Dritten einen obligatorischen Überlassungsvertrag (z. B. Pachtvertrag) abschließen: § 1059.

Nießbrauch, an einem Vermögen die Bestellung erfolgt gemäß den Vorschriften für die Nießbrauchsbestellung an den einzelnen Objekten: § 1085.

Nießbrauch, an einem Vermögen, Lasten bei Lasten, die aus den Erträgen gewöhnlich bestritten werden, ist der Nießbraucher nicht nur dem Besteller (s. § 1047!), sondern auch dem Gläubiger persönlich haftbar: § 1088.

Nießbrauch, an einem Vermögen, Sachschulden handelt es sich um Sachschulden des Bestellers aus der Zeit v o r der Nießbrauchbestellung, so wird er von dem Gläubiger auf Leistung verklagt, der Nießbraucher hingegen auf Duldung der Zwangsvollstreckung in das dem Nießbrauch unterliegende Vermögen: § 1087.

Nießbrauch, Versicherung der Nießbraucher muß die Sache gegen Brand- und sonstigen Schaden auf seine Kosten versichern: § 1045.

Nießbrauch, gerichtlicher Verwalter dieser ist einzusetzen, wenn der Nießbraucher rechtskräftig zur Sicherheitsleistung verurteilt worden ist, oder wenn er erheblich die Rechte des Bestellers verletzt und das Verhalten trotz Abmahnung fortsetzt: §§ 1052, 1054.

Nießbrauch, Wirtschaftsplan bei einem Nießbrauch an einem Wald oder Bergwerk wird für Art und Umfang meist ein Wirtschaftsplan zu Grunde gelegt: § 1038.

Nochmalige Abtretung tritt der bisherige Gläubiger die abgetretene Forderung nochmals an einen Dritten ab, und leistet der Schuldner an den Dritten, so wird der Schuldner dem früheren Erwerber gegenüber geschützt unter Anwendung der Vorschriften des § 407: § 408.

Notare, Verjährung ihrer Forderungen auf Gebühren die Forderungen der Notare wegen ihrer Gebühren und Auslagen, soweit diese nicht zur Staatskasse fließen, verjähren in 2 Jahren: § 196 Ziff. 15.

Notbedarf, Einrede desselben ein Schenker kann die Erfüllung eines gültigen Schenkungsversprechens insoweit verweigern, als er durch die Erfüllung des Versprechens seinen eigenen angemessenen Unterhalt oder die Erledigung seiner gesetzlichen Unterhaltspflichten gefährden würde: § 519.

Notdürftiger Unterhalt wenn ein Unterhaltsberechtigter durch sein sittliches Verschulden bedürftig geworden ist, so kann er nur den notdürftigen Unterhalt verlangen. Das Gleiche gilt für Abkömmlinge, Eltern und Ehegatten, die sich einer Verfehlung schuldig gemacht haben, die dem Unterhaltspflichtigen das Recht gibt, ihnen den Pflichtteil zu entziehen: § 1611.

Notdürftiger Unterhalt, des geschiedenen Ehegatten ist bei einer Ehescheidung ein Ehegatte dem anderen gegenüber unterhaltsberechtigt, ist jedoch seine Bedürftigkeit durch sittliches Verschulden eingetreten, so kann er nur notdürftigen Unterhalt verlangen: § 65 EheGes.

Notstand Zustand der Gefahr, in welcher man auf fremde Sachen einwirken kann, falls der drohende Schaden höher ist als der anzurichtende; die Rechtswidrigkeit entfällt; Arten: 1.) defensiver: Einwirkung auf eine beteiligte Sache, von der eine Gefahr ausgeht: § 228, 2.) aggressiver: Einwirkung auf eine unbeteiligte Sache, um der Gefahr zu begegnen (Schadensersatzpflicht!): § 904.

Notstand, als Entmündigungsgrund wer durch Verschwendung oder Trunksucht sich oder seine Familie der Gefahr des Notstandes aussetzt, kann dieserhalb entmündigt werden: § 6.

Nottestamente dies sind Testamente, die infolge besonderen Notstandes nicht vor einem Richter oder Notar errichtet werden können, und zwar 1) das Nottestament vor dem Bürgermeister, 2) das Nottestament einer Person, die sich an einem Orte aufhält, der infolge außerordentlicher Umstände abgesperrt ist, 3) das Seetestament: §§ 2249—2251.

Notweg s. Grundstück, Notwegrecht.

Notwehr ein Zustand, in welchem es gestattet ist, auf fremde Rechte einzuwirken, ohne rechtswidrig zu handeln; dann gegeben, wenn eine Verteidigung gegenüber einem gegenwärtigen rechtswidrigen Angriff mit den erforderlichen Mitteln erfolgt: § 227.

Notwehrexzeß Überschreitung der durch die Notwehr gestatteten Grenzen; stets rechtswidrig, eine unerlaubte Handlung aber nur bei Verschulden.

Novation Abänderung des Inhalts eines Schuldverhältnisses durch Vertrag: § 305.

Nutzpfand s. Faustpfand, Nutzpfand.

Nutzungen Früchte oder Gebrauchsvorteile einer Sache oder eines Rechtes (nur wirtschaftlicher Begriff!): § 100.

Nutzungen, Herausgabe der Schuldner hat im Gläubigerverzug nur die tatsächlich gezogenen Nutzungen herauszugeben: § 302; bei der Eigentumsklage hat der Besitzer dem Eigentümer die nach Rechtshängigkeit gezogenen Nutzungen herauszugeben sowie Ersatz für schuldhaft nicht gezogene Nutzungen zu leisten: §§ 987 ff.

O

Objektive Unmöglichkeit für jedermann, nicht nur für den Schuldner ist die Leistung unmöglich; führt bei Verträgen, falls ursprünglich, stets zur Nichtigkeit, falls nachfolgend, zum Weiterbestand der Verpflichtung bzw. zum Schadenersatz bei Vertretbarkeit, andernfalls zur Befreiung von der Verpflichtung: § 306, §§ 275, 280.

Obrigkeitliche Hilfe zur Selbsthilfe wegen Gefahr der Vereitelung oder Erschwerung der Durchsetzung eines Anspruches kann der Anspruchsberechtigte schreiten, wenn obrigkeitliche Hilfe nicht rechtzeitig zu erlangen ist: § 229.

Öffentliche Bekanntmachung, beim Funde wenn eine Behörde oder Verkehrsanstalt in ihren Räumen liegen gelassene Sachen öffentlich versteigern lassen will, so kann sie dies erst dann tun, nachdem die Empfangsberechtigten in einer öffentlichen Bekanntmachung zur Anmeldung ihrer Rechte aufgefordert worden sind: § 980.

Öffentliche Beurkundung Form eines Rechtsgeschäfts, derart, daß dieses von einer Behörde oder einem Notar schriftlich niedergelegt und unterschrieben wird.

Öffentliches Erbieten hat sich jemand zur Besorgung gewisser Geschäfte öffentlich erboten und will er einen auf solche Geschäfte gerichteten Antrag nicht annehmen, so muß er die Ablehnung dem Auftraggeber unverzüglich anzeigen: § 663.

Öffentlicher Glaube man versteht hierunter, daß man sich auf den Inhalt eines öffentlichen Registers verlassen kann, und zwar beim Grundbuch sowohl für den Fall der Unvollständigkeit als auch der Unrichtigkeit: §§ 891—893; beim Vereinsregister kann eine Änderung des Vorstandes einem Dritten, mit dem ein Rechtsgeschäft vorgenommen wird, nur entgegengesetzt werden bei Eintragung der Änderung im Vereinsregister: § 68.

Öffentlicher Glaube, des Erbscheins der öffentliche Glaube ist hier, und zwar abgestuft nach dem Interesse, der gleiche wie beim Grundbuch: §§ 2365—2367.

Öffentliche Kassen, Aufrechnung gegen eine Forderung eines Landes, einer Gemeinde, eines anderen Kommunalverbandes kann man nur aufrechnen, wenn die Leistung an die gleiche Kasse zu erfolgen hat, aus der umgekehrt die Forderung des Aufrechnenden zu berichtigen wäre: § 395.

Öffentliche Kraftloserklärung eines unrichtigen Erbscheines wenn ein unrichtiger Erbschein nicht sofort erlangt werden kann, so hat ihn das Nachlaßgericht durch Beschluß für kraftlos zu erklären; er verliert seine Kraft nach Ablauf eines Monats seit der letzten öffentlichen Bekanntgabe: § 2361.

Öffentliche Kraftloserklärung, einer Vollmachtsurkunde durch öffentliche Bekanntmachung kann ein Vollmachtgeber eine Vollmachtsurkunde für kraftlos erklären; sie verliert nach Ablauf eines Monats seit der letzten Einrückung in die öffentlichen Blätter ihre Kraft: § 176.

Öffentliche Sachen solche, die dem Gemeingebrauch gewidmet sind (können trotzdem in Privateigentum stehen!).

Öffentliche Testamente es sind dies solche, die vor einem Richter oder Notar durch mündliche Erklärung oder durch Abgabe einer Schrift errichtet werden: §§ 2231 Z. 1, 2238.

Öffentliche Urkunde, bei Abtretung auf Verlangen hat der alte Gläubiger dem neuen Gläubiger, und zwar auf dessen Kosten, eine öffentlich beglaubigte Urkunde über die Abtretung auszustellen: § 403.

Öffentliche Verhandlung Form eines Rechtsgeschäftes, welches mündlich von den Beteiligten vor einer Behörde oder einem Notar vorgenommen wird (z. B. Eheabschluß, Auflassung).

Öffentliche Versteigerung eine Versteigerung ist öffentlich, wenn Ort und Zeit öffentlich bekanntgegeben wurden, das Versteigerungslokal jedermann zugänglich ist und wenn der Leiter der Versteigerung ein Beamter, der dazu befugt ist, ein Gerichtsvollzieher oder ein öffentlich angestellter Versteigerer ist: § 383.

Öffentliche Zustellung sie ist ein Ersatz für das Zugehen einer Willenserklärung. Die Willenserklärung gilt als zugegangen, wenn sie durch Vermittlung eines Gerichtsvollziehers zugestellt ist, wobei die Regeln für die öffentliche Zustellung einer Ladung gemäß ZPO in Frage kommen; öffentliche Zustellung ist möglich, falls sich der Erklärende über die Person des Erklärungsempfängers in einer unverschuldeten Unkenntnis befindet oder ihm der Aufenthalt dieser Person unbekannt ist: § 132.

Offenbarungseid, materieller er kann verlangt werden, 1. von demjenigen, der Rechnung zu legen oder einen Inbegriff von Gegenständen herauszugeben hat, wenn Grund zu der Annahme besteht, daß nicht mit der erforderlichen Sorgfalt verfahren wurde: §§ 259, 260, 2. vom Erben auf Verlangen eines Nachlaßgläubigers, daß er das Nachlaßinventar vollständig angegeben habe: § 2006, 3. von demjenigen, der zur Zeit des Erbfalles mit dem Erblasser in häuslicher Gemeinschaft gelebt hat, gegenüber dem Erben dahingehend, daß er vollständige Auskunft über die Führung erbrechtlicher Geschäfte und über den Verbleib von Erbschaftsgegenständen gegeben hat: § 2028, 4. von jedem Miterben gegenüber den übrigen Erben in Bezug auf erteilte Auskunft über ausgleichspflichtige Zuwendungen: § 2057.

Offenbarungseid, materieller, Ort der Ableistung der materielle Offenbarungseid ist vor dem Amtsgericht des Ortes zu leisten, an welchem die Verpflichtung zur Rechnungslegung oder Inventarvorlage zu erfüllen ist: §§ 261, 2028, 2057; der Offenbarungseid des Erben in bezug auf das Inventar ist vor dem Nachlaßgericht zu leisten: § 2006.

Offener Dissens er liegt vor, wenn bei einem Vertrage die Parteien sich noch nicht über alle Vertragspunkte geeinigt haben und ihnen dies auch bewußt ist: § 154.

Offerte Willenserklärung einer Person gegenüber einer anderen, gerichtet auf Abschluß eines Vertrages: § 145.

Offerte, Erlöschen eine Offerte erlischt durch Ablehnung, durch Zeitablauf, durch Widerruf, wenn die Klausel „freibleibend" dem Angebot beigefügt worden war, endlich bei Versteigerungen durch Abgabe eines Überangebotes oder Schließung der Versteigerung ohne Erteilung des Zuschlages: §§ 145, 146, 156.

Offerte, Tod des Offerenten vor der Annahme das Zustandekommen des Vertrages wird hierdurch nicht gehindert, ebensowenig durch Eintritt der Geschäftsunfähigkeit des Offerenten: § 153.

„Ohne Obligo" Erklärung eines Offerenten, daß er sich vorbehält, sein Angebot zurückzuziehen: § 145.

Optionsrecht Recht einer Person auf „Vorhand": der andere Teil ist verpflichtet, bevor er mit einem Dritten einen Vertrag abschließt, den Vertragsabschluß dem Optionsberechtigten anzubieten.

Orderpapier ein Wertpapier, das auf den Namen des ersten Berechtigten lautet (bei gesetzlichen Orderpapieren auch ohne Zusatz „oder an Order" gültig; bei gewillkürten Orderpapieren ist die Orderpapiernatur bei Zusatz „oder an Order" gegeben) und durch Indossierung des darin verbrieften Rechts nebst Papieraushändigung übertragen wird.

Orderpapiere, Bestellung von Nießbrauch und Pfandrecht daran wenn ein mit Blancoindossament versehenes Orderpapier mit einem Nießbrauch belastet wird, haben den Besitz an Papier und Erneuerungsschein der Eigentümer und Nießbraucher zusammen, während der Besitz an den Gewinnanteilscheinen dem Nießbraucher allein zusteht: § 1081; die Verpfändung von Orderpapieren erfolgt durch Einigung und Übergabe des indossierten Papiers: § 1292.

Ordnung s. Parentel.

Ordnungsstrafen, bei einem Verein Mitglieder des Vorstandes eines

Vereins, welche nicht die erforderlichen Meldungen zum Vereinsregister machen, können vom Amtsgericht mit Ordnungsstrafen belegt werden, ähnliches gilt für Liquidatoren des Vereins: § 78.

Organ Begriff der juristischen Person; Teil derselben, welcher, wie bei Menschen, Denken oder Tätigkeit der juristischen Person bewerkstelligt und mit ihr untrennbar verbunden ist, so daß sie für schädigende Organshandlungen einstehen muß: § 31.

Organe, Haftung für schädigende Handlungen der Organe einer juristischen Person haftet die juristische Person: §§ 31, 86, 89.

Organisation Verfassung einer juristischen Person, insbesondere die Bezeichnung der Organe und der diesen zustehenden Befugnisse.

P

Pacht gegenseitiger Vertrag, durch den der Verpächter für Zeit dem Pächter gegen Zahlung des Pachtzinses den Gebrauch und die Fruchtziehung einer Sache oder eines Rechts überläßt; die Pacht wird nach Mietsregeln behandelt, doch ist bei der Pacht von Grundstücken oder Rechten die gesetzliche Kündigungsfrist nur zum Schluß des Pachtjahres mit halbjährlicher Kündigungsfrist statthaft; ferner hat der Pächter bei Verweigerung der Unterpacht kein gesetzliches Kündigungsrecht, während bei Tod des Pächters nur seinen Erben, nicht auch dem Verpächter ein Recht zur gesetzlichen Kündigung zusteht: §§ 581, 595, 596.

Pacht, Eisernviehvertrag Pacht eines Grundstückes mit Inventar zum Schätzungswert: hier hat der Pächter stets die untergegangenen Inventarstücke zu ersetzen, die damit automatisch in das Eigentum des Verpächters fallen („eisern Vieh stirbt nie"); zu Beginn und zu Ende der Pachtzeit wird eine Schätzung vorgenommen, der Unterschied ist am Schlusse in Geld auszugleichen. Lehnt der Verpächter die Übernahme von Stücken, deren Anschaffung nicht einer ordnungsmäßigen Wirtschaft entspricht, ab, so fallen sie automatisch in das Eigentum des Pächters: §§ 587 ff.

Pacht, eines Grundstückes mit Inventar, ohne Schätzung dem Pächter obliegt die Erhaltung der Inventarstücke, die er im Falle des Unterganges im gewöhnlichen Abgang bei Tieren aus den Jungen zu ergänzen hat, während den übrigen Ersatz der Verpächter besorgen muß: § 586.

Pacht eines landwirtschaftlichen Grundstückes die gewöhnlichen Ausbesserungen hat der Pächter zu tragen, welcher im übrigen die Bewirtschaftungsart langfristig nicht ändern darf, jährlich bemessener Pachtzins ist nachträglich zum Jahresende zu entrichten: §§ 582 ff.

Pacht, eines Landgutes der Pächter hat bei Pachtende stets von den Erzeugnissen soviel zurückzulassen, als für die Fortführung einer ordnungsmäßigen Wirtschaft nötig ist: § 593.

Parentel, Ordnung Begriff des Erbrechts bei der gesetzlichen Erbfolge von Verwandten des Erblassers: die Erbberechtigung von Verwandten richtet sich nach der Nähe der Parentel oder Ordnung, wobei die nähere Parentel die entferntere von der Beerbung ausschließt; unter einer Parentel versteht man die Gesamtheit der von einem gemeinschaftlichen Stammvater abstammenden Personen einschließlich des Stammvaters: § 1930.

Parentel, Reihenfolge die erste Ordnung bilden Abkömmlinge des Erblassers, die zweite Ordnung: die Eltern des Erblassers und deren Abkömmlinge, die dritte Ordnung: die Großeltern des Erblassers und deren Abkömmlinge usw.: §§ 1924 ff.

Parteien, gezahlte Vorschüsse an Rechtsanwälte der Anspruch auf Rückforderung derartiger Vorschüsse unterliegt einer Verjährungsfrist von 2 Jahren: § 196 Ziff. 16.

Passivlegitimation, des Testamentsvollstreckers ein gegen den Nachlaß sich richtender Anspruch kann entweder gegen den Erben oder gegen den Testamentsvollstrecker gerichtlich geltend gemacht werden, mit Ausnahme von Pflichtteilsansprüchen, bei deren Geltendmachung lediglich der Erbe passiv legitimiert ist: § 2213.

Personalleistung Leistung, die der Schuldner in Person zu erbringen hat, und zwar dann, wenn es auf seine Person ankommt: § 267.

Personalservitut s. Nießbrauch.

Personalsorge für eheliche Kinder s. elterliche Gewalt, Personalsorge.

Personalsorge bei Kindern aus geschiedenen Ehen s. Ehescheidung, Kinder aus geschiedenen Ehen.

Personalverletzung ist eine Person verletzt worden, so kann sie wahlweise als Schadenersatz Naturalrestitution oder Ersatz in Geld verlangen: § 249; bei einer unerlaubten Handlung kann Schadensersatz auch wegen derjenigen Nachteile gefordert werden, welche die Handlung für Erwerb oder Fortkommen des Verletzten herbeiführte: § 842.

Persönliche Abgabe von Willenserklärungen eine höchst persönliche Abgabe von Willenserklärungen, so daß Stellvertretung unstatthaft ist, kommt in Frage u. a. beim Eheabschluß: § 13 EheGes., bei den Anträgen sowie der Einwilligung auf Ehelichkeitserklärung eines unehelichen Kindes: § 1728, bei der Errichtung eines Testaments: § 2064.

Persönlicher Arrest wurde Selbsthilfe nach § 229 geübt durch Festnahme des Verpflichteten, so muß unverzüglich der persönliche Sicherheitsarrest beantragt werden bei demjenigen Amtsgericht, in dessen Bezirk die Festnahme erfolgte: § 230.

Persönliche Haftung der Ehefrau bei Schlüsselgewalts-Geschäften s. Eheleben, Schlüsselgewalt.

Persönlicher Verkehr mit den Kindern, bei Ehescheidung und dauerndem Getrenntleben s. elterliche Gewalt, persönlicher Verkehr.

Pfandrecht, gesetzliches hier handelt es sich um ein Pfandrecht, das kraft Gesetzes entsteht, so für den Vermieter und Verpächter von Grundstücken und Räumen: §§ 559 ff, 581, für den Unternehmer beim Werkvertrage: § 647, für den Gastwirt bei der Beherbergung: § 704; es handelt sich hierbei um Fälle von gegenseitigen Verträgen mit Vorleistungspflicht eines Teils, wobei der Vorleistungspflichtige gesichert werden soll.

Pfändungspfandrecht ein Pfandrecht, welches im Wege der Zwangsvollstreckung erwirkt wird: § 804 ZPO.

Pfändung und Überweisung einer Forderung im Zwangsvollstreckungswege erfolgender Übergang einer Forderung vom bisherigen Gläubiger auf einen Dritten; Arten: 1.) an Zahlungsstatt (nur in diesem Falle Übergang!), 2.) zur Einziehung: § 835 ZPO.

Pflegekinder sind Minderjährige unter 16 Jahren, die sich dauernd oder nur für einen Teil des Tages, jedoch regelmäßig, außerhalb des Elternhauses in Familienpflege befinden; die Pflegeperson, d. h. wer ein Pflegekind aufnimmt, bedarf dazu der vorherigen Erlaubnis des Jugendamtes, die nur erteilt wird, wenn in der Pflegestelle das leibliche, geistige und seelische Wohl des Pflegekindes gewährleistet ist; Pflegekinder unterliegen der Aufsicht des Jugendamtes, welches die Pflegeperson zu beraten und bei ihrer Tätigkeit zu unterstützen hat: §§ 27—32 JWG.

Pflegekindschaft begründet kein familienrechtliches Verhältnis.

Pflegschaft eine staatliche Einrichtung, die neben der elterlichen Gewalt oder der Vormundschaft im Falle besonderer Notwendigkeit bestellt wird, ferner im Falle der Gebrechlichkeit, der Abwesenheit einer Person oder in ähnlichen Fällen: §§ 1909 ff.

Pflegschaft, Abwesenheitspflegschaft Pflegschaft für einen abwesenden Volljährigen mit unbekanntem Aufenthalt (bzw. Verhinderung an der Rückkehr), dessen Vermögensangelegenheiten der Fürsorge bedürfen: § 1911.

Pflegschaft, Behandlung nach den Regeln der Vormundschaft: §§ 1915—1917.

Pflegschaft, für unbekannte Beteiligte Einrichtung einer Pflegschaft, wenn unbekannt oder ungewiß ist, wer bei einer Angelegenheit der Beteiligte ist (z. B. für einen noch nicht erzeugten Nacherben) und wenn insoweit eine Fürsorge nötig ist: § 1913.

Pflegschaft, Ende die Ergänzungspflegschaft endet mit Beendigung der elterlichen Gewalt bzw. der Vormundschaft, diejenige für eine Leibesfrucht mit der Geburt des Kindes, diejenige für einzelne Angelegenheiten mit deren Erledigung, sonst durch Aufhebung seitens des Vormundschaftsgerichts: §§ 1918—1921.

Pflegschaft, Ergänzungspflegschaft Pflegschaft für einen unter elterlicher Gewalt oder Vormundschaft Stehenden hinsichtlich von Angelegenheiten, an deren Besorgung der gesetzliche Vertreter verhindert ist: § 1909.

Pflegschaft, Fälle der Ergänzungspflegschaft der gesetzliche Vertreter des Minderjährigen will selber mit diesem ein Rechtsgeschäft vornehmen; ferner: dem Minderjährigen wird unentgeltlich von dritter Seite her Vermögen zugewandt, mit der Maßgabe, daß den Eltern oder dem Vormund nicht die Verwaltung zustehen soll; bei Notwendigwerden einer Pflegschaft trifft die Eltern bzw. den Vormund die Pflicht zur unverzüglichen Anzeige gegenüber dem Vormundschaftsgericht: § 1909.

Pflegschaft, Gebrechlichkeitspflegschaft wird mit Zustimmung einer volljährigen, nicht unter Vormundschaft stehenden Person eingerichtet, falls diese wegen körperlicher Gebrechen ihre Angelegenheiten nicht erledigen kann; das gleiche gilt für geistige Gebrechen, falls die Person in deren Folge einzelne Angelegenheiten oder einen bestimmten Kreis hiervon (nicht: alle!) nicht zu erledigen vermag: § 1910.

Pflegschaft und Geschäftsfähigkeit die Geschäftsfähigkeit wird durch die Einrichtung einer Pflegschaft nicht berührt.

Pflegschaft, für eine Leibesfrucht Pflegschaft für ein noch nicht geborenes Kind, dessen künftige Rechte zwecks Wahrung derselben der Fürsorge bedürfen; die Fürsorge haben indes die Eltern, wenn das Kind, falls es bereits geboren wäre, unter elterlicher Gewalt stünde: § 1912.

Pflegschaft, für eine juristische Person ist, im Gegensatz zur Vormundschaft, zulässig.

Pflegschaft, für eine Sammlung wird eingerichtet, wenn bei einer Sammlung Vermögen zu einem vorübergehenden Zweck zusammengebracht ist und die zur Verwaltung berufenen Personen weggefallen sind: § 1914.

Pflicht, sittliche auf sittliche Pflichten und ihre Erfüllung ist Rücksicht zu nehmen; daher unterliegen Schenkungen, die einer sittlichen Pflicht entsprachen, weder der Rückforderung noch dem Widerruf; auch kann eine grundlose Leistung wegen ungerechtfertigter Bereicherung dann nicht zurückgefordert werden, wenn die Leistung einer Sittenpflicht entsprach: §§ 534, 814.

Pflichtteil das Recht gewisser, dem Erblasser nahestehender Personen, die nicht Erben geworden sind, aus dem Nachlasse einen bestimmten Geldbetrag zu erhalten.

Pflichtteil, Entziehung 1.) bei Abkömmlingen: wenn sie dem Erblasser, dessen Ehegatten oder einem anderen Abkömmling nach dem Leben getrachtet haben, bei Mißhandlung des Erblassers oder dessen Ehegatten, bei einem Verbrechen oder vorsätzlichen schweren Vergehen gegen Erblasser oder dessen Ehegatten, bei Verletzung der gesetzlichen Unterhaltspflicht, bei Führung eines ehrlosen oder unsittlichen Lebenswandels; 2.) bei Eltern: bei Lebensnachstellung, Verbrechen pp. gegenüber Erblasser, bei Verletzung der Unterhaltspflicht, 3.) bei Ehegatten: falls der Erblasser befugt war, wegen Verschulden des anderen Teils auf Ehescheidung zu klagen, und zwar auch dann, wenn der Erblasser das Scheidungsrecht durch Fristablauf verloren hat: §§ 2333—2336.

Pflichtteil, Untergang des Entziehungsrechts durch Verzeihung des Erblassers; ferner bei Abkömmlingen dadurch, daß sie einen ehrlosen oder unsittlichen Lebenswandel z. Zt. des Erbfalles dauernd aufgegeben haben: §§ 2336, 2337.

Pflichtteil, Verzicht durch einen Ehegatten bei Gütergemeinschaft der in Frage kommende Ehegatte kann ihn stets allein erklären, ohne Zustimmung des anderen: §§ 1432, 1455 Z. 2.

Pflichtteilsanspruch, Verjährung in 3 Jahren seit Kenntnis des Berechtigten, ohne Rücksicht darauf in 30 Jahren seit Erbfall: § 2332.

Pflichtteilsberechtigte Abkömmlinge, Eltern und der Ehegatte des Erblassers, sofern sie an sich Erben geworden wären; die Vorschriften des § 1371 über Beendigung der Zugewinngemeinschaft durch Tod eines Ehegatten bleiben unberührt: §§ 2303, 2309.

Pflichtteilsrecht, Anordnung des Erblassers der Erblasser kann unter mehreren Erben die Pflichtteilslast regeln, sie z. B. nur einem oder einzelnen Miterben auferlegen: § 2324.

Pflichtteilsrecht, Anrechnung und Ausgleichung der Pflichtteilsberechtigte muß sich auf den Pflichtteil anrechnen lassen, was ihm der Erblasser zu Lebzeiten mit der Bestimmung der Anrechnung zugewendet hat; als Abkömmling muß er beim Vorhandensein anderer Abkömmlinge Ausstattungen pp. zur Ausgleichung (Kollation) bringen: §§ 2315, 2316.

Pflichtteilsrecht, Anspruch auf Auskunft der Pflichtteilberechtigte kann vom Erben Auskunft über den Bestand des Nachlasses verlangen, ferner, daß er bei einer Inventaraufnahme zugezogen werde: § 2314.

Pflichtteilsrecht, Befugnis eines pflichtteilsberechtigten Miterben der pflichtteilsberechtigte Miterbe kann von den anderen nicht pflichtteilsberechtigten Miterben verlangen, daß ihm der Erbteil in Höhe des eigenen Pflichtteils verbleibt: § 2319.

Pflichtteilsrecht, Begründung wenn eine Verfügung von Todeswegen seitens des Erblassers vorliegt, durch welche der Pflichtteilsberechtigte von der Erbfolge ausgeschlossen wird oder weniger als seinen gesetzlichen Erbteil erhält: §§ 2303, 2305.

Pflichtteilsrecht, Berechnung maßgebend für die Höhe des Pflichtteils ist der Bestand und der Wert des Nachlasses z. Zt. des Erbfalles, wobei der Voraus des Ehegatten außer Ansatz bleibt: § 2311.

Pflichtteilsrecht, Beschränkung ist ein Abkömmling so überschuldet, daß sein späterer Erwerb erheblich gefährdet ist, so kann der Erblasser das Pflichtteilsrecht dadurch beschränken, daß er die Abkömmlinge des Abkömmlings als Nacherben einsetzt oder einen lebenslänglichen Testamentsvollstrecker für die Verwaltung des Pflichtteils bestimmt: § 2338.

Pflichtteilsrecht, Entstehung mit dem Erbfall; der Pflichtteilsanspruch ist vererblich und übertragbar: § 2317.

Pflichtteilsrecht, Ergänzungsanspruch bei Schenkungen der Pflichtteilsberechtigte kann bei Schenkungen des Erblassers Hinzurechnung des Schenkungswertes zum Nachlasse verlangen, jedoch nicht bei Schenkungen über 10 Jahre vor Erbfall: § 2325.

Pflichtteilsrecht, Gegner des Ergänzungsanspruches er richtet sich zunächst gegen den Erben: dieser, wenn selbst pflichtteilsberechtigt, kann die Ergänzung insoweit verweigern, als dadurch sein eigener Pflichtteilsanspruch verringert werden würde; in einem solchen Falle richtet sich der Ergänzungsanspruch gegen den Beschenkten unmittelbar: §§ 2328, 2329.

Pflichtteilsrecht, Inhalt der Anspruch des Pflichtteilsberechtigten bezieht sich niemals auf irgendwelche Nachlaßgegenstände, sondern immer nur auf Geld; der Pflichtteilsberechtigte ist also insoweit Nachlaßgläubiger.

Pflichtteilsrecht, Umfang es besteht in der Hälfte des Wertes des gesetzlichen Erbteils: § 2303.

Pflichtteilsrecht, Zählung der Beteiligten mitgezählt werden diejenigen, die durch letztwillige Verfügung von der Erbfolge ausgeschlossen sind, diejenigen, welche die Erbschaft ausgeschlagen haben oder für erbunwürdig erklärt worden sind; wer durch Erbverzicht ausgeschlossen ist, wird nicht mitgezählt: § 2310.

Pflichtteilsrecht, und Vermächtnisse der Erbe kann die Pflichtteilslast zwischen sich selbst und dem Vermächtnisnehmer verhältnismäßig teilen; dem pflichtteilsberechtigten Vermächtnisnehmer muß jedoch das Legat in Höhe des Pflichtteils verbleiben: § 2318.

Pflichtverletzung, grobe sie berechtigt zum Widerruf der Bestellung zum Vorstand eines Vereins: § 27, zur Entziehung des Geschäftsführungsrechts bei einer Gesellschaft: § 712, zur Entlassung eines Vormundes: § 1886, ferner zur Entlassung eines Testamentsvollstreckers durch das Nachlaßgericht: § 2227.

Pflichtwidrige Verweigerung der Amtsausübung wegen pflichtwidriger Verweigerung oder Verzögerung der Amtsausübung ist die Einschränkung in Bezug auf die Verantwortlichkeit eines Beamten für die Schadenszufügung nicht davon abhängig, daß die Pflichtverletzung mit einer im Wege des gerichtlichen Strafverfahrens zu verhängenden öffentlichen Strafe bedroht ist: § 839 Abs. 2, Art. 34 GG.

Polizeibehörde, Abliefern eines Fundes ein Finder kann und muß, auf Anordnung der Polizeibehörde, die gefundene Sache oder den Versteigerungserlös an die Polizeibehörde abliefern: § 967.

Prälegat, Vorausvermächtnis ein Vermächtnis, das einem Erben zugewendet worden ist: § 2150; sind Miterben vorhanden, so gelten die übrigen Erben mit dem einen von ihnen zugewendeten Vorausvermächtnis als beschwert. Ist einem Alleinerben ein Vorausvermächtnis zugewendet, so kann er die Erbschaft ausschlagen, behält jedoch das Vorausvermächtnis; ebenso braucht der Vorerbe, dem ein Vorausvermächtnis zugewendet worden ist, bei Eintritt des Nacherbfalls das Vorausvermächtnis dem Nacherben nicht herauszugeben: § 2110.

Preisausschreiben eine Auslobung, die eine Preisbewerbung zum Gegenstande hat, wobei zur Gültigkeit die Bestimmung einer Frist für die Bewerbung in der Bekanntmachung gehört und die getroffene Entscheidung über die Zuerkennung des Preises für die Beteiligten verbindlich ist: § 661.

Prioritätsprinzip s. Grundbuch, Rangverhältnis eingetragener Rechte.

Privatbedienstete, Privatlehrer die Ansprüche dieser Personen wegen Gehalts, Lohnes, anderer Dienstbezüge sowie Auslagen verjähren in zwei Jahren: § 196 Ziff. 8, Ziff. 13.

Privatgewässer Fische in geschlossenen Privatgewässern sind nicht herrenlos: § 960.

Privatgläubiger eines Gesellschafters, Kündigung durch diesen wenn ein Privatgläubiger eines Gesellschafters den Anteil des Gesellschafters am Gesellschaftsvermögen gepfändet hat, so kann er die Gesellschaft fristlos kündigen, allerdings nur dann, wenn der erlangte Titel nicht bloß vorläufig vollstreckbar ist: § 725.

Prokura will ein Vormund oder elterlicher Gewalthaber in Bezug auf das Handelsunternehmen eines Mündels bzw. Kindes Prokura erteilen, so bedarf er hierzu der Genehmigung des Vormundschaftsgerichts: § 1643, § 1822 Ziff. 11; ebenso kann der Minderjährige, welcher ein selbständiges Erwerbsgeschäft betreibt, trotz der sonstigen Selbständigkeit nicht allein Prokura erteilen: § 112.

Protokollführer, Ausschluß als Käufer bei einem Verkauf im Wege der Zwangsvollstreckung oder einem freihändigen Verkauf gemäß gesetzlicher Vorschrift, zum Zwecke des Verkaufes für Rechnung eines anderen, darf der Protokollführer den zum Verkauf gestellten Gegenstand weder für sich persönlich oder durch einen anderen noch als Vertreter eines anderen kaufen: § 456.

Prozeß s. Rechtshängigkeit bzw. Klageerhebung.

Prozeßführung eines Ehegatten bei Zugewinngemeinschaft gegen Dritte s. Zugewinngemeinschaft, Prozeßführung eines Ehegatten gegen Dritte.

Prozeßführung eines Ehegatten bei Gütergemeinschaft Prozesse, die bei Eintritt der Gütergemeinschaft anhängig waren, kann der prozessierende Ehegatte ohne Zustimmung oder Mitwirkung des anderen fortsetzen, sowohl bei Einzel- wie auch bei Mitverwaltung: §§ 1433, 1455 Z. 7.

Prozeßzinsen Zinsen, die für eine Geldschuld vom Eintritt der Rechtshängigkeit ab vom Schuldner zu erbringen sind, auch wenn kein Verzug vorliegt: § 291.

publiciana, deutschrechtliche dies ist der Anspruch eines früheren Besitzers einer beweglichen Sache gegen den derzeitigen Besitzer, falls dieser „schlechter im Besitz" ist als der frühere Besitzer: § 1007.

Publizitätsprinzip vergl. Grundstücksrecht, Publizitätsprinzip.

Punktation schriftliche Niederlegung der Hauptpunkte eines Vertrages; erzeugt noch keine Bindung: § 154.

Putativnotwehr irrtümliche Verteidigungshandlung, welcher ein Angriff nicht zu Grunde liegt; stets rechtswidrig, jedoch eine unerlaubte Handlung nur bei Verschulden.

Qu

Quartal Kalendervierteljahr, wichtig für die Kündigung bei Grundstücks- und Raummiete, bei Rentenzahlungen u. a. m.

Quasidelikte widerrechtliche Verletzungen fremder Rechtsgüter, bei denen die Schadenersatzpflicht des Täters ähnlich wie bei unerlaubten Handlungen entsteht, jedoch ohne Rücksicht auf ein Verschulden (z. B. die Tierhalterhaftung nach § 833).

Quasikontrakte gesetzliche Schuldverhältnisse, die einem vertraglichen Schuldverhältnis ähnlich sind und regelmäßig nach den Vorschriften des entsprechenden schuldrechtlichen Vertrages behandelt werden (Geschäftsführung ohne Auftrag, Sacheinbringung bei Gastwirten, Gemeinschaft).

Quasi-Nießbrauch Nießbrauch an verbrauchbaren Sachen; der Nießbraucher erhält Eigentum an ihnen und ist verpflichtet, nach Nießbrauchende dem Besteller den Einstandswert in Geld zu ersetzen: § 1067.

Quittung Empfangsbekenntnis des Gläubigers in schriftlicher Form bei Erbringung der Leistung; bei Interesse des Schuldners an der Erteilung der Quittung in anderer Form kann dieser anderweitige Erteilung verlangen: § 368.

Quittung, Kosten diese hat der Schuldner zu tragen und auf Verlangen vorzuschießen, soweit nicht aus dem zwischen den Parteien bestehenden Rechtsverhältnisse sich ein anderes ergibt: § 369.

Quittung, Überbringer der echten Quittung gilt als zum Leistungsempfang bevollmächtigt, es sei denn, daß der Leistende Umstände kennt, welche dieser Annahme entgegenstehen: § 370.

R

Rangänderung, Rangverhältnis, Rangvorbehalt s. Grundbuch, Rangänderung, Rangverhältnis, Rangvorbehalt.

Rangänderung, bei Teilhypotheken an sich haben die Teilhypotheken untereinander gleichen Rang; soll ihr Rangverhältnis untereinander geändert werden, so ist hierzu die Zustimmung des Eigentümers nicht erforderlich: § 1151.

Rat und Empfehlung die durch Befolgung entstandenen Schäden sind vom Ratgeber nur dann zu ersetzen, wenn vorlag 1.) entweder eine unerlaubte Handlung oder 2.) ein Vertragsverhältnis (sofern hier wieder nicht durch besondere Abmachung die Haftung ausgeschlossen war): § 676.

Räume, Zustand bei Dienstverträgen es gehört zu den Verpflichtungen des Dienstberechtigten, Räume, die er zur Verrichtung der Dienste zu beschaffen hat, derart einzurichten und zu unterhalten, daß der Dienstverpflichtete gegen Lebens- und Gesundheitsgefahren soweit geschützt ist, wie es die Natur der Dienstleistung gestattet. Bei Aufnahme des Dienstverpflichteten in die häusliche Gemeinschaft müssen Wohn- und Schlafräume so beschaffen sein, wie es Gesundheit, Sittlichkeit und Religion des Dienstverpflichteten erfordern. Diese Verpflichtungen sind unabdingbar: §§ 618, 619.

Raummiete die Miete von Wohn- und anderen Räumen wird nach den Regeln über die Grundstücksmiete behandelt: § 580.

Realakte tatsächliche, nur durch motorische Willensbestätigung hervorgerufene Handlungen (z. B. Aufstehen pp); sie sind grundsätzlich ohne rechtliche Bedeutung (Ausnahmen: das Finden, Verbinden, Verarbeiten, Trennen u. a. m.).

Realangebot, bei Gläubigerverzug s. Gläubigerverzug, Voraussetzungen.

Reallast Recht einer Person oder eines Grundstückes, aus einem anderen Grundstück wiederkehrende Leistungen zu erhalten: § 1105.

Reallast, Behandlung der einzelnen Leistungen nach den Regeln für Hypothekenzinsen: § 1107.

Reallast, Berechtigter eine Person oder ein Grundstück, also subjektiv-persönlich oder -dinglich: § 1105.

Reallast, Bruchteilsbelastung der Alleineigentümer eines Grundstückes kann niemals einen Bruchteil mit einer Reallast belasten, wohl aber kann dies ein Bruchteilsmiteigentümer hinsichtlich seines Bruchteils tun: § 1106.

Reallast, Entstehung durch Einigung und Eintragung; ist sie subjektiv-dinglich, so wird sie meistens auch bei dem herrschenden Grundstück eingetragen, und zwar im Hauptteil II („Bestandsverzeichnis").

Reallast, Haftung für die Leistungen stets haftet das Grundstück, daneben der jeweilige Eigentümer persönlich für die während seiner Eigentumszeit fällig werdenden Leistungen: § 1108.

Reallast, Inhalt wiederkehrende — nicht notwendigerweise: regelmäßig! — Leistungen aller Art: Geld, Naturalien, Dienste.

Reallast, Rechtsnatur sie ist ein dingliches Recht, jedoch mit stark schuldrechtlichem Einschlag, und zwar wegen der persönlichen Haftung des Eigentümers; dem römischen Recht war sie unbekannt.

Reallast, Unterschied zur Rentenschuld 1. die Rentenschuld ist stets subjektiv-persönlich, die Reallast subjektiv-persönlich oder -dinglich, 2. die Reallast ist stets unmittelbare Grundstücksbelastung, die Rentenschuld kann auch Pfandcharakter haben; 3. die Rentenschuld besteht nur in Geld, die Reallast auch in anderen Leistungen; 4. die Rentenschuld muß regelmäßig, die Reallast kann auch unregelmäßig wiederkehren; 5. für die Rentenschuld haftet nur das Grundstück, für die Reallast daneben der Eigentümer persönlich.

Realvertrag ein schuldrechtlicher Vertrag, welcher nicht durch bloße Willensübereinstimmung, sondern darüber hinaus durch Hingabe (Übergabe, Übereignung) einer Sache zustandekommt (z. B. Leihe, Darlehen).

Rechnungslegung diese ist eine geordnete Zusammenstellung der Einnahmen und Ausgaben unter Vorlegung von Belegen, soweit Belege erteilt zu werden pflegen: § 259.

Rechnungslegung, Pflicht hierzu der Beauftragte: § 666, der Geschäftsführer ohne Auftrag: § 681, der Vormund: §§ 1840, 1890, der Vorerbe bei Eintritt des Nacherbfalles: § 2130, der Testamentsvollstrecker: § 2218.

Rechte des Dritten, bei Verträgen zu Gunsten Dritter s. Vertrag zu Gunsten Dritter.

Rechtsänderung, des Inhalts eines Grundstücksrechtes soll ein im Grundbuch eingetragenes Recht inhaltlich geändert werden, so ist hierzu Einigung und Eintragung erforderlich: § 877.

Rechtsänderung, Inhaltsänderung eines Schuldverhältnisses sog. Novation: hierzu ist ein Vertrag zwischen den Beteiligten erforderlich: § 305.

Rechtsanwälte, Verjährung der Forderungen auf Gebühren diese Forderungen, einschließlich derjenigen auf Ersatz von Auslagen, verjähren in zwei Jahren: § 196 Ziffer 15.

Rechtsersitzung und -Verschweigung s. Grundbuch, Tabularersitzung und -Verschweigung.

Rechtsfähigkeit Fähigkeit, Rechte und Pflichten zu haben; diese Fähigkeit besitzen natürliche und juristische Personen.

Rechtsfähigkeit, Beginn und Ende bei natürlichen Personen sie beginnt mit Vollendung der Geburt: § 1 und endet mit dem Tode.

Rechtsfähigkeit, Erwerb durch Eintragung dies ist der Fall bei Idealvereinen (= der Zweck ist nicht auf einen wirtschaftlichen Geschäftsbetrieb gerichtet): § 21, ferner bei den Handelsgesellschaften.

Rechtsfähigkeit, Erwerb bei der juristischen Person sie wird erworben durch: Gesetz, Verwaltungsakt (Verleihung) oder durch einen Akt der freiwilligen Gerichtsbarkeit, nämlich Eintragung in ein öffentliches Register.

Rechtsfähigkeit, Erwerb durch Verleihung dies ist der Fall bei wirtschaftlichen Vereinen, ausländischen Vereinen und bei der Stiftung: §§ 22, 23, 80.

Rechtsfähigkeit, Verlust bei juristischen Personen durch Konkurs, Entziehung der Rechtsfähigkeit wegen gesetzwidriger Beschlüsse der Mitgliederversammlung oder gesetzwidrigen, das Gemeinwohl gefährdenden Verhaltens des Vorstandes, Zweckänderung, ferner durch Entziehung der Rechtsfähigkeit seitens des Amtsgerichtes, weil die Zahl der Mitglieder unter 3 gesunken ist, endlich bei Stiftungen, wenn die Erfüllung des Stiftungszweckes unmöglich geworden ist oder das Gemeinwohl gefährdet: §§ 42, 43, 73, 87.

Rechtsgeschäfte einseitige oder (Vertrag!) zweiseitige Privatwillenserklärungen.

Rechtsgeschäfte, des Schuldners bei der Zession nimmt der Schuldner in Unkenntnis von der Abtretung in Bezug auf die zedierte Forderung mit dem Zedenten irgendwelche Rechtgeschäfte vor, so muß der Zessionar dies gegen sich gelten lassen: § 407.

Rechtskräftig festgestellte Ansprüche, Verjährung Ansprüche, die rechtskräftig festgestellt worden sind, verjähren erst in 30 Jahren, selbst dann, wenn sie an sich einer kürzeren Verjährung unterliegen würden: § 218.

Rechtsmängel Rechte Dritter, die beim Kauf, bei der Schenkung, bei Vermächtnissen die freie Verfügungsgewalt des Käufers, des Beschenkten, des Legatars beeinträchtigen können.

Rechtsmängel, beim Kaufe der Verkäufer hat dafür einzustehen, daß der verkaufte Gegenstand frei von Rechten ist, welche Dritte gegen den Käufer geltend machen können, andernfalls der Käufer das Recht zum

Rücktritt oder auf Schadensersatz hat: §§ 434, 440.

Rechtsmängel, Kenntnis des Käufers hiervon in diesem Falle hat der Verkäufer einen Rechtsmangel nicht zu vertreten, mit Ausnahme von Grund- und Faustpfändern, von Grund- und Rentenschulden: § 439.

Rechtsmängel, bei der Miete hier tritt eine Mietzinsminderung, unter Umständen eine Schadensersatzpflicht des Vermieters, ein, jedoch nur dann, wenn dem Mieter durch das Recht des Dritten der Sachgebrauch ganz oder zum Teil entzogen worden ist: § 541.

Rechtsmängel, bei der Schenkung hier haftet der Schenker auf Schadensersatz, wenn er einen Rechtsmangel arglistig verschwiegen hat, ferner bei einem vom Schenker erst zu beschaffenden Gegenstande, falls der Schenker beim Sacherwerb in Bezug auf den Rechtsmangel bösgläubig war: § 523.

Rechtsmängel, beim Vermächtnis hier haftet, sofern es sich um ein Gattungsvermächtnis handelt, der Beschwerte in der gleichen Weise wie ein Verkäufer: § 2182.

Rechtsnießbrauch auch Rechte, jedoch nur übertragbare, können mit einem Nießbrauch belastet werden; die Bestellung erfolgt nach den Regeln für die Übertragung, der Nießbrauch selbst wird nach den Vorschriften über den Sachnießbrauch behandelt: §§ 1068, 1069.

Rechtsnießbrauch, an einer unverzinslichen Forderung leistet der Schuldner den Gegenstand an den Nießbraucher, so wird dadurch automatisch der Gläubiger zum Berechtigten, während der Nießbraucher einen Nießbrauch an dem Gegenstande hat: § 1075.

Rechtspfand Pfandrecht an Rechten, soweit sie übertragbar sind: § 1273.

Rechtspfand, Aufhebung des Rechts erfolgt nur mit Zustimmung des Pfandberechtigten: § 1276.

Rechtspfand, Befriedigung des Pfandberechtigten im Wege der Zwangsvollstreckung, also auf Grund eines vollstreckbaren Titels (wie beim Grund- und Schiffspfand!): § 1277.

Rechtspfand, Bestellung nach den für die Übertragung des Rechts geltenden Vorschriften: § 1274.

Rechtspfand, an einer Forderung hier finden nicht nur die Zessionsregeln Anwendung, vielmehr ist zur Gültigkeit der Verpfändung einer Forderung stets die Benachrichtigung des Drittschuldners nötig; endlich erfolgt die Befriedigung nicht durch Zwangsvollstreckung, auf Grund eines vollstreckbaren Titels, sondern durch Einziehung seitens der Beteiligten: §§ 1279 ff.

Rechtspfand, Leistung des Drittschuldners der Schuldner erwirbt das Eigentum an dem Gegenstande der verpfändeten Forderung, der Pfandgläubiger erhält automatisch ein Pfandrecht an dem Gegenstand: § 1287.

Rechtspfand, Pfandrecht an einem Auflassungsanspruch erfüllt der Drittschuldner, so erhält der Schuldner das Eigentum am Grundstück und der Pfandgläubiger automatisch eine Sicherungshypothek daran: § 1287.

Rechtspflege, Stillstand dies bewirkt die Hemmung der Verjährung von Ansprüchen, falls der Berechtigte hierdurch in den letzten 6 Monaten der Verjährungsfrist an der Rechtsverfolgung verhindert worden ist: § 203.

Rechtsstellung der Kinder aus nichtigen Ehen s. Kinder, aus nichtigen Ehen, elterliche Gewalt.

Rechtsübergang, des einer Stiftung zugesicherten Vermögens das durch

Stiftungsgeschäft vom Stifter zugesicherte Vermögen geht bei Genehmigung der Stiftung nicht automatisch auf diese über, sondern muß vom Stifter übertragen werden, mit Ausnahme von Rechten, zu deren Übertragung bloße Zession genügt: § 82.

Rechtsverlust, Vergütung dafür, bei Verbindung, Verarbeitung soweit jemand durch Verbindung, Vermischung, Vermengung, Verarbeitung einen Rechtsverlust erleidet, muß ihm derjenige, zu dessen Gunsten die Rechtsänderung eintrat, eine Geldvergütung entsprechend den Regeln über ungerechtfertigte Bereicherung gewähren; sofern die Rechtsänderung auf einer unerlaubten Handlung beruhte, ist sogar Schadenersatz zu leisten: § 951.

Rechtsvorbehalt, des Käufers bei mangelhaften Sachen wenn ein Käufer eine mangelhafte Sache in Kenntnis des Mangels annimmt, so hat er die Gewährleistungsansprüche nur, wenn er sich seine Rechte wegen des Mangels bei der Annahme vorbehalten hat: § 464.

Registergericht als Registergerichte kommen in Frage diejenigen, welche das Vereins- und Güterrechtsregister führen; in beiden Fällen ist es das Amtsgericht, und zwar kommt für das Vereinsregister dasjenige Amtsgericht in Frage, in dessen Bezirk der Verein seinen Sitz hat, für das Güterrechtsregister das Amtsgericht, in dessen Bezirk der Mann seinen Wohnsitz hat: §§ 55, 1558.

Register, Einsicht die Einsicht in das Vereins- und Güterrechtsregister ist jedem gestattet, ebenfalls kann hinsichtlich der Eintragungen eine Abschrift, die auf Verlangen zu beglaubigen ist, gefordert werden: §§ 79, 1563.

Regelmäßig wiederkehrende Leistungen, Verjährung Ansprüche auf Rückstände hiervon verjähren in 4 Jahren: § 197.

rei vindicatio Klage des nichtbesitzenden Eigentümers einer Sache gegen den besitzenden Nichteigentümer, gerichtet auf Herausgabe: § 985.

Reihe beglaubigter Zessionen, bei Briefhypotheken auf eine Reihe öffentlich beglaubigter Zessionserklärungen, die lückenlos bis zu einem eingetragenen Hypothekar zurückgreifen, finden die Regeln über den öffentlichen Glauben des Grundbuches (§§ 891—899) genau so Anwendung, wie wenn der Besitzer des Briefes im Grundbuch eingetragen wäre; die Reihe beglaubigter Zessionserklärungen wirkt sich also hinsichtlich des öffentlichen Glaubens wie das Grundbuch selbst aus: § 1155.

Relative Nichtigkeit Nichtigkeit von Rechtsgeschäften derart, daß diese nicht allgemein nichtig sind, sondern nur einer bestimmten Person oder einem bestimmten Personenkreis gegenüber (z. B. Veräußerungen von Konkursgegenständen durch den Gemeinschuldner sind nur den Konkursgläubigern gegenüber nichtig: § 7 KO).

Relative Unwirksamkeit sie bedeutet, daß ein Rechtsgeschäft grundsätzlich gültig, jedoch gegenüber bestimmten Personen nichtig ist (z. B. Verfügungen eines Vormerkungspflichtigen, durch welche das künftige, durch Vormerkung gesicherte Recht beeinträchtigt wird).

Religionsdiener, Vormundschaft ein Religionsdiener, der laut Landesgesetz zur Vormundschaftsübernahme einer besonderen Erlaubnis bedarf, soll ohne diese Erlaubnis nicht zum Vormund bestellt werden: § 1784.

Religiöse Erziehung, eines Mündels wenn Vormund und Mündel nicht das gleiche religiöse Bekenntnis haben, so kann das Vormundschaftsgericht dem Vormund die Sorge für die religiöse Erziehung des Mündels entziehen: § 1801.

Religiöse Kindererziehung s. Kindererziehung, religiöse.

Rente Leistung vertretbarer Sachen, die nicht — wie Zins oder Dividende — neben einem Kapital, sondern an Stelle eines solchen geschuldet werden.

Rente, bei unerlaubten Handlungen besteht die unerlaubte Handlung in einer Körperverletzung oder Gesundheitsbeschädigung, durch welche die Fähigkeit des Verletzten zum Erwerbe aufgehoben oder gemindert wird oder welche zu einer Vermehrung der Bedürfnisse führt, so hat der Täter dem Verletzten Schadensersatz in Form einer Geldrente zu leisten; das gleiche ist der Fall bei einer Tötung hinsichtlich derjenigen Personen, denen der Getötete unterhaltspflichtig war, zum Zwecke der Gewährung von Unterhalt. Endlich ist eine Geldrente in den gleichen Fällen demjenigen zu zahlen, dem der Verletzte oder Getötete kraft Gesetzes dienstleistungspflichtig war, als Ersatz für die entgangenen Dienste: §§ 843—845.

Rente, Überbau- und Notwegrente s. Grundstück, Überbaurente, Notwegrecht.

Rentenschenkung dies ist eine Schenkung, bei welcher der Schenker eine in wiederkehrenden Leistungen bestehende Unterstützung versprochen hat: die Verbindlichkeit erlischt mit dem Tode des Schenkers: § 520.

Rentenschuld Abart der Grundschuld: es wird nicht ein Kapitalbetrag, sondern eine regelmäßig wiederkehrende Geldrente aus dem Grundstück geschuldet: § 1199.

Rentenschuld, Ablösungssumme derjenige Betrag, durch dessen Zahlung die Rentenschuld abgelöst werden kann; er ist im Grundbuche einzutragen und kann vom Eigentümer gezahlt, nicht aber vom Gläubiger gefordert werden: §§ 1199—1202.

Rentenschuld, Umwandlung in eine Grundschuld — und umgekehrt — ist zulässig: § 1203.

Repräsentationstheorie bei Willensmängeln (Irrtum, guter und böser Glaube) ist im Falle der Tätigkeit eines Bevollmächtigten seine Person, nicht die des Vertreters entscheidend (Ausnahme: bei Vollmachtserteilung nebst genauen Weisungen kann sich der bösgläubige Vertretene nicht auf guten Glauben des Bevollmächtigten berufen): § 166.

Resolutivbedingung Bedingung bei der Vornahme eines Rechtsgeschäfts derart, daß dessen Wirkungen zwar sogleich einsetzen, aber vielleicht in der Zukunft wieder wegfallen, falls nämlich die Bedingung (d. h. das zukünftige ungewisse Ereignis) eintritt: § 158.

Restkaufgeldhypothek dies ist eine Hypothek, welche zur Sicherung der Kaufpreisforderung gelegentlich des Verkaufes eines Grundstückes für den Verkäufer nach erfolgtem Eigentumsübergang auf den Käufer eingetragen wird.

Retentionsrecht s. Zurückbehaltungsrecht.

Reugeld Versprechen der Zahlung einer Geldsumme für den Fall der Ausübung eines ausbedungenen Rücktrittsrechts; das Reugeld ist bei Rücktrittserklärung zu zahlen, sonst wird der erklärte Rücktritt unwirksam: § 359.

Reugeld, bei der Draufgabe die Draufgabe gilt im Zweifel nicht als Reugeld: § 336.

Reugeld, bei Rücktritt wenn die Ausübung des Rücktrittsrechts von einer Reugeldzahlung abhängig ist, so ist der erklärte Rücktritt unwirksam, wenn das Reugeld nicht gelegentlich der Erklärung entrichtet wird und der andere die Erklärung deshalb unverzüglich zurückweist: § 359.

Revalierungsanspruch Anspruch des Bürgen gegen den Schuldner, falls der Bürge den Gläubiger befriedigt hat: in Höhe der Leistung durch den Bürgen geht die Forderung des Gläubigers gegen den Schuldner auf den Bürgen über: § 774.

Rücken darunter versteht man die ohne Wissen eines Vermieters erfolgte Entfernung von Sachen, die bei der Grundstücks- und Raummiete dem gesetzlichen Pfandrecht des Vermieters unterliegen; bei „Rücken" bleibt das Vermieterpfandrecht erhalten: § 560.

Rückgabe, der Bestallungsurkunde des Vormundes nach Amtsbeendigung hat der Vormund die Bestallung dem Vormundschaftsgericht zurückzugeben: § 1893.

Rückgabe, eines Schuldscheines wenn über eine Forderung ein Schuldschein ausgestellt worden war, so kann der Schuldner bei Leistung Rückgabe des Schuldscheines verlangen und, falls der Gläubiger zur Rückgabe außerstande zu sein behauptet, ein öffentlich beglaubigtes Anerkenntnis über das Erlöschen der Schuld: § 371.

Rückgabe, verspätete bei Miete wenn der Mieter trotz Beendigung des Mietverhältnisses die Sache nicht zurückgibt, so hat er dem Vermieter für die Dauer der Vorenthaltung als Entschädigung den vereinbarten Mietzins zu zahlen, doch ist die Geltendmachung eines weiteren Schadens nicht ausgeschlossen: § 557.

Rückgabe, der Vollmachtsurkunde der Bevollmächtigte hat stets nach dem Erlöschen der Vollmacht dem Vollmachtgeber die Vollmachtsurkunde zurückzugeben, ein Zurückbehaltungsrecht ist niemals gegeben: § 175.

Rückgabepflicht zur Rückgabe sind verpflichtet: der Mieter und Pächter nach Beendigung von Miete und Pacht: §§ 556, 581; der Entleiher nach Leihende, oder wenn der Entleiher keinen Gebrauch von der Sache macht: § 604; der Verwahrer: jederzeit: § 695; der Nießbraucher nach Beendigung des Nießbrauches: § 1055; der Pfandgläubiger: nach Erlöschen des Pfandrechtes: § 1223.

Rückgabepflicht, bei Ausgleichung unter Abkömmlingen wenn sich bei einer Auseinandersetzung unter Abkömmlingen ergibt, daß ein Miterbe durch Zuwendungen des Erblassers mehr erhalten hat, als ihm bei der Auseinandersetzung zukommen würde, so ist er trotzdem zur Herauszahlung des Mehrbetrages nicht verpflichtet: § 2056.

Rücknahme, einer Klage soweit die Verjährung eines Anspruches durch Klageerhebung unterbrochen wurde, gilt die Unterbrechung als nicht erfolgt, wenn die Klage zurückgenommen wird: § 212.

Rücknahmerecht, bei Hinterlegung dem Schuldner steht das Recht zu, eine zum Zweck des Erlöschens von Schuldverhältnissen hinterlegte Sache zurückzunehmen, sofern er nicht darauf verzichtet hat oder der Gläubiger der Hinterlegungsstelle die Annahme erklärt oder dieser ein rechtskräftiges Urteil vorgelegt wird, welches die Hinterlegung für rechtmäßig erklärt: § 376.

Rücknahme, eines Testamentes, aus amtlicher Verwahrung wird ein öffentliches Testament dem Erblasser aus amtlicher Verwahrung zurückgegeben, so gilt es als widerrufen: § 2256.

Rücknahmerecht, trotz Verzichts bei Hinterlegung wenn sich der Gläubiger binnen 30 Jahren bei der Hinterlegungsstelle nicht meldet, ist der Schuldner trotz eines Rücknahmeverzichtes zur Rücknahme berechtigt: § 382.

Rücknahmeverzicht Erklärung des Schuldners gelegentlich einer Hinterlegung, daß er auf das Recht der Rücknahme verzichtet: nur bei einer solchen Erklärung geht das Schuldverhältnis unter; nach Ablauf von 30 Jahren kann der Schuldner, falls der Gläubiger sich nicht meldet, trotzdem die Leistung zurücknehmen: §§ 376, 378, 382.

Rücktritt Recht eines Vertragsteiles, infolge Vereinbarung, von einem schuldrechtlichen Vertrage durch Erklärung dem anderen Teil gegenüber den Vertrag zur Beseitigung zu bringen: §§ 346, 349.

Rücktritt, mehrere Beteiligte der Rücktritt kann nur einheitlich von allen gegen alle ausgeübt werden: § 356.

Rücktritt, kraft Gesetzes ein Rücktrittsrecht kraft Gesetzes ist begründet bei gegenseitigen Verträgen im Falle des Schuldnerverzuges oder einer vom Schuldner zu vertretenden Unmöglichkeit: §§ 325, 326; dieses gesetzliche Rücktrittsrecht wird nach den Regeln des vertraglichen Rücktrittsrechtes der §§ 346—356 behandelt: § 327.

Rücktritt, vom Erbvertrag s. Erbvertrag, Rücktritt.

Rücktritt, Unwirksamkeit des erklärten Rücktritts der erklärte Rücktritt wird wieder unwirksam, wenn der Berechtigte mit seiner Verpflichtung zur Rückgabe der empfangenen Gegenstände in Verzug kommt, ferner, wenn der andere Teil nach Erklärung des Rücktritts eine Aufrechnung erklärt, letzteres jedoch nur für den Fall, daß der Rücktritt gegeben war, wenn der andere Teil seine Verbindlichkeit nicht erfüllen würde: §§ 354—357.

Rücktritt, Untergang des empfangenen Gegenstandes der Rücktritt ist ausgeschlossen, wenn der Rücktrittsberechtigte den Untergang verschuldet hat, andernfalls ist der Rücktritt nach wie vor statthaft: §§ 350, 351.

Rücktritt, Verarbeitung der empfangenen Sache hat der Berechtigte die empfangene Sache umgestaltet, so ist der Rücktritt ausgeschlossen: § 352.

Rücktritt, vom Verlöbnis wenn ein Verlobter ohne wichtigen Grund vom Verlöbnis zurücktritt oder durch sein Verschulden den Rücktritt des anderen Teiles veranlaßt, so hat er dem anderen Verlobten und dessen Eltern sowie Personen, die an Elternstelle gehandelt haben, den durch Aufwendungen in der Erwartung der Ehe entstandenen Schaden zu ersetzen, jedoch nicht über das positive Interesse hinaus; darüber hinaus müssen dem anderen Verlobten auch die Schäden ersetzt werden, die er durch Maßnahmen in Bezug auf sein Vermögen oder seine Erwerbsstellung in Erwartung der Ehe erlitten hat. Endlich ist der unbescholtenen Verlobten bei Gestattung der Beiwohnung eine billige Entschädigung in Geld zu gewähren: §§ 1298—1300.

Rücktritt, vertraglicher das bei Vertragsabschluß vorbehaltene Recht, durch Erklärung dem anderen gegenüber von diesem Vertrage wieder loszukommen; führt dazu, daß die empfangenen Leistungen Zug um Zug zurüchzugeben sind; ausgeschlossen: bei Fristablauf, verschuldetem Untergang oder Verarbeitung des herauszugebenden Gegenstandes: §§ 346 ff.

Rücktritt, Verwirkungsklausel wurde bei einem Vertrage vereinbart, daß der Schuldner im Falle der Nichterfüllung seine Vertragsrechte verlieren solle, so bedeutet dies, daß der Gläubiger in einem solchen Fall zum Rücktritt berechtigt ist: § 360.

Rücktritt, Wandelung auf die Wandelung finden die Regeln für das vertragsmäßige Rücktrittsrecht entsprechende Anwendung: § 467.

Rücktritt, Wirkung die Parteien müssen die empfangenen Leistungen einander Zug um Zug zurückgewähren: §§ 346, 348.

Rückwirkende Kraft, der Anfechtung wird ein Rechtsgeschäft angefochten, so ist es nicht erst im Zeitpunkt der Anfechtung nichtig, es ist vielmehr als von Anfang an nichtig anzusehen: § 142.

Rückwirkende Kraft, der Aufrechnung die erklärte Aufrechnung wirkt auf denjenigen Zeitpunkt zurück, zu welchem sie hätte erklärt werden können: § 389.

Rückwirkung, einer Genehmigung ist zur Vornahme eines Rechtsgeschäftes eine Genehmigung erforderlich und wird sie erteilt, dann wirkt sie auf den Zeitpunkt der Vornahme des Geschäfts zurück, hat also rückwirkende Kraft: § 184.

Rückwirkung der Genehmigung, bei einer Stiftung erfolgt Genehmigung einer Stiftung erst nach dem Tode des Stifters, so gilt sie als schon vor dessen Tode entstanden, soweit die Zuwendungen des Stifters in Frage kommen (sog. Städel-Vorschrift): § 84.

Ruhegehalt der Anspruch auf Rückstände von Ruhegehalt verjährt in 4 Jahren: § 197; bei Abtretung des übertragbaren Teiles des Ruhegehaltes muß die auszahlende Kasse von der Abtretung benachrichtigt werden, durch Aushändigung einer von dem bisherigen Gläubiger ausgestellten, öffentlich beglaubigten Urkunde: § 411.

S

Sachen körperlich gefaßte Gegenstände: § 90 (Gegensatz: Rechte = unkörperliche Gegenstände).

Sachen, öffentliche solche, die dem Gemeingebrauch gewidmet sind (sie können auch im privaten Eigentum stehen).

Sachen, verbrauchbare bewegliche Sachen, deren bestimmungsgemäßer Gebrauch entweder im Verbrauch oder in der Veräußerung besteht: § 92.

Sachen, vertretbare bewegliche Sachen, die im Verkehr nach Maß, Zahl oder Gewicht bestimmt zu werden pflegen: § 91.

Sachbeschädigung, Schadensersatz der Gläubiger hat die Wahl, ob er Naturalrestitution oder Schadensersatz in Geld begehren will: § 249.

Sachgesamtheit, sog. universitas facti Mehrheit selbständiger Sachen, die zufolge gemeinschaftlichen wirtschaftlichen Zweckes zusammengefaßt werden (Gegensatz: Rechtsgesamtheit, sog. universitas iuris = Zusammenfassung von Gegenständen, die einer gleichen rechtlichen Behandlung unterworfen sind, z. B. Nachlaß, Konkursmasse).

Sachmängel sie liegen vor, wenn bei einer Sache erhebliche Fehler vorhanden sind oder zugesicherte Eigenschaften fehlen, sei es bei einem Kauf: § 459, einer Miete: § 537, einem Werkvertrag: § 633, einem Sachgattungs-Vermächtnis: § 2183.

Sachmehrheit, Wandelung beim Kaufe wenn bei einer verkauften Sachmehrheit nur einzelne Sachen mangelhaft sind, so kann nur hinsichtlich dieser einzelnen Sachen Wandelung verlangt werden, es sei denn, daß die Sachen als zusammengehörend verkauft worden sind: § 469.

Samen er wird zum wesentlichen Bestandteil eines Grundstückes bereits mit dem Aussäen: § 94.

Sammelvermögen bei Zusammenbringung von Vermögen für einen vorübergehenden Zweck durch öffentliche Sammlung kann, bei Wegfall der zur Verwaltung und Verwendung berufenen Personen, zum Zwecke der Verwaltung und Verwendung ein Pfleger bestellt werden: § 1914.

Satzung dies ist die Verfassung, die Organisation einer juristischen Person; sie muß den Zweck, den Namen und den Sitz des Vereins und eine Angabe darüber, daß der Verein eingetragen werden soll, enthalten. Daneben sollen Bestimmungen über die Mitgliedschaft, Mitgliedsbeiträge, Bildung des Vorstandes, Einberufung der Mitgliederversammlung aufgenommen werden. Jede Satzungsänderung ist erst wirksam, wenn der mit ¾ Majorität zustande gekommene Beschluß in das Vereinsregister eingetragen worden ist: §§ 57, 58, 33, 71.

Schadensausgleich mit Vorteilen wenn jemand durch ein Ereignis nicht nur Schaden, sondern auch Vorteile erfährt, so muß er sich diese anrechnen lassen (z. B. Ansprüche gegen Dritte abtreten), sog. compensatio lucri cum damno: § 255.

Schadensersatz Herstellung des Zustandes, wie er ohne die schädigende Handlung bestanden hätte; zu leisten grundsätzlich nur dann, wenn der Täter den Schaden nicht nur verursacht, sondern auch verschuldet hat: §§ 249, 276.

Schadensersatz, Fristsetzung durch den Gläubiger bei Fristsetzung durch den Gläubiger zwecks Naturalrestitution mit der Erklärung, daß nach Fristablauf Naturalrestitution abgelehnt wird, kann der Gläubiger nur Schadenersatz in Geld verlangen: § 250.

Schadensersatz, bei Personalverletzung oder Sachbeschädigung der Gläubiger hat die Wahl, ob er Naturalrestitution oder Geldersatz verlangen will (Wahlschuld): § 249.

Schadensersatz, übermäßige Schwierigkeit der Naturalrestitution wenn Naturalrestitution für den Schuldner nur mit unverhältnismäßigen Aufwendungen möglich ist, so kann der Schuldner den Gläubiger in Geld entschädigen (facultas alternativa): § 251.

Schadensersatz, Unmöglichkeit der Naturalrestition in diesem Fall hat der Ersatzpflichtige den Gläubiger in Geld zu entschädigen: § 251.

Schätzungsdarlehen Darlehen, bei welchen dem Darlehensnehmer Sachen übereignet werden, deren vom Geber geschätzter Wert in Geld zurückzuzahlen ist.

Schankwirt wer gewerbsmäßig Fremden Speisen und Getränke verabfolgt (sog. Gastschaftsvertrag; keine Haftung für mitgebrachte Sachen und Kleidungsstücke!).

Schatz alter versteckter Wertgegenstand, dessen Eigentümer nicht mehr zu ermitteln ist; der Schatz gehört zur Hälfte dem Entdecker, zur Hälfte dem Eigentümer der Sache, in welcher der Schatz entdeckt wurde (Gemeinschaft nach Bruchteilen!): § 984.

Schaufensterangebot keine Offerte, sondern nur unverbindliche Bereitwilligkeit, Offerten entgegenzunehmen (ebenso Katalog, Zeitungsinserat).

Scheidung s. Ehescheidung.

Scheinehe Ehe, die von beiden Ehegatten in der übereinstimmenden Absicht, keine echte Ehe abzuschließen, vor dem Standesamt geschlossen wird: die Ehe ist nichtig, der Staatsanwalt kann durch eine — gegen beide Ehegatten angestrengte — Klage die Nichtigkeit herbeiführen: § 19 EheGes.

Scheingeschäft übereinstimmender Wille zweier Personen, daß das von ihnen vorgenommene Rechtsgeschäft nicht gültig sein soll (Geschäft ist nichtig!): § 117.

Scheingeschäft, Einrede bei der Abtretung entgegen § 404 kann der Schuldner bei einer Zession dem neuen Gläubiger die Einrede des Scheingeschäftes hinsichtlich der abgetretenen Forderung nicht entgegenhalten, wenn über die Scheinforderung eine Urkunde aufgenommen worden war, aus dieser die Natur des Scheingeschäfts nicht ersichtlich ist und die Urkunde bei der Zession vorlag: § 405.

Schenkung vertragliche Zuwendung aus Freigiebigkeit: einseitig verpflichtender Vertrag, durch den sich der Schenker verpflichtet, dem Beschenkten eine Zuwendung zu machen; also Bestandteile 1.) Vereinbarung der Unentgeltlichkeit, 2.) Zuwendung; Arten: a) Handgeschenk, b) Schenkungsversprechen (der Schenker haftet nur für Vorsatz und grobe Fahrlässigkeit, bei arglistiger Mängelverschweigung auf vollen Schadenersatz): §§ 516, 518, 521, 523, 524.

Schenkung, Anstandsschenkungen Schenkungen, durch die einer sittlichen Pflicht oder einer auf den Anstand zu nehmenden Rücksicht entsprochen wird, können niemals zurückgefordert werden, selbst wenn bei der Zuwendung ein rechtlicher Grund fehlte oder dieser später weggefallen ist: § 534.

Schenkung, unter einer Auflage eine solche, bei welcher der Beschenkte mit Mitteln der Schenkung etwas bewirken soll; Erfüllung der Auflage kann der Schenker und, falls es im öffentlichen Interesse liegt, nach seinem Tode die zuständige Behörde verlangen; der Vertrag selbst ist, im Gegensatz zu einer bedingten Schenkung, fest: §§ 525 ff.

Schenkung, beim Erbvertrag wenn der Erblasser Schenkungen in Schädigungsabsicht hinsichtlich des Vertragspartners gemacht hat, so kann der Vertragserbe nach Erbanfall von dem Beschenkten die Herausgabe des Geschenkes entsprechend der ungerechtfertigten Bereicherung fordern: § 2287.

Schenkung aus dem Gesamtgute bei der Gütergemeinschaft s. Gütergemeinschaft, Schenkungen aus dem Gesamtgut.

Schenkung, aus dem Kindesvermögen s. elterliche Gewalt, Schenkungen aus Kindesvermögen.

Schenkung, bei Pflichtteilsberechnung wenn der Erblasser einem Dritten eine Schenkung gemacht hat, so kann der Pflichtteilsberechtigte Pflichtteilsergänzung verlangen, um den Betrag, um den sich der Pflichtteil erhöht, wenn der verschenkte Gegenstand dem Nachlaß hinzugerechnet wird. Die Schenkung bleibt außer Ansatz, wenn sie 10 Jahre vor Erbfall erfolgte. Der Anspruch richtet sich gegen den Erben; ist der Erbe zur Pflichtteilsergänzung nicht verpflichtet, so kann der Pflichtteilsberechtigte von dem Beschenkten die Herausgabe des Geschenkes zum

Zwecke der Befriedigung wegen des fehlenden Betrages fordern: §§ 2325, 2329.

Schenkung, von Todeswegen ein Schenkungsversprechen, das unter der Bedingung erteilt wird, daß der Beschenkte den Schenker überlebt; die Vorschriften über Verfügungen von Todeswegen sind anzuwenden (also beim Testament z. B. bloße Schriftform, nicht öffentliche Beurkundung); es handelt sich jedoch, im Gegensatz zum Testament, nicht um ein einseitiges Rechtsgeschäft, sondern um einen Vertrag; die vom Schenker vollzogene Schenkung hingegen ist auflösend bedingt, d. h. sie verliert die Wirkung, wenn der Beschenkte vor dem Schenker stirbt: § 2301.

Schenkung, Versprechen einer Unterstützung die in wiederkehrenden Leistungen bestehende Unterstützung erlischt mit dem Tode des Schenkers: § 520.

Schenkung, Verweigerung der Erfüllung, sog. beneficium competentiae Recht des Schenkers, Erfüllung des Versprechens insoweit zu verweigern, als er hierdurch seinen eigenen angemessenen Unterhalt oder die Erfüllung seiner gesetzlichen Unterhaltspflichten gefährden würde: § 519.

Schenkung, durch den Vormund dem Vormund ist nicht gestattet, in Vertretung des Mündels Schenkungen zu machen: § 1804.

Schenkung, grober Undank des Beschenkten liegt eine schwere, von grobem Undank zeugende Verfehlung des Beschenkten gegenüber dem Schenker oder dessen nahen Angehörigen vor, so kann der Schenker die Schenkung widerrufen; das Recht erlischt durch Verzeihung; durch Tod des Schenkers (sofern nicht dieser vom Beschenkten selbst getötet wurde!) oder des Beschenkten, durch Ablauf eines Jahres seit Kenntnis des Schenkers von der Verfehlung: §§ 530 ff.

Schenkung, Verarmung des Schenkers dieser kann von dem Beschenkten Herausgabe des Geschenkes nach den Vorschriften der ungerechtfertigten Bereicherung fordern, sofern nicht 10 Jahre verstrichen sind, der Beschenkte selbst arm ist oder der Schenker die Bedürftigkeit vorsätzlich oder grob fahrlässig herbeiführte; der Beschenkte kann die Herausgabe abwenden durch Gewährung von angemessenem Unterhalt an den Schenker (also sog. facultas alternativa!): §§ 528, 529.

Schenkungsversprechen Art der Schenkung: hier erfolgt zuerst die Vereinbarung der Unentgeltlichkeit, später die Vollziehung der Zuwendung; die Erklärung des Schenkers — nicht auch die Annahmeerklärung des zu Beschenkenden! — ist öffentlich zu beurkunden; der Formmangel wird durch Erfüllung geheilt: § 518.

Scherzgeschäft nicht ernstlich gemeinte Willenserklärung, mit der Erwartung, daß der Gegner den Mangel der Ernstlichkeit erkennen werde (Geschäft ist nichtig, doch ist evtl. sog. negatives oder Vertrauensinteresse zu leisten): §§ 118, 122.

Schiffer, Verjährung ihrer Ansprüche die Ansprüche der Schiffer auf Entlohnung einschließlich der Auslagen verjähren in zwei Jahren: § 196 Ziffer 3.

Schiffshypothek s. unter „Schiffspfand".

Schiffspfand Pfandrecht an einem im Schiffsregister eingetragenen Schiffe; es entsteht durch Einigung und Eintragung; es wirkt fast wie eine Sicherungshypothek an einem Grundstück, so daß sich der Ausdruck „Schiffshypothek" eingebürgert hat.

Schiffspfand, Befriedigung nur auf Grund eines vollstreckbaren Titels (wie beim Grundpfand).

Schikane Ausübung eines Rechts, die dem Berechtigten keinen Vorteil, hingegen einem anderen Schaden bringt; letzterer kann Unterlassung der Ausübung verlangen: § 226.

Schlechterfüllung Haftung eines Schuldners auf Schadensersatz wegen Zufügung eines Schadens bei der Erfüllung eines Schuldverhältnisses.

Schlüsselgewalt s. unter Eheleben, Schlüsselgewalt.

Schlußrechnung diejenige Rechnungslegung, die der Vormund nach Beendigung seines Amtes dem Mündel ablegt, und zwar unter Vermittlung des Vormundschaftsgerichts: §§ 1890 bis 1892.

Schmerzensgeld billige Entschädigung in Geld, falls eine Körper- oder Gesundheitsverletzung bei einer unerlaubten Handlung begangen war und der Geschädigte Schmerzen (= immateriellen Schaden) erlitten hatte: § 847.

Schriftform, gewillkürte Verletzung der Formvereinbarung führt nur im Zweifel Nichtigkeit herbei; ferner genügt telegraphische Übermittlung und bei einem Vertrage Briefwechsel: §§ 125—127.

Schriftlichkeit bestimmte Form eines Rechtsgeschäfts, bei welchem das Rechtsgeschäft schriftlich niedergelegt und der Text eigenhändig unterschrieben worden sein muß: § 126.

Schuld die Verpflichtung, die der Schuldner gegenüber dem Gläubiger vermöge des Schuldverhältnisses zu erfüllen hat.

Schuldanerkennungsvertrag, negativer Art des Erlaßvertrages derart, daß der Gläubiger durch Vertrag mit dem Schuldner anerkennt, daß das Schuldverhältnis nicht bestehe; eine besondere Form ist nicht erforderlich: § 397.

Schuldausspruch, bei Ehescheidung s. Ehescheidung, Schuldausspruch.

Schuldschein Empfangsbekenntnis des Schuldners, welcher bei Leistung Rückgabe des Schuldscheines, bei Verlust desselben ein öffentlich beglaubigtes Schulderlöschungsanerkenntnis fordern kann: § 371.

Schuldschein, Eigentum es steht automatisch dem jeweiligen Gläubiger der Forderung zu: Übergang der Forderung bewirkt Übergang des Eigentums am Schuldschein: § 952.

Schuldübernahme Wechsel in der Person des Schuldners; Arten: 1.) kumulativ = ein neuer Schuldner tritt neben den alten; 2.) privativ = ein neuer Schuldner tritt an Stelle des alten: §§ 414, 415.

Schuldübernahme, Einwendungen des neuen Schuldners er hat die gleichen Einwendungen wie der alte Schuldner: § 417.

Schuldübernahme, bei Erwerb hypothekenbelasteter Grundstücke Grundstück geht einschließlich der Hypotheken auf Erwerber über, die Schulden des Eigentümers, die den Hypotheken zu Grunde liegen, indes nur bei besonderer, von dem Gläubiger zu billigender — Schweigen gilt als Zustimmung! — Schuldübernahme; mitzuteilen schriftlich vom Veräußerer, und zwar erst nach Eintragung des Erwerbes im Grundbuch (Übernahme erfolgt zur einfacheren Berechnung des Kaufpreises!): § 416.

Schuldübernahme, gesetzliche, bei vertraglicher Vermögensübertragung automatisch haftet der Erwerber neben dem Veräußerer — also kumulativ! — für die bis zur Zeit der Übernahme vorhandenen Schulden des Veräußerers, indes nur in

Höhe des übernommenen Vermögens (verwandter Fall des HGB: Erwerb eines Handelsgeschäftes mit Firma: § 25 HGB): § 419.

Schuldübernahme, von Gläubiger nicht genehmigt wird in Erfüllungsübernahme nach § 329 umgedeutet: § 415 Abs. 3.

Schuldübernahme, Schweigen des Gläubigers auf Anfrage nach Billigung die Übernahme gilt als verweigert, im Falle des § 416 (Erwerb von hypothekenbelastetem Grundstück) jedoch als genehmigt: §§ 415, 416.

Schuldübernahme, Sicherheiten hierbei erlöschen, es sei denn, daß deren Geber ebenfalls in die Schuldübernahme willigen: § 418.

Schuldübernahme, Zustandekommen stets unter Mitwirkung des Gläubigers, durch Vertrag 1.) zwischen Gläubiger und neuem Schuldner oder 2.) zwischen altem und neuem Schuldner unter Zustimmung des Gläubigers: §§ 414, 415.

Schuldverhältnis Rechtsverhältnis zwischen 2 Personen, von denen die eine von der anderen ein bestimmtes Verhalten (= Leistung!), nämlich ein Tun oder Unterlassen, verlangen kann: § 241.

Schuldverhältnis, Änderung des Inhalts hierzu ist stets ein Vertrag zwischen den Beteiligten nötig (sog. Novation): § 305.

Schuldverhältnis, Begründung durch Rechtsgeschäft hierzu ist ein Vertrag erforderlich, ausnahmsweise (Auslobung, Inhaberschuldverschreibung, Annahme einer Anweisung) ein einseitiges Rechtsgeschäft: § 305.

Schuldverschreibung auf den Inhaber s. Inhaberschuldverschreibung.

Schuldversprechen und -Anerkenntnis sog. abstrakte Schuldverträge, durch die der Schuldner einer bereits bestehenden kausalen Verpflichtung nochmals und selbständig eine Verbindlichkeit dem Gläubiger gegenüber eingeht; sie sind hinsichtlich der Erklärung des Schuldners schriftlich und werden — neben dem alten Schuldverhältnis — als Hingabe erfüllungshalber gemäß § 364 Abs. 2 übernommen: §§ 780, 781.

Schuldversprechen und -Anerkenntnis, als Abrechnung oder im Wege des Vergleiches hier entfällt die sonst vorgeschriebene Schriftform: § 782.

Schuldversprechen und -Anerkenntnis, Bedeutung sie ermöglichen dem Gläubiger, aus ihnen gegen den Schuldner vorgehen zu können, ohne Einreden aus dem zu Grunde liegenden Rechtsverhältnis befürchten zu müssen.

Schuldversprechen, Gegensatz zum Schuldschein beim Schuldversprechen liegt ein Vertrag, ferner zwei Schuldverhältnisse vor, beim Schuldschein ist ein einziges Schuldverhältnis gegeben, und er selbst stellt nur eine Willenserklärung dar; der Schuldschein ist deklaratorisch, die Urkunde beim Schuldversprechen hingegen konstitutiv.

Schuldner diejenige Person, welche beim Schuldverhältnis die Leistung zu erbringen hat: § 241.

Schuldnerverzug nicht rechtzeitige Leistung des Schuldners; gegeben, wenn Schuldner trotz einer nach Fälligkeit erfolgten Mahnung (unnötig bei festem Leistungsdatum!) nicht leistet, es sei denn, daß er den Umstand nicht zu vertreten hat: §§ 284, 285.

Schuldnerverzug, Wirkungen der Schuldner hat dem Gläubiger den Verspätungsschaden zu ersetzen; mangels Interesse infolge der Verspätung kann der Gläubiger die Leistung ablehnen und statt ihrer Schadensersatz wegen Nichterfüllung verlangen; Geldschulden sind ab Schuldnerverzug zu verzinsen; ab Schuldnerverzug verstärkt sich die Haftung des Schuldners derart, daß er für jede Fahrlässigkeit, darüber hinaus, bei Eintritt der Unmöglichkeit, sogar für Zufall, einzustehen hat: §§ 286—288.

Schutzvorschriften, beim Dienstvertrag der Dienstherr hat Räume, Vorrichtungen und Gerätschaften zwecks Verrichtung der Dienste derart einzurichten und zu unterhalten, daß dem Dienstverpflichteten nach Möglichkeit keine Gefahren für Leben und Gesundheit erwachsen; bei Aufnahme des Dienstverpflichteten in die häusliche Gemeinschaft müssen hinsichtlich des Wohn- und Schlafraumes, der Verpflegung, der Arbeits- und Erholungszeit die erforderlichen Rücksichten auf Gesundheit, Sittlichkeit und Religion des Dienstverpflichteten genommen werden; diese Schutzvorschriften sind unabdingbar: §§ 618, 619.

Schwägerschaft Verschwägerung wird immer durch Ehe begründet: man ist verschwägert mit den Verwandten des Ehegatten und mit den Ehegatten der Verwandten: § 1590.

Schwägerschaft, Arten in gerader Linie und in der Seitenlinie: der Grad bestimmt sich nach der Linie und dem Grade der sie vermittelnden Verwandtschaft; trotz Eheauflösung bleibt Schwägerschaft bestehen: § 1590.

Schwägerschaft, Eheverbot eine Ehe ist verboten zwischen Verschwägerten in gerader Linie, doch kann hiervon Befreiung gewährt werden, sogar noch nach Eheabschluß; ein Verstoß gegen dieses Eheverbot führt zur Erhebung der Nichtigkeitsklage: §§ 4, 21 EheGes.

Schwarzkauf Grundstückskaufvertrag, bei welchem im öffentlich beurkundeten Vertrag der Kaufpreis zu niedrig angegeben wird, während der echte Preis in einem nur mündlichen oder schriftlichen Vertrage genannt wird: § 313, § 117.

Schwebende Unwirksamkeit Zustand eines Rechtsgeschäfts derart, daß der Eintritt seiner Wirkungen von der Zustimmung eines Dritten abhängt.

Schwebende Unwirksamkeit, Fälle Verträge Minderjähriger, die diesen nicht lediglich einen rechtlichen Vorteil bringen: § 108, Rechtsgeschäfte des Vertreters ohne Vertretungsmacht: §§ 177, 180, Verfügungen eines Nichtberechtigten: § 185, Schuldübernahmevertrag zwischen dem Schuldner und einem Dritten: § 415, Verfügungs- und Verpflichtungsgeschäfte eines Ehegatten bei der Zugewinngemeinschaft über das Gesamtvermögen oder Haushaltsgeschäfte: §§ 1365, 1366, 1369.

Schwebezustand derjenige Zustand, in welchem man auf den Eintritt einer Bedingung wartet: § 160.

Schweigen grundsätzlich ist es rechtlich bedeutungslos, ausnahmsweise gilt es als Ablehnung: bei Anfragen an den gesetzlichen Vertreter eines Minderjährigen, ob er einen Vertrag genehmige: § 109, bei Anfrage bei der vollmachtlosen Stellvertretung an den Vertretenen hinsichtlich der Genehmigung: § 177, bei der Schuldübernahme hinsichtlich der Anfrage an den Gläubiger, ob er genehmige: § 415, beim Kauf auf Probe, wenn der Käufer die Kaufsache nicht übergeben erhielt: § 496; bisweilen gilt das Schweigen als Zustimmung, so, wenn der Hypothekengläubiger bei der Veräußerung des hypothekenbelasteten Grundstückes auf die Frage, ob er in die Schuldübernahme willige, schweigt: § 416, ferner beim Kauf auf Probe, wenn dem Käufer die Kaufsache zur Besichtigung übergeben wurde und er innerhalb der vereinbarten Frist schweigt: § 496.

Seeverschollenheit sie liegt vor, wenn eine Person, von deren Leben oder

Tod man nichts gehört hat, sich auf einem untergegangenen Schiff befunden hat; der Verschollene kann 6 Monate nach Schiffsuntergang bzw. 6 Monate nach Eingang der letzten Nachricht für tot erklärt werden: § 5 Verschollenheits-Ges.

Selbständiges Strafversprechen Versprechen einer Strafe für den Fall der Vornahme oder Unterlassung einer Handlung (keine Vertragsstrafe, da es an einer durch Strafversprechen gesicherten Verbindlichkeit fehlt!): § 343 Abs. 2.

Selbsthilfe Möglichkeit, bei Gefährdung eines Anspruches und Fehlen obrigkeitlicher Hilfe, auf Person oder Sachen eines Anspruchgegners einzuwirken, ohne rechtswidrig zu handeln: § 229.

Selbsthilfe, irrtümlich durchgeführt bei Vornahme der Selbsthilfe in der irrigen Annahme des Vorliegens der Voraussetzungen hierfür ist der Handelnde dem anderen Teil zum Schadensersatz verpflichtet, selbst wenn ihn kein Verschulden trifft: § 231.

Selbsthilfe, des Besitzers gegen verbotene Eigenmacht kann der Besitzer (nicht jedoch der mittelbare Besitzer) und der Besitzdiener mit Gewalt vorgehen, jedoch nur unmittelbar im Anschluß an die Verübung der verbotenen Eigenmacht, und zwar auch dann, wenn die Voraussetzungen der Selbsthilfe des § 229 nicht vorliegen: §§ 859, 860.

Selbsthilfe, des Vermieters der Vermieter kann bei unberechtigter Entfernung der dem Vermieterpfandrecht unterliegenden Sachen dies gewaltsam verhindern, also zur Selbsthilfe schreiten, auch wenn die Voraussetzungen des § 229 nicht vorliegen: § 561.

Selbsthilfeverkauf Verkauf einer geschuldeten beweglichen Sache, die zur Hinterlegung nicht geeignet ist, durch den Schuldner im Falle des Gläubigerverzuges oder bei unverschuldeter Unkenntnis über die Person des Gläubigers, im letzteren Falle jedoch nur dann, wenn entweder die Gefahr des Sachverderbes besteht oder die Aufbewahrung unverhältnismäßig kostspielig ist; der Verkauf hat im Wege öffentlicher Versteigerung zu erfolgen: § 383.

Selbstkontrahieren Vornahme von Rechtsgeschäften durch einen Vertreter im Namen des Vertretenen, sei es mit sich selbst im eigenen Namen oder als Vertreter eines Dritten; dem Vertreter sind derartige Geschäfte verboten, sofern ihm nicht eine Sondererlaubnis erteilt worden ist oder das Rechtsgeschäft ausschließlich in der Erfüllung einer Verbindlichkeit besteht: § 181.

Sequester, gerichtlicher wenn ein Nießbraucher wegen Gefährdung der Eigentümerrechte rechtskräftig zur Sicherheitsleistung verurteilt worden ist, so kann der Eigentümer statt der Sicherheitsleistung die Bestellung eines gerichtlichen Verwalters verlangen, der den Nießbrauch für Rechnung des Nießbrauchers ausübt: § 1052; die gleiche Befugnis steht einem Nacherben zu bei Gefährdung seiner Rechte durch den Vorerben: § 2128.

Servituten s. unter Dienstbarkeiten.

Seuchentestament ein Fall eines sog. Nottestamentes, welches als Ersatz eines öffentlichen Testamentes nach § 2232 dient; es kann errichtet werden von einer Person, die sich in naher Todesgefahr befindet oder an einem Orte aufhält, der infolge außerordentlicher Umstände dergestalt abgesperrt ist, daß eine Testamentserrichtung vor einem Richter oder Notar nicht möglich oder erheblich erschwert ist. Das Testament kann durch mündliche Erklärung vor drei Zeugen errichtet werden: § 2250.

Sicherheiten dingliche oder obligatorische Rechte (z. B. Pfänder, Bürgschaften u. a. m.), welche der Sicherung von Forderungen dienen; trotz ihrer Rechtsnatur sind sie, im Gegensatz zu anderen Rechten, keine selbständigen Vermögensstücke.

Sicherheiten, bei der Abtretung einer Forderung mit der abgetretenen Forderung gehen die für sie bestellten Sicherheiten automatisch auf den neuen Gläubiger über, ohne besondere Übertragung und selbst dann, wenn er von ihrem Vorhandensein keine Kenntnis hat: § 401.

Sicherheiten, bei verjährten Ansprüchen trotz Verjährung eines Anspruches kann der Berechtigte sich aus Sicherheiten, welche für den Anspruch bestellt waren, schadlos halten und bei verpfändeten Gegenständen seine Befriedigung daraus suchen: § 223.

Sicherheiten, Arten 1. Personalsicherheiten: Versprechen einer Vertragsstrafe, Schuldbeitritt, Bürgschaft, Eingehung einer Verbindlichkeit erfüllungshalber, Sicherungszession, 2. Realsicherheiten: Pfänder, Sicherungsübereignung, Eigentumsvorbehalt beim Kaufe.

Sicherheiten, Aufgabe durch den Gläubiger bei Vorhandensein einer Bürgschaft gibt der Gläubiger irgendwelche Sicherheiten, welche für eine durch Bürgschaft gesicherte Forderung bestehen, auf, so wird der Bürge insoweit frei, als er im Falle der Entstehung des Revalierungsanspruches sich an die Sicherheit hätte halten können, selbst dann, wenn sie zeitlich erst nach der Bürgschaftsübernahme bestellt wurde: § 776.

Sicherheiten, bei der Schuldübernahme infolge einer Schuldübernahme erlöschen die für die Forderung bestellten Sicherheiten, es sei denn, daß der Sicherungsgeber in die Schuldübernahme willigt: § 418.

Sicherheitsleistung Bestellung von Rechten irgendwelcher Art, die der Verstärkung sowie leichteren Geltendmachung von Forderungen dienen sollen.

Sicherheitsleistung, zur Abwendung des gesetzlichen Vermieterpfandrechtes der Mieter kann die Ausübung des gesetzlichen Vermieterpfandrechtes durch Sicherheitsleistung abwenden: § 562.

Sicherheitsleistung, Bedeutung für die Verjährung die Verjährung eines Anspruches wird dadurch unterbrochen, daß der Verpflichtete dem Berechtigten gegenüber unter Anerkennung des Anspruches irgendeine Sicherheit leistet: § 208.

Sicherheitsleistung, Mittel Sicherheitsleistung kann erfolgen durch Hinterlegung von Geld oder Wertpapieren, durch Verpfändung von: in ein öffentliches Schuldbuch eingetragenen Forderungen, beweglichen Sachen, inländischen Grundstücken, Forderungen, die durch Hypotheken an inländischen Grundstücken gesichert sind, endlich auch: durch Bestellung eines tauglichen Bürgen, d. h. eines solchen, welcher angemessenes Vermögen besitzt, seinen allgemeinen Gerichtsstand im Inlande hat und auf die Einrede der Vorausklage verzichtet: §§ 232, 239.

Sicherheitsleistung, gesetzliche Pflicht hierzu der Nießbraucher muß dem Eigentümer Sicherheit leisten, wenn durch sein Verhalten die Gefahr einer erheblichen Verletzung der Eigentümerrechte besteht: § 1051; bei der Zugewinngemeinschaft kann der auf vorzeitigen Zugewinnausgleich, auf Scheidung, Aufhebung oder Nichtigerklärung der Ehe klagende Ehegatte bei Besorgnis erheblicher Gefährdung des Ausgleichsanspruches von dem anderen Gatten Sicherheitsleistung fordern: § 1389; das Vormundschaftsgericht kann aus besonderen Gründen vom Vormund Sicherheitsleistung in Bezug auf das Mündelvermögen fordern: § 1844; der Nacherbe kann vom Vorerben bei ungünstiger Vermögenslage desselben und der Besorgnis einer erheblichen Rechtsverletzung Sicherheitsleistung begehren: § 2128.

Sicherheitsleistung, beim Zurückbehaltungsrecht der Gläubiger kann die Ausübung des Zurückbehaltungsrechtes seitens des Schuldners durch Sicherheitsleistung, ausgenommen die Bürgenstellung, abwenden: § 273, was jedoch nicht für gegenseitige, Zug um Zug zu erfüllende Verträge gilt: § 320.

Sicherungshypothek s. Hypothek, Sicherungshypothek.

Sicherungshypothek, an einem Baugrundstück übernimmt ein Unternehmer durch Werkvertrag die Errichtung oder Fertigstellung eines Bauwerkes, so kann er für seine Forderungen aus dem Werkvertrag die Bestellung einer Sicherungshypothek am Baugrundstück verlangen: § 648.

Sicherungsübereignung eine Übereignung, die dem Erwerber zwar juristisch das Eigentum verschafft, ohne die Sache in sein Vermögen zu überführen: ihm stehen lediglich Verwertungsbefugnisse wie einem Pfandberechtigten zu.

Sicherungszession die Abtretung einer Forderung, durch welche der Zessionar zwar juristisch zum Gläubiger der abgetretenen Forderung wird, ohne daß sie jedoch in sein Vermögen überführt wird: er erhält lediglich eine ähnliche Position wie ein Pfandberechtigter, d. h. ihm stehen Verwertungsbefugnisse zu.

Siebentes Lebensjahr bis zum 7. Lebensjahr ist eine Person geschäfts- und deliktsunfähig: § 104 Ziffer 1, § 828.

Silbersachen sie dürfen, wenn an ihnen ein Pfand bestellt worden ist, nicht unter dem Silberwert zugeschlagen werden: § 1240.

Sitz, eines Vereins dies ist mangels besonderer Bestimmung der Ort, an welchem die Verwaltung geführt wird: § 24.

Sittenwidrigkeit Verstoß gegen die Gebote der Moral, gegen die Auffassung von Volkskreisen über das Verhalten eines rechtlich und anständig denkenden Menschen; sittenwidrige Rechtsgeschäfte sind nach § 138 nichtig, ferner kann eine Leistung wegen ungerechtfertigter Bereicherung zurückgefordert werden, wenn der Empfänger durch die Annahme gegen die guten Sitten verstoßen hat, es sei denn, daß dem Leistenden ein gleicher Verstoß zur Last fällt: § 817.

Sondergut Begriff einer Gütermasse bei der Gütergemeinschaft, nämlich Gegenstände, die nicht durch Rechtsgeschäft übertragen werden können (z. B. ein Nießbrauch); es gibt Sondergut des Mannes und Sondergut der Frau: § 1417.

Sonderrechte, von Vereinsmitgliedern diese können nur mit Zustimmung der betreffenden Mitglieder durch Beschluß der Mitgliederversammlung beeinträchtigt werden: § 35.

Sonntag, Fristablauf fällt der letzte Tag einer Frist, an dem eine Willenserklärung abzugeben oder eine Leistung zu bewirken ist, auf einen Sonntag oder staatlich anerkannten allgemeinen Feiertag, so endet die Frist erst am nächstfolgenden Werktage: § 193.

Sonstige Ausbeute s. Ausbeute.

Sparkasse, Mündelgeld als mündelsichere Anlage gilt auch die Einzahlung von Mündelgeld bei einer inländischen öffentlichen Sparkasse, falls sie von der zuständigen Behörde zur Anlegung von Mündelgeld für geeignet erklärt ist, wobei Abhebung des Geldes nur mit Sperrvermerk möglich ist, so daß zur Abhebung die Genehmigung des Gegenvormundes oder des Vormundschaftsgerichts erforderlich ist: §§ 1807 Ziffer 5, 1809.

Sparkasse, Zinseszinsversprechen Sparkassen können, entgegen dem sonstigen Verbote eines vorzeitigen Zinseszinsversprechens, im voraus vereinbaren, daß nichterhobene Zinsen von Einlagen als neue verzinsliche Einlagen gelten sollen: § 248 Abs. 2.

Sperrjahr, nach Auflösung eines Vereins das Vermögen des aufgelösten Vereins darf den Anfallberechtigten erst nach Ablauf eines Jahres nach der Bekanntmachung der Auflösung oder Entziehung der Rechtsfähigkeit ausgefolgt werden: § 51.

Sperrvermerk Anlegung von Mündelgeld bei einer öffentlichen Sparkasse mit der Bestimmung, daß zur Gelderhebung die Genehmigung des Gegenvormundes oder des Vormundschaftsgerichts erforderlich ist: § 1809

Spezialitätsprinzip s. unter: Grundstücksrecht, Spezialitätsprinzip.

Speziesschuld eine Schuld, die nicht erst bei der Erfüllung, sondern schon bei der Entstehung des Schuldverhältnisses genau bestimmt ist.

Spiel durch ein Spiel, sofern es nicht staatlich genehmigt ist, entsteht hinsichtlich des Spielgewinnes nur eine Naturalobligation: eine Klage oder die Leistung von Sicherheiten ist nicht statthaft, jedoch kann das aufgrund des Spieles Geleistete nicht zurückgefordert werden: § 762.

Spiel, Arten Geschicklichkeits- und Zufallsspiele: das Glücksspiel ist ein Zufallsspiel, mit immerhin nicht geringfügiger Vermögensleistung; es gibt: 1. erlaubte Spiele (z. B. Staatslotterie), 2. verbotene Spiele: alle Glücksspiele, die öffentlich oder privat, jedoch dann gewerbsmäßig, betrieben werden, 3. neutrale Spiele: weder direkt verbotene noch direkt erlaubte (z. B. private, nicht gewerbsmäßig betriebene Glücksspiele): Naturalobligation, d. h. der Gewinn kann nicht eingeklagt werden, auch ist Sicherung — z. B. durch Wechsel, Pfänder — unmöglich, endlich kann die erbrachte Leistung nicht zurückgefordert werden: § 762.

Spiel, Ausspielvertrag ein Spiel, dessen Gewinn in Sachleistungen besteht: § 763.

Spiel, Differenzgeschäft nach außen hin ein Scheinkauf von Waren oder Wertpapieren, der nach § 117 nichtig ist und der als ernstlich gemeintes Geschäft ein Spiel verbirgt, und zwar über die Differenz zwischen dem genannten Betrage und demjenigen, der sich stichtagmäßig ergibt; da es ein Spiel ist, kann der Forderung auf Gewinnauszahlung der Differenzeinwand entgegengesetzt werden: § 764.

Staatsanwalt, Ehenichtigkeitsklage die Klagebefugnis zur Erhebung einer Nichtigkeitsklage steht neben den Ehegatten dem Staatsanwalt und diesem allein zu, wenn die Ehe aufgelöst ist: § 24 EheGes.

Staatsgewalt, Ehelichkeitserklärung durch eine Verfügung der Staatsgewalt kann ein uneheliches Kind auf Antrag seines Vaters für ehelich erklärt werden: § 1723.

Standesbeamter, bei Eheschließung die Ehe kommt durch Erklärung der Verlobten vor dem zuständigen Standesbeamten zustande, wobei sich die Zuständigkeit nach dem Wohnsitz eines der Verlobten richtet; doch kann der zuständige Standesbeamte die schriftliche Ermächtigung zum Eheabschluß vor dem

Standesbeamten eines anderen Bezirkes geben: §§ 11, 15 EheGes.

Statut s. Satzung.

Stellvertretung: Vor- oder Entgegennahme eines Rechtsgeschäftes für einen anderen; Arten: 1.) direkte: Handeln in fremdem Namen: § 164 Ab. 1, 2.) indirekte: Handeln in eigenem Namen (nicht erkennbar): § 164 Abs. 2.

Stiftung Vermögensmasse mit Rechtsfähigkeit; entstehend durch: Stiftungsgeschäft und staatliche Verleihung im Verwaltungswege: §§ 80 ff.

Stiftung, Städelvorschrift wenn eine Stiftung erst nach dem Tode des Stifters genehmigt wird, so wird, jedoch nur hinsichtlich der Zuwendungen des Stifters, ihre Existenz als schon vor dessen Tode angenommen: § 84.

Stiftung, Umwandlung und Aufhebung wenn der Stiftungszweck nicht erfüllt werden kann oder die Stiftung das Gemeinwohl gefährdet, so kann die zuständige Behörde die Stiftung aufheben oder ihr eine andere Zweckbestimmung geben: § 87.

Stiftung, Verfassung sie wird durch das Stiftungsgeschäft bestimmt, unter entsprechender Anwendung der Vorschriften über den Verein, insbesondere hinsichtlich der Haftung für Organe: § 86.

Stiftung, Widerruf des Stiftungsgeschäftes bis zur Erteilung der Genehmigung kann der Stifter widerrufen, der Erbe des Stifters jedoch nicht mehr, wenn der Stifter das Gesuch bei der zuständigen Behörde eingereicht hat: § 81.

Stiftung, Stiftungsgeschäft unter Lebenden ist Schriftform erforderlich, von Todes wegen die Form der Verfügung von Todes wegen: §§ 80, 83.

Stiftungsgeschäft, von Todes wegen wenn das Stiftungsgeschäft in einer Verfügung von Todes wegen besteht, so muß die Genehmigung, falls sie nicht vom Erben oder Testamentsvollstrecker nachgesucht wird, durch das Nachlaßgericht eingeholt werden: § 83.

Stille Zession eine Zession, bei der die Benachrichtigung des Schuldners verboten ist, solange pünktlich vom Zedenten an den Zessionar eigene Verpflichtungen erfüllt werden (bei Sicherungszession gebräuchlich).

Stillstand der Rechtspflege s. Rechtspflege, Stillstand.

Stillschweigende Verlängerung, von Miet- und Dienstverträgen wird nach dem Ablauf der Miet- bzw. Dienstzeit der Sachgebrauch bzw. das Dienstverhältnis mit Wissen des anderen Teiles fortgesetzt, so gilt das Vertragsverhältnis als auf unbestimmte Zeit verlängert, sofern nicht bei Dienstverträgen der andere Teil unverzüglich widerspricht oder bei Mietsverträgen eine der Parteien ihren entgegenstehenden Willen binnen einer Frist von zwei Wochen dem anderen Teil erklärt: §§ 568, 625.

Stimmrecht Ausfluß des Mitgliedschaftsrechts bei einem Verein; ein Mitglied ist nicht stimmberechtigt, wenn die beabsichtigte Beschlußfassung der Mitgliederversammlung das betreffende Mitglied vermögensmäßig angeht: § 34.

Stockwerkeigentum ist unzulässig; auch auf Grund eines Erbbaurechtes kann ein Gebäude auf fremdem Grund und Boden nur derart errichtet werden, daß es von der Erdoberfläche ausgeht: § 1 VO vom 15. 1. 1919.

Störung, bei der Ausübung einer Grunddienstbarkeit ohne daß bei einer Grunddienstbarkeit der Besitzer des herrschenden Grundstückes Besitz am belasteten Grundstück hat, stehen ihm dennoch die für den Besitzschutz geltenden Vorschriften zur Verfügung: § 1029.

Störung des Besitzes, des Eigentums usw. im Falle der Störung kann der Besitzer von dem Störer Beseitigung der Störung verlangen: § 862, ebenfalls kann ein Eigentümer, ein Nießbraucher, ein Pfandberechtigter bei Beeinträchtigung seines Rechtes, falls keine Entziehung oder Vorenthaltung des Besitzes vorliegt, von dem Störer die Beseitigung der Beeinträchtigung verlangen: §§ 1004, 1065, 1227; der Besitzstörungsanspruch nach § 862 setzt Verübung verbotener Eigenmacht voraus.

Störung der Geistestätigkeit wer sich in einem Dauerzustand krankhafter Störung der Geistestätigkeit befindet, durch den die freie Willensbestimmung ausgeschlossen ist, ist geschäftsunfähig: § 104 Ziff. 2; die von ihm vorgenommenen Rechtsgeschäfte sind nichtig: § 105 Abs. 1, bei vorübergehender Störung der Geistestätigkeit tritt keine Veränderung der Geschäftsfähigkeit ein, doch sind die in diesem Zustande vorgenommenen Rechtsgeschäfte ebenfalls nichtig: § 105 Abs. 2.

Stoffgefahr, bei Werkvertrag der Besteller trägt die Gefahr für den zufälligen Untergang und die zufällige Verschlechterung des von ihm gelieferten Stoffes: § 644.

Strafbare Handlung, Erlangung des Besitzes durch eine solche wenn der Besitzer einer Sache sich den Besitz durch eine strafbare Handlung verschafft hat, so haftet er dem Eigentümer für Schädigung der Sache nach den Vorschriften über den Schadensersatz wegen unerlaubter Handlungen: § 992.

Strafverfahren, Kosten bei Gütergemeinschaft Strafverfahrenskosten fallen im Verhältnis der Ehegatten zueinander dem Ehegatten zur Last, in dessen Person sie entstehen: §§ 1441, 1463.

Strafverfahren, Verteidigungskosten eines Ehegatten ein Ehegatte hat dem anderen Teil, falls dieser außer Stande ist, und es der Billigkeit entspricht, die Kosten der Verteidigung in einem gegen ihn gerichteten Strafverfahren vorzuschießen: § 1360a.

Streitverkündung, Unterbrechung der Verjährung die Verjährung eines Anspruches wird unterbrochen durch eine Streitverkündung in dem Prozeß, von dessen Ausgang der Anspruch abhängt: § 209 Ziff. 4.

Stundung Gewährung einer Frist für die Erbringung einer Leistung über die an sich bestimmte Fälligkeit hinaus.

Stundung, Hemmung einer Verjährungsfrist die Verjährung eines Anspruches ist gehemmt, solange die Leistung gestundet ist: § 202.

Subjektiv-dingliche Rechte Rechte, bei denen das Rechtssubjekt nicht wie sonst eine Person, sondern ein Grundstück ist; in Frage kommen: stets die Grunddienstbarkeit: § 1018, wahlweise (d. h. entweder subjektiv-dinglich oder subjektiv-persönlich) das dingliche Vorkaufsrecht und die Reallast: §§ 1094, 1105.

Subjektiv-dingliche Rechte, Behandlung Rechte, die nicht einer Person, sondern einem Grundstück zustehen (z. B. Grunddienstbarkeit), gelten als Bestandteile des Grundstückes: § 96.

Subjektive Unmöglichkeit, Unvermögen nur für den Schuldner ist die Leistung unmöglich, für andere Personen hingegen möglich; bei Verträgen, falls ursprünglich, bleibt Schuldnerverpflichtung bestehen (evtl. Schadensersatz!); falls nachfolgend: Befreiung von der Verpflichtung bzw. Schadenersatz (je nach der Vertretbarkeit! Ausgenommen bei Gattungsschulden): §§ 275, 280, 279.

Substitut Person, die an Stelle des Schuldners erfüllt; statthaft, wenn es auf die Person des Schuldners nicht ankommt oder der Gläubiger Leistung durch einen Dritten gestattet hat; der Schuldner haftet für sorgfältige Auswahl: § 267 (auch § 664, § 691).

Sukzessivlieferungsvertrag Kaufvertrag, bei dem feste Mengen zu festen Zeiten und zu bestimmten Raten zu liefern sind.

Summenverwahrung Verwahrung von vertretbaren Sachen derart, daß sie entweder dem Verwahrer übereignet werden oder ihm die Aneignung gestattet wird; es sind, ähnlich wie bei Darlehen, Sachen gleicher Art, Güte und Menge zurückzuerstatten: § 700.

Surrogation, dingliche wenn bei der Zugewinngemeinschaft Haushaltsgegenstände als Ersatz für nicht mehr vorhandene oder wertlos gewordene Sachen angeschafft werden, so werden sie Eigentum des Ehegatten, dem die betreffenden Stücke gehört haben: § 1370; das Gleiche gilt für bewegliche Sachen oder Rechte an Sachen, wenn sie von den Eltern mit Mitteln des Kindes erworben werden, sofern nicht etwa die Absicht fehlte, sie für Rechnung des Kindes zu erwerben: § 1646.

Suspensivbedingung Bedingung bei der Vornahme eines Rechtsgeschäfts derart, daß dessen Wirkungen noch nicht einsetzen, sondern vielleicht in der Zukunft, falls nämlich die Bedingung (d. h. das künftige ungewisse Ereignis) eintritt: § 158.

T

Tag hierunter wird in Gesetzen, gerichtlichen Verfügungen und Rechtsgeschäften ein voller Tag verstanden, also 24 Stunden, zählend von Mitternacht bis Mitternacht: § 187.

Tagelöhner, Verjährung ihrer Lohnansprüche sie verjähren in 2 Jahren: § 196 Ziff. 9.

Taschengeld Mittel, die einem Minderjährigen zur freien Verfügung überlassen worden sind; Taschengeldverträge werden nicht durch Genehmigung des gesetzlichen Vertreters wirksam, sondern durch Erfüllung mit Taschengeldmitteln (bis dahin also schwebende Unwirksamkeit!): § 110.

Tausch gegenseitiger Vertrag, gerichtet auf den Umsatz von übertragungsfähigen Vermögensstücken; der Vertrag wird nach den Regeln des Kaufes behandelt, so daß jeder der Partner sowohl als Käufer als auch als Verkäufer anzusehen ist: § 515.

Täuschung, arglistige s. arglistige Täuschung, desgl. arglistige Täuschung bei Eheabschluß.

Teilbarkeit, einer Leistung dies ist gegeben, wenn die Leistung nicht nur als Ganzes, sondern auch in Stücken erbracht werden kann; der Schuldner ist jedoch zu Teilleistungen nicht berechtigt, so daß der Gläubiger bei Zurückweisung des angebotenen Teiles nicht in Gläubigerverzug gerät, vielmehr umgekehrt der Schuldner in Bezug auf die gesamte Leistung in Schuldnerverzug ist: § 266.

Teilbesitz s. Besitz.

Teilbürgschaft s. Bürgschaft.

Teilgläubiger mehrere Gläubiger, von denen jeder allein, aber nur einen Teil der Leistung zu fordern berechtigt ist (bei teilbaren Leistungen): § 420.

Teilhypothek s. Hypothek.

Teilschuldner mehrere Schuldner, von denen jeder allein, aber nur einen Teil der Leistung zu erbringen hat (bei teilbaren Leistungen): § 420.

Teilung von Grundstücken bei Grunddienstbarkeiten s. Grunddienstbarkeit.

Teilung des Nachlasses, Erbenhaftung bis zur Teilung des Nachlasses kann jeder Miterbe die Berichtigung einer Nachlaßverbindlichkeit aus seinem Privatvermögen verweigern (sog. Einrede des ungeteilten Nachlasses); nach Nachlaßteilung haftet grundsätzlich jeder Miterbe nur als Teilschuldner: §§ 2059, 2060.

Teilweise Nichtigkeit führt bei Rechtsgeschäften im Zweifel zur völligen Nichtigkeit: § 139.

Teilweise Unmöglichkeit mangels Interesse kann der Gläubiger die ganze Leistung ablehnen; die Folgen richten sich danach, ob die Unmöglichkeit zu vertreten ist oder nicht: § 280.

Termin Zeitpunkt oder Zeitraum, an welchem oder innerhalb dessen eine Handlung vorzunehmen oder eine Willenserklärung abzugeben ist.

Testament einseitige Verfügung von Todeswegen (letztwillige Verfügung): §§ 1937—1940.

Testament, Anfechtung kann erfolgen: 1.) wegen Irrtums (auch Motivirrtum!) des Erblassers; 2.) wegen Übergehung eines Pflichtteilsberechtigten, dessen Vorhandensein dem Erblasser z. Zt. der Testamentserrichtung unbekannt war oder der erst später pflichtteilsberechtigt geworden ist; anfechtungsberechtigt ist im Irrtumsfalle derjenige, dem die Aufhebung des Testaments unmittelbar zugute kommt, sonst: der Pflichtteilberechtigte; die Anfechtung erfolgt binnen Jahresfrist durch Erklärung gegenüber dem Nachlaßgericht: §§ 2078—2083.

Testament, Anwachsung liegt vor, wenn bei Einsetzung mehrerer Erben unter Ausschluß der gesetzlichen Erbfolge einer der Erben wegfällt: sein Anteil wächst den anderen im Verhältnis ihrer Erbteile zu; der anfallende Erbteil gilt hinsichtlich von Vermächtnissen, Auflagen und der Ausgleichungspflicht als besonderer Erbteil: §§ 2094, 2095.

Testament, Arten ordentliche und Not-Testamente: §§ 2231, 2249 ff.

Testament, Auslegungsregeln für den Ausdruck des Erblassers „gesetzliche Erben" kommen die Personen in Betracht, welche z. Z. des Erbfalls gesetzliche Erben sind; unter „Verwandten" ist das Gleiche zu verstehen, unter „Kindern": die Abkömmlinge, so daß bei vorzeitigem Wegfall eines Kindes dessen Abkömmlinge in Frage kommen, unter „Armen": die öffentliche Armenkasse seines letzten Wohnsitzes u. a. m.: §§ 2066—2072.

Testament, Berliner Testament Ehegatten setzen sich gegenseitig zu Erben ein und für den Fall des Todes des Letztversterbenden die gemeinsamen Abkömmlinge.

Testament, Besitz der Testamentsurkunde jeder Besitzer einer Testamentsurkunde hat diese nach dem Tode des Erblassers unverzüglich dem Nachlaßgericht abzuliefern: § 2259.

Testament, Dorftestament ist der Testator krank und — bei Todesgefahr — ein Amtsrichter oder Notar nicht zu erreichen, so kann durch Schriftübergabe oder mündliche Erklärung unter Protokollaufnahme das Testament vor dem Bürgermeister und 2 Zeugen errichtet werden: § 2249.

Testament, Erbeseinsetzung ist bei Einsetzung einer Person auf das gesamte Vermögen des Erblassers oder einen Bruchteil desselben anzunehmen, selbst, wenn der Ausdruck „Erbe" fehlte, während trotz dieser Bezeichnung eine Erbeseinsetzung nicht anzunehmen ist bei Zuwendung nur einzelner Gegenstände: § 2087.

Testament, Eröffnung das Nachlaßgericht muß nach Kenntnis vom Tode des Eblassers Termin zur Eröffnung des bei Gericht befindlichen Testaments bestimmen und hierzu die gesetzlichen Erben und die sonstwie Beteiligten laden; das Testament ist vorzulesen, unter Aufnahme eines Protokolls: den nicht erschienenen Beteiligten ist vom Testamentsinhalt Kenntnis zu geben: §§ 2260, 2262.

Testament, Eröffnungsverbot des Erblassers ein Verbot des Erblassers, das Testament nach seinem Tode zu eröffnen, ist nichtig: § 2263.

Testament, Errichtung durch Erblasser muß persönlich erfolgen, er darf auch nicht die Bestimmung der Gültigkeit des Testaments einem Dritten überlassen oder diesem die Auswahl der zu bedenkenden Person anvertrauen: §§ 2064, 2065.

Testament, gemeinschaftliches mehrere Personen machen ihre Testamente auf der gleichen Urkunde; ein gemeinschaftliches Testament ist nur durch Ehegatten möglich: § 2065.

Testament, gemeinschaftliches: Abhängigkeit die Testatoren sind völlig unabhängig: jeder kann allein ein neues Testament machen, auch ist durch die Nichtigkeit des einen Testamentes die des anderen nicht bedingt; derart ist die Lage beim Simultan- und Reziproktestament.

Testament, gemeinschaftliches: Arten 1.) Simultantestament: die Testamente stehen auf derselben Urkunde, haben aber nichts miteinander zu tun, 2.) Reziproktestament: die Ehegatten haben sich gegenseitig bedacht, 3.) Korrespektivtestament: die beiden Testamente sind voneinander abhängig: § 2270.

Testament, gemeinschaftliches: Aufhebung nach dem Tode eines Ehegatten beim Korrespektivtestament kann der Überlebende sein Testament nur dadurch aufheben, daß er das ihm Zugewendete ausschlägt: § 2271 Abs. 2.

Testament, gemeinschaftliches: Errichtung es genügt, daß der eine Ehegatte ein ordnungsmäßiges Testament gültig errichtet und daß der andere Ehegatte das Testament ebenfalls unterschreibt: § 2267.

Testament, gemeinschaftliches: Korrespektivtestament hier herrscht strengste Abhängigkeit der beiden Testamente: die Nichtigkeit des einen zieht die des anderen nach sich; auch kann ein Ehegatte von seinem Testament nur mit Zustimmung des anderen zurück, so daß eine Änderung nach dem Tode eines Ehegatten ausgeschlossen ist: § 2270.

Testament, gemeinschaftliches, Rechtslage nach dem Tode des Letztversterbenden haben die Ehegatten sich gegenseitig und für den Fall des Todes des Letztversterbenden einen Dritten zum Erben eingesetzt, so ist dieser Dritte lediglich Erbe des Letztversterbenden, dessen Nachlaß er nur verbunden mit dem ersten Nachlaß annehmen oder ausschlagen kann: § 2269.

Testament, gemeinschaftliches: Vorliegen eines Korrespektivtestaments ein solches wird vermutet, wenn die

Ehegatten sich gegenseitig bedenken und für den Fall des Todes des Bedachten einer Person etwas zugewendet wird, die mit dem anderen Ehegatten verwandt ist oder ihm sonst nahe steht: § 2270 Abs. 2.

Testament, Hauptinhalt Einsetzung oder Ausschließung von Erben, Bestimmung von Vermächtnissen oder Auflagen: §§ 1937—1940; daneben kann das Testament enthalten: Benennung eines Testamentsvollstrekkers, eines Vormundes, eines Beistandes, außerdem die Angabe von Teilungsvorschriften.

Testament, Nottestamente Ersatz für öffentliche Testamente: §§ 2249 ff.

Testament, Nottestamentsende wenn seit der Errichtung 3 Monate verstrichen sind und der Erblasser noch lebt, sofern inzwischen die Möglichkeit der Errichtung des Testaments vor Richter oder Notar besteht: § 2252.

Testament, öffentliches es kann errichtet werden: 1.) durch mündliche Erklärung vor einem Amtsrichter oder Notar, 2.) durch Abgabe einer vom Erblasser geschriebenen und unterschriebenen Urkunde mit der mündlichen Erklärung, daß die Schrift den letzten Willen enthalte: § 2238.

Testament, öffentliches: Formvorschriften es wird — evtl. in Anwesenheit von 2 Zeugen — vor Amtsrichter oder Notar errichtet, unter durchgehender Anwesenheit sämtlicher Personen während der Aufnahme; Ehegatten, nahe Verwandte (in gerader Linie, im 2. Grad der Seitenlinie) oder Verschwägerte, ferner die im Testament Bedachten oder deren Verwandte bzw. Verschwägerte dürfen als Zeugen oder Mitwirkende nicht beteiligt sein; ebenso nicht: (Sollvorschrift!) Minderjährige, Personen, die eidesunfähig oder nicht im Besitz der bürgerlichen Ehrenrechte sind u. a. m.: §§ 2233—2237.

Testament, öffentliches: Verhandlung der Testierende erklärt mündlich seinen letzten Willen, worüber ein Protokoll aufgenommen wird, welches vorgelesen, genehmigt und von allen Beteiligten unterschrieben wird (ebenso bei Testierung durch Schriftabgabe); das Protokoll wird dann — evtl. samt Schrift — verschlossen, mit dem Amtssiegel versehen, vom Amtsrichter oder Notar unterschrieben und in besondere amtliche Verwahrung genommen: §§ 2240 ff, 2246.

Testament, privatschriftliches oder holographisches es muß vom Erblasser mit eigener Hand (keine Schreibmaschine!) geschrieben, möglichst datiert und unterschrieben sein: § 2247.

Testament, Seetestament wenn sich der Testator an Bord eines deutschen Schiffes — außerhalb eines inländischen Hafens — aufhält, so kann er ein öffentliches Testament durch mündliche Erklärung vor 3 Zeugen errichten: § 2251.

Testament, Seuchentestament ist ein Ort durch außerordentliche Maßnahmen abgesperrt oder befindet sich der Erblasser in naher Todesgefahr, so daß die Errichtung vor Amtsrichter oder Notar unmöglich ist, so kann ein Testament vor dem Bürgermeister oder vor 3 Zeugen durch mündliche Erklärung oder Schriftübergabe errichtet werden, unter Aufnahme eines Protokolls: § 2250.

Testament, Unwirksamkeit einer einzelnen Verfügung im Zweifel bleiben (Gegensatz zu § 139!) die übrigen Verfügungen gültig: § 2085.

Testament, Widerruf ist jederzeit durch den Erblasser möglich; der wegen Geistesschwäche, Trunksucht oder Verschwendung Entmündigte kann auch ein vor der Entmündigung errichtetes Testament widerrufen: **§ 2253.**

Testament, Widerrufsdurchführung 1.) durch Vernichtung des Testaments in Vernichtungsabsicht, 2.) durch aufhebendes neues Testament, 3.) durch ein neues Testament, dessen Inhalt dem älteren Testament widerspricht, 4.) durch Rücknahme eines öffentlichen Testaments aus amtlicher Verwahrung: §§ 2254—2256, 2258.

Testament, Zuwendung an Ehegatten die letztwillige Verfügung ist unwirksam: bei Nichtigkeit oder Auflösung der Ehe vor dem Tode des Erblassers, desgl.: bei Erhebung der Scheidungsklage durch den Erblasser wegen Verschuldens des anderen Ehegatten, falls die Klage Erfolg gehabt haben würde: § 2077.

Testament, Zuwendung an Verlobten ist nichtig bei Auflösung des Verlöbnisses vor dem Tode des Erblassers: § 2077.

Testament, Zuwendung unter einer Bedingung bei einer aufschiebenden Bedingung muß der Bedachte ihren Eintritt erleben; besteht die Bedingung darin, daß der Bedachte etwas unterläßt, so ist dies als auflösende Bedingung zu betrachten: §§ 2074—2076.

Testamentserrichtung, durch Blinde nur öffentlich, durch mündliche Erklärung vor Amtsrichter oder Notar, unter Zuziehung von 2 Zeugen: § 2238.

Testamentserrichtung, Hinterlegungsschein über die erfolgte Hinterlegung eines Testaments ist dem Testator ein Hinterlegungsschein auszuhändigen: §§ 2246, 2248.

Testamentserrichtung, durch Stumme kann nur privatschriftlich erfolgen oder öffentlich durch Übergabe einer Schrift: §§ 2233, 2238.

Testamentserrichtung, Verwahrung jedes Testament kann, das öffentliche muß in amtliche Verwahrung genommen werden: §§ 2246, 2248.

Testamentsformen, ordentliche die Errichtung kann in ordentlicher Form stattfinden entweder 1.) vor einem Richter oder einem Notar, 2.) durch eine eigenhändig geschriebene und unterschriebene Erklärung: § 2231.

Testamentsvollstrecker eine vom Erblasser durch Verfügung von Todes wegen bestimmte Person, zur Durchführung der Bestimmungen des Erblassers.

Testamentsvollstrecker, Amtsende durch Tod, Kündigung, Entlassung bei wichtigem Grunde, z. B. bei grober Pflichtverletzung: §§ 2225—2227.

Testamentsvollstrecker, Aufgaben Durchführung des letzten Willens des Erblassers, Auseinandersetzungsbewirkung bei Miterben, Verwaltung und Inbesitznahme des Nachlasses und Verfügung darüber, sogar Eingehung notwendiger Verbindlichkeiten, Führung von Prozessen: §§ 2203—2212.

Testamentsvollstrecker, Entlohnung er kann für die Amtsführung eine angemessene Vergütung verlangen: § 2221.

Testamentsvollstrecker, Erbengläubiger reine Erbengläubiger können sich nicht an die der Testamentsvollstreckung unterliegenden Nachlaßgegenstände halten: § 2214.

Testamentsvollstrecker, Ernennung er kann — auch mehrere! — durch den Erblasser benannt sein, auch kann die Ernennung dem Nachlaßgericht überlassen sein, ebenso kann der Erblasser den Testamentsvollstrecker zur Ernennung eines Nachfolgers ermächtigen; das Amt beginnt mit der Annahme, unter Aushändigung einer Urkunde: §§ 2197—2202, § 2368.

Testamentsvollstrecker, Haftung er haftet bei Verschulden dem Erben und evtl. den Vermächtnisnehmern: § 2219.

Testamentsvollstrecker, Pflichten Mitteilung eines Nachlaßinventars an die Erben, ordnungsmäßige Nachlaßverwaltung, Herausgabe nicht benötigter Gegenstände an die Erben: §§ 2215—2217.

Testamentsvollstrecker, Prozeßführung Aktivprozesse führt nur der Testamentsvollstrecker, bei Passivprozessen kann sich die Klage gegen ihn oder gegen die Erben richten; lediglich Pflichtteilsprozesse müssen ausschließlich gegen die Erben angestrengt werden: §§ 2212, 2213.

Testamentsvollstrecker, Rechtsstellung er ist weder Vertreter der Erben noch der Gläubiger, sondern er hat (ähnlich wie Konkursverwalter oder Vormund) eine amtsähnliche Stellung aus eigenem Recht.

Testamentsvollstrecker, Sonderausgaben der Erblasser kann dem Testamentsvollstrecker die Verwaltung des Nachlasses auch nach Erledigung der gewöhnlichen Aufgaben übertragen, um den Nachlaß dem Zugriff der Erben — diese sind nicht verfügungsbefugt — zu entziehen; eine solche Testamentsvollstreckung endigt grundsätzlich nach 30 Jahren seit dem Erbfall: §§ 2209—2211.

Testierfähigkeit Fähigkeit, ein Testament zu errichten oder aufzuheben; grundsätzlich sind voll testierfähig nur Volljährige: § 2229.

Testierfähigkeit, beschränkte ein Minderjähriger, der das 16. Lebensjahr vollendet hat, kann ein öffentliches Testament durch mündliche Erklärung zu Protokoll vor Amtsrichter oder Notar oder durch Übergabe einer offenen Schrift errichten, jedoch kein privatschriftliches Testament: §§ 2229, 2238.

Testierfähigkeit, Eintritt der Unfähigkeit sobald der Antrag auf Entmündigung wegen Geistesschwäche, Verschwendung oder Trunksucht gestellt worden ist, wird der zu Entmündigende testierunfähig, falls die Entmündigung unanfechtbar geworden ist: § 2230.

Tier, Haustier zu Erwerbszwecken hier haftet der Tierhalter nur, wenn ihn bei dem durch das Tier gesetzten Schaden ein Verschulden trifft, welches vermutet wird: § 833 Satz 2.

Tierärzte, Verjährung ihrer Ansprüche die Ansprüche auf Entlohnung, einschließlich der Auslagen, verjähren in zwei Jahren: § 196 Ziff. 14.

Tiergarten, wilde Tiere darin die Tiere sind nicht herrenlos: § 960.

Tierhalter Person, welche in eigenem Interesse für einen gewissen Zeitraum durch Gewährung von Obdach und Unterhalt die Sorge über ein Tier übernommen hat; er haftet bei Schadenszufügung durch das Tier auch ohne Verschulden: § 833.

Tierhüter eine Person, welche durch Vertrag mit dem Tierhalter die Aufsichtsführung über das Tier übernommen hat; er haftet nur bei Verschulden, welches vermutet wird: § 834.

Tilgung mehrerer Schulden erfolgt, wenn die Leistungen des Schuldners nicht zur Tilgung aller Schulden ausreichen, nach Bestimmung des Schuldners; mangels Bestimmung findet sog. gesetzliche Tilgung (erst fällige, dann unsicherste, dann lästigste, dann älteste Schuld) statt: § 366.

Tod, des Beauftragten im Zweifel erlischt hierdurch der Auftrag: § 673.

Tod, eines Gesellschafters die Gesellschaft wird aufgelöst, wenn sich aus dem Gesellschaftsvertrage nicht etwas anderes ergibt: § 727.

Tod des Kindes, Anfechtung der Ehelichkeit s. Anfechtung der Ehelichkeit eines Kindes.

Tod, eines Mieters sein Erbe und der Vermieter können das Mietsverhältnis gesetzlich kündigen: § 569.

Tod, des Nießbrauchers der Nießbrauch erlischt, als höchstpersönliches Recht: § 1061.

Tod, eines Offerenten hierdurch wird, falls der Antragende vor der Annahme stirbt, das Zustandekommen des Vertrages nur dann verhindert, wenn ein anderer Wille des Offerenten zu unterstellen ist: § 153.

Todeserklärung im Aufgebotsverfahren ergehender Beschluß des Amtsgerichts, durch welchen der vermeintliche Tod einer verschollenen Person — mit genau angegebenem fiktiven Todesdatum! — ausgesprochen wird: §§ 13 ff VerschollGes.

Todeserklärung, Rückkehr des für tot Erklärten dieser, der mit der Todeserklärung beerbt worden ist, kann die Herausgabe seines Vermögens nach den für den Erbschaftsanspruch geltenden Vorschriften der §§ 2018 ff verlangen: § 2031.

Todeserklärung, Wiederverheiratung des anderen Ehegatten durch eine Todeserklärung wird eine Ehe nicht aufgelöst, sondern erst durch eine nachfolgende Ehe des anderen Ehegatten. Kehrt der für tot Erklärte zurück, so kann lediglich der frühere Ehegatte die Aufhebung der neuen Ehe begehren; zu Lebzeiten seines Ehegatten aus der früheren Ehe kann er eine neue Ehe nur mit diesem eingehen: §§ 38, 39 EheGes.

Todeserklärung, Wirkungen familienrechtlicher Art durch Todeserklärung des überlebenden Ehegatten endet fortgesetzte Gütergemeinschaft: § 1494, ebenso die elterliche Gewalt eines für tot erklärten Elternteils: § 1677, ferner die Vormundschaft durch Todeserklärung des Vormunds: § 1885.

Todesvermutung die — widerlegliche — Annahme, daß eine verschollene Person von einem bestimmten Zeitpunkt an tot ist; greift erst Platz nach erfolgter gerichtlicher Todeserklärung (bis zu dem im Beschluß genannten Zeitpunkt also: Lebensvermutung): §§ 9, 10 VerschollGes.

Tötung, des Erblassers hierdurch wird die Grundlage für eine Erbunwürdigkeitserklärung geschaffen, ebenso bei Tötungsversuch: § 2339 Ziff. 1.

traditio brevi manu s. Traditionssurrogate, Arten.

Traditionssurrogate hierunter ist bei der Verschaffung von dinglichen Rechten an beweglichen Sachen der Ersatz der Übergabe (Alleinbesitz) zu verstehen.

Traditionssurrogate, Arten 1. traditio brevi manu, Übergabe kurzerhand: der Erwerber ist schon im — alleinigen oder unmittelbaren — Besitz der Sache: § 929 Satz 2, 2. constitutum possessorium oder Besitzkonstitut: die Sache verbleibt im — unmittelbaren — Besitz des Veräußerers, der Erwerber erhält mittelbaren Besitz: § 930, 3. Vindikationszession oder Abtretung des Herausgabeanspruches: die Sache befindet sich im — alleinigen oder unmittelbaren — Besitz eines Dritten: § 931.

Trennung, von Erzeugnissen oder Bestandteilen ein tatsächlicher Vorgang, der aus einer Sache mehrere Sachen schafft und eine Veränderung der Eigentumsverhältnisse bewirkt.

Trennung, von Erzeugnissen durch obligatorisch Berechtigte während die Erzeugnisse bis zur Trennung dem Eigentümer der Hauptsache gehören, fallen sie ins Eigentum des schuldrechtlich zur Fruchtziehung Befugten: 1.) mit der Trennung, falls er im Besitz der Hauptsache ist (z. B. Pächter), 2.) mit der Besitzergreifung, falls er nicht zum Besitz befugt ist: § 956.

Trennung, von Erzeugnissen durch Drittberechtigte bis zur Trennung gehören die Früchte dem Eigentümer der Hauptsache: sie fallen ins Eigentum des dinglich-Drittberechtigten (z. B. des Nießbrauchers) automatisch mit der Trennung, gleichgültig, von wem und in welcher Absicht die Trennung vorgenommen wird: § 954.

Treu und Glaube Rücksicht auf die Moral, d. h. Sittlichkeit; z. B. bei der Auslegung von Verträgen: § 157, bei der Erbringung der Leistung durch den Schuldner: § 242.

Trödelvertrag ein Darlehen, bei welchem eine Sache dem Nehmer vom Geber überlassen wird mit der Maßgabe, sie zu verkaufen und den erzielten Kaufpreis als Darlehn zu schulden.

Trunksüchtiger wer infolge der Trunksucht seine Geschäfte nicht zu besorgen vermag, sich oder seine Familie der Gefahr des Notstandes aussetzt oder die Sicherheit anderer gefährdet; er kann entmündigt werden: § 6; Folge: beschränkte Geschäftsfähigkeit: § 114.

U

Überbau s. Grundstück, Überbau.

Übereignung, Abtretung des Herausgabeanspruches, Vindikationszession hier ist ein Dritter im — alleinigen oder unmittelbaren — Besitz der Sache: dem Veräußerer steht als Eigentümer gegen den Dritten der Eigentumsherausgabeanspruch, die rei vindicatio des § 985 zu, den er dem Erwerber abtritt; die Zessionsregeln finden Anwendung, so daß — § 986 Abs. 2 — der Dritte dem Erwerber alle Einreden, die er gegen den Veräußerer hatte, entgegensetzen kann: § 931.

Übereignung, bedingte, einer beweglichen Sache sie ist statthaft, sowohl aufschiebend (z. B. beim Eigentumsvorbehalt des Abzahlungsgeschäftes!) als auch auflösend (z. B. häufig bei Sicherungsübereignung!) bedingt; auch Befristungen sind angängig.

Übereignung, Besitzkonstitut oder constitutum possessorium die Sache bleibt beim Veräußerer: hier muß neben der Einigung zwischen Veräußerer und Erwerber ein ganz bestimmtes Besitzmittlerverhältnis gemäß § 868 vereinbart werden, wodurch der Veräußerer aus einem alleinigen zum unmittelbaren Besitzer wird, während der Erwerber mittelbaren Besitz erhält: § 930.

Übereignung, durch Bevollmächtigten ist statthaft: der Erwerber erhält Eigentum in dem Moment, in welchem nach erfolgter Einigung die Sache dem Bevollmächtigten übergeben wurde.

Übereignung, Beweislast hinsichtlich der Gutgläubigkeit der gute Glaube des Erwerbers wird vermutet: der alte Eigentümer muß ihm also die Bösgläubigkeit nachweisen: § 932.

Übereignung, Erwerb im bösen Glauben Bösgläubigkeit liegt vor, wenn der Erwerber wußte oder infolge von grober Fahrlässigkeit nicht wußte, daß die Sache nicht dem Veräußerer gehört: § 932.

Übereignung, gutgläubiger Erwerb auch vom Nichteigentümer kann Eigentum erworben werden, wenn der Erwerber gutgläubig ist, d. h. den Veräußerer für den Eigentümer hält: § 932.

Übereignung, fiduziarische oder treuhänderische die Übereignung stellt keinen Vermögensübergang dar, der Erwerber soll nur die Rechte des bisherigen Eigentümers für diesen wahrnehmen (entsprechend der Inkassozession bei Forderungen!).

Übereignung, guter Glaube und Belastungen sie erlöschen mit dem Moment der Übereignung, wenn der Erwerber nicht nur den Veräußerer für den Eigentümer hielt, sondern auch glaubte, daß die Sache lastenfrei sei: § 936.

Übereignung, guter Glaube bei Besitzkonstitut hier hilft der gute Glaube bei Abschluß des Besitzkonstituts mit dem Nichtberechtigten noch nicht: der Erwerber wird erst bei Übergabe, d. h. tatsächlicher Besitzerlangung, zum Eigentümer, muß aber auch noch in diesem Zeitpunkt gutgläubig sein (natürlich kein Erwerb bei abhandengekommenen Sachen!): § 933.

Übereignung, guter Glaube bei Übergabe kurzer Hand auch hier hilft (natürlich nicht bei abhandengekommenen Sachen!) der gute Glaube, jedoch nur dann, wenn der Übereignungsvorgang zwischen dem Erwerber und dem bisherigen Besitzer — nicht: einem besitzlosen Dritten! — zustandekommt: § 932 Abs. 1 Satz 2.

Übereignung, guter Glaube bei Vindikationszession 1.) war der nichtberechtigte Veräußerer wenigstens mittelbarer Besitzer der Sache, so wird der Erwerber im Augenblick der Abtretung zum Eigentümer (der Veräußerer tritt den Anspruch aus mittelbarem Besitz, nach § 870, den der Erwerber für die rei vindicatio des § 985 hält, ab!); 2.) war der Veräußerer nicht einmal mittelbarer Besitzer (tritt er also gar nichts ab!), so wird der Erwerber zum Eigentümer erst im Moment der Besitzerlangung vom Dritten: § 934.

Uebereignung, nachfolgender böser Glaube erkennt der bisher, d. h. bei der Übereignung, gutgläubige Erwerber nachträglich, daß die Sache nicht dem Veräußerer gehört, so ist dies bedeutungslos.

Übereignung, von Grundstücken s. Grundstück, Übereignung.

Übereignung, Gutgläubigkeit bei Eigentumserwerb durch Bevollmächtigten es kommt auf den Glauben des Vertreters an: war dieser gutgläubig, so schadet Bösgläubigkeit des Vertretenen nichts; war der Vertreter bösgläubig, so nutzt der gute Glaube des Vertretenen nichts; die Gutgläubigkeit des Vertreters nutzt dem bösgläubigen Vertretenen jedoch dann nichts, wenn der Bevollmächtigte nach genauen Weisungen handelte: § 166.

Übereignung, Gutgläubigkeit bei herrenlosen Sachen auch bei ihnen ist Eigentumserwerb durch guten Glauben möglich: § 932.

Übereignung, einer beweglichen Sache erfolgt durch Einigung — dinglicher Vertrag über den Eigentumsübergang (nicht zu verwechseln mit dem Verpflichtungsgeschäft) — und Übergabe (= Besitzverschaffung): § 929 Satz 1.

Übereignung, Schutz des guten Glaubens bei abhandengekommenen Sachen bei Geld, Inhaberpapieren und im Wege öffentlicher Versteigerung veräußerten Sachen: § 935 Abs. 2.

Übereignung, Sicherungsübereignung eine Übereignung, die nur einen Wechsel im Eigentum, nicht im Vermögen (wichtig für Bilanzen!) darstellt und nicht zum Zwecke der Verfügung, sondern nur zur Befriedigung wegen einer Schuld (also pfandähnlich!) stattfindet; sie wird meist durch Besitzkonstitut nach § 930 vorgenommen, in Fällen in welchen der Gläubiger gesichert werden soll, der Schuldner das Sicherungsobjekt jedoch so dringend benötigt, daß er es nicht aus der Hand geben kann.

Übereignung, Traditions- oder Dispositionspapiere bei diesen (Lager-, sofern an der Order gestellt, und Ladeschein, Konnossement), genügt zur Übereignung der Ware Einigung und Übergabe des Papiers.

Übereignung, Traditionsurrogate an der Stelle der gewöhnlichen Übergabe (= Verschaffung des Alleinbesitzes!) wird ein Ersatz (vielfach vermittels des mittelbar- unmittelbaren Besitzes) vorgenommen: 1.) Übergabe kurzer Hand, 2.) Besitzkonstitut, 3.) Abtretung des Herausgabeanspruches: §§ 929—931.

Übereignung, Übergabe kurzer Hand, brevi manu tradito hier ist der Erwerber bereits im — alleinigen oder unmittelbaren — Besitze der Sache: zur Übereignung genügt bloße Einigung; war der Erwerber unmittelbarer Besitzer, so wird er zum alleinigen Besitzer, während der mittelbare Besitz des Veräußerers untergeht: § 929 Satz 2.

Übereignung, Versagung der Gutgläubigkeit wenn es sich um gestohlene, verlorene oder sonstwie dem Eigentümer — hier müssen also, im Gegensatz zu § 932, die Sachen in fremdem Eigentum gestanden haben! — abhanden gekommene Sachen handelt: § 935.

Übereignung, Zeitpunkt der Gutgläubigkeit der Erwerber muß in dem Augenblick, in welchem er Eigentum erlangt — bei der Einigung und bei der Übergabe —, gutgläubig sein: § 932.

Überfall s. Grundstück, Früchte.

Übergabe, bei Bestellung dinglicher Rechte an Mobilien Verschaffung des Besitzes, welcher bei Übereignung, Nießbrauch- und Pfandbestellung neben einer Einigung nötig ist: §§ 929, 1032, 1205.

Übergabe, bei Kauf, Miete, Werklieferungsvertrag der Verkäufer, Vermieter und Verpächter von Sachen und der Unternehmer beim Werklieferungsvertrag ist verpflichtet, dem Käufer, Mieter und Pächter sowie dem Besteller die Sache zu übergeben: §§ 433, 535, 581, 651.

Übergabe-Surrogate s. Traditionssurrogate.

Übergang, des Besitzes auf den Erben s. Besitz, Tod des Besitzers.

Übergang von Forderungen ein Gläubigerwechsel findet statt, und zwar entweder kraft Vertrages — als Abtretung oder Zession — oder kraft Gesetzes (sog. cessio legis) oder kraft gerichtlicher Verfügung (Pfändung und Überweisung von Forderungen an Zahlungsstatt).

Übergang von Forderungen kraft Gesetzes darf dem Gläubiger nicht zum Nachteil gereichen wenn eine Forderung kraft Gesetzes von dem bisherigen Gläubiger auf einen neuen übergeht, jedoch nur zum Teil, und wenn Sicherheiten für den Anspruch bestehen, so haften sie in erster Linie für den bisherigen Gläubiger: §§ 268, 426, 774, 1137, 1225 u. a. m.

Übergang einer Forderung durch richterliche Verfügung eine Forderung geht über durch einen Akt der Gerichtsbarkeit, und zwar durch Pfändung und Überweisung an Zahlungsstatt (nicht: zur Einziehung!): § 835 ZPO.

Übergang anderer Rechte wie von Forderungen wird nach Abtretungsregeln behandelt (z. B. Abtretung des — dinglichen — Herausgabeanspruches, sog. Vindikationszession nach §§ 931, 986 Abs. 2): § 413.

Übergebot höheres Gebot bei Versteigerungen, durch welches ein niedrigeres Gebot zum Erlöschen gebracht wird: § 156.

Überhang s. Grundstück, Wurzeln und Zweige.

Übermäßige Fruchtziehung, durch den Nießbraucher oder Vorerben Nießbraucher und Vorerbe erwerben Eigentum auch an Früchten, die im Übermaß gezogen werden. Der Nießbraucher muß jedoch dem Eigentümer den Wert übermäßig gezogener Früchte ersetzen, und zwar nach Nießbrauchsende. Einem Vorerben gebührt der Wert der Früchte auch nur in bestimmtem Maße, als nämlich durch den übermäßigen Fruchtbezug die ihm gebührenden Nutzungen beeinträchtigt werden und der Fruchtwert nicht zur Wiederherstellung der Sache zu verwenden ist: §§ 1039, 2133.

Übermittlung, falsche, von Willenserklärungen s. Botenübermittlung.

Übernahme, zum Schätzungswert s. Pacht, Eisernviehvertrag.

Überschuldung, als Konkursgrund eine juristische Person geht in Konkurs im Falle der Überschuldung: § 42; ebenso muß der Nachlaßkonkurs eröffnet werden, wenn der Nachlaß überschuldet ist: § 1980.

Überschuß, Verteilung bei wirtschaftlichen Vereinen fällt der nach Durchführung einer Liquidation sich ergebende Überschuß an die Mitglieder: § 45; den Gesellschaftern gebührt nach Liquidation der sich ergebende Überschuß nach dem Verhältnis ihrer Anteile am Gewinn: § 734; nach Auflösung der Gütergemeinschaft gebührt der Überschuß des Gesamtgutes, nach Berichtigung der Gesamtgutsverbindlichkeiten, den Ehegatten zu gleichen Teilen: § 1476; der nach Berichtigung von Nachlaßverbindlichkeiten verbleibende Überschuß des Nachlasses gebührt den Erben nach dem Verhältnis der Erbteile: § 2047.

Übersendungskosten Kosten bei Übermittlung der Leistung, z. B. bei Geld; diese trägt der Schuldner: § 270.

Übertragbarkeit, der Anweisung s. Anweisung.

Übertragung von Grundstücken und Grundstücksrechten hierzu ist Einigung und Eintragung der Rechtsänderung im Grundbuch erforderlich: § 873.

Übertragung des mittelbaren Besitzes s. Besitz, Übertragung des mittelbaren Besitzes.

Überwachung des Vormundes erfolgt durch das Vormundschaftsgericht, welches die gesamte Tätigkeit des Vormundes überwacht, gegen Pflichtwidrigkeiten durch geeignete Befehle einschreitet und dem Vormund zwecks Befolgung von Anordnungen Ordnungsstrafen auferlegen kann: § 1837.

Umdeutung s. Konversion.

Umgestaltung, bei Rücktritt, Wandelung, Nießbrauch die Ausübung des Rücktritts ist ausgeschlossen, wenn der Berechtigte die empfangene Sache umgestaltet hat, während eine Wandelung hierdurch nicht ausgeschlossen ist, wenn der Mangel sich erst bei der Umgestaltung zeigte. Ein Nießbraucher hingegen ist zur Umgestaltung der Sache überhaupt nicht berechtigt: §§ 352, 467, 1037.

Umschreibung, von Inhaberpapieren auf den Namen dies kann bei Inhaberschuldverschreibungen nur durch den Aussteller geschehen. Der Vormund kann des Mündels Inhaberpapiere, statt sie zu hinterlegen, auf den Namen umschreiben lassen, desgleichen ein Vorerbe, welcher die Umschreibung auf seinen Namen vornehmen läßt mit der Bestimmung, daß er über sie nur mit Zustimmung des Nacherben verfügen kann: §§ 806, 1815, 2117.

Umstände, regelmäßige, bei Anträgen ist einem Abwesenden ein Antrag ohne Fristsetzung gemacht worden, dann kann er bis zu dem Zeitpunkt angenommen werden, in welchem unter regelmäßigen Umständen mit Antwortseingang gerechnet werden konnte: § 147.

Umstände, für Ort und Zeit der Leistung wenn Ort und Zeit einer Leistung nicht fest bestimmt sind, so ist zu prüfen, ob sich Leistungsort und -Zeit nicht etwa aus den Umständen ergeben: §§ 269, 271.

Umwandlung, einer Hypothek s. Hypothek, Umwandlung.

Umwandlung, einer Stiftung s. Stiftung.

Unabtretbare Forderungen solche, die nicht zediert werden können: 1.) weil sie der Pfändung nicht unterworfen sind, 2.) weil ein vertragliches Zessionsverbot zwischen Gläubiger und Schuldner bestand oder 3.) weil durch eine Zession sich der Inhalt ändern würde: §§ 399, 400.

Unbekannte Beteiligte, Pflegschaft s. Pflegschaft, für unbekannte Beteiligte.

Unbeschränkte Erbenhaftung der Erbe haftet für die Nachlaßverbindlichkeiten unbeschränkt, d. h. nicht nur mit dem Nachlaß, sondern auch mit seinem Privatvermögen: § 1967, aber beschränkbar, d. h. durch Anwendung bestimmter Mittel kann die Haftung für Nachlaßverbindlichkeiten auf den Nachlaß beschränkt werden; durch ein vorsätzlich unvollständig oder unrichtig errichtetes Inventar sowie durch Verweigerung der Leistung des Offenbarungseides verliert ein Erbe die Beschränkbarkeit der Erbenhaftung: §§ 2005, 2006.

Unbeschränkte Geschäftsfähigkeit, Ablaufshemmungen bei Ansprüchen hat ein Minderjähriger einen noch nicht verjährten Anspruch und wird der Minderjährige voll geschäftsfähig, so verjährt der Anspruch erst nach 6 Monaten, nachdem der Minderjährige voll geschäftsfähig geworden ist: § 206.

Unbeschränkte Geschäftsfähigkeit, Eintritt nach Geschäftsvornahme wenn ein Minderjähriger ohne Zustimmung des gesetzlichen Vertreters einen Vertrag abgeschlossen hat, der schwebend unwirksam ist, so kann der Minderjährige nach Eintritt der Geschäftsfähigkeit den Vertrag genehmigen: § 108 Abs. 3.

Undank, grober er berechtigt, falls er zu einer schweren Verfehlung gegen den Schenker oder einen nahen Angehörigen desselben geführt hat, zum Widerruf der Schenkung, es sei denn, daß Verzeihung vorliegt oder ein Jahr seit Kenntnis der Widerrufsberechtigung verstrichen oder der Beschenkte verstorben ist: §§ 530—533.

Unentgeltliche Verwahrung eine Verwahrung von beweglichen Sachen, die der Verwahrer unentgeltlich übernommen hat; er hat nur für Sorgfalt wie in eigenen Angelegenheiten einzustehen: § 690.

Uneheliches Kind, Ansprüche der Mutter diese kann von dem Erzeuger die Kosten der Entbindung und den Unterhalt für sich für die ersten 6 Wochen nach der Entbindung verlangen; sie kann diese Kosten und den Unterhalt für das Kind für die ersten 3 Monate schon vor der Geburt des Kindes durch einstweilige Verfügung fordern: §§ 1715, 1716.

Uneheliches Kind, weitergehende Ansprüche gegen den Erzeuger ist das Kind nach Vollendung des 18. Lebensjahres infolge körperlicher oder geistiger Gebrechen außerstande, sich zu unterhalten, so hat ihm der Erzeuger weitergehenden Unterhalt zu gewähren; ist das Kind älter als 16 Jahre geworden, so ist auf Verlangen des Vaters eigenes Kindeseinkommen zu berücksichtigen, entsprechend der Billigkeit: § 1708.

Uneheliches Kind, Beiwohnung durch verschiedene Männer in der Empfängniszeit durch Blutgruppenuntersuchung und erbbiologische Untersuchung (Untersuchungszwang!) ist die Erzeugerschaft festzustellen.

Uneheliches Kind, Familienname es trägt den — bei einer verheirateten Frau vorehelichen — Namen der Mutter; der Ehemann der Mutter kann dem Kind gestatten, seinen Namen zu führen: § 1706.

Uneheliches Kind, Feststellung der Vaterschaft erfolgt grundsätzlich im Prozeßwege: das Kind, vertreten durch den Vormund, klagt gegen den Erzeuger — die Kindsmutter ist Zeugin — auf Anerkennung der Vaterschaft und Zahlung von Unterhalt.

Uneheliches Kind, Stellung des Erzeugers er und seine Verwandten gelten nicht als im Sinne des BGB mit dem Kind verwandt: § 1589; er hat dem Kinde bis zum 18. Lebensjahre Unterhalt entsprechend dem Stande der Mutter zu leisten: § 1708.

Uneheliches Kind, Stellung der Mutter das Kind erhält einen Vormund, die Mutter erhält — ohne Vertretungsbefugnis — lediglich die Personalsorge; Übertragung der elterlichen Gewalt durch das Vormundschaftsgericht auf eine volljährige uneheliche Mutter ist statthaft: § 1707.

Uneheliches Kind, Unterhalt durch den Erzeuger der Unterhalt wird in Form einer für 3 Monate vorauszahlbaren Geldrente gewährt, wobei sich der Vater durch eine Vorauszahlung für mehr als 3 Monate nicht befreit; der Unterhalt kann auch für die Vergangenheit verlangt werden, erlischt nicht mit dem Tode des Erzeugers, sondern geht auf dessen Erben über; er erlischt mit dem Tode des Kindes, dessen Bestattung der Erzeuger zu begleichen hat; Kapitalabfindung ist mit Genehmigung des Vormundschaftsgerichts statthaft: §§ 1710—1714.

Uneheliches Kind, Vaterschaftsanerkennung diese hat in einer öffentlichen Urkunde (Urteil, vollstreckbare Urkunde pp.) zu erfolgen.

Uneheliches Kind, Verhältnis zur Mutter es hat ihr und ihren Verwandten gegenüber die Stellung eines ehelichen Kindes: § 1705.

Uneheliches Kind, Verhältnis der Unterhaltsansprüche zueinander der Erzeuger haftet dem Kinde auf Unterhalt vor der Mutter und den mütterlichen Verwandten: soweit diese dem Kinde Unterhalt gewährt haben, geht der Anspruch des Kindes gegen den Erzeuger auf sie über: § 1709.

Uneheliches Kind, Vermutung der Vaterschaft als Erzeuger gilt, wer der Kindsmutter in der Empfängniszeit beigewohnt hat: § 1717.

Uneheliches Kind, Vormundschaft sie wird durch die Jugendämter (Berufvormundschaft) geführt; doch ist auch anderweitige Vormundsbestellung, z. B. der Kindsmutter selbst, statthaft.

Uneheliches Kind, Wohnsitz es teilt den Wohnsitz der Mutter: § 11.

Unerlaubte Handlung gesetzliches Schuldverhältnis, entstehend durch rechtswidrige, schuldhafte, verantwortlich begangene Verletzung bestimmter fremder Rechtsgüter; der Täter ist als Schuldner zum Schadensersatz verpflichtet: §§ 823 ff.

Unerlaubte Handlung, absolute oder Personalgüter Rechte, die sich gegen jedermann richten: Leben, Körper, Gesundheit, Freiheit oder sonstige — meist dingliche — Rechte; ob der Besitz darunter fällt, ist bestritten (= wenn als Recht betrachtet, ja!): § 823 Abs. 1.

Unerlaubte Handlung, Aufsichtspflicht nach § 832 auch hier liegt eine gewöhnliche unerlaubte Handlung mit rechtswidrig-schuldhaftem Verhalten des Haftenden vor, wobei jedoch den letzten Erfolg eine vom Haftenden abhängige, zu beaufsichtigende Person herbeiführt; die Aufsichtspflicht kann durch Gesetz (z. B. Vater) oder Vertrag begründet sein. Das Verschulden wird — Umkehrung der Beweislast! — wie im § 831 vermutet: § 832.

Unerlaubte Handlung, Beamtenhaftung alle öffentlichen Funktionäre (Beamte, Angestellte) haften für die einem Dritten durch Amtspflichtverletzung zugefügten Schäden nicht mehr persönlich, an ihrer Stelle haftet, falls Verschulden vorliegt, der Bund, das Land, die Gemeinden, jedoch nur im Rahmen von § 839: Art. 34 GG.

Unerlaubte Handlung, Besonderheiten bei der Haftung für Beamte usw. 1.) bei Fahrlässigkeit: nur hilfsweise Haftung, d. h. sofern der Verletzte nicht in anderer Weise Ersatz zu erlangen vermag; 2.) bei schuldhafter Unterlassung der Einlegung eines Rechtsmittels durch den Verletzten zum Zwecke der Schadensabwendung: Entfallen der Haftung: § 839 Abs. 1 und Abs. 2, Art. 34 GG in Verbindung mit § 839 Abs. 1 und Abs. 2.

Unerlaubte Handlung, bei richterlichen Amtspflichtverletzungen 1.) bei Spruchrichtern: Haftung nur, wenn die Tat mit einer im Wege gerichtlichen Strafverfahrens zu verhängenden öffentlichen Strafe bedroht ist; 2.) bei sonstigen Richtern: bei gewöhnlichem schuldhaften Verhalten: Art. 34 GG in Verbindung mit § 839 Abs. 2.

Unerlaubte Handlung, Deliktsfähigkeit der Täter muß verantwortlich sein; 1.) deliktsfähig: jede Person vom 18. Jahre ab. 2.) deliktsunfähig: Personen bis zum 7. Jahre und solche, die bei Anrichtung des Schadens bewußtlos oder im Zustande krankhafter Störung der Geistestätigkeit (auch vorübergehend!) waren; 3.) relativ deliktsfähig: Personen zwischen 7 und 18 Jahren, wobei es auf den einzelnen Fall und darauf ankommt, ob der Betreffende die nötige Einsicht hatte (ebenso bei Taubstummen!): §§ 827, 828.

Unerlaubte Handlung, weibliche Ehre das St.G.B. schützt die Ehre der Frau bereits, aber nur vermittels der unter Strafe gestellten Vorschriften; das BGB schützt die Ehre der Frau in stärkerem Maße: z. B. bei Bestimmung zum Geschlechtsverkehr durch Hinterlist, Drohung oder unter Mißbrauch eines Abhängigkeitsverhältnisses: § 825.

Unerlaubte Handlung, Erfordernisse 1.) Schadensverursachung (Theorie der adäquaten Verursachung!), 2.) Verschulden, und zwar: Vorsatz oder Fahrlässigkeit (in § 826: nur Vorsatz!), 3.) Rechtswidrigkeit (in § 826 genügt: Sittenwidrigkeit!), 4.) Verletzung bestimmter Güter (in § 826: auch allgemein das Vermögen), 5.) Bewirkung eines Schadens, 6.) Deliktsfähigkeit oder Verantwortlichkeit.

Unerlaubte Handlung, unmittelbar Geschädigter Schadensersatz erhält nur der unmittelbar Geschädigte, nicht auch ein Drittgeschädigter; Ausnahme: ist jemand getötet oder körperlich verletzt worden und war er kraft Gesetzes (z. B. Ehegatte, nicht kraft Vertrages!) einem Dritten zur Leistung von Diensten verpflichtet, so erhält auch, soweit die Dienste entfallen, der Dritte Schadensersatz in Form einer Rente: § 845.

Unerlaubte Handlung, geschützte Güter 1.) die sog. absoluten oder Personalgüter: § 823 Abs. 1, 2.) die sog. Rechtsschutzgüter: § 823, Abs. 2; 3.)

der Kredit: § 824; 4.) die weibliche Ehre: § 825; 5.) das Vermögen: § 826.

Unerlaubte Handlung, Haftung bei Gebäudeeinsturz bei Tötung, Körperverletzung, Sachbeschädigung durch Gebäudeeinsturz oder Ablösung von Teilen haftet der Besitzer, evtl. der frühere Besitzer (ein Jahr seit Besitzwechsel!), ein dinglich Berechtigter sowie derjenige, welcher die Unterhaltung des Gebäudes übernommen hat, wenn der Einsturz die Folge fehlerhafter Errichtung oder Unterhaltung war und die erforderliche Sorgfalt zum Zwecke der Gefahrenabwendung nicht beobachtet wurde (Besitzer = Eigenbesitzer!): §§ 836—838.

Unerlaubte Handlung, Körperverletzung soweit durch sie die Erwerbsfähigkeit — tatsächlicher Erwerb braucht noch nicht vorgelegen zu haben! — gemindert wurde oder eine Vermehrung der Bedürfnisse eingetreten ist, ist, selbst wenn dem Verletzten ein anderer unterhaltspflichtig ist, Schadensersatz in Form einer Geldrente zu leisten: § 843.

Unerlaubte Handlung, Kredit die — vermögensmäßige — Ehre wird an sich schon durch das StGB. (Beleidigung, üble Nachrede, Verleumdung) geschützt, aber nur gegen vorsätzliche Verstöße; das BGB schützt den Kredit auch gegen fahrlässige Verletzungen: § 824.

Unerlaubte Handlung, längeres Laufen von Rechten 1.) wenn der Täter durch die Tat auf Kosten des Verletzten etwas erlangte, so ist er auch nach Verjährung des Schadensersatzanspruchs herausgabepflichtig nach den Vorschriften über die ungerechtfertigte Bereicherung: § 852; 2.) hat der Täter durch die Tat eine Forderung gegen den Verletzten erlangt, so kann dieser einredeweise auch nach Verjährung des eigenen Schadensersatzanspruches Erfüllung verweigern (die Einrede erhält sich länger als der Anspruch, vgl. §§ 478, 638): § 853.

Unerlaubte Handlung, Mittäter liegt eine einzige unerlaubte Handlung mit mehreren Tätern vor, so haftet jeder als Gesamtschuldner, wobei Anstifter und Gehilfen den Mittätern gleichstehen; das gleiche ist der Fall, wenn sich der Einzelanteil mehrerer Personen an einem angerichteten Schaden nicht feststellen läßt: § 830.

Unerlaubte Handlung, Personalverletzung der Schadensersatz umfaßt auch die Nachteile für den — tatsächlich vorhandenen — Erwerb oder das Fortkommen (z. B. schlechter bezahlte Stellung des Verletzten); es muß sich nicht um eine Körperverletzung handeln, es kann z. B. eine Ehrverletzung vorliegen: § 842.

Unerlaubte Handlung, Rechtsschutzgüter Rechte, die durch Gesetze geschützt werden (z. B. Urheberrechte, Ehre, Namen, Firma pp.); falls ein Verstoß laut Gesetz auch ohne Verschulden möglich ist, so liegt eine unerlaubte Handlung nur bei Verschulden vor (wer den Besitz nicht als Recht betrachtet, läßt ihn als Rechtsschutzgut geschützt werden!): § 823 Abs. 2.

Unerlaubte Handlung, Sachentziehung bestand die unerlaubte Handlung in einer Sachentziehung, so haftet der Täter selbst für zufälligen Untergang oder zufällige Verschlechterung der Sache; soweit der Sachwert zu ersetzen ist, sind außerdem Zinsen zu leisten: §§ 848, 849.

Unerlaubte Handlung, Schadensausgleich bei fehlender Deliktsfähigkeit in einem solchen Falle hat der nicht voll Deliktsfähige den Schaden der Billigkeit entsprechend zu ersetzen, soweit dies den Verhältnissen der Beteiligten entspricht, dem Täter nicht die Mittel zum Unterhalt und zur Erfüllung seiner Unterhaltspflichten entzogen werden und der Schadensersatz nicht von einem aufsichtspflichtigen Dritten erlangt werden kann: § 829.

Unerlaubte Handlung, Schadensersatz richtet sich grundsätzlich nach den allgemeinen Regeln der §§ 249 ff, jedoch mit den Besonderheiten der §§ 842 ff.

Unerlaubte Handlung, Schmerzensgeld bei Körperverletzung, Gesundheitsschädigung, Freiheitsberaubung, Sittlichkeitsdelikten gegen eine Frau ist auch für den nicht vermögensmäßigen Schaden eine billige Geldentschädigung zu leisten; der Anspruch ist unübertragbar und unvererblich, soweit er nicht vertraglich anerkannt worden oder rechtshängig geworden war: § 847.

Unerlaubte Handlung, Tierhalterhaftung der Tierhalter (= wer die Obhut über ein Tier durch Gewährung von Obdach und Unterhalt im eigenen Interesse übernimmt) haftet für Körperverletzung oder Sachbeschädigungen durch das Tier, das jedoch nicht bloßes Werkzeug (dann § 823!) gewesen sein darf, sondern aus sich heraus, also instinktmäßig gehandelt haben muß; die Haftung ist auch ohne Verschulden des Tierhalters gegeben (sog. Quasidelikt!): § 833.

Unerlaubte Handlung, Tierhalterhaftung bei Haustieren bei Haustieren zu Erwerbszwecken haftet der Tierhalter nur bei — vermutetem (also Umkehrung der Beweislast!) — Verschulden, und zwar auch dann, wenn das Tier den Schaden nicht gelegentlich der Verwendung zu Erwerbszwecken anrichtete (Tierhalternovelle vom 30. 5. 1908): § 833 Satz 2.

Unerlaubte Handlung, Tierhüterhaftung wer durch Vertrag die Aufsicht über ein — sonstiges oder Haus- — Tier übernimmt, haftet für den durch das Tier angerichteten Schaden, jedoch nur bei — vermutetem — Verschulden: § 834.

Unerlaubte Handlung, Tötung der Täter hat die Bestattungskosten zu tragen und diejenigen Personen, denen der Getötete kraft Gesetzes unterhaltspflichtig war oder werden konnte, in Form einer Geldrente für die mutmaßliche Lebensdauer des Getöteten zu unterhalten: § 844.

Unerlaubte Handlung, Verantwortlichkeit mehrerer falls mehrere Personen aus verschiedenen Handlungen beteiligt sind, haften sie als Gesamtschuldner; im Falle der §§ 831, 832 (Verrichtungsgehilfe, zu beaufsichtigende Person!) haftet im Innenverhältnis der Verrichtungsgehilfe bzw. der Aufsichtspflichtige allein: § 840.

Unerlaubte Handlung, Verjährung des Schadenersatzanspruches der Anspruch verjährt in 3 Jahren, jedoch nicht von seiner Entstehung ab wird diese Frist gerechnet, sondern erst von dem Zeitpunkt ab, in welchem der Geschädigte Kenntnis von Tat und Täter erhielt; unabhängig davon: in 30 Jahren seit Begehung: § 852.

Unerlaubte Handlung, Vermögen durch § 826 wird das Vermögen, d. h. die Summe aller geldwerten Güter (also auch obligatorische Rechte!) geschützt, wobei an Stelle der Rechtswidrigkeit Sittenwidrigkeit genügt, der Täter dafür aber stets vorsätzlich handeln muß: § 826.

Unerlaubte Handlung, Verrichtungsgehilfe hier liegt eine gewöhnliche unerlaubte Handlung — mit rechtswidrigem, schuldhaftem Handeln des Haftenden — vor, mit der Maßgabe, daß den letzten schädigenden Erfolg nicht der Haftende selbst mit eigener Hand gesetzt hat, sondern eine andere, von ihm abhängige Person: nämlich der Verrichtungsgehilfe, d. h. derjenige, den er zu einer Verrichtung bestellt hat; mangels Verschuldens bei Auswahl und Überwachung — die Schuld wird mit Umkehrung der Beweislast vermutet! — liegt keine unerlaubte Handlung vor. Die Tat muß „in Ausführung", nicht nur „gelegentlich" der Verrichtung begangen sein: § 831.

Unerlaubte Handlung, Verrichtungsgehilfe u. Erfüllungsgehilfe, § 278 u. § 831 die Begriffe schließen sich keineswegs gegenseitig aus; soll jemand für einen anderen nach § 278 haften, so muß zwischen ihm und dem Geschädigten bereits ein Schuldverhältnis — irgendwelcher Art! — vorliegen, der Schaden darf nur dem Gläubiger dieses Schuldverhältnisses zugefügt sein (nicht einem Dritten!), darf sich nur auf die Leistung (nicht auf ein sonstiges Rechtsgut) beziehen, auch muß der Erfüllungsgehilfe schuldhaft handeln, während ein Verschulden des Schuldners bedeutungslos ist (Haftung für fremdes Verschulden!); in § 831 hingegen braucht zwischen Geschädigten und Haftenden eine schuldrechtliche Beziehung nicht zu bestehen, so daß es gleichgültig ist, wem der Schaden zugefügt wird und worauf er sich bezieht: hingegen muß stets der Haftende schuldhaft — z. B. schlechte Auswahl! — gehandelt haben, während ein Verschulden des Verrichtenden gleichgültig ist (Haftung für eigenes Verschulden!).

Unfähigkeit, Familienratsmitglied zu sein die gleichen Gründe wie beim Vormund kommen in Frage: § 1865.

Unfähigkeit, Vormund zu sein Geschäftsunfähige, Entmündigte können nicht zum Vormund bestellt werden: § 1780.

Ungerechtfertigte Bereicherung ein gesetzliches Schuldverhältnis, dadurch entstehend, das sich eine Vermögensverschiebung zwischen zwei Personen, die die eine reicher, die andere ärmer macht, vollzogen hat, die zwar mit dem Recht formell in Einklang steht, sich aber nicht rechtfertigen läßt (z. B. bei Gültigkeit eines abstrakten, aber Nichtigkeit des kausalen Geschäftes); Pflicht des Schuldners: Herausgabe des Erlangten: § 812.

Ungerechtfertigte Bereicherung, Arten der Entstehung 1.) gewollte Vermögensverschiebung: „durch Leistung"; 2.) ungewollt: „in sonstiger Weise" (z. B. durch Fund, Verbindung pp.): § 812.

Ungerechtfertigte Bereicherung, Arten der Leistung 1.) ein Rechtsgrund hat stets gefehlt (z. B. Nichtigkeit des Kausalgeschäftes), 2.) der Rechtsgrund fällt später fort (z. B. Widerruf einer Schenkung), 3.) der bezweckte Erfolg tritt nicht ein (z. B. bei Auflösung eines Verlöbnisses), 4.) der Empfänger verstößt durch die Annahme gegen ein gesetzliches Verbot oder gegen die guten Sitten: §§ 812, 817.

Ungerechtfertigte Bereicherung, Haftung auf Schadensersatz der Empfänger haftet bei Untergang oder Zerstörung des herauszugebenden Objektes für Vorsatz und jede Fahrlässigkeit von dem Moment ab, wo er den Mangel des Rechtsgrundes kennt, spätestens von Rechtshängigkeit ab: §§ 818, 819.

Ungerechtfertigte Bereicherung, gültige Leistung an einen Nichtberechtigten an sich befreit sich ein Schuldner nur, wenn er an den richtigen Gläubiger leistet; es gibt jedoch Fälle, in denen man sich ausnahmsweise durch Leistung an einen Nichtberechtigten befreit (z. B. Leistung des Schuldners in Unkenntnis von einer Zession an den alten Gläubiger nach § 407); der Nichtberechtigte hat dem Berechtigten die Leistung aus ungerechtfertigter Bereicherung herauszugeben: § 816 Abs. 2.

Ungerechtfertigte Bereicherung, Umfang der Herausgabepflicht das Erlangte selbst, gezogene Nutzungen, Ersatzvorteile und, falls Naturalherausgabe nicht möglich (z. B. bei Diensten), Wertersatz in Geld: § 818.

Ungerechtfertigte Bereicherung, Unstatthaftigkeit der Rückforderung 1.) wenn der Leistende wußte, daß eine Pflicht zur Leistung nicht bestand, 2.) wenn die Leistung zwar nicht dem Recht, jedoch der Sittlichkeit oder dem Anstande entsprach, 3.) wenn bei einer gesetzlich verbotenen oder sittenwidrigen Leistung nicht nur der Empfänger, sondern auch der Leistende verboten oder sittenwidrig handelt, 4.) wenn bei nicht eingetretenem Erfolge dem Leistenden die von Anfang an gegebene Unmöglichkeit des Erfolgseintritts bekannt war oder er selbst treuwidrig den Eintritt verhinderte: §§ 814, 815, 817.

Ungerechtfertigte Bereicherung, gültige Verfügung eines Nichtberechtigten ist die Verfügung eines Nichtberechtigten dem Berechtigten gegenüber gültig (z. B. wegen Genehmigung; wegen guten Glaubens des Erwerbers), so ist der Nichtberechtigte dem Berechtigten zur Herausgabe des Erlangten (z. B. des Kaufpreises) verpflichtet: § 816 Abs. 1 Satz 1.

Ungerechtfertigte Bereicherung, gültige Verfügung eines Nichtberechtigten, jedoch unentgeltlich hier trifft die Herausgabepflicht den Dritten, obwohl dieser, streng genommen, gar nicht ungerechtfertigt bereichert ist (Rechtsgrund: die Schenkung!); der Unterschied zu § 822 ist folgender: bei § 822 schenkt ein Berechtigter, aber ungerechtfertigt Bereicherter, an einen Dritten, bei § 816 jedoch ein Nichtberechtigter: § 816 Abs. 1, Satz 2.

Ungerechtfertigte Bereicherung, Verhältnis zur Eigentumsherausgabeklage, sog. rei vindicatio beide Ansprüche schließen sich grundsätzlich gegenseitig aus.

Ungerechtfertigte Bereicherung, Verjährung in 30 Jahren; bestand das Erlangte in einer Forderung, so kann auch nach Verjährung des Herausgabeanspruches einredeweise die Erfüllung der Verbindlichkeit verweigert werden: § 821.

Ungerechtfertigte Bereicherung, Wegfall der Herausgabepflicht wenn der Empfänger nicht mehr bereichert ist: § 818 Abs. 3.

Ungerechtfertigte Bereicherung, unentgeltliche Zuwendung derselben durch den Bereicherten an einen Dritten die Herausgabepflicht trifft hier den Dritten, obwohl dieser, streng genommen, nicht ungerechtfertigt (Rechtsgrund: die Schenkung) bereichert ist: § 822.

Ungewißheit über die Person des Gläubigers wenn der Schuldner ohne Verschulden sich in Ungewißheit über die Person des Gläubigers befindet und daher nicht erfüllen kann, so kann er hinterlegungsfähige Sachen hinterlegen, nichthinterlegungsfähige Sachen öffentlich versteigern lassen, unter Erlöshinterlegung, wenn der Verderb der Sachen zu befürchten oder die Aufbewahrung zu kostspielig ist: §§ 372, 383.

Unklagbarkeit von Ansprüchen unklagbar sind Ansprüche auf Ehemäklerlohn, Spiel- und Wettgewinn, Erfüllung eines Verlöbnisses: §§ 656, 762, 1297.

Unmittelbarer Besitz s. Besitz, mittelbar-unmittelbarer Besitzer.

Unmöglichkeit der Umstand, daß ein Erfolg nicht erzielt oder eine Leistung nicht erbracht werden kann.

Unmöglichkeit, der Erfüllung eines Stiftungszweckes die zuständige Behörde kann der Stiftung eine andere Zweckbestimmung geben oder sie aufheben; bei der Umwandlung ist möglichst auf die Absicht des Stifters Rücksicht zu nehmen: § 87.

Unmöglichkeit, der Erreichung eines Gesellschaftszweckes die Gesellschaft endigt: § 726.

Unmöglichkeit der Leistung Unfähigkeit eines Schuldners, eine Leistung zu erbringen; dies ist wichtig für die Frage, was aus der Verpflichtung des Schuldners zur Leistung und aus dem ganzen Schuldverhältnis wird.

Unmöglichkeit der Leistung, Arten 1. zeitlich: ursprüngliche und nachfolgende, 2. personell: objektiv und subjektiv (Unvermögen), 3. dem Grunde nach: zu vertretende und nicht zu vertretende Unmöglichkeit: §§ 275, 280.

Unmöglichkeit der Leistung, Beweislast bei nachfolgender Unmöglichkeit wird vermutet, daß der Schuldner sie zu vertreten hat, so daß er den Gegenbeweis führen muß: § 282.

Unmöglichkeit der Leistung, fiktive wenn ein Schuldner rechtskräftig zur Leistung verurteilt worden ist und eine ihm zwecks Erfüllung gestellte Frist hat verstreichen lassen, so wird die Unmöglichkeit der Leistung unterstellt, so daß er zum Schadenersatz verpflichtet ist: § 283.

Unmöglichkeit der Leistung, bei Gattungsschulden hier bleibt der Schuldner bei Unvermögen verpflichtet, auch wenn ihm kein Verschulden zur Last fällt, solange die Leistung aus der Gattung möglich ist: § 279.

Unmöglichkeit, der Leistung eines Legats ist ein Vermächtnis auf eine zur Zeit des Erbfalles unmögliche Leistung gerichtet, so ist es unwirksam: § 2171.

Unmöglichkeit der Leistung, teilweise hier kann der Gläubiger bei nachfolgender zu vertretender Unmöglichkeit den noch möglichen Teil der Leistung ablehnen und Schadenersatz wegen Nichterfüllung der ganzen Verbindlichkeit verlangen, wenn eine teilweise Erfüllung für ihn ohne Interesse ist: § 280 Abs. 2.

Unmöglichkeit der Leistung, bei gegenseitigen Verträgen wenn der Schuldner infolge nachfolgender von ihm nicht zu vertretender Unmöglichkeit frei wird, so kann er die Gegenleistung nicht verlangen und muß eine empfangene Leistung gemäß ungerechtfertigter Bereicherung herausgeben, es sei denn, daß die Unmöglichkeit von dem anderen Teil zu vertreten ist oder während des Gläubigerverzuges eintrat; bei nachfolgender zu vertretender Unmöglichkeit hat der andere Teil die Wahl zwischen Schadensersatz wegen Nichterfüllung, Rücktritt oder den Rechten bei nachfolgender nicht zu vertretender Unmöglichkeit: §§ 323—325.

Unmöglichkeit der Leistung, zu vertretende der Schuldner bleibt verpflichtet und hat statt der geschuldeten Leistung Schadensersatz wegen Nichterfüllung zu erbringen: § 280.

Unmöglichkeit der Leistung, nicht zu vertretende hier wird der Schuldner von der Verpflichtung zur Leistung frei: § 275.

Unmöglichkeit der Leistung, bei Wahlschulden bei ursprünglicher oder nachfolgender Unmöglichkeit einer von mehreren wahlweise geschuldeten Leistungen beschränkt sich das Schuldverhältnis auf die übrigen Leistungen, sofern nicht die Unmöglichkeit von dem nichtwahlberechtigten Teil zu vertreten ist: § 265.

Unmöglichkeit, ursprüngliche, negatives Interesse wenn der Schuldner eines Vertrages, der auf eine objektiv ursprünglich unmögliche Leistung gerichtet ist, nach § 306 frei wird, so hat er dem gutgläubigen anderen Teil das negative Interesse zu ersetzen, sofern er selbst die Unmöglichkeit kannte oder kennen mußte: § 307.

Unmöglichkeit, vorübergehende ist ein Vertrag auf eine ursprünglich unmögliche Leistung gerichtet, jedoch für den Fall des Möglichwerdens abgeschlossen, so ist der Vertrag gültig: § 308.

Unpfändbare Forderungen sie können nicht abgetreten, mit einem Nießbrauch belastet oder verpfändet werden; auch ist gegen sie eine Aufrechnung nicht möglich: §§ 394, 400, 1069, 1274.

Unredlicher Besitzer Besitzer einer mit dem Herausgabeanspruch seitens des Eigentümers geforderten Sache, welcher beim Besitzerwerb nicht im guten Glauben war oder später erfährt, daß er zum Besitz nicht berechtigt ist; er haftet dem Kläger für Verschulden, falls die Sache sich verschlechtert oder untergeht, von der Bösgläubigkeit ab: § 990.

Unrichtiger Erbschein s. Erbschein, unrichtiger.

Unrichtigkeit des Grundbuches s. Grundbuch.

Unrichtigkeit des Hypothekenbriefes s. Hypothek, Hypothekenbrief.

Untauglichkeit, Vormund zu sein Minderjährige, unter vorläufiger Vormundschaft Stehende, Personen unter Gebrechlichkeitspflegschaft, Gemeinschuldner, während der Dauer des Konkurses, endlich Personen, denen die bürgerlichen Ehrenrechte aberkannt worden sind: § 1781.

Untauglichkeit, Familienratsmitglied zu sein diejenigen Personen, die zum Amt eines Vormundes untauglich sind, der Vormund des Mündels, endlich Personen, die durch Anordnung des Vaters oder der ehelichen Mutter des Mündels von der Mitgliedschaft ausgeschlossen sind: § 1866.

Unteilbare Leistung mehrere Gläubiger einer Forderung auf eine unteilbare Leistung sind Gesamthands- oder Gesamtgläubiger, mehrere Schuldner hingegen Gesamtschuldner: §§ 421, 428, 431, 432.

Unterbrechung richtiger: Abbrechung; ein Umstand, welcher bei einer Frist nicht nur ihren Weiterlauf verhindert, sondern nach Wegfall des Unterbrechungszustandes unter Nichtanrechnung des bisherigen Laufes die Frist völlig von neuem beginnen läßt (Begriff der Verjährung und der Ersitzung!).

Unterbrechung, der Ersitzung dies geschieht durch Verlust des Eigenbesitzes für die Dauer von mehr als einem Jahr oder dadurch, daß der Eigentumsanspruch gegen den Ersitzenden erhoben wird: §§ 940, 941.

Unterbrechung, der Verjährung die Verjährung von Ansprüchen wird unterbrochen dadurch, daß 1. der Anspruchsgegner ihn in irgendeiner Weise (Zins, Abschlagszahlung, Sicherheitsbestellung usw.) anerkennt: § 208 oder 2. der Anspruchsberechtigte den Anspruch klageweise geltend macht oder klageähnliche Handlungen vornimmt: §§ 209 ff.

Unterbrechung, der Verjährung, Wirkung die bis zur Unterbrechung verstrichene Zeit wird nicht gerechnet, eine neue Verjährung kann erst nach Beendigung der Unterbrechung beginnen: § 217.

Unterbringung des Mündels, zum Zwecke der Erziehung das Vormundschaftsgericht kann den Mündel zum Zwecke der Erziehung in einer geeigneten Familie oder Erziehungsanstalt unterbringen (hat mit Fürsorgeerziehung nichts zu tun): § 1838.

Untergang von Schulden, Beweislast letztere liegt dem Schuldner ob, der die Entstehung der Schuld zunächst ja anerkannt hat; legt er eine Quittung vor, deren Richtigkeit der Gläubiger bezweifelt, so trifft diesen die Beweislast.

Untergang, zurückzugebender Gegenstände bei Rücktritt s. Rücktritt.

Unterhaltsbeiträge, Verjährung von Rückständen Ansprüche auf Rückstände von Unterhaltsbeiträgen verjähren in 4 Jahren: § 197.

Unterhaltspflicht Verpflichtung einer Person, für die Lebensbedürfnisse einer anderen Person Sorge zu tragen, sei es durch Naturalleistung, sei es durch Gewährung einer Geldrente.

Unterhaltspflicht, Art der Unterhaltsgewährung bei Verwandten in Form einer Geldrente; auf Grund besonderer Umstände kann der Unterhaltspflichtige fordern, daß er den Unterhaltsberechtigten in anderer Weise alimentieren darf; bei unverheirateten Kindern bestimmen die Eltern Art und Zeit des Unterhalts, im übrigen ist eine Geldrente monatlich im voraus zu zahlen: § 1612.

Unterhaltspflicht, Bedürftigkeit, bei Verwandten wer außerstande ist, sich selbst zu unterhalten; ein minderjähriges unverheiratetes Kind kann trotz Vermögens von den Eltern Unterhalt fordern, soweit Vermögens- und Arbeits-Erträge zum Unterhalt nicht ausreichen: § 1602.

Unterhaltspflicht, Erlöschen mit dem Tode des Berechtigten oder des Verpflichteten, doch sind in ersterem Falle noch die Bestattungskosten zu tragen: § 1615.

Unterhaltspflicht, Fälle sie besteht: zwischen Ehegatten: § 1360, zwischen Verwandten in gerader Linie: §§ 1601ff, gegenüber dem unehelichen Kind: § 1708, bei Ehelichkeitserklärung gegenüber einem für ehelich erklärten Kind: § 1739, bei Adoption: gegenüber dem an Kindes Statt Angenommenen: § 1766, bei Tötung durch unerlaubte Handlung: gegenüber den Unterhaltsberechtigten des Getöteten: § 844, bei einem Erb- oder Nacherbfall: für die Mutter des zu erwartenden Erben oder Nacherben: §§ 1963, 2141, bei einer Ehescheidung: gegenüber dem schuldlos geschiedenen Ehegatten, gegenüber dem für geringer schuldig erklärten Ehegatten, bei Scheidung ohne Schuldausspruch: gegenüber dem Ehegatten, welcher nicht die Scheidung begehrte: §§ 58 ff EheGes.

Unterhaltspflicht, Leistungsfähigkeit nur, wer bei Berücksichtigung seiner sonstigen Verpflichtungen imstande ist, Unterhalt zu gewähren, ohne Gefährdung des eigenen angemessenen Unterhalts: § 1603.

Unterhaltspflicht, Reihenfolge der Berechtigten 1. die minderjährigen, unverheirateten Kinder (aus sämtlichen Ehen) und der Ehegatte, 2. der schuldlos geschiedene Ehegatte einer früheren Ehe, 3. die volljährigen und verheirateten Abkömmlinge, 4. die Vorfahren nach Gradesnähe: § 1609.

Unterhaltspflicht, Umfang er bestimmt sich — sog. angemessener Unterhalt — nach der Lebensstellung des Berechtigten und umfaßt auch die Kosten der Erziehung und der Vorbildung zu einem Berufe: § 1610.

Unterhaltspflicht, notdürftiger Unterhalt erhält der, welcher durch sittliches Verschulden bedürftig geworden ist oder sich einer Verfehlung schuldig gemacht hat, die die Entziehung des Pflichtteils rechtfertigen würde: § 1611.

Unterhaltspflicht, für Vergangenheit besteht nicht, nur vom Augenblicke des Verzuges oder der Rechtshängigkeit ab: § 1613.

Unterhaltspflicht, bei Verwandtschaft in gerader Linie, Besonderheiten s. nachfolgende Begriffsbestimmungen.

Unterhaltspflicht, Voraussetzungen Bedürftigkeit des Unterhaltsberechtigten und Leistungsfähigkeit des Unterhaltspflichtigen: § 1602.

Unterhaltspflicht, für die Zukunft für die Zukunft kann nicht auf Unterhalt verzichtet werden; Vorausleistungen befreien grundsätzlich nur für die Dauer von 3 Monaten: § 1614.

Unterhaltspflicht, bei Verarmung des Schenkers hat der verarmte Schenker vom Beschenkten die Herausgabe des Geschenkes gefordert, so kann dieser die Herausgabe durch Zahlung des für den Unterhalt erforderlichen Betrages abwenden: § 528.

Unterhaltsverträge, bei Ehescheidung Ehegatten können Verträge über den Unterhalt für die Zeit nach der Ehescheidung treffen, und zwar schon vor der Rechtskraft des Scheidungsurteiles. Die Verträge sind nicht schon deshalb nichtig, weil hierdurch die Scheidung erleichtert oder ermöglicht wurde, sondern nur dann, wenn sie gegen die guten Sitten verstoßen oder in Zusammenhang mit dem Vertrag ein nicht oder nicht mehr bestehender Scheidungsgrund geltend gemacht werden soll: § 72 EheGes.

Unterhaltung von Anlagen, bei der Grunddienstbarkeit wenn zur Ausübung einer Grunddienstbarkeit eine Anlage auf dem belasteten Grundstück gehört, so kann eine Unterhaltspflicht des Grundstückseigentümers hinsichtlich dieser Anlage bestimmt werden, desgleichen, wenn die Grunddienstbarkeit darin besteht, auf einer baulichen Anlage des belasteten Grundstückes eine bauliche Anlage zu halten: §§ 1021, 1022.

Unterlassen, als Gegenstand des Anspruches ein Anspruch kann nicht nur auf ein Tun, sondern auch auf ein Unterlassen gerichtet sein: § 194; ebenso kann eine Leistung nicht nur in einem Tun, sondern auch in einem Unterlassen bestehen: § 241.

Unterlassung, als Gegenstand eines Störungsanspruches wird ein Besitzer durch verbotene Eigenmacht, ein Eigentümer, ein Nießbraucher, ein Pfandberechtigter in der Besitzausübung gestört und sind weitere Störungen in der Zukunft zu befürchten, so kann Unterlassung verlangt werden: §§ 862, 1004, 1053, 1065, 1227.

Unterlassen, einer Rechtsausübung Gegenstand des sog. Schikane-Verbots, nach welchem eine Rechtsausübung unzulässig ist, wenn sie nur den Zweck hat, einem anderen Schaden zuzufügen; es kann Unterlassung der Rechtsausübung verlangt werden: § 226.

Unterlassungsanspruch, des Hypothekars wenn ein Grundstückseigentümer oder ein Dritter auf das verpfändete Grundstück derart einwirkt, daß eine Verschlechterung des Grundstückes unter Gefährdung der Hypothek zu besorgen ist, so kann der Hypothekar auf Unterlassung klagen: § 1134.

Untermiete s. Miete, Untermiete.

Unternehmer, bei Werkvertrag es ist diejenige Person, die zur Herstellung des versprochenen Werkes verpflichtet ist, gegen Leistung einer Vergütung: § 631.

Untervermächtnis es liegt vor, wenn ein Vermächtnisnehmer mit einem Vermächtnis beschwert ist; er braucht das Untervermächtnis erst dann zu erfüllen, wenn er selbst die Erfüllung des ihm zugewendeten Vermächtnisses verlangen kann: § 2186.

Unübertragbarkeit, von Rechten unübertragbar ist das Mitgliedschaftsrecht bei einem Verein, Forderungen, bei denen ein Zessionsverbot zwischen Gläubiger und Schuldner vorliegt, die unpfändbar sind oder einer Inhaltsänderung unterworfen wären, das Vorkaufsrecht, der Anspruch auf Dienstleistung, die nichtvermögensrechtlichen Gesellschafteransprüche, der Anspruch auf ideellen Schadensersatz bei unerlaubten Handlungen, der Nießbrauch, der Anspruch aus § 1300: §§ 38, 399, 400, 514, 613, 717, 847, 1059.

Unverjährbarkeit von Ansprüchen aus dem Familienrecht, auf Aufhebung einer Gemeinschaft, auf Grundbuchberichtigung, aus dem Nachbarrecht: §§ 194 Abs. 2, 758, 898, 924.

Unvermögen subjektive Unmöglichkeit: nur der betreffende Schuldner kann die Leistung nicht erbringen.

Unverzüglich Handeln ohne schuldhaftes Zögern, meist ab Kenntnis des Umstandes gerechnet (z. B. bei Irrtumsanfechtung).

Unwirksamkeit, teilweise, bei Testamenten s. Testament, Unwirksamkeit.

Unwirksamkeit, relative s. relative Unwirksamkeit.

Urgroßeltern, als gesetzliche Erben die Urgroßeltern des Erblassers und deren Abkömmlinge gehören zu den gesetzlichen Erben der 4. Ordnung; falls Urgroßeltern leben, erben sie allein, und zwar zu gleichen Teilen, ohne Rücksicht darauf, welcher Linie sie angehören: § 1928.

Urkunde schriftliche, mit eigenhändiger Unterschrift des Ausstellers versehene Äußerung, ohne Rücksicht auf den Inhalt; im Strafrecht = beweiserhebliche Äußerung, ohne Rücksicht auf die Schriftlichkeit (wichtig für den Begriff der Urkundenfälschung!).

Urkunde, Arten 1.) rechtsbeweisende oder deklatorische = sie ist für Entstehung, Übertragung oder Geltendmachung des Rechts unerheblich, erleichtert jedoch den Beweis; 2.) rechtsbegründende oder konstitutive = sie ist zur Entstehung eines Rechts erforderlich; 3.) rechtstragende Urkunde oder Wertpapier = die Urkunde ist zur Entstehung, Übertragung und Geltendmachung des Rechts nötig und mehr oder minder eng mit ihm verknüpft.

Urkunde, mit Beglaubigung der Unterschrift dies ist eine Privaturkunde, bei welcher lediglich die Unterschrift des Erklärenden von einer zuständigen Behörde oder einem Notar beglaubigt wird: § 129.

Urkunde, öffentliche dies ist eine Urkunde, die von einer hierzu befugten Amtsperson im Rahmen ihrer Zuständigkeit und in der gehörigen Form errichtet wird: § 415 ZPO.

Urkunde, Vorlegung derjenige, der ein rechtliches Interesse daran hat, eine in fremdem Besitz befindliche Urkunde einzusehen, kann Vorlegung verlangen, wenn sie in seinem Interesse errichtet wurde, ein zwischen ihm und einem anderen bestehendes Rechtsverhältnis enthält oder Verhandlungen über ein Rechtsgeschäft zwischen ihm und einem anderen bzw. einem gemeinschaftlichen Vermittler: § 810.

Ursprüngliche Unmöglichkeit schon bei Entstehung des Schuldverhältnisses ist die Leistung unmöglich; begrifflich überhaupt nur bei Verträgen denkbar; führt, falls objektiv, zur Nichtigkeit des Vertrages, falls subjektiv, zum Weiterbestand der Verpflichtung: § 306.

V

Valutaverhältnis Begriff der Anweisung: wenn der Anweisende, um seinerseits eine Leistung an den Empfänger zu bewirken, die Anweisung erteilt, so wird seine eigene Leistung erst bewirkt mit der Leistung des Angewiesenen an den Empfänger; die Annahme der Anweisung durch den Angewiesenen hat noch keine Bedeutung: § 788.

Vater, elterliche Gewalt s. elterliche Gewalt.

Vaterschaftsanerkennung wenn jemand nach der Geburt des Kindes die Vaterschaft in einer öffentlichen Urkunde anerkennt, so ist ihm die Berufung darauf ausgeschlossen, daß ein anderer der Kindsmutter in der Empfängniszeit beigewohnt habe: § 1718.

Veränderte Vertragsgrundlage, clausula rebus sic stantibus 1. wesentliche Vermögensverschlechterung desjenigen, dem gegenüber sich jemand bei einem gegenseitigen Vertrage zur Vorleistung verpflichtet hat, berechtigt diesen, nur Zug um Zug oder gegen Sicherheit zu leisten: § 321, 2. wesentliche Vermögensverschlechterung des Empfängers eines Darlehensversprechens berechtigt den Versprechenden, das Versprechen zu widerrufen: § 610.

Veräußerung übertragendes Verfügungsgeschäft (z. B. Übereignung, Abtretung).

Veräußerung, eines vermieteten Grundstückes war der Mieter bereits im Besitz, so geht der Mietsvertrag auf den Grundstückserwerber über; war der Mieter noch nicht im Besitz, so findet der Vertragsübergang nur dann auf den Erwerber statt, wenn dieser dem Vermieter gegenüber die Erfüllung der sich aus dem Mietverhältnis ergebenden Verpflichtungen übernommen hat: §§ 571, 578.

Veräußerung, rechtmäßige, bei Pfandverkauf, s. Faustpfand, Rechtmäßigkeit der Veräußerung.

Veräußerung, bei Rücktritt vom Vertrage die Ausübung des Rücktrittsrechtes wird nicht dadurch ausgeschlossen, daß der Berechtigte den empfangenen Gegenstand veräußert hat, sondern nur dann, wenn der Dritterwerber den Untergang des empfangenen Gegenstandes verschuldet oder die empfangene Sache umgebildet hat: § 353.

Veräußerung, einer Sache mit Zubehör s. Zubehör.

Veräußerungsverbot Verbot, über einen Gegenstand eine übertragende Verfügung zu treffen; dennoch erfolgende Veräußerungen sind bei gesetzlichen und behördlichen Veräußerungs-Verboten nichtig, hingegen bei vertraglichen Veräußerungsverboten gültig (aber Schadensersatz!): §§ 135—137.

Veräußerungsverbot, bei Forderungen wird zwischen dem Gläubiger und einem Dritten ein Veräußerungsverbot hinsichtlich einer Forderung des Gläubigers vereinbart, so ist die dennoch erfolgende Zession nach § 137 gültig; war das Veräußerungsverbot jedoch zwischen Schuldner und Gläubiger abgeschlossen, so ist die dennoch erfolgte Zession nichtig: § 399.

Veräußerungsverbot, zwischen Grundstückseigentümer und Hypothekar s. Hypothek, Veräußerungsverbot.

Verantwortlichkeit s. unerlaubte Handlung, Deliktsfähigkeit.

Verarbeitung Umbildung eines Stoffes durch Arbeitsleistung zu einer neuen Sache: diese gehört, je nach dem überwiegenden Werte, entweder dem Verarbeitenden oder dem Stoffeigentümer: § 950.

Verarbeitung, bei Rücktritt s. Rücktritt, Verarbeitung.

Verarmung des Schenkers s. Schenkung, Verarmung des Schenkers.

Verbindlichkeitsbefreiung hat jemand eine Aufwendung in der Weise gemacht, daß er für diesen Zweck eine Verbindlichkeit eingeht, so kann er Befreiung von der Verbindlichkeit verlangen, falls er berechtigt ist, Ersatz von Aufwendungen zu fordern: § 257.

Verbindung feste Verbindung eines Grundstückes mit einer beweglichen Sache oder von zwei beweglichen Sachen, so daß eine zum wesentlichen Bestandteil wird: das bisherige Eigentum an dem nunmehrigen wesentlichen Bestandteil geht samt den Belastungen unter, das Eigentum am Grundstück bzw. an der Hauptsache erstreckt sich auf den wesentlichen Bestandteil: §§ 946, 947.

Verbindung, von beweglichen Sachen ist keine der Sachen, bei Entstehung von wesentlichen Bestandteilen, als Hauptsache anzusehen, so erhalten die bisherigen Eigentümer Miteigentum (Gemeinschaft nach §§ 741 ff) an der einheitlichen Sache; für die Höhe der Bruchteile ist der Einzelsachwert z. Zt. der Verbindung maßgebend: § 947.

Verbindung, Verarbeitung, Ausgleich wer durch Verbindung, Vermischung, Verarbeitung einen Rechtsverlust erleidet, erhält von den Begünstigten Wertersatz in Geld nach den Vorschriften der ungerechtfertigten Bereicherung (keine Sachherausgabe!), bei Vorliegen einer unerlaubten Handlung sogar Schadensersatz: § 951.

Verbot, gesetzliches Rechtsgeschäfte, die gegen gesetzliche Verbote verstoßen, sind mangels besonderer Bestimmung nichtig: § 134.

Verbotene Eigenmacht s. Besitz, verbotene Eigenmacht.

Verbrauchbare Sache bewegliche Sache, deren bestimmungsmäßiger Gebrauch im Verbrauch oder in der Veräußerung besteht (dieselbe Sache kann also für eine Person, z. B. Buchhändler, verbrauchbar, für eine andere, z. B. Buchkäufer, nicht verbrauchbar sein); hat nichts mit Vertretbarkeit zu tun (Flasche seltenen Weins: verbrauchbar, aber nicht vertretbar!): § 92.

Verbrauchbare Sache, Sonderfälle an verbrauchbaren Sachen ist kein echter Nießbrauch, sondern nur ein nießbrauchsähnliches Recht möglich: § 1067.

Verdecktes oder dissimuliertes Geschäft das von einem Scheingeschäft verdeckte, ernstlich gewollte Geschäft; es ist gültig, wenn nicht besondere Gründe gegen seine Gültigkeit sprechen: § 117 Abs. 2.

Verderb, drohender ist dem Schuldner ohne Verschulden die Person des Gläubigers nicht bekannt und ist der Verderb der Sache zu besorgen, so kann er sie öffentlich versteigern lassen und den Erlös hinterlegen: § 383; ist der Verderb eines Pfandes zu besorgen, so kann der Verpfänder Pfandrückgabe gegen anderweitige Sicherheitsleistung verlangen: § 1218; ebenso kann bei drohendem Verderb des Pfandes der Pfandgläubiger zur öffentlichen Versteigerung des Pfandes schreiten, worauf der Erlös an die Stelle des Pfandes tritt: §§ 1218, 1219.

Verein Art der juristischen Person: Personenmehrheit mit Rechtsfähigkeit, erlangt durch: Gesetz, Verwaltungsakt oder freiwillige Gerichtsbarkeit (Eintragung im öffentlichen Register).

Vereinigung, von Bienenschwärmen gehören sie mehreren Eigentümern, so werden die Eigentümer, welche ihre Schwärme verfolgt haben, Miteigentümer des eingefangenen Gesamtschwarmes: § 963.

Vereinigung, von Grundstücken sie können dadurch zu einem Grundstück vereinigt werden, daß der Eigentümer sie als ein Grundstück in das Grundbuch eintragen läßt: § 890 Abs. 1.

Vereinsvermögen, Anfall nach Auflösung es fällt den in der Satzung bestimmten Personen zu, mangels Bestimmung erfolgt die Verteilung durch Beschluß der Mitgliederversammlung. Bei einem wirtschaftlichen Verein wird das Vermögen unter die Mitglieder verteilt: § 45.

Vererblichkeit, des Ausschlagungsrechts hat ein Erbe das Recht, die Erbschaft auszuschlagen, noch nicht verloren, bevor er selbst verstorben ist, so geht das Ausschlagungsrecht auf seinen eigenen Erben über: § 1952.

Verfallsklausel Vertrag mit Vorbehalt des Verlustes der Schuldnerrechte für den Fall der Nichterfüllung: bedeutet nur, daß dem Gläubiger ein Rücktrittsrecht bei Nichterfüllung zusteht: § 360.

Verfassung, des Vereins s. Satzung.

Verfügung über Anteile Gesellschafter können über ihren Anteil am Gesellschaftsvermögen nicht verfügen: § 719; Teilhaber einer Gemeinschaft können über ihren Anteil verfügen: § 747; Miterben können über ihren Anteil am Nachlaß verfügen: § 2033.

Verfügung eines Nichtberechtigten unwirksam, es sei denn bei Einwilligung oder Genehmigung des Berechtigten oder Beerbung durch diesen, falls dieser unbeschränkt für die Nachlaßverbindlichkeiten haftet: § 185.

Verfügung, einstweilige, der Mutter eines unehelichen Kindes die Kindsmutter kann schon vor der Geburt des Kindes eine einstweilige Verfügung erwirken, daß der Erzeuger für die ersten drei Monate Unterhalt nach der Geburt des Kindes an die Mutter oder den Vormund zahlt und den Betrag hinterlegt; auch die eigenen Entbindungskosten kann die Mutter in der gleichen Weise verlangen. Die Glaubhaftmachung der Anspruchsgefährdung ist nicht erforderlich: §§ 1715, 1716.

Verfügung, einstweilige, bei Vormerkungen eine einstweilige Verfügung kann den Grund zur Eintragung einer Vormerkung bilden, wobei es nicht nötig ist, daß eine Gefährdung des zu sichernden Anspruches glaubhaft gemacht wird: § 885.

Verfügung, letztwillige Testament (nicht auch Erbvertrag, da dieser keine einseitige Verfügung, sondern ein Vertrag ist).

Verfügung von Todes wegen ein Testament oder ein Erbvertrag des Erblassers.

Verfügung von Todes wegen, Hinderung des Erblassers an Errichtung oder Aufhebung wer den Erblasser in einen Zustand versetzt, durch den er bis zu seinem Tode unfähig war, eine Verfügung von Todes wegen zu errichten oder aufzuheben, ist erbunwürdig: § 2339 Ziff. 1.

Verfügungsbeschränkung, bei Grundstücksvorgängen wenn zwischen Einigung bzw. Aufgabeerklärung und Eintragung bzw. Löschung eine Verfügungsbeschränkung des Berechtigten eintritt, so bleibt seine Erklärung wirksam, sofern sie nach §§ 873 Abs. 2, 875 Abs. 2 bindend geworden ist und überdies der Antrag auf Eintragung bei dem Grundbuchamt gestellt worden ist: § 878.

Verfügungsgeschäft Rechtsgeschäft, durch welches eine unmittelbare Vermögensveränderung (Übertragung, Belastung, Vernichtung) herbeigeführt wird.

Vergleich schuldrechtlicher Vertrag, durch den im Wege beiderseitigen Nachgebens ein Streit oder eine Ungewißheit über ein Rechtsverhältnis endgültig beseitigt wird; bestand bisher kein Schuldverhältnis, so wird es durch den Vergleich geschaffen, war es vorhanden, so wird es durch ihn abgeändert: § 779.

Vergleich, Arten gewöhnlicher Vergleich nach § 779 Abs. 1; Prozeßvergleich: wenn protokolliert, so vollstreckbarer Titel; sog. außergerichtlicher Zahlungsvergleich: hier besteht kein Streit über Ursache und Höhe einer Forderung, aber angesichts der Vermögenslage des Schuldners ist die Verwirklichung des Anspruches unsicher, aus welchem Grunde im Vergleichswege ein Gläubigernachlaß erfolgt: § 779 Abs. 2 (kein echter Vergleich, da gerichtliche Bestätigung nötig: Zwangsvergleich im Konkurs und im gerichtlichen Vergleichsverfahren).

Vergleich, Unwirksamkeit wenn der Zweifel, um dessentwillen der Vergleich abgeschlossen wurde, später aufgeklärt wird, so ist dies bedeutungslos; wenn aber das, worüber die Parteien einig waren und wovon sie beide aus gingen (sog. Vergleichsbasis), sich als anders herausstellt, so ist der Vergleich unwirksam: § 779.

Verheiratung, der minderjährigen Tochter s. elterliche Gewalt, Heirat der minderjährigen Tochter.

Verhinderung in der Ausübung elterlicher Gewalt s. elterliche Gewalt, Ruhen.

Verhinderung, des Eintritts einer Bedingung wird der Eintritt einer Bedingung von demjenigen, welchem er zum Nachteil gereichen würde, wider Treu und Glauben verhindert, so gilt die Bedingung als eingetreten: § 162.

Verhinderung des Mieters am Mietsgebrauch wird der Mieter durch einen in seiner Person liegenden Grund an der Ausübung des Gebrauchsrechts verhindert, so ist er trotzdem zur Mietzinsentrichtung verpflichtet, jedoch muß sich der Vermieter den Wert ersparter Aufwendungen anrechnen lassen sowie Vorteile, die er aus einer anderweitigen Gebrauchsverwertung erlangt: § 552.

Verität Haftung des Verkäufers eines Rechts, besonders einer Forderung, für deren rechtlichen Bestand: § 437.

Verjährung Ablauf einer Frist, nach deren Ende die Erfüllung eines Anspruches verweigert werden kann (kein Untergang des Anspruches!): § 194.

Verjährung, Fristen die regelmäßige Verjährungsfrist beträgt 30 Jahre, Ansprüche aus Geschäften des täglichen Lebens verjähren in 2, Ansprüche auf Rückstände aus wiederkehrenden Leistungen in 4 Jahren: §§ 195—197.

Verjährung, von Gewährleistungsfristen beim Kaufe sie verjähren bei beweglichen Sachen in 6 Monaten, bei Grundstücken in einem Jahr; jedoch ist hier vertragliche Verlängerung der Fristen möglich. Außerdem bleibt der verjährte Gewährleistungsanspruch als Einrede bestehen, wenn innerhalb der Verjährungsfrist der Käufer den Mangel gerügt hat (ähnlich beim Werkvertrag): §§ 477, 478.

Verjährung, Hemmung Umstände, die bewirken, daß der Zeitraum, innerhalb dessen sie vorliegen, in die Verjährung nicht eingerechnet wird: § 205.

Verjährung, Hemmungsgründe Stundung oder sonstige Befugnisse des Verpflichteten, vorübergehend die Leistung zu verweigern, ferner Stillstand der Rechtspflege in den letzten 6 Monaten sowie das Vorliegen des Ehe- und Kindschaftsverhältnisses, letzteres während der Minderjährigkeit der Kinder, sowie das Bestehen des Vormundschaftsverhältnisses: §§ 203, 204.

Verjährung, Unterbrechung s. Unterbrechung.

Verjährung, Verträge über Verjährungsfristen Abkürzung der Verjährungsfrist ist zulässig, jedoch weder Ausschließung noch Erschwerung: § 225.

Verjährung, Wirkung dem Anspruchsgegner erwächst ein Leistungsverweigerungsrecht, doch kann das zur Befriedigung eines verjährten Anspruches Geleistete auch dann nicht zurückgefordert werden, wenn die Leistung in Unkenntnis der Verjährung erfolgte; Sicherheiten bleiben bestehen: §§ 222, 223.

Verjährungsbeginn mit Entstehung eines Anspruches, nach §§ 196, 197 mit Jahresende: § 198.

Verkehr, persönlicher, mit Kindern s. elterliche Gewalt, persönlicher Verkehr.

Verlängerung von Fristen bei Verlängerung einer Frist wird die neue Frist vom Ablauf der vorigen Frist an berechnet: § 190.

Verlagsvertrag pachtähnlicher Vertrag hinsichtlich der Ausnutzung der Urheberrechte eines literarischen Werkes.

Verleihung, der Rechtsfähigkeit wirtschaftliche und ausländische Vereine sowie Stiftungen erhalten die Rechtsfähigkeit durch Verleihung im Verwaltungswege: §§ 22, 23, 80.

Verletzung der Amtspflicht s. unerlaubte Handlung, Beamtenhaftung.

Verlieren liegt vor, wenn eine Sache aus dem Gewahrsam des bisherigen Besitzers ohne dessen Willen kommt, so daß er nicht weiß, wo sie sich befindet, und wenn sie nicht gleichzeitig im Gewahrsam eines anderen verblieben ist.

Verlöbnis gegenseitiges Versprechen des Eingehenwollens künftiger Ehe: keine Klagbarkeit, keine Sicherung des Anspruches: § 1297.

Verlöbnisbruch bei unberechtigtem Rücktritt von einem Verlöbnis sind dem anderen Teil die Aufwendungen, die wegen der künftigen Ehe gemacht wurden, zu ersetzen (ebenso den Eltern!), sowie der Schaden, der durch sonstige Maßnahmen, in Rücksicht auf die Ehe gemacht, entstanden ist: §§ 1298, 1299.

Verlöbnisbruch, sog. Kranzgeld die unbescholtene Verlobte, die dem zu Unrecht vom Verlöbnis zurücktretenden Manne Geschlechtsverkehr gestattet hat, kann eine billige Geldentschädigung verlangen: § 1300.

Verlobungsgeschenke können bei Unterbleiben der Eheschließung — ausgenommen durch Tod! — wechselseitig zurückgefordert werden: § 1301.

Verlust des Scheidungsrechts s. Ehescheidung, Erlöschen des Rechts auf Scheidung.

Vermächtnis Zuwendung von Todes wegen an eine Person, ohne sie zum Erben einzusetzen: § 1939.

Vermächtnis, Ausschlagungsrecht die Befugnis, das Vermächtnis auszuschlagen, steht dem Legatar, ähnlich wie einem Erben, zu: die Ausschlagung kommt, mangels anderer Regelung, dem Erben zu Gute; nach erfolgter Annahme des Vermächtnisses ist die Ausschlagung — sie erfolgt durch Erklärung gegenüber dem Beschwerten — unstatthaft: §§ 2176, 2180.

Vermächtnis, Auswahl unter mehreren Personen der Erblasser kann dem Beschwerten oder einem Dritten die Entscheidung darüber überlassen, wer von mehreren Personen das Vermächtnis erhalten soll (Ausnahme gegenüber § 2065 Abs. 2): § 2151.

Vermächtnis, unter einer aufschiebenden Bedingung es wird mit dem Ablauf von 30 Jahren nach dem Erbfall unwirksam (Ausnahmen § 2163), wenn nicht vorher die Bedingung eintritt: § 2162.

Vermächtnis, Ersatzlegatar entsprechend der Ersatzerbfolge: kann oder will der Bedachte das Vermächtnis nicht annehmen, so soll es nach dem Willen des Erblassers einem anderen, dem Ersatzvermächtnisnehmer, zufallen: § 2190.

Vermächtnis, von Forderungen es soll dem Bedachten die Forderung gegen den Drittschuldner und, falls der Gegenstand der Forderung schon zum Nachlaß geleistet worden ist, den Gegenstand selbst zuwenden: § 2173.

Vermächtnis, Gattungsvermächtnis ist die vermachte Sache nur der Gattung nach bestimmt, so ist nicht nur eine Sache mittlerer Art und Güte (wie nach § 243) zu leisten, sondern sie hat den Verhältnissen des Bedachten zu entsprechen: § 2155.

Vermächtnis, Gattungsvermächtnis und mangelhafte Erfüllung ist die nur der Gattung nach bestimmte vermachte Sache geliefert worden und weist sie Mängel auf, so kann der Bedachte Lieferung einer mangelfreien Sache, bei arglistiger Verschweigung des Mangels sogar statt dessen Schadensersatz wegen Nichterfüllung verlangen: § 2183.

Vermächtnis, eines bestimmten Gegenstandes ist — im Zweifel — unwirksam, wenn er z. Zt. des Erbfalles nicht zur Erbschaft gehört, es sei denn, daß der Gegenstand erst angeschafft werden soll: § 2169.

Vermächtnis, Nichtausreichen des Nachlasses zur Erfüllung reicht der Nachlaß nicht zur Erfüllung aller Vermächtnisse aus, so kann der Beschwerte zur verhältnismäßigen, anteiligen Kürzung schreiten: § 2187.

Vermächtnis, beteiligte Personen der Bedachte und der Beschwerte (Erbe oder Vermächtnisnehmer), wobei beschwerte Miterben im Zweifel nach dem Verhältnisse der Erbteile beschwert sind: §§ 2147, 2148.

Vermächtnis, Rechte des Vermächtnisnehmers ihm gehört das vermachte Objekt nicht automatisch mit dem Erbfall, sondern es wird nur eine Forderung gegen den Beschwerten auf Erfüllung des vermachten Gegenstandes begründet, die mit dem Erbfall zur Entstehung kommt: §§ 2174, 2176.

Vermächtnis, von Rechten ist statthaft, auch von solchen, die erst begründet werden sollen (z. B. ein Nießbrauch am Nachlaß).

Vermächtnis, einer Schuld bedeutet den Erlaß der Schuld, also den Untergang des Schuldverhältnisses zwischen Erblasser und Bedachten.

Vermächtnis, Stellung der Legatare gegenüber anderen Gläubigern die sonstigen Nachlaßgläubiger gehen den Vermächtnisnehmern vor.

Vermächtnis, Untervermächtnis liegt vor, wenn der Vermächtnisnehmer seinerseits wieder mit einem Vermächtnis beschwert ist; der Beschwerte braucht erst zu leisten und auch nur insoweit, als er selbst das Vermächtnis erhalten hat: §§ 2186, 2187.

Vermächtnis, Unwirksamkeit wenn der Bedachte z. Zt. des Erbfalls nicht mehr lebt: § 2160.

Vermächtnis, Vorausvermächtnis oder Prälegat das einem Erben zugewendete Vermächtnis, das bei Miterbfolge auf den Miterben, bei Alleinerbfolge auf dem Erben selbst lastet: er kann die Erbschaft ausschlagen und behält trotzdem das Prälegat: § 2150.

Vermächtnis, Vor- und Nachvermächtnis entsprechend der Vor- und Nacherbschaft soll das Vermächtnis erst einer Person und von einem Ereignis oder Zeitpunkt ab einem anderen Vermächtnisnehmer anfallen: § 2191.

Vermächtnis, Wahlvermächtnis liegt vor, wenn der Bedachte von mehreren Gegenständen nur den einen oder anderen erhalten soll: das Wahlrecht kann ein Dritter oder der Beschwerte haben: § 2154.

Vermischung, Vermengung Durcheinanderwürfeln fester oder Zusammengießen flüssiger Körper; es entsteht Alleineigentum für den Haupteigentümer oder Miteigentum, falls keine der Sachen als Hauptsache zu betrachten ist (s. Verbindung!): § 948.

Vermögen Summe der geldwerten Güter.

Vermögen, Vermögensverschlechterung wenn bei einem gegenseitigen Vertrag der eine Teil vorleistungspflichtig ist, so kann er, falls eine wesentliche Vermögensverschlechterung bei dem anderen Teil eintritt, die Vorleistung verweigern, und zwar bis zur Bewirkung der Gegenleistung oder der Bestellung einer Sicherheit: § 321; wenn bei einem Darlehensversprechen nachträglich, aber vor Erfüllung, sich die Vermögensverhältnisse des Versprechensempfängers wesentlich verschlechtern, so kann der Versprechende sein Versprechen widerrufen: § 610.

Vermögen, Nießbrauch daran das gesamte Vermögen einer Person kann Gegenstand eines Nießbrauches sein, wobei der Nießbrauch an den einzelnen Stücken gemäß den jeweils in Frage kommenden Regeln bestellt werden muß; für die Verpflichtungen, die beim Nießbrauch der Nießbraucher dem Besteller gegenüber zu erfüllen hat, haftet beim Vermögensnießbrauch der Nießbraucher neben dem Besteller den Gläubigern auch persönlich mit seinem sonstigen Vermögen: §§ 1085 ff.

Vermögensübernahme Vertrag, durch den jemand das Vermögen eines anderen übernimmt: hier tritt zwingend gesetzliche kumulative Schuldübernahme des Übernehmenden ein hinsichtlich der Schulden des Übertragenden aus der Zeit bis zum Vertragsabschluß; die Haftung des Übernehmers beschränkt sich allerdings auf den Bestand des übernommenen Vermögens: § 419.

Vermögensvertrag Vertrag, durch den sich jemand verpflichtet, sein jetziges oder künftiges Vermögen ganz oder bruchteilsmäßig einem anderen zu übertragen oder mit einem Nießbrauch zu belasten; bezüglich des künftigen Vermögens: nichtig, bezüglich des gegenwärtigen: gültig, aber der Vertrag bedarf öffentlicher Beurkundung: §§ 310, 311.

Vermögens- und Gutsüberlassungsvertrag ist, wenn in ihm von dem Übernehmer eine Leistung an einen Dritten zum Zwecke der Abfindung versprochen wird, ein sog. echter Vertrag zu Gunsten Dritter: § 330.

Vermutung, des Eigentums an beweglichen Sachen hinsichtlich des Besitzers einer beweglichen Sache wird dessen Eigentum vermutet: § 1006.

Vermutung, des gutgläubigen Erwerbes wenn der Erwerber einer beweglichen Sache diese vom Nichtberechtigten erwirbt, so wird sein guter Glaube vermutet: § 932.

Vermutung, der Richtigkeit und Vollständigkeit des Grundbuches s. Grundbuch, öffentlicher Glaube.

Verpflichtung, zur Grundstücksübereignung der Vertrag bedarf der öffentlichen Beurkundung, er wird jedoch seinem ganzen Inhalte nach bei Verletzung der vorgeschriebenen Form durch Übereignung des Grundstükkes gültig: § 313.

Verpflichtungsgeschäft Rechtsgeschäft, welches lediglich eine Bindung von Personen herbeiführt, ohne eine unmittelbare Vermögensveränderung zu schaffen.

Verrichtungsgehilfe s. unerlaubte Handlung, Verrichtungsgehilfe.

Verschlechterung des hypothekenbelasteten Grundstückes s. Hypothek, Devastationsanspruch.

Verschließung von öffentlichen Testamenten und Erbverträgen das Protokoll über die Errichtung nebst Anlagen ist vom Richter oder Notar in einen Umschlag zu bringen und mit dem Amtssiegel zu verschließen: §§ 2246, 2277.

Verschulden innere Einstellung eines Schuldners — äußerer Zusammenhang: Ursache — zu dem von ihm angerichteten Schaden (Vorsatz oder Fahrlässigkeit); Haftung grundsätzlich nur bei Verschulden: § 276.

Verschulden, Arten Vorsatz, leichte Fahrlässigkeit, grobe Fahrlässigkeit, Haftung für Sorgfalt wie in eigenen Angelegenheiten: §§ 276, 277.

Verschulden, bei Ehescheidung s. Ehescheidung, Schuldausspruch.

Verschollenheit langdauernde Unkenntnis über Leben oder Tod einer abwesenden natürlichen Person.

Verschollenheit, Arten allgemeine Verschollenheit: 10 Jahre, Kriegsverschollenheit: 1 Jahr nach Friedensschluß, Seeverschollenheit: 6 Monate seit Untergang des Fahrzeuges, Flugverschollenheit: 3 Monate seit dem die Verschollenheit begründenden Ereignis, Unfallverschollenheit: 1 Jahr nach dem Unfall: §§ 3—7 VerschollGes.

Verschweigen, arglistiges beim Kauf sind Vereinbarungen, durch welche dem Verkäufer die Rechts- oder Sachmängelhaftung erlassen oder erleichtert wird, nichtig, wenn der Verkäufer den Mangel arglistig verschweigt; ebenso bleiben dem Käufer die Gewährleistungsansprüche selbst dann erhalten, wenn er die Mängel infolge grober Fahrlässigkeit nicht kannte, sofern der Verkäufer den Fehler arglistig verschwiegen hat: in diesem Fall kann der Käufer außerdem statt Wandelung oder Minderung Schadensersatz verlangen: §§ 443, 460, 463, 476.

Verschweigen, arglistiges, bei der Leihe der Verleiher, welcher arglistig einen Rechtsmangel oder Fehler des Leihobjektes verschweigt, ist dem Entleiher schadensersatzpflichtig: § 600.

Verschweigen, arglistiges, bei der Miete eine Vereinbarung, durch welche die Verpflichtung des Vermieters zur Vertretung von Mängeln der Mietsache erlassen oder erleichtert wird, ist bei arglistigem Verschweigen des Mangels seitens des Vermieters nichtig: § 540.

Verschweigen, arglistiges, bei der Schenkung der Schenker haftet wegen eines Rechtsmangels oder eines

Fehlers der verschenkten Sache auf Schadensersatz, wenn er den Rechtsmangel bzw. Fehler arglistig verschwiegen hat: §§ 523, 524.

Verschweigen, arglistiges, beim Werkvertrag auch hier ist eine die Sachmängelhaftung des Unternehmers erlassende oder beschränkende Vereinbarung bei arglistigem Verschweigen des Mangels durch den Unternehmer nichtig: § 637.

Verschweigung s. Grundbuch, Tabularverschweigung; Grunddienstbarkeit, Kontratabularverschweigung.

Verschweigung, von Nachlaßgläubigern es handelt sich um Nachlaßgläubiger, die ihre Forderungen erst 5 Jahre nach dem Erbfall dem Erben gegenüber geltend machen: derartige Gläubiger braucht der Erbe nur insoweit zu befriedigen, als der Nachlaß ausreicht: § 1974.

Verschwender wer sich oder seine Familie infolge des Verschwendungshanges der Gefahr des Notstandes aussetzt; er kann entmündigt werden: § 6, Folge: beschränkte Geschäftsfähigkeit: § 114.

Verselbständigter Bestandteil Sachen, die mit einem Grundstück fest verbunden sind, aber entweder nur auf Zeit oder nur in Ausübung eines Rechts am Grundstücke (sind entgegen § 94 keine wesentlichen Bestandteile!); sie werden als bewegliche Sachen behandelt: § 95.

Versendungskauf s. Kauf, Versendungskauf.

Versendungswerkvertrag s. Werkvertrag.

Versetzung des Mieters Beamte, Geistliche und Lehrer an öffentlichen Unterrichtsanstalten können im Falle der Versetzung nach einem anderen Orte einen Raummietsvertrag gesetzlich kündigen: § 570.

Verspätete Annahme neue Offerte, da das Angebot durch Fristversäumung erloschen ist; war die Annahme rechtzeitig abgeschickt, aber durch Fehler bei der Übermittlung zu spät eingetroffen und mußte der Offerent dies erkennen, so ist er gebunden, falls er nicht unverzüglich die Ablehnung mitteilt mit der Erklärung, daß die Annahme verspätet eingetroffen sei: § 149.

Versicherungsforderung, bei der Hypothek wenn Objekte, die der Hypothek unterliegen, für den Grundstückseigentümer versichert worden sind, so bezieht sich die Hypothek auf die Versicherungsforderung: § 1127.

Versicherungspflicht, beim Nießbrauch der Nießbraucher muß für die Dauer des Nießbrauches die Sache gegen Brandschaden derart versichern, daß die Versicherungsforderung dem Eigentümer zusteht; war die Versicherung bereits abgeschlossen, so hat die Versicherungszahlung der Nießbraucher zu leisten: § 1045.

Versteigerung besondere Art eines (Kauf-) Vertrages, bei welchem ein abgegebenes Angebot durch ein höheres vernichtet wird; das Zeigen der Gegenstände = Aufforderung zur Offertenabgabe; die Zurufe = Offerten, der Zuschlag = die Annahme: § 156.

Versteigerung, öffentliche eine solche, die an einem jedermann zugänglichen Ort, nach öffentlicher Bekanntgabe von Ort und Zeit der Versteigerung, durch eine öffentlich dazu bestellte Person erfolgt: § 383.

Verteilung der Lasten s. Lasten, Verteilung derselben.

Vertiefung Verbot an den Eigentümer eines Grundstückes, dieses in der Weise zu vertiefen, daß der Boden des Nachbargrundstückes die erforderliche Stütze verliert: § 909.

Vertrag zweiwilliges Rechtsgeschäft, bestehend aus Angebot und Annahme, die sich decken müssen.

Vertrag zu Gunsten Dritter Versprechen eines Schuldners gegenüber dem Gläubiger, die Leistung nicht an ihn, sondern an einen Dritten zu erbringen; Arten: 1.) echter: der Dritte ist forderungsbefugt, 2.) unechter: nicht der Dritte, sondern nur der Gläubiger ist befugt, die Leistung an den Dritten zu fordern; welche Art vorliegt, ist aus dem Willen der Parteien, evtl. aus den Umständen zu entnehmen: § 328.

Vertrag, einseitiger schuldrechtlicher Vertrag, bei dem stets nur ein Teil Schuldner und der andere nur Gläubiger ist (z. B. Schenkung, Bürgschaft).

Vertrag, gegenseitiger s. gegenseitiger Vertrag.

Vertrag, hinkend zweiseitiger schuldrechtlicher Vertrag, bei dem ein Teil Gläubiger, der andere Teil Schuldner ist; doch kann unter Umständen auch der Schuldner einmal eine Forderung gegen den Gläubiger, regelmäßig auf Ersatz von Aufwendungen, haben (z. B. Auftrag).

Vertragsauslegung nach Treu und Glauben entsprechend der Verkehrssitte: § 157.

Vertragsfreiheit die schuldrechtlichen Verträge des BGB sind keine erschöpfende Aufzählung, vielmehr können die Parteien Verträge jeder Art abschließen: § 305.

Vertragsstrafe Versprechen des Schuldners an den Gläubiger, daß er für den Fall der nicht erfolgenden, nicht rechtzeitigen oder schlechten Erfüllung eine Geldsumme oder eine andere Leistung als Strafe erbringen werde; ist vom Bestande der Hauptverbindlichkeit abhängig (akzessorisch!) und berührt sonstige Schadensersatzansprüche grundsätzlich nicht: §§ 339 ff.

Vertragswidriger Mietsgebrauch wenn der Mieter trotz Abmahnung des Vermieters einen vertragswidrigen Gebrauch fortsetzt, so kann der Vermieter auf Unterlassung klagen und bei Rechtsverletzung des Vermieters fristlos kündigen: §§ 550, 553.

Vertretbare Sache bewegliche Sache, die im Verkehr (Anschauung kann sich ändern!) nach Maß, Zahl oder Gewicht bestimmt wird (also häufig vorkommend; hat nichts zu tun mit Gattungsschuld des § 243): § 91.

Vertretbare Sachen, Sonderfälle das Darlehen, die Summenverwahrung, die Anweisung sind nur über Geld und vertretbare Sachen möglich: §§ 607, 700, 783.

Vertretbare Unmöglichkeit eine solche, für die der Schuldner einzustehen hat, was sich nach dem Haftungsgrade richtet; er ist schadensersatzpflichtig, jedoch kann bei gegenseitigen Verträgen der Gläubiger, statt Schadenersatz zu verlangen, auch zurücktreten: §§ 280, 325.

Vertreter, gesetzliche diese sind, kraft elterlicher Gewalt, für minderjährige Kinder: die Eltern: § 1626, ferner: der Vormund für Minderjährige, die nicht unter elterlicher Gewalt stehen, deren Familienstand nicht zu ermitteln ist oder bei denen die Eltern nicht vertretungsbefugt sind, ferner: für entmündigte Volljährige: §§ 1773, 1896; der Vorstand eines Vereins hat die Stellung eines gesetzlichen Vertreters: § 26.

Vertreter, gesetzlicher, Einwilligung zur Ehe eines Minderjährigen ein Minderjähriger oder sonstwie beschränkt Geschäftsfähiger bedarf zur Eheeingehung der Einwilligung des gesetzlichen Vertreters, die bei grundloser Verweigerung durch das Vormundschaftsgericht ersetzt werden kann; die Aufhebung einer ohne diese Einwilligung geschlossenen Ehe kann, solange der Ehegatte in der Geschäftsfähigkeit beschränkt ist, nur der gesetzliche Vertreter klageweise erwirken, der überdies auch befugt ist, während der Dauer der beschränkten Geschäftsfähigkeit die Ehe zu genehmigen: §§ 3, 30 EheGes.

Vertretung Vor- oder Entgegennahme von Rechtsgeschäften für einen anderen, sei es im eigenen Namen (indirekte Vertretung), sei es im fremden Namen (direkte Vertretung): § 164.

Vertretung, durch beschränkt Geschäftsfähige bei der direkten Stellvertretung wird die Wirksamkeit einer vom Vertreter abgegebenen oder empfangenen Willenserklärung dadurch nicht betroffen, daß der Vertreter in der Geschäftsfähigkeit beschränkt ist: § 165.

Vertretung, der Gesellschafter wenn ein Gesellschafter gemäß Gesellschaftsvertrag die Befugnis zur Geschäftsführung hat, so ist er im Zweifel auch ermächtigt, die anderen Gesellschafter bei Rechtsgeschäften Dritten gegenüber zu vertreten: § 714.

Vertretung, Selbstkontrahieren s. Selbstkontrahieren.

Vertretung, ohne Vertretungsmacht sie liegt vor, wenn jemand ein Rechtsgeschäft für einen anderen vor- oder entgegennimmt, dabei den Namen des Vertretenen gebraucht ohne entweder überhaupt, in dem wahrgenommenen Umfang oder mit dem fraglichen Inhalt Vollmacht zu besitzen; die Rechtsgeschäfte des vollmachtlosen Stellvertreters sind grundsätzlich schwebend unwirksam: §§ 177 ff.

Vertretungsmacht Befugnis, Rechtsgeschäfte für einen anderen vor- oder entgegenzunehmen, unter Gebrauch des fremden Namens.

Vertretungsmacht, Arten 1. kraft Gesetzes, 2. kraft Rechtsgeschäfts: Vollmacht: § 166.

Verursachung dasjenige äußere Verhalten einer Person, das einen schädigenden Erfolg herbeigeführt hat (Gegensatz: Verschulden = innere Einstellung dieser Person zum Erfolg).

Verurteilung Zug um Zug macht jemand gegenüber der Klage des Gläubigers ein Zurückbehaltungsrecht geltend, weist besonders bei einem gegenseitigen Vertrage der eine Teil darauf hin, daß er die ihm obliegende Leistung bis zur Bewirkung der Gegenleistung verweigern darf, so führt dies lediglich zu einer Verurteilung Zug um Zug: §§ 274, 322.

Verwahrung obligatorischer Vertrag, gerichtet auf Inobhutnahme übergebener beweglicher Sachen; Arten: 1.) entgeltliche (gegenseitiger Vertrag), 2.) unentgeltliche (hinkend zweiseitig verpflichtender Vertrag): §§ 688—690.

Verwahrung, Erfüllungsort für Verwahrer mangels vertraglicher Abrede: der Ort der Verwahrung: § 697.

Verwahrung, Haftung des Verwahrers 1.) bei Entgeltlichkeit: für Vorsatz und jede Fahrlässigkeit, 2.) bei Unentgeltlichkeit: für Vorsatz und Sorgfalt wie in eigenen Angelegenheiten: §§ 276, 690.

Verwahrung, wechselseitige Pflichten 1.) Verwahrer: persönliche Verwahrung (durch Substitut: nur bei Erlaubnis), Obhut entsprechend Weisungen, jederzeitige Rückgabe, selbst bei fester Zeitbestimmung; 2.) Hinterleger: bei Entgeltlichkeit: Leistung der Vergütung, ferner stets: Ersatz von Aufwendungen, die der Verwahrer für erforderlich halten konnte: §§ 691, 692, 693, 695, 698, 699.

Verwahrung, Sammelverwahrung die Gestattung, daß gleichartige Stücke verschiedener Personen verwahrt werden dürfen unter Vornahme von Vermischung oder Vermengung; es entsteht Miteigentum nach Bruchteilen: § 948.

Verwahrung, Schadensersatzpflicht des Hinterlegers für Schäden, die durch das Verwahrungsobjekt dem Verwahrer entstehen, hat der Hinterleger aufzukommen, jedoch nicht: 1.) wenn ihm die gefährliche Sachbeschaffenheit unbekannt war, 2.) wenn er sie dem Verwahrer angezeigt hat, 3.) wenn dieser sie auch ohne Anzeige kannte: § 694.

Verwahrung, Summenverwahrung, depositum irregulare Verwahrung von Geld oder vertretbaren Sachen derart, daß sie ins Eigentum des Verwahrers — sofort oder später auf Grund erlaubter Aneignung — übergehen und dieser nur Sachen gleicher Art, Güte und Menge zurückerstatten muß; die Darlehnsregeln finden zum Teil Anwendung; beim Darlehn erfolgt die Sachhingabe im Interesse des Nehmers, bei der Summenverwahrung hingegen im Interesse des Gebers: § 700.

Verwahrung, von Testamenten und Erbverträgen Öffentliche Testamente und Erbverträge sind stets, eigenhändige Testamente nur auf Verlangen des Erblassers, in besondere amtliche Verwahrung zu nehmen, unter Erteilung eines Hinterlegungsscheines: §§ 2246, 2277.

Verwaltung, gerichtliche s. Sequester.

Verwaltungsbehörde, Einspruchsrecht bei Vereinen die Verwaltungsbehörde kann gegen die Eintragung eines Vereins Einspruch erheben, worüber im Verwaltungsgerichtsverfahren entschieden wird; mangels Einspruch in 6 Wochen erfolgt Eintragung: §§ 61—63.

Verwandtschaft, Agnation verwandt sind nur die durch Männer miteinander verbundenen Männer (sog. salisches Recht, häufig bei Thronfolgeordnungen).

Verwandtschaft, Arten Agnation und Blutsverwandtschaft.

Verwandtschaft, Blutsverwandschaft oder Kognation verwandt sind diejenigen Personen, die entweder von einander — sog. gerade Linie! — oder von einem gemeinsamen Dritten — sog. Seitenlinie! — abstammen: § 1589.

Verwandtschaft, Eheverbot und Ehenichtigkeit s. Ehehindernis, Verwandtschaft, Ehenichtigkeit, sonstige Gründe.

Verwandtschaft, Gradesnähe bestimmt sich nach der Zahl der sie vermittelnden Geburten: § 1589.

Verwandtschaft, uneheliche das uneheliche Kind ist nur mit seiner Mutter und deren Verwandten verwandt, nicht aber mit seinem Erzeuger und dessen Verwandten: §§ 1589 Abs. 2, 1705.

Verweisung, auf andere Gesetze bei Güterverträgen ein Güterstand kann nicht durch Verweisung auf ein ausländisches oder nicht mehr geltendes Gesetz bestimmt werden, vielmehr sind hier genaue Einzelangaben erforderlich, sofern nicht ein Ehegatte bei Eheschließung oder späterem Vertragsabschluß seinen Wohnsitz im Ausland hatte: § 1409.

Verwendungen, bei der Eigentumsklage s. Eigentum, Anspruch auf Herausgabe und Zurückbehaltungsrecht.

Verwirkung der elterlichen Gewalt s. elterliche Gewalt, Verwirkung.

Verzeihung, bei Ehescheidungsgründen dies führt zum Verlust des Rechts auf Scheidung, wenn die Verzeihung in Kenntnis des Scheidungsgrundes erfolgte: § 49 EheGes.

Verzeihung, bei grobem Undank des Beschenkten der Widerruf der Schenkung ist ausgeschlossen, wenn der Schenker dem Beschenkten verziehen hat: § 532.

Verzicht, auf Grundstückseigentum dies ist dadurch möglich, daß der Eigentümer den Verzicht nach Erklärung gegenüber dem Grundbuchamt in das Grundbuch eintragen läßt: § 928.

Verzicht, auf eine Hypothek der Verzicht ist dem Grundbuchamt oder dem Eigentümer gegenüber zu erklären und muß ins Grundbuch eingetragen werden; die Hypothek erwirbt nunmehr der Eigentümer: § 1168.

Verzicht, auf das Pfandrecht hierzu genügt die Erklärung des Pfandberechtigten gegenüber dem Verpfänder oder dem Eigentümer: § 1255.

Verzug s. Gläubigerverzug, Schuldnerverzug.

Verzug des Gläubigers s. Gläubigerverzug.

Verzug des Schuldners s. Schuldnerverzug.

Verzugsschaden Schaden, den der Gläubiger durch den Schuldnerverzug erfährt; führt zur Vermehrung der Leistung: § 286 Abs. 1.

Verzugszinsen Zinsen, die bei Geldschulden im Falle des Schuldnerverzuges zu entrichten sind, und zwar ohne Rücksicht auf den tatsächlichen Schaden: § 288.

Viehkauf Kauf von Pferden, Eseln, Mauleseln und -Tieren, Rindvieh, Schafen und Schweinen: hier haftet der Verkäufer nicht für alle Sachmängel, sondern nur, wenn sich sog. Hauptmängel innerhalb der sog. Gewährfristen zeigen; der Käufer hat nur das Recht auf Wandelung, welcher Anspruch in 6 Wochen verjährt: §§ 481 ff.

Volljährigkeit tritt ein mit Erreichung des 21. Lebensjahres; Folge = volle Geschäftsfähigkeit: § 2.

Volljährigkeitserklärung auf Antrag ergehender Beschluß des Vormundschaftsgerichtes, durch welchen eine Person von mindestens 18 Jahren mit ihrer Einwilligung, falls es ihrem Wohle dient, die Stellung eines voll Geschäftsfähigen erhält: §§ 3—5.

Vollmacht durch Rechtsgeschäft (nicht Vertrag, sondern einseitige empfangsbedürftige Willenserklärung!) erteilte Vertretungsmacht, d. h. Erlaubnis, im Namen eines anderen Rechtsgeschäfte vor- oder entgegenzunehmen: § 166.

Vollmachtsende durch Entziehung, Kündigung, Erlöschen des Innenverhältnisses (grundsätzlich nicht durch Tod des Vollmachtgebers!); in einzelnen Fällen vermuteter Fortbestand (z. B. bei öffentlicher Bekanntgabe der Vollmacht bis zum öffentlichen Widerruf!): §§ 168 ff.

Vollmachtloser Stellvertreter wer ein Rechtsgeschäft für einen anderen abschließt, dabei jedoch dessen Namen gebraucht, ohne hierzu entweder überhaupt oder der Art oder dem Umfang nach befugt zu sein; das Rechtsgeschäft ist schwebend unwirksam: §§ 177 ff.

Vollmachtsurkunde ist stets bei Vollmachtsende wieder zurückzugeben, also kein Zurückbehaltungsrecht; gutgläubige Dritte werden geschützt, sofern nicht Vollmachtsentziehung — Kraftloserklärung! — öffentlich bekannt gegeben worden und 1 Monat verstrichen ist: §§ 175, 176.

Vollstreckungshandlung die Vornahme einer Vollstreckungshandlung durch den Anspruchsberechtigten führt zur Unterbrechung der Verjährung: § 209 Ziff. 5.

Vollziehung einer Auflage, bei Schenkung und Vermächtnis bei einer Schenkung kann die Vollziehung der Auflage der Schenker nach erfolgter Schenkung verlangen und nach seinem Tode auch die zuständige Behörde, falls die Vollziehung der Auflage in öffentlichem Interesse liegt: § 525; die Vollziehung einer Auflage im Erbrecht können verlangen: der Erbe, ein Miterbe, jeder, dem der Wegfall des Auflagebeschwerten unmittelbar zustatten kommen würde, endlich, falls die Vollziehung im öffentlichen Interesse liegt, auch die zuständige Behörde: § 2194.

Voraus es ist dies das Recht des neben Verwandten der zweiten Ordnung oder Großeltern zum gesetzlichen Erben berufenen Ehegatten, neben seinem Erbteil die zum ehelichen Haushalt gehörenden Gegenstände und die Hochzeitsgeschenke zu verlangen, während ihm dieses Recht neben Verwandten der ersten Ordnung nur zusteht, soweit er die Gegenstände zur Führung eines angemessenen Haushalts benötigt; das Recht wird nach den Regeln über Vermächtnisse behandelt: § 1932.

Vorausklage, Einrede des Bürgen der Bürge kann dem Gläubiger gegenüber Befriedigung solange verweigern, bis der Gläubiger vergeblich eine Zwangsvollstreckung gegen den Hauptschuldner versucht hat: § 771.

Vorbehalt, geheimer s. geheimer Vorbehalt.

Vorbehaltsgut s. Gütergemeinschaft, Vorbehaltsgut.

Vorbehaltsleistung eine Leistung, bei der sich der Schuldner die Rückforderung vorbehält; der Gläubiger braucht eine solche Leistung nicht anzunehmen.

Vorerbschaft, befreite sie liegt vor, wenn der Erblasser den Vorerben von Verfügungsbeschränkungen in Bezug auf Grundstücke, von der Verpflichtung zur Hinterlegung, Anlegung von Geld, Sicherheitsleistung befreit hat; bei der Einsetzung des Nacherben auf den Überrest braucht der Vorerbe überhaupt nur das herauszugeben, was bei Eintritt des Nacherbfalles noch vorhanden ist: §§ 2136, 2137, 2138.

Vorkaufsrecht, dingliches das dingliche Recht einer Person oder eines Grundstückes — also subjektiv = persönlich oder = dinglich! —, ein anderes Grundstück, falls es an einen Dritten verkauft worden ist, zu den gleichen Bedingungen kaufen zu dürfen, wie sie mit dem Dritten vereinbart worden sind: § 1094.

Vorkaufsrecht, dingliches, Behandlung 1.) nach den Regeln des schuldrechtlichen Vorkaufsrechtes gemäß §§ 504—514; 2.) Dritten gegenüber hat es die Wirkung einer Vormerkung zur Sicherung eines Übereignungsanspruches: § 1098.

Vorkaufsrecht, dingliches, Entstehung durch Einigung und Eintragung; ist es subjektiv-dinglich, so wird es auch meistens beim herrschenden Grundstück im Hauptteil II („Bestandsverzeichnis") eingetragen.

Vorkaufsrecht, dingliches, für einzelne oder mehrere Fälle das Vorkaufsrecht kann auf den ersten Verkauf beschränkt werden, es kann aber auch für mehrere oder alle Verkaufsfälle bestellt werden: § 1097.

Vorkaufsrecht, dingliches, Stellung des Drittkäufers er kann die Grundbuchänderung und die Grundstücksherausgabe solange verweigern, bis ihm der von ihm gezahlte Kaufpreis erstattet worden ist; soweit dies der Vorkaufsberechtigte tut, wird er von der Zahlungsverpflichtung gegenüber dem Vorkaufspflichtigen befreit: §§ 1100/1101.

Vorkaufsrecht, dingliches, Teilbelastung ein Alleineigentümer kann ein Teilstück nicht mit einem dinglichen Vorkaufsrecht belasten, wohl aber kann ein Bruchteilsmiteigentümer seinen Bruchteil belasten: § 1095.

Vorkaufsrecht, gesetzliches, von Miterben Recht zum Vorkaufe von Miterben, wenn einer von ihnen seinen Anteil an einen Dritten verkauft: §§ 2034—2037.

Vorkaufsrecht, obligatorisches das Recht einer Person, einen Gegenstand, falls ihn der Vorkaufspflichtige an einen Dritten verkauft hat, zu denselben Bedingungen zu kaufen, wie sie mit dem Drittkäufer vereinbart wurden; es wird durch Erklärung dem Vorkaufspflichtigen gegenüber, der den Verkauf mitteilen muß, ausgeübt. Ist das Objekt dem Drittkäufer bereits geliefert worden, so ist der Vorkaufsberechtigte auf Schadensersatzansprüche gegenüber dem Vorkaufspflichtigen beschränkt: §§ 504 ff.

Vorkaufsrecht, Sicherungsklausel der Vorkaufspflichtige kann den Vertrag mit dem Dritten auflösend bedingt oder mit dem Recht zum Rücktritt im Falle der Ausübung des Vorkaufsrechts abschließen; diese Bestimmungen gelten nicht für den Kaufvertrag mit dem Vorkaufsberechtigten; der Vorkaufspflichtige kann ihm gegenüber erfüllen, ohne Schadensersatzansprüche des Dritten befürchten zu müssen: § 506.

Vorlegung von Sachen hat jemand gegen den Besitzer einer Sache einen Anspruch hinsichtlich derselben oder will er sich über das Vorhandensein eines solchen vergewissern und hat er daher ein Interesse an der Besichtigung, so entsteht zwischen ihm und dem Sachbesitzer ein gesetzliches Schuldverhältnis, gerichtet auf Vorlegung der Sache und Gestattung der Besichtigung: § 809.

Vorlegung von Urkunden bei Interesse auf Einsicht einer in fremden Besitz befindlichen Urkunde entsteht zwischen dem Interessenten und dem Urkundenbesitzer ein gesetzliches Schuldverhältnis, auf Urkundenvorlage gerichtet, wenn 1.) die Urkunde in seinem Interesse errichtet wurde oder 2.) sie ein zwischen ihm und anderen bestehendes Rechtsverhältnis beurkundet oder 3.) Verhandlungen über ein Rechtsgeschäft zwischen ihm und dem anderen bzw. einem Vermittler darin enthalten sind: § 810.

Vorleistungspflicht kommt bei gegenseitigen Verträgen in Frage, falls die Leistungszeiten für die beiden Vertragsteile auseinanderfallen: § 321.

Vormerkung s. Grundbuch, Vormerkung.

Vormund, religiöse Erziehung des Mündels sie kann dem Vormund vom Vormundschaftsgericht entzogen werden, wenn Vormund und Mündel ein verschiedenes religiöses Bekenntnis haben: § 1801.

Vormundschaft Ersatz für fehlende elterliche Gewalt durch Einrichtung einer staatlichen Gewalt.

Vormundschaft, Ablehnungsgründe die Vormundschaft kann ablehnen: eine Frau mit mindestens 2 noch nicht schulpflichtigen Kindern, Personen mit mehr als 4 minderjährigen ehelichen Kindern; Personen, die über 60 Jahre alt, krank oder gebrechlich sind, zu weit vom Sitz des Vormundschaftsgerichts wohnen, Sicherheit leisten sollen, schon mehr als eine Vormundschaft führen oder zum Mitvormund bestellt werden sollen: § 1786.

Vormundschaft, Amtsvormundschaft das Jugendamt hat die Amtsvormundschaft über alle in seinem Bezirke geborenen unehelichen Kinder: § 40 JWG.

Vormundschaft, Anhörung von Verwandten das Vormundschaftsgericht soll und kann vor wichtigeren, den Mündel betreffenden Entscheidungen, evtl. auf Antrag des Vormundes, Verwandte oder Verschwägerte des Mündels anhören: § 1847.

Vormundschaft, Anlage von Mündelgeld 1.) in mündelsicheren inländischen Hypotheken, Grund- und Rentenschulden, 2.) in verbrieften Bundes- oder Landesforderungen bzw. solchen, für die der Bund oder ein Land die Garantie übernommen haben, 3.) in mündelsicheren, d. h. staatlich hierfür erklärten Wertpapieren (z. B. Pfandbriefe), 4.) durch Einzahlung bei einer inländischen öffentlichen, für mündelsicher erklärten Sparkasse, 5.) notfalls durch Einzahlung bei einer durch Landesgesetz für geeignet erklärten Bank: §§ 1807, 1808.

Vormundschaft, Aufgaben des Vormundes er hat das Recht und die Pflicht, das Mündel zu vertreten, für die Person und das Vermögen des Mündels — soweit nicht ein Pfleger bestellt ist und soweit ihm das Vormundschaftsgericht nicht die Vertretung für einzelne Angelegenheiten oder einen Kreis davon entzogen hat — entsprechend der elterlichen Gewalt zu sorgen: §§ 1793 bis 1796.

Vormundschaft, Aufgaben des Vormundschaftsgerichts es ernennt, entläßt und überwacht Vormund und Gegenvormund (Ordnungsstrafen!) und kann unmittelbar gegenüber dem Mündel einschreiten, durch Unterbringung bei einer Familie oder in einer Erziehungsanstalt: §§ 1837/38.

Vormundschaft, Arten 1.) über Minderjährige, 2.) über entmündigte Volljährige.

Vormundschaft, Aufwendungen des Vormundes sie sind ihm — einschließlich geleisteter Dienste — aus dem Mündelvermögen zu ersetzen; auch kann er Vorschuß verlangen: § 1835.

Vormundschaft, Beendigung bei Volljährigkeit, Tod oder Todeserklärung des Mündels; bei Legitimation eines unehelichen Mündels durch nachfolgende Ehe endet die Vormundschaft erst bei Aufhebung durch das Vormundschaftsgericht oder wenn die Vaterschaft des Ehemannes der Mutter durch rechtskräftiges Urteil festgestellt worden ist: §§ 1882—84.

Vormundschaft, befreite sie ist eine solche, bei der ein Vormund von gewissen Beschränkungen befreit ist (z. B. über die Anlage von Mündelgeld, Verfügung über Forderungen, Hinterlegung von Inhaber- oder Orderpapieren u. a. m.); die Befreiung geschieht auf Anordnung des Vaters oder der Mutter, die auch bestimmen können, daß die jährliche Rechnungslegung wegfällt: in einem solchen Falle hat der Vormund lediglich alle 2 Jahre dem Vormundschaftsgericht eine Übersicht des Mündelvermögens einzureichen: §§ 1852—1857.

Vormundschaft, Buchforderungen des Mündels gegen ein Land der Vormund hat sie in das Schuldbuch eintragen zu lassen mit dem Vermerk, daß er über solche Forderungen nur mit vormundschaftsgerichtlicher Genehmigung verfügen darf: § 1816.

Vormundschaft, Ende des vormundschaftlichen Amtes hier bleibt die Vormundschaft als solche (des Gerichts!) bestehen, es endet lediglich das Amt des betreffenden Vormundes: durch seinen Tod, durch Todeserklärung oder Entmündigung, ferner durch Entlassung, die vor allem bei pflichtwidrigem Verhalten erfolgt: §§ 1885, 1886.

Vormundschaft, Entgeltlichkeit der Führung die Vormundschaft ist grundsätzlich unentgeltlich zu führen: nur bei besonderer Bedeutsamkeit und besonderem Umfang des Mündelvermögens kann das Vormundschaftsgericht dem Vormund aus dem Mündelvermögen eine angemessene Vergütung zubilligen: § 1836.

Vormundschaft, Fälle 1. von Gerichtswegen, 2. von Gesetzes- oder Amtswegen.

Vormundschaft, Fälle der Vormundschaft über Minderjährige 1. wenn der Minderjährige nicht unter elterlicher Gewalt steht (z. B. beide Eltern sind tot), 2. wenn die Eltern weder hinsichtlich der Personal- noch der Vermögenssorge die gesetzliche Vertretung haben, 3. unter Umständen bei Verwirkung der elterlichen Gewalt des einen Elternteils, 4. wenn der Familienstand eines Minderjährigen nicht zu ermitteln ist (Findelkind): § 1773.

Vormundschaft, Familienrat wird vom Vormundschaftsgericht auf Anordnung des Vaters oder der ehelichen Mutter eingesetzt, ferner auf Antrag eines Verwandten des Mündels, des Vormundes oder Gegenvormundes, falls das Gericht dies im Interesse des Mündels für angemessen hält; der Familienrat besteht aus dem Vormundschaftsrichter und mindesten 2, höchstens 6 (nicht Vormund!) Mitgliedern: §§ 1858—1860.

Vormundschaft, Familienrats-Stellung er hat die Rechte und die Pflichten des Vormundschaftsgerichtes; er wird vom Richter als Vorsitzender einberufen, ist beschlußfähig, wenn der Richter und mindestens 2 Mitglieder anwesend sind, und wird aufgehoben, falls es an den nötigen Mitgliedern fehlt: §§ 1872—1881.

Vormundschaft, Gegenvormund wer zur Überwachung eines Vormundes bestellt wird; dies soll dann geschehen, wenn mit der Vormundschaft eine erhebliche Vermögensverwaltung verbunden ist, sofern nicht Mitvormundschaft besteht: § 1792.

Vormundschaft, Gegenvormundsaufgaben der Gegenvormund hat den Vormund zu überwachen, Pflichtwidrigkeiten dem Vormundschaftsgericht mitzuteilen, er wirkt bei verschiedenen Geschäften des Vormundes — Aufnahme des Mündelinventars, Anlage von Mündelgeld, Verfügung über Wertpapiere oder Forderungen — mit: §§ 1799, 1802, 1810, 1812.

Vormundschaft, Geldeinzahlung von Mündelgeld bei einer Sparkasse das Sparbuch muß mit Sperrvermerk des Vormundschaftsgerichts versehen sein, eine Geldabhebung darf nur bei Entsperrung durch das Vormundschaftsgericht erfolgen: § 1809.

Vormundschaft, Gemeindewaisenrat (Jugendamt) hat dem Vormundschaftsgericht gegenüber Personen vorzuschlagen, die für das Amt eines Vormundes geeignet sind: § 1849.

Vormundschaft, Generalermächtigung für den Vormund das Vormundschaftsgericht kann dem Vormund zu den Geschäften des § 1812 sowie zu einer Reihe von Geschäften des § 1822 eine allgemeine Ermächtigung geben: § 1825.

Vormundschaft, von Gerichtswegen das Vormundschaftsgericht hat von sich aus bei Erfordernis eine Vormundschaft anzuordnen: § 1774.

Vormundschaft, genehmigungsbedürftige Geschäfte nach § 1822 Verfügungen über das gesamte Vermögen des Mündels, über eine ihm angefallene Erbschaft, Ausschlagung derselben, entgeltliche Verträge über Erwerb oder Veräußerung eines Erwerbsgeschäftes, Pachtverträge über ein Landgut, länger als einjährige (über die Volljährigkeit des Mündels herausgehende) Miet- oder Pachtverträge, Lehrverträge über 1 Jahr hinaus, ebensolche Dienst- oder Arbeitsverträge, Kreditaufnahmen, Ausstellung von Inhaberschuldverschreibungen oder Wechseln, Bürgschaftsübernahme, Prokuraerteilung, Vergleiche über DM 300,—, Aufhebung von Sicherheiten.

Vormundschaft, Geschäfte des Vormundes mit Genehmigung des Vormundschaftsgerichts 1. Grundstücksgeschäfte (Verfügung über: Grundstücke, Grundstücksrechte, Auflassungsforderungen pp.; Verpflichtungen zu Grundstücksgeschäften der genannten Art; Verträge, die sich auf entgeltlichen Erwerb eines Grundstückes oder Grundstücksrechtes richten), 2. Geschäfte nach §§ 1822: § 1821.

Vormundschaft, Geschäfte des Vormundes ohne vormundschaftsgerichtliche Genehmigung die Wirksamkeit solcher Geschäfte hängt von der nachträglichen Genehmigung des Vormundschaftsgerichtes ab: § 1829.

Vormundschaft, mündelsicheres Grundpfand eine Hypothek, Grund- oder Rentenschuld ist mündelsicher, wenn sie sich bewegt in der ersten Hälfte (bei städtischen Grundstücken) bzw. in den ersten zwei Dritteln (bei ländlichen Grundstücken) des Taxwertes (im 20 fachen, falls an 1. Stelle stehend, oder im 15 fachen, falls an 2. Stelle stehend, des Grundsteuervertrages).

Vormundschaft, Haftung des Vormundschaftsrichters verletzt der Vormundschaftsrichter schuldhaft seine Pflichten, so wird hierdurch gemäß § 839 (über Art. 34 GG) seine Schadensersatzpflicht gegenüber dem Mündel begründet: § 1848.

Vormundschaft, Hypothekengeschäfte des Vormundes zu dergleichen Geschäften ist vormundschaftsgerichtliche Genehmigung nicht erforderlich: § 1821 Abs. 2.

Vormundschaft, Inhaberpapiere des Mündels diese sind bei einer Hinterlegungsstelle zu hinterlegen, derart, daß Herausgabe nur bei vormundschaftsgerichtlicher Genehmigung erfolgen darf; der Vormund kann aber solche Papiere auch auf den Namen des Mündels umschreiben lassen: §§ 1814, 1815.

Vormundschaft, Kostbarkeiten des Mündels das Vormundschaftsgericht kann ihre Hinterlegung, desgl. eine solche auch hinsichtlich sonstiger Wertpapiere anordnen: § 1818.

Vormundschaft, Mitvormund wer neben einer anderen Person ebenfalls zum Vormund bestellt wird; Mitvormünder führen die Vormundschaft gemeinschaftlich: §§ 1797, 1798.

Vormundschaft, Mündelanhörung vor der Genehmigung von Dienst- oder Arbeitsverträgen, die der Vormund für den Mündel abschließen will, soll der Mündel vom Vormundschaftsgericht gehört werden: § 1827.

Vormundschaft, Pflicht zur Übernahme jeder Deutsche ist zur Übernahme einer Vormundschaft verpflichtet und kann durch Ordnungsstrafen des Vormundschaftsgerichts (höchstens 3 Strafen von höchstens je DM 300,—) hierzu angehalten werden; wer sich grundlos weigert, ist außerdem dem Mündel schadensersatzpflichtig: §§ 1785, 1787, 1788.

Vormundschaft, Pflicht des Vormundes bei Amtsende er hat dem Mündel das Vermögen herauszugeben und über die Verwaltung Rechenschaft abzulegen: § 1890.

Vormundschaft, Rechnungslegung des Vormundes er hat alljährlich dem Vormundschaftsgericht Rechnung zu legen, mit einer geordneten Zusammenstellung von Einnahmen und Ausgaben (Belege!), über Abgang und Zuwachs des Vermögens, unter Hinzuziehung des Gegenvormundes; bei geringfügigen Vormundschaften kann das Gericht längere, höchstens dreijährige Rechnungslegung zulassen: §§ 1840—1843.

Vormundschaft, Recht zur Berufung steht den Eltern des Mündels zu; haben Vater und Mutter verschiedene Personen benannt, so gilt die Benennung durch den zuletzt verstorbenen Elternteil: § 1776.

Vormundschaft, Rechtsnatur der Vormund hat eine Art von öffentlichem Amt (ähnlich wie der Konkursverwalter).

Vormundschaft, Schenkungen Schenkungen aus dem Mündelvermögen sind dem Vormund verboten, soweit es sich nicht um moralische Pflichten handelt: § 1804.

Vormundschaft, Schlußrechnung des Vormundes sie erfolgt unter Vermittlung des Vormundschaftsgerichts; der volljährig gewordene Mündel soll dem Vormund, der seine Bestallungsurkunde zurückgeben muß, Entlastung erteilen: §§ 1892 ff.

Vormundschaft, Sicherheitsleistung aus besonderen Gründen kann das Vormundschaftsgericht den Vormund zur Sicherheitsleistung anhalten: § 1844.

Vormundschaft, Unfähigkeit zum Amte Geschäftsunfähige und Entmündigte dürfen nicht zum Vormund bestellt werden; die dennoch erfolgte Bestellung und die vorgenommenen Geschäfte sind nichtig: § 1780.

Vormundschaft, Untauglichkeit zum Amt zum Vormund sollen nicht bestellt werden: Minderjährige, unter vorläufiger Vormundschaft Stehende, Personen, die unter Gebrechlichkeitspflegschaft stehen, Gemeinschuldner, Personen, denen die bürgerlichen Ehrenrechte aberkannt worden sind; ferner Personen, die durch Anordnung der Eltern des Mündels von der Vormundschaft ausgeschlossen sind, endlich Beamte oder Religionsdiener, die nicht die Erlaubnis ihrer vorgesetzten Behörde zur Amtsübernahme haben: §§ 1781—1784.

Vormundschaft, Verantwortung des Vormundes Vormund und Gegenvormund sind dem Mündel gesamtschuldnerisch für Schäden verantwortlich, die schuldhaft durch Pflichtverletzung entstanden sind: § 1833.

Vormundschaft, Verpflichtung des Vormundes erfolgt durch das Vormundschaftsgericht mittels Handschlages an Eidesstatt zu treuer und gewissenhafter Führung des Amtes unter Aushändigung einer Bestallungsurkunde: §§ 1789—1791.

Vormundschaft, über Volljährige wird eingesetzt im Falle der Entmündigung; die Regeln der Vormundschaft über Minderjährige finden entsprechende Anwendung, doch ist die Personalsorge nur soweit gegeben, als es der Zweck der Vormundschaft erfordert: §§ 1896, 1897, 1901.

Vormundschaft, über Volljährige, Ausstattungen Ausstattungen aus dem Mündelvermögen können nur mit Zustimmung des Vormundschaftsgerichts gewährt werden: § 1902.

Vormundschaft, über Volljährige: Bestellung von Vater oder Mutter zum Vormund es sind ohne weiteres die Erleichterungen einer befreiten Vormundschaft gegeben, auch unterbleibt die Bestellung eines Gegenvormundes, sofern dies nicht ausdrücklich beantragt wird, in welchem Falle ihnen die Erleichterungen nicht zustehen; wenn Vater oder Mutter im Falle der Minderjährigkeit des Mündels zur Vermögensverwaltung nicht berechtigt wären, ist § 1903 nicht anzuwenden: §§ 1903, 1904.

Vormundschaft, über Volljährige: Ehegatte als Vormund der Ehegatte des Mündels darf vor den Eltern zum Vormund bestellt werden: § 1900.

Vormundschaft, vorläufige wenn ein Entmündigungsverfahren gegen einen Volljährigen schwebt und eine erhebliche Gefährdung der Person oder des Vermögens des zu Entmündigenden zu besorgen ist, so kann er durch das Vormundschaftsgericht unter vorläufige Vormundschaft gestellt werden: dadurch tritt der Zustand der beschränkten Geschäftsfähigkeit ein: §§ 114, 1906.

Vormundschaft, vorläufige: Beendigung mit Rücknahme oder Abweisung des Entmündigungsantrages, durch Aufhebung bei Wegfall des Grundes, bei Entmündigung jedoch erst mit der Bestellung eines Vormundes: § 1908.

Vormundschaft, unentgeltliche Zuwendungen an das Mündel solche Zuwendungen, unter Lebenden oder von Todeswegen, hat der Vormund entsprechend dem Willen des Zuwendenden für das Mündel zu verwenden: § 1803.

Vorsatz Art des Verschuldens, bei welchem der Schuldner den Erfolg voraussieht und sich der Rechtswidrigkeit seines Verhaltens bewußt ist; die Haftung für Vorsatz kann durch Vertrag im Voraus dem Schuldner selbst nicht erlassen werden, wohl aber für seinen Erfüllungsgehilfen: §§ 276, 278.

Vorschuß Ansprüche der Parteien wegen der ihren Rechtsanwälten geleisteten Vorschüsse verjähren in 2 Jahren: § 196 Ziff. 16; der Auftraggeber hat dem Beauftragten Vorschüsse zu leisten für die zur Ausführung erforderlichen Aufwendungen: § 669.

Vorstand Organ einer juristischen Person, zum Zwecke der Geschäftsführung und Vertretung; jeder Verein muß einen Vorstand haben, der durch Beschluß der Mitgliederversammlung bestellt wird. Er kann aus mehreren Personen bestehen; bei Fehlen der erforderlichen Mitglieder kann in dringenden Fällen eine Ersatzbestellung durch das Amtsgericht erfolgen: §§ 26—29.

Vorstand, Änderung des Vorstandes jede Veränderung in der Person oder Zusammensetzung des Vorstandes muß im Vereinsregister eingetragen werden: § 67.

Vorstand, Haftung des Vereins der Verein ist für Schäden verantwortlich, die der Vorstand durch eine in Ausführung seiner Verrichtungen begangene Handlung einem Dritten zufügt; eine Entlastungsmöglichkeit ist nicht gegeben: §§ 31, 89.

Vorstand, Pflicht zur Konkursanmeldung bei Überschuldung des Vereins hat der Vorstand die Konkurseröffnung zu beantragen; bei Verzögerung der Antragstellung haftet er den Gläubigern persönlich für den daraus entstandenen Schaden: § 42.

Vorübergehende Annahmebehinderung wenn die Leistungzeit unbestimmt ist oder der Schuldner vorzeitig leisten darf, so kommt der Gläubiger bei vorübergehender Behinderung der Annahme nur dann in Verzug, wenn ihm die Leistung eine angemessene Zeit vorher angekündigt worden ist: § 299.

Vorübergehende Verbindung werden Sachen nur zu einem vorübergehenden Zweck mit einem Grundstück verbunden, so werden sie nicht zu Bestandteilen, ebensowenig Sachen, die nur zu vorübergehendem Zwecke in ein Gebäude eingefügt werden: § 95.

Vorvertrag verbindliche Abmachung, durch die sich die Parteien zum Abschluß eines späteren Vertrages verpflichten.

Vorzeitige Leistung trotz Bestimmung der Leistungszeit kann der Schuldner schon vor diesem Zeitpunkt die Leistung erbringen, nicht aber der Gläubiger sie schon vorher fordern: § 271.

W

Wahlschuld eine Schuld, die bei der Begründung noch nicht fest umrissen ist, sondern sich auf eine von mehreren verschiedenartigen, dem Schuldner möglichen Leistungen bezieht; wird zur Speziesschuld durch Ausübung der Wahl: §§ 262 ff.

Wahlschuld, Verzögerung der Wahl wählt der Gläubiger nicht, so geht das Wahlrecht auf den Schuldner über, wenn der Gläubiger eine ihm gesetzte angemessene Frist hat verstreichen lassen; wählt der wahlberechtigte Schuldner nicht, so ist wahlweise Klage und wahlweises Urteil nötig, worauf der Gläubiger bei der Zwangsvollstreckung eine der Leistungen bestimmen kann: trotzdem kann der Schuldner sich noch durch Erbringung einer der übrigen Leistungen von der Verbindlichkeit befreien: § 264.

Wandelung Recht des Käufers oder Bestellers, bei Käufen bzw. Werkverträgen, wegen eines Sachmangels die Rückgängigmachung des Vertrages zu fordern; sie wird nach Rücktrittsregeln behandelt (trotz Umgestaltung kann gewandelt werden, wenn sich der Mangel erst bei dieser Gelegenheit zeigt; bei mehreren Beteiligten kann nur von allen gegenüber allen gewandelt werden; der Anspruch auf Wandelung verjährt: bei Mobilien in 6 Monaten, bei Grundstücken in 1 Jahr — bei Bauwerken beim Werkvertrag in 5 Jahren —, wobei die Verjährungsfrist durch Vertrag verlängert werden kann): §§ 462, 467, 474, 635, 638.

Wartezeit, einer Frau, vor Wiederverheiratung eine Frau soll nicht vor Ablauf von 10 Monaten seit Auflösung oder Nichtigerklärung ihrer früheren Ehe heiraten, sofern sie nicht inzwischen geboren hat; Befreiung kann durch den Standesbeamten bewilligt werden: § 8 EheGes.

Wassergerechtigkeit s. Grunddienstbarkeit, Wassergerechtigkeit.

Wegegerechtigkeit s. Grunddienstbarkeit, Wegegerechtigkeit.

Wegnahmerecht Begriff der Aufwendungslehre: hat jemand einen herauszugebenden Gegenstand mit einer Einrichtung versehen, so kann und muß er diese entfernen: (sog. ius tollendi): § 258.

Wegschaffungsrecht wenn eine bewegliche Sache aus der Gewalt des Besitzers auf ein im Besitz eines anderen befindliches Grundstück gelangt, so muß der Grundstücksbesitzer die Aufsuchung und Wegschaffung der Sache gestatten, sofern nicht die Sache inzwischen in Besitz genommen worden ist: § 867; das gleiche Recht steht dem Eigentümer, Nießbraucher und Pfandberechtigten zu: §§ 1005, 1065, 1227.

Weisungen, beim Auftrag der Beauftragte darf von den Weisungen des Auftraggebers nur abweichen, wenn er nach den Umständen die Billigung der Abweichung seitens des Auftraggebers annehmen darf; von der Abweichung hat er dem Auftraggeber Anzeige zu machen: § 665.

Werkgefahr der Unternehmer trägt die Gefahr des Werkes bis zur Abnahme, im Gegensatz zur Stoffgefahr: § 644.

Werklieferungsvertrag ein Werkvertrag, bei dem der Unternehmer sowohl die Arbeit als auch den Stoff liefert: er wird zum Teil nach Kauf-, teilsweise nach Werkvertragsregeln behandelt; handelt es sich um vertretbare Sachen, so kommen lediglich die Kaufregeln in Betracht: § 651.

Werkvertrag gegenseitiger Vertrag, durch den der Unternehmer einen durch Arbeit herbeizuführenden Erfolg zu bewirken, der Besteller hingegen den Werklohn zu zahlen und das Werk abzunehmen hat: § 631.

Werkvertrag, Abnahme Pflicht des Bestellers (also Schuldnerverzug!); Abnahme = Entgegennahme des Werkes mit der ausdrücklich oder stillschweigend erklärten Billigung (gewöhnlich erst nach Ausprobieren): §§ 640, 644.

Werkvertrag, Arten der Werke Herstellung oder Veränderung einer Sache, sonstiger Arbeitserfolg (z. B. Transport); auch Vornahme von Rechtsgeschäften (nur in letzterem Falle ist Erteilung einer Vollmacht möglich!): § 631 Abs. 2.

Werkvertrag, Gefahrübergang auf den Besteller geht die Gefahr mit der Abnahme über, evtl. mit Eintritt des Gläubigerverzuges, endlich beim Versendungswerkvertrag mit Aushändigung an den Transporteur: § 644.

Werkvertrag, nicht rechtzeitige Herstellung der Besteller kann vom Vertrage zurücktreten, wobei die Rechte infolge Schuldnerverzuges unberührt bleiben: § 636.

Werkvertrag, Kostenanschlag wird ein nicht garantierter Kostenanschlag wesentlich überschritten, so kann der Besteller kündigen, muß aber einen der bisherigen Arbeitsleistung entsprechenden Teil des Lohnes zahlen: § 650.

Werkvertrag, Kündigungsrecht des Bestellers bis zur Fertigstellung kann der Besteller jederzeit kündigen, muß aber den Werklohn zahlen: § 649.

Werkvertrag, Mitwirkung des Bestellers ist zur Herstellung des Werkes ein Mitwirken des Bestellers nötig und kommt er mit dieser Handlung in Gläubigerverzug, so kann der Unternehmer eine angemessene Entschädigung fordern, auch kann er nach Fristsetzung kündigen: §§ 642, 643.

Werkvertrag, gesetzliches Pfandrecht wegen seiner Forderungen aus dem Werkvertrage hat der Unternehmer bei Mobilien, wenn sie in seinem Besitz sind, ein gesetzliches Pfandrecht; bei Grundstücksarbeiten hat er den Anspruch auf Einräumung einer Sicherungshypothek am Baugrundstück: §§ 647, 648.

Werkvertrag, Sachmängel der Unternehmer hat das Werk fehlerfrei und mit den zugesicherten Eigenschaften herzustellen, anderfalls kann der Besteller verlangen: Nachbesserung, mangels einer solchen:

Wandelung oder Minderung, bei Verschulden sogar Schadenersatz wegen Nichterfüllung: §§ 633—635.

Werkvertrag, Stoff des Bestellers der Unternehmer ist nicht für zufällig erfolgte Verschlechterung oder Vernichtung des Stoffes verantwortlich; ist das Werk vor Abnahme durch die Beschaffenheit des Stoffes oder eine Ausführungsanweisung des Bestellers unausführbar, so kann der Unternehmer einen verhältnismäßigen Teil des Lohnes verlangen: §§ 644, 645.

Wertpapier Urkunde über Rechte derart, daß Recht und Papier eng miteinander verknüpft sind (also Koppelung von Sache und Recht!) und eines ohne das andere weder übertragen noch geltend gemacht werden kann; der verbriefte Wert ist stets ein Recht (Forderung, Pfandrecht. Mitgliedschaftsrecht).

Wertpapier, Arten 1. Namens- oder Rektapapiere, den Namen des ersten Berechtigten enthaltend: bei ihnen ist das Recht stärker als das Papier, sie werden nach den Regeln des Schuldrechts, speziell der Zession behandelt: § 952, 2. Inhaberpapiere, die keinen Namen eines Berechtigten enthalten: bei ihnen hat das Papier gegenüber dem Recht die Vorherrschaft, sie werden nach den Regeln des Sachenrechts behandelt: § 935, 3. Orderpapiere: sie enthalten den Namen des Erstberechtigten, mit (gewillkürte Orderpapiere!) oder ohne (gesetzliche Orderpapiere!) Klausel „oder an Order": sie werden, da Recht und Papier gleich stark sind, durch Indossierung des Rechts und Hingabe des Papiers übertragen.

Wertpapiere, bei der Anweisung Objekte einer Anweisung können neben Geld oder anderen vertretbaren Sachen auch Wertpapiere sein: § 783.

Wertpapiere, bei der Gastwirtshaftung für Wertpapiere, die der im Gewerbebetrieb aufgenommene Gast eingebracht hat, haftet der Gastwirt nur bis zum Betrage von DM 1000, sofern er nicht die Papiere zur Aufbewahrung übernommen, die Aufbewahrung abgelehnt hat oder der Schaden von ihm oder seinen Leuten verschuldet worden ist: § 702.

Wertpapiere, bei Hinterlegung sie gehören zu den hinterlegungsfähigen Sachen im Falle des Gläubigerverzuges und bei unverschuldeter Unkenntnis des Schuldners über die Person des Gläubigers: § 372.

Wertpapiere, als Sicherheitsleistung sie sind zur Sicherheitsleistung nur geeignet, wenn sie auf den Inhaber lauten, einen Kurswert haben und mündelsicher sind; mit Wertpapieren kann Sicherheit nur in Höhe von ¾ des Kurswertes geleistet werden: § 234.

Wertpapiere, bei der Summenverwahrung sollen Wertpapiere Gegenstand einer Summenverwahrung sein, so muß eine ausdrückliche Vereinbarung der Verwahrungsnatur getroffen werden: § 700.

Wertpapiere, Traditions- oder Dispositionspapiere solche, bei denen der Besitz des Papiers den Besitz der im Papier genannten Sache verkörpert, so daß man vermittels des Papiers über die Sache verfügen kann; es sind dies: der Ladeschein; der Lagerschein, wenn an Order gestellt; das Konossement: §§ 424, 450, 647 HGB.

Wesentlichkeit, bei Irrtum eine Willenserklärung kann nicht schlechthin wegen Irrtums angefochten werden, sondern nur dann, wenn der Irrtum wesentlich war, d. h. wenn anzunehmen ist, daß der Erklärende die Willenserklärung bei Kenntnis der Sachlage und bei verständiger

Würdigung des Falles nicht abgegeben haben würde: § 119.

Wette das bei entgegengesetzten Behauptungen abgegebene Versprechen einer Leistung, falls sich die eigene Behauptung als unrichtig, die fremde als richtig erweisen sollte; es ist eine Naturalobligation: keine Klagbarkeit, keine Festigung durch Sicherheit, aber keine Rückforderung der erfolgten Leistung (Rennwette: keine Wette, sondern ein Spiel!): § 762.

Widerruf Rückgängigmachung von Willenserklärungen oder Rechtsvorgängen; er ist im BGB nicht einheitlich geregelt, sondern kommt in verschiedenartiger Bedeutung vor.

Widerruf, einer Anweisung der Anweisende ist zum Widerruf berechtigt, solange nicht der Angewiesene die Anweisung dem Empfänger gegenüber angenommen oder die Leistung bewirkt hat: § 790.

Widerruf, eines Auftrages der Auftraggeber kann den Auftrag jederzeit widerrufen: § 671.

Widerruf, einer Auslobung bis zur Vornahme der Handlung kann die Auslobung widerrufen werden, sofern nicht auf die Widerruflichkeit verzichtet worden ist, was im Zweifel bei der Bestimmung einer Frist für die Vornahme der Handlung anzunehmen ist: § 658.

Widerruf, eines Darlehensversprechens der Versprechende ist zum Widerruf befugt, wenn in den Vermögensverhältnissen des Versprechensempfängers eine wesentliche Verschlechterung eintritt: § 610.

Widerruf, der Einwilligung bis zur Vornahme des einwilligungsbedürftigen Rechtgeschäftes ist der Einwilligungsberechtigte zum Widerrufe befugt: **§ 183.**

Widerruf, bei Rechtsgeschäften des Vertreters ohne Vertretungsmacht hier ist der Gegner des vollmachtslosen Stellvertreters bis zur Genehmigung des Vertrages durch den Vertretenen zum Widerruf berechtigt, sofern er nicht den Mangel der Vollmacht bei Vertragsabschluß kannte: § 178.

Widerruf, einer Schenkung der Schenker kann die Schenkung widerrufen, wenn der Beschenkte sich grob undankbar gezeigt hat, durch eine schwere Verfehlung gegenüber dem Schenker oder einem nahen Angehörigen desselben: § 530.

Widerruf, von Schenkungen nach Ehescheidung wenn ein Ehegatte für allein schuldig erklärt worden ist, so kann der andere Schenkungen aus der Zeit während des Brautstandes oder während der Ehe widerrufen, sofern nicht ein Jahr seit Rechtskraft des Scheidungsurteils verstrichen, der Schenker oder der Beschenkte verstorben ist: § 73 EheGes.

Widerruf, einer Stiftung der Stifter ist bis zur Erteilung der Genehmigung zum Widerruf berechtigt, sein Erbe jedoch nicht mehr, wenn der Stifter das Gesuch bereits bei der zuständigen Behörde eingereicht hatte: § 81.

Widerruf, eines Testamentes der Erblasser kann ein Testament jederzeit widerrufen, s. im übrigen: Testament, Widerrufsdurchführung.

Widerruf, bei einwilligungspflichtigen Rechtsgeschäften eines Ehegatten wenn ein Ehegatte im gesetzlichen Güterstand ein Rechtsgeschäft ohne die erforderliche Einwilligung des anderen Gatten vorgenommen hat, so kann der Vertragspartner seine Erklärung bis zur Genehmigung des Vertrages durch den anderen Ehegatten widerrufen, es sei denn, daß er gewußt hat, daß es sich um eine Ehefrau oder einen Ehemann handelte: § 1366; das gleiche gilt für solche Geschäfte bei der Gütergemeinschaft, wenn der Vertragspartner nicht wußte, daß der Ehegatte in Gütergemeinschaft lebt: §§ 1427, 1453.

Widerruf, des Vertragsgegners eines Minderjährigen war der Vertrag des Minderjährigen durch den gesetzlichen Vertreter noch nicht genehmigt, so kann der Vertragsgegner widerrufen, es sei denn, daß er die Minderjährigkeit kannte oder der Minderjährige der Wahrheit zuwider die Einwilligung des gesetzlichen Vertreters behauptet hatte (Widerruf ist hier ausgeschlossen, wenn dem Vertragsgegner die Unwahrheit dieser Erklärung bekannt war): § 109.

Widerruf, einer Vollmacht der Vollmachtgeber kann die Vollmacht jederzeit widerrufen, sofern sich nicht aus dem zu Grunde liegenden Rechtsverhältnis etwas anderes ergibt; die Erklärung des Widerrufes erfolgt entsprechend der Erteilung der Vollmacht: § 168.

Widerruf, einer Willenserklärung unter Abwesenden durch einen Widerruf einer Willenserklärung unter Abwesenden kann deren Wirksamwerden verhindert werden, wenn dem Empfänger der Widerruf gleichzeitig oder vor dem Empfang der Willenserklärung zugeht: § 130.

Widerspruch bei Unrichtigkeit oder Unvollständigkeit des Grundbuches kann zur Sicherung des Berichtigungsanspruches ein Widerspruch im Grundbuch eingetragen werden, auf Grund einer Bewilligung des Betroffenen oder einer einstweiligen Verfügung: § 899; bei brieflosen Verkehrshypotheken zur Sicherung eines Darlehens erfolgt die Eintragung eines Widerspruches wegen Nichthingabe des Darlehens auf bloßen Antrag des Eigentümers, falls er binnen Monatsfrist seit Eintragung der Hypothek gestellt wird. In diesem Falle hat der Widerspruch rückwirkende Kraft: § 1139.

Wiederkauf Kauf, bei dem sich der Verkäufer das Recht vorbehalten hat, das Kaufobjekt binnen bestimmter Frist durch Erklärung dem Käufer gegenüber zurückzukaufen; als Rückkaufpreis kommt im Zweifel der Kaufpreis in Frage: §§ 497 ff.

Wiederkehrende Leistungen sie kommen bei der Leibrente vor: §§ 759 ff, bei der Reallast: § 1105, bei der Rentenschuld: § 1199.

Wiederverheiratung, Geburt eines Kindes s. Ehelichkeit, des Kindes bei Wiederverheiratung der Frau.

Wiederverheiratung, bei fortgesetzter Gütergemeinschaft s. Gütergemeinschaft, fortgesetzte, Ende.

Wiederverheiratung, der Mutter die Mutter, welche die elterliche Gewalt hat, verliert diese durch Eingehung einer neuen Ehe nicht.

Wiederverheiratung, bei Todeserklärung s. Todeserklärung, Wiederverheiratung des anderen Ehegatten.

Wiederverheiratung, eines Elternteiles der Elternteil, der eine neue Ehe eingehen will, muß dies dem Vormundschaftsgericht anzeigen, ein Inventar des seiner Verwaltung unterliegenden Vermögens einreichen und bei Vorhandensein einer Gemeinschaft zwischen ihm und dem Kinde die Auseinandersetzung herbeiführen: § 1683.

Wille des Geschäftsherrn, bei der Geschäftsführung ohne Auftrag s. Geschäftsführung ohne Auftrag.

Willenserklärung Bildung eines rechtlich erheblichen Willens unter äußerer Erklärung.

Willenserklärung, Arten empfangsbedürftige und nichtempfangsbedürftige.

Willenserklärung, Auslegung man soll nicht an dem buchstäblichen Sinne des Ausdruckes haften, vielmehr ist der wirkliche Wille zu erforschen: § 133.

Willenserklärung, Wirksamwerden die empfangsbedürftige Willenserklärung unter Anwesenden wird wirksam mit dem Verstehen, unter Abwesenden mit dem Zugehen: § 130.

Wilde Tiere herrenlos, solange sie sich in Freiheit befinden oder falls sie die Freiheit wiedererlangen und nicht verfolgt werden, oder wenn die Verfolgung aufgegeben wird: § 960.

Willenlosigkeit führt, wenn es ein Dauerzustand ist, hervorgerufen durch eine Störung der Geistestätigkeit, zur Geschäftsunfähigkeit: § 104 Ziff. 2.

Willenlosigkeit, vorübergehende sie führt nicht zur Geschäftsunfähigkeit, doch ist die im Zustande der Willenlosigkeit abgegebene Willenserklärung nichtig: § 105 Abs. 2; auch ist ein nur vorübergehend Willenloser deliktsunfähig: § 827.

Wirtschaftlicher oder Erwerbsverein Verein, dessen Zweck auf Erlangung wirtschaftlicher Vorteile für sich selbst gerichtet ist (aus Satzung zu entnehmen!); erlangt Rechtsfähigkeit durch Verleihung (Konzession) im Verwaltungswege: § 22.

Wirtschaftsplan wenn ein Wald oder ein Bergwerk Gegenstand eines Nießbrauches ist, so können Eigentümer und Nießbraucher die Feststellung eines Wirtschaftsplanes verlangen: § 1038; das gleiche Recht steht in denselben Fällen bei einer Vorerbschaft dem Vor- und Nacherben zu: § 2123.

Witwe, minderjährige, Volljährigkeitserklärung wenn eine minderjährige Witwe sich für volljährig erklären lassen will, so ist die Einwilligung des elterlichen Gewalthabers nicht erforderlich: § 4.

Wörtliches Angebot, bei Gläubigerverzug der Gläubiger kommt durch ein lediglich wörtliches Angebot des Schuldners in Annahmeverzug, wenn er die Ablehnung erklärt hatte oder wenn zur Bewirkung der Leistung eine Gläubigerhandlung nötig ist, besonders, wenn der Gläubiger die geschuldete Sache abzuholen hat: § 295.

Wohnräume die Miete von Wohnräumen und anderen Räumen wird nach den Vorschriften über die Grundstücksmiete behandelt: § 580.

Wohnräume, beim Dienstvertrag s. Schutzvorschriften, beim Dienstvertrag.

Wohnsitz Ort, wo sich eine Person niederläßt, mit dem Willen, dauernd dort zu bleiben; kann selbständig nur von voll Geschäftsfähigen begründet werden, auch von einer Ehefrau: §§ 7—11.

Wohnsitz, Bedeutung für den Erfüllungsort mangels besonderer vertraglicher oder gesetzlicher Bestimmung, hat eine Leistung am Wohnsitzort des Schuldners zur Zeit der Entstehung des Schuldverhältnisses zu erfolgen: § 269.

Wohnsitz, Beseitigung die Aufhebung des Wohnsitzes erfolgt dadurch, daß die Niederlassung mit dem Aufhebungswillen aufgegeben wird: § 7.

Wohnsitz, gesetzlicher das eheliche Kind teilt den Wohnsitz der Eltern, bei Verschiedenheit des Wohnsitzes denjenigen des Elternteiles, der das Kind in Personalangelegenheiten vertritt, das uneheliche Kind den der Mutter, das Adoptivkind den des Adoptierenden: § 11.

Wohnsitz, mehrfacher der Wohnsitz kann gleichzeitig an mehreren Orten bestehen: § 7.

Wohnungseigentum, eigentliches ist Sondereigentum an einer Wohnung, verbunden mit dem Miteigentumsanteil an dem gemeinschaftlichen Eigentum, zu dem es gehört; begründet wird es durch vertragliche Einräumung von Sondereigentum — jeder Miteigentümer erhält, abweichend von § 93 BGB, das Sondereigentum an einer bestimmten, in sich abgeschlossenen Wohnung in einem auf einem Grundstück befindlichen Gebäude — mittels auflassungsähnlicher Einigung und Eintragung im Grundbuch (für jeden Miteigentumsanteil wird ein besonderes Grundbuchblatt, sog. Wohnungsgrundbuch, angelegt): §§ 1, 2, 3, 4, 7 Wohnungseigentumsgesetz (WEG) vom 15. 3. 1951.

Wohnungseigentum, Dauerwohnrecht ist ein vererbliches und veräußerliches — im Gegensatz zum Wohnungsrecht, beschränkte persönliche Dienstbarkeit, des § 1093 — Recht auf Nutzung eines abgeschlossenen Gebäudeteils; es entsteht durch Einigung und Eintragung: §§ 31 ff WEG.

Wohnungseigentum, Gemeinschaft der Wohnungseigentümer sie bilden, im Gegensatz zur Gemeinschaft des BGB, eine unauflösliche Gemeinschaft; jeder der Beteiligten hat das Recht zum Alleingebrauch des ihm zustehenden Gebäudeteils und die Befugnis zum Mitgebrauch des sog. gemeinschaftlichen Eigentums, er ist aber auch verpflichtet zur Instandhaltung der im Sondereigentum stehenden Gebäudeteile und zur Mittragung der Lasten und Kosten des gemeinschaftlichen Eigentums; den Wohnungseigentümern steht die Verwaltung des gemeinschaftlichen Eigentums zu, wobei die Regelung durch Mehrheitsbeschlüsse der sog. Wohnungseigentümerversammlung erfolgt, die auch über die Bestellung eines Verwalters entscheidet: §§ 10 ff WEG.

Wohnungseigentum, sog. gemeinschaftliches Eigentum sind das Grundstück und die Teile, Gebäudeanlagen und -Einrichtungen, die nicht im Sondereigentum stehen: § 1 WEG.

Wohnungseigentum, Teileigentum ist Sondereigentum an nicht zu Wohnzwecken dienenden abgeschlossenen Räumen eines Gebäudes, verbunden mit dem Miteigentumsanteil an dem gemeinschaftlichen Eigentum, zu dem es gehört; es wird nach den Wohnungseigentumsregeln behandelt (besonderes Grundbuchblatt hier: Teileigentumsgrundbuch): §§ 1, 3, 4, 7 WEG.

Wohnungseigentum, Veräußerung ist ohne Übertragung des Miteigentumsanteiles nicht möglich; das Gleiche gilt für das Teileigentum, evtl. ist Zustimmung der anderen Wohnungseigentümer laut Vereinbarung nötig: §§ 6, 12 WEG.

Wohnungseigentum, Verfahren bei Streitigkeiten über die Rechte und Pflichten der Beteiligten, Bestellung und Befugnisse eines Verwalters, die Gültigkeit von Beschlüssen der Wohnungseigentümer entscheidet auf Antrag eines der Beteiligten das Amtsgericht, und zwar im Verfahren der freiwilligen Gerichtsbarkeit; gegen die Entscheidung des Amtsrichters gibt es die sofortige Beschwerde: §§ 43 ff WEG.

Wohnungsrecht hierunter ist eine beschränkt-persönliche Dienstbarkeit zu verstehen, derart, daß ein Gebäude oder ein Teil eines Gebäudes unter Ausschluß des Eigentümers als Wohnung benutzt werden darf, welches Recht zum Teil nach Nießbrauchsregeln behandelt wird: § 1093.

Wucher auffallendes Mißverhältnis zwischen Leistung und Gegenleistung unter gleichzeitiger Ausbeutung der Notlage, der Unerfahrenheit oder des Leichtsinns einer Person; wucherische Rechtsgeschäfte sind nichtig: § 138 Abs. 2.

Z

Zahlungsbefehl eine Aufforderung des Amtsgerichts, auf Antrag des Gläubigers an einen Schuldner zu leisten oder Widerspruch zu erheben; durch die Zustellung eines Zahlungsbefehls im Mahnverfahren wird die Verjährung eines Anspruches unterbrochen: § 209.

Zahlungsort derjenige Ort, an welchem der Schuldner dem Gläubiger Geld zu entrichten hat: dieser Ort ist regelmäßig der Wohnsitz oder die gewerbliche Niederlassung des Gläubigers, ohne daß dadurch der Erfüllungsort geändert wird: § 270.

Zahlungssperre Aufforderung des Berechtigten von abhanden gekommenen Inhaberschuldverschreibungen an den Aussteller, an einen Besitzer des Papiers keine Leistung zu bewirken; Beginn und Lauf der Vorlegungs- und Verjährungsfrist werden durch die Zahlungssperre zu Gunsten des Antragstellers gehemmt, wobei die Hemmung bereits mit der Stellung des Antrages auf Zahlungssperre beginnt: §§ 799, 802.

Zahlungsunfähigkeit, des Forderungsschuldners beim Verkauf wenn beim Verkauf einer Forderung der Verkäufer für die Zahlungsfähigkeit des Schuldners die Haftung übernimmt, so haftet er grundsätzlich nur dafür, daß der Schuldner zur Zeit der Abtretung zahlungsfähig ist (sog. Haftung für Bonität): § 438.

Zeitbürgschaft s. Bürgschaft, Zeitbürgschaft.

Zeitbauten man versteht darunter solche Sachen, insbesondere Gebäude, die nur zu einem vorübergehenden Zwecke mit dem Grund und Boden verbunden sind und nicht zu den Bestandteilen des Grundstückes gezählt werden: § 95.

Zession s. Abtretung, auch: Cession.

Zeugnis beim Dienstvertrag der Dienstverpflichtete kann nach Beendigung eines Dauerdienstverhältnisses ein schriftliches Zeugnis über das Dienstverhältnis und seine Dauer fordern, darüber hinaus auch in Bezug auf die Leistungen und die Führung im Dienste: § 630.

Zeugnis, des Nachlaßgerichts, über fortgesetzte Gütergemeinschaft auf Antrag hat das Nachlaßgericht dem überlebenden Ehegatten ein Zeugnis über die Fortsetzung der Gütergemeinschaft zu erteilen, unter Anwendung der Erbscheinsvorschriften: § 1507.

Zeugnis, für den Testamentsvollstrekker auf Antrag hat das Naßlaßgericht einem Testamentsvollstrecker ein Zeugnis über seine Ernennung zu erteilen, wobei Beschränkungen oder die Befreiung von Beschränkungen aus dem Zeugnis ersichtlich sein müssen: § 2368.

Zinsen wiederkehrende, im voraus fest bestimmte, in Bruchteilen der Hauptleistung berechnete Nebenleistungen; sie stellen sich als Früchte einer Forderung dar und sind gewöhnlich das Entgelt für die Überlassung der Nutzungen eines Kapitals; es gibt gesetzliche und vertraglich vereinbarte Zinsen.

Zinsen, bei Aufwendungen bei Verpflichtung zum Ersatz von Aufwendungen ist dem Gläubiger derselben der aufgewendete Betrag von der Zeit der Aufwendung an zu verzinsen: § 256.

Zinsen, hinsichtlich des Kaufpreises stehen dem Käufer eines Gegenstandes die Nutzungen desselben zu, so hat er den Kaufpreis von diesem Augenblick ab zu verzinsen, sofern ihm nicht Stundung gewährt worden ist: § 452.

Zinsen und Kosten bei Kapitaltilgung reicht die Leistung nicht aus, so werden erst die Kosten, dann der Zins, dann das Kapital getilgt: § 367.

Zinsfuß gesetzlich: 4 %, im HGB: 5 %, im Wechselrecht: 6 %: § 246; vertraglich können Zinsen in beliebiger Höhe vereinbart werden (Grenze: Sittenwidrigkeit und Wucher nach § 138).

Zinsscheine Nebenpapiere bei Inhaberschuldverschreibungen, auf Grund deren Zinsen für die Kapitalschuld geleistet werden sollen; der Anspruch verjährt in 4 Jahren; neue Zinsscheine dürfen an den Inhaber nur gegen Vorlage des Erneuerungsscheines ausgegeben werden: §§ 803—805.

Zinseszins Zinsen von Zinsen; sie können vor Fälligkeit der Zinsen nicht vereinbart werden; ausgenommen: bei Banken, die den Einlegern von Geld im voraus versprechen können, daß fällige Zinsen wieder Zinsen tragen sollen, sowie von Hypothekenbanken, Pfandbriefanstalten pp, welche einerseits Inhaberschuldverschreibungen ausgeben, sowie andererseits an Grundbesitzer gesicherte Darlehen gewähren: letztere können von vornherein versprechen, daß fällige, nicht pünktlich gezahlte Zinsen wieder Zinsen bringen sollen: § 248.

Zivilfrüchte solche, die aus einem Gegenstande nicht seiner Natur nach gewonnen werden, sondern erst dadurch, daß dieser in ein Rechtsverhältnis gebracht wurde (Gegensatz: Naturalfrüchte): § 99 Abs. 3.

Zubehör: bewegliche, den wirtschaftlichen Zwecken einer Hauptsache dienende, mit dieser in Beziehung gebrachte, vom Verkehr als Zubehör anerkannte Sachen (nur wirtschaftlicher Begriff!): § 97.

Zubehör, Beispiele bei einem gewerblichen Gebäude: die dem Betriebe dienenden Maschinen und sonstigen Gerätschaften; bei einem Landgut: die zur Fortführung der Wirtschaft erforderlichen Erzeugnisse, das Wirtschaftsgerät, das Vieh, der vorhandene Dünger: § 98.

Zubehör, Erwerb bei Grundstücksveräußerung der Erwerber des Grundstückes erlangt mit Übereignung des Grundstückes auch das Eigentum an den dem Veräußerer gehörenden Zubehör, ohne daß es einer besonderen Übergabe bedarf: § 926.

Zubehör, bei der Hypothek s. Hypothek, Zubehör.

Zubehör, Verpflichtungsverträge Verträge, die auf Veräußerung oder Belastung einer Sache gerichtet sind, beziehen sich im Zweifel auch auf das Zubehör: § 314.

Zufall ein Ereignis, das jenseits von Vorsatz und Fahrlässigkeit liegt.

Zufallshaftung für Zufall haftet u. a. der Schuldner bei einer während des Schuldnerverzuges eingetretenen Unmöglichkeit im Schuldnerverzug, der Gastwirt bei der Beherbergung, der Täter einer unerlaubten Handlung, der zur Rückgabe einer Sache verpflichtet ist, der Geschäftsführer ohne Auftrag, der ein Geschäft bewußt entgegen dem Willen des Geschäftsherrn führt u. a. m.: §§ 287, 678, 702, 848.

Zug um Zug Art und Zeit von Leistungen bei gegenseitigen Verträgen, bei denen für beide Teile die Leistungszeit die gleiche ist: § 320.

Zug um Zug, Rückgewähr bei Rücktritt nach erfolgtem Rücktritt haben die Parteien die empfangene Leistung einander zurückzugewähren, und zwar sind diese Verpflichtungen Zug um Zug zu erfüllen: § 348.

Zug um Zug-Verurteilung ein Urteil gegen einen Schuldner, der ein Zurückbehaltungsrecht geltend macht;

er braucht nur gegen Erlangung der Gegenleistung, auch bei Zwangsvollstreckung, zu leisten: §§ 274, 322.

Zugehen Wirksamwerden eines empfangsbedürftigen Rechtsgeschäftes dadurch, daß es — bei Abwesenden — in den Machtbereich des Empfängers derart gelangt, daß er hiervon Kenntnis nehmen kann (bei Anwesenden: mit dem Verstehen!): § 130.

Zugehen, Unterstellen desselben eine Willenserklärung gilt als zugegangen, wenn sie durch den Gerichtsvollzieher, entsprechend den Vorschriften der ZPO, zugestellt wird: § 132.

Zugesicherte Eigenschaft Begriff des Kaufes beim Sachkauf, wenn der Verkäufer die Gewähr dafür übernimmt, daß die Kaufsache im Moment des Gefahrenüberganges bestimmte garantierte Eigenschaften besitzt; im Falle des Fehlens der Eigenschaften bei Gefahrübergang kann der Käufer wandeln oder mindern, im Falle des Fehlens bei Kaufabschluß kann er Schadensersatz wegen Nichterfüllung verlangen: §§ 459, 462, 463.

Zugesicherte Eigenschaft, bei der Miete fehlt bei der Miete der Mietsache eine zugesicherte Eigenschaft oder fällt diese später fort, so führt dies zu einer Senkung des Mietzinses und, bei Verschulden oder Verzug des Vermieters, sogar zum Anspruch auf Schadensersatz wegen Nichterfüllung: §§ 537, 538.

Zugesicherte Eigenschaft, beim Werkvertrag fehlt dem Werk eine zugesicherte Eigenschaft, so kann der Besteller Mangelbeseitigung verlangen, nach fruchtlosem Fristablauf wandeln oder mindern und bei Verschulden des Unternehmers statt dessen sogar Schadensersatz wegen Nichterfüllung verlangen: §§ 633—635.

Zugesicherte Grundstücksgröße, beim Kauf die Zusicherung einer bestimmten Größe gilt als Zusicherung einer Eigenschaft, doch kann der Käufer hier nur wandeln, wenn er infolge der fehlenden Größe an der Vertragserfüllung kein Interesse hat: § 468.

Zugewinngemeinschaft ist der gesetzliche Güterstand: Vermögen des Mannes und der Frau ist getrennt, ebenso der von jedem erzielte Zugewinn; jeder verwaltet und verfügt — bis auf zwei Ausnahmen — allein; nach Gemeinschaftsende erfolgt Ausgleich eines erzielten Zugewinnes: §§ 1363, 1364.

Zugewinngemeinschaft, Anfangsvermögen das einem Gatten bei Güterstandsbeginn nach Schuldenabzug (aber nur bis zur Nullgrenze!) gehörende Vermögen, wobei nicht eingerechnet werden: nach Beginn erfolgte unentgeltliche Zuwendungen unter Lebenden oder von Todes wegen und Ausstattungen, falls der Erwerb nicht den Einkünften zuzurechnen ist: § 1374.

Zugewinngemeinschaft, Anrechnung von Zuwendungen auf Ausgleichsforderung tritt ein bei rechtsgeschäftlichen, unter Ausgleichsbestimmung — sie wird vermutet — erfolgten unentgeltlichen Zuwendungen unter Lebenden seitens eines Gatten an den anderen (ausgenommen übliche Gelegenheitsgeschenke); sie werden auf die Ausgleichsforderung angerechnet: ihr Wert wird dabei dem Zugewinn des Schenkers wieder zugerechnet (aber keine Anrechnung auf den erhöhten gesetzlichen Erbteil bei Güterstandsende durch Tod!): § 1380.

Zugewinngemeinschaft, Ausbildungskosten von nichtgemeinsamen Abkömmlingen erbberechtigte und bedürftige, einseitige Abkömmlinge des verstorbenen Gatten können von dem überlebenden, zum gesetzlichen Erben gewordenen Gatten die Kosten ihrer Ausbildung — nicht des Unterhalts! — aus dem zusätzlichen Viertel gemäß § 1371 Abs. 1 fordern: § 1371 Abs. 4.

Zugewinngemeinschaft, Ausgleichsforderung ist der Geldanspruch auf die Hälfte der Summe, die sich bei Abzug des kleineren Zugewinns des einen Gatten von dem größeren des anderen ergibt (die Forderung darf aber nie höher sein als der dem anderen Teil nach Schuldenabzug bei Güterstandsende verbleibende Vermögenswert!); ab Güterstandsende ist er vererblich, übertragbar und verjährt in 3 Jahren: § 1378.

Zugewinngemeinschaft, Auskunft über Endvermögen kann zwecks Feststellung der Ausgleichsforderung nach Güterstandsende jeder Gatte von dem anderen fordern, ebenso Ausstellung eines in seiner Gegenwart gefertigten, die Werte der Aktiva und Passiva enthaltenden Verzeichnisses: § 1379.

Zugewinngemeinschaft, Beendigung durch Tod, Scheidung, Aufhebung, Nichtigerklärung der Ehe, durch Wiederverheiratung im Falle der Todeserklärung, ferner durch einen die Zugewinngemeinschaft aufhebenden Ehevertrag: §§ 1371, 1372, 1384.

Zugewinngemeinschaft, Berechnung von Anfangs- und Endvermögen Zeitpunkt ist Beginn bzw. Ende des Güterstandes; Wert ist einerseits das Vermögen bei Beginn, unter Hinzurechnung des nach Beginn gemäß § 1374 erworbenen Zusatzvermögens mit dem Wert der Erwerbszeit, andererseits der Wert bei Ende unter Hinzurechnung der nach § 1375 entstandenen Vermögensminderung mit dem Wert der Verminderungszeit; es kann sich um neue Objekte, aber auch um die gleichen, unter Wertänderung, handeln; bei landwirtschaftlichen Betrieben ist der sog. Ertragswert maßgebend: § 1376.

Zugewinngemeinschaft, Ende durch Ehescheidung tritt mit rechtskräftigem Urteil ein, Berechnungszeitpunkt für das Endvermögen ist indes schon die Klageerhebung: § 1384; wegen grober Unbilligkeit kann evtl. mit Hilfe von § 1381 Erfüllung einer Ausgleichsforderung verweigert werden.

Zugewinngemeinschaft, Endvermögen ist das einem Gatten bei Güterstandsende nach Schuldenabzug (aber nur bis zur Nullgrenze!) gehörende Vermögen, unter Hinzurechnung von Vermögensminderungen in den letzten 10 Jahren infolge von: Schenkungen an andere, Verschwendung oder in Benachteiligungsabsicht erfolgte Handlungen: § 1375.

Zugewinngemeinschaft, Gesamtvermögensverfügungen eines Gatten bedürfen der Einwilligung des anderen, ebenso derartige Verpflichtungsgeschäfte (Ausnahme zu § 1364!), wobei auf Antrag die Zustimmung durch das Vormundschaftsgericht ersetzt werden kann bei grundloser Verweigerung oder infolge von Krankheit oder Abwesenheit — mit Gefahr im Verzug! — nicht möglicher Erklärung; fehlte dem Verpflichtungsgeschäft die Zustimmung, so ist sie zum Erfüllungs-Verfügungsgeschäft nötig: § 1365.

Zugewinngemeinschaft, Getrenntleben der Ehegatten berührt die Verfügungsbeschränkungen nach §§ 1365, 1369 nicht; nach dreijähriger Trennung kann auf vorzeitigen Zugewinn-Ausgleich geklagt werden: § 1385.

Zugewinngemeinschaft, Guter Glaube eines Dritten der nichts von der Ehe eines entgegen §§ 1365, 1369 (Gesamtvermögen, Haushaltsobjekte) allein verfügenden Gatten wußte, schützt nicht, da es sich um sog. absolute gesetzliche Verfügungsverbote nach § 134 handelt.

Zugewinngemeinschaft, Haushaltsgegenstände als Ersatz für nicht mehr existierende oder wertlos gewordene Objekte angeschafft, werden Eigentum des Gatten, dem die früheren Sachen gehörten: § 1370.

Zugewinngemeinschaft, Haushaltsverfügungen und Verpflichtungsgeschäfte eines Gatten über ihm gehörende Haushaltssachen (z. B. Möbel, Wäsche, nicht aber persönliche Gebrauchsobjekte) bedürfen der Zustimmung des anderen Gatten; evtl. kann Zustimmungsersatz durch das Vormundschaftsgericht — s. Gesamtvermögensverfügungen — erfolgen: § 1369.

Zugewinngemeinschaft, Rechtsgeschäfte ohne die nötige Einwilligung (§§ 1365, 1369) einseitige sind nichtig und können auch nicht genehmigt werden, Verträge sind schwebend unwirksam, Genehmigung des anderen Gatten ist gemäß §§ 182, 184 möglich, bis zu deren Erteilung der Vertragsgegner bei Unkenntnis der Ehe oder bei wahrheitswidriger Vorspiegelung der Einwilligung widerrufen kann; fordert er den genehmigungsberechtigten Gatten zur Erklärung auf, so kann sie nur dem Vertragspartner gegenüber abgegeben werden, wobei Schweigen binnen 2 Wochen als Verweigerung gilt; eine vom Vormundschaftsgericht evtl. ersatzweise erteilte Genehmigung wird erst wirksam durch Beschlußmitteilung durch den Gatten binnen 2 Wochen: §§ 1366, 1367.

Zugewinngemeinschaft, Recht des nichtgenehmigenden Ehegatten er kann gerichtlich allein gegen den Dritten vorgehen und im Wege der Klage Rückgabe der Objekte an den anderen Gatten verlangen: § 1368; natürlich können die beiden Geschäftspartner auch selber die Unwirksamkeit geltend machen.

Zugewinngemeinschaft, Sicherheitsleistung kann nach Erhebung der Klage auf vorzeitigen Ausgleich, Scheidung, Aufhebung oder Nichtigerklärung der Ehe von jedem Gatten gefordert werden bei erheblich rechtsgefährdendem Verhalten des anderen bezüglich des künftigen Zugewinnausgleiches: § 1389.

Zugewinngemeinschaft, Stundung der Ausgleichsforderung kann auf Antrag durch das Vormundschaftsgericht und bei Vorliegen eines Rechtsstreits über die Ausgleichsforderung durch das Prozeßgericht erfolgen, falls die sofortige Zahlung für den Schuldner eine besondere Härte darstellt und für den Gläubiger zumutbar ist; Zinsen und evtl. eine Sicherheitsleistung sind anzuordnen; bei wesentlicher Änderung der Verhältnisse kann das Vormundschaftsgericht Aufhebung oder Abänderung sogar einer rechtskräftigen Entscheidung anordnen: § 1382.

Zugewinngemeinschaft, Tod eines Ehegatten bei gesetzlicher Beerbung durch den Überlebenden erfolgt keine Zugewinnerrechnung ohne Rücksicht auf eine tatsächliche Zugewinnerzielung, vielmehr erhöht sich der gesetzliche Erbteil um ein Viertel der Erbschaft; mangels gesetzlicher Erbfolge (z. B. durch Ausschlagung) und Fehlens eines Vermächtnisses kann der Überlebende Zugewinnausgleichung nach allgemeinen Regeln gemäß §§ 1373 ff fordern, wobei indes ein Pflichtteil nicht etwa nach dem erhöhten gesetzlichen Erbteil des § 1371 Abs. 1 bestimmt wird; endlich haben nichtgemeinsame Abkömmlinge evtl. den sog. Ausbildungsanspruch: § 1371, s. Zugewinngemeinschaft, Ausbildungskosten.

Zugewinngemeinschaft, Übertragung von Objekten unter Ausgleichsanrechnung kann auf Gläubigerantrag, unter genauer Bezeichnung der Objekte im Antrag und Angabe des Wertes im Beschluß vom Vormundschaftsgericht angefordert werden zwecks Vermeidung einer groben Unbilligkeit für den Gläubiger und bei Zumutbarkeit für den Schuldner: § 1383.

Zugewinngemeinschaft, Unbilligkeit, grobe, des Ausgleichs berechtigt den Gatten, der den größeren Zugewinn erzielt hat, zur Verweigerung der Ausgleichserfüllung bei Vorliegen besonderer Umstände, z. B. bei längerer Nichterfüllung der aus dem Eheverhältnis resultierenden wirtschaftlichen Pflichten seitens des Ehegatten mit dem geringeren Zugewinn (wichtig bei Ehescheidung und der Schuldfrage!): § 1381.

Zugewinngemeinschaft, Vermögensverzeichnis des Anfangs- oder Zurechnungsvermögens bei gemeinsamer Inventarerrichtung begründet die Vermutung der Richtigkeit; jeder Gatte kann bei Errichtung die Mitwirkung des anderen verlangen; mangels Inventarerrichtung gilt das Endvermögen als der Zugewinn: § 1377.

Zugewinngemeinschaft, Verwaltung des Vermögens erfolgt durch jeden Gatten allein, aber unter Beachtung der Verfügungsbeschränkungen hinsichtlich des Gesamtvermögens und der Haushaltsgegenstände: § 1364.

Zugewinngemeinschaft, vorzeitiger Zugewinnausgleich kann durch — Gestaltungs- — Klage gefordert werden: bei mindestens dreijährigem Getrenntleben durch den hierzu berechtigten Gatten: § 1385; ferner bei schuldhafter, längerer, voraussichtlich auch künftiger Nichterfüllung der aus dem Eheverhältnis resultierenden wirtschaftlichen Pflichten oder bei erheblicher Gefährdung einer Ausgleichsforderung durch nichtgenehmigte Gesamtvermögensverfügung, bei unentgeltlichen Zuwendungen, Verschwendung oder in Benachteiligungsabsicht vorgenommenen Handlungen, endlich bei beharrlicher grundloser Auskunftsverweigerung über Vermögensstand: § 1386; mit Urteilsrechtskraft tritt Gütertrennung ein: § 1388, Berechnungszeitpunkt ist die Klageerhebung: § 1387.

Zugewinngemeinschaft, Zugewinn Betrag, um welchen das Endvermögen den des Anfangsvermögens übersteigt: § 1373.

Zugewinngemeinschaft, Zuwendungen, unentgeltliche an Dritte können nach den Regeln über ungerechtfertigte Bereicherung zwecks Befriedigung wegen einer ausgefallenen Ausgleichsforderung durch denjenigen Ehegatten herausverlangt werden, welcher keine Ausgleichsforderung hat, weil der andere Gatte in Benachteiligungsabsicht dem Dritten diese Zuwendungen gemacht hat; durch Zahlung des Fehlbetrages kann der Dritte die Herausgabe abwenden; in 3 Jahren nach Güterstandsende verjährt der Anspruch: § 1390.

Zulässiger Inhalt, eines Erbvertrages als vertraglicher Inhalt kommt nur Erbeseinsetzung, die Anordnung von Vermächtnissen oder Auflagen in Frage; andere Verfügungen von Todes wegen können einseitig getroffen werden, soweit sie in einem Testament möglich sind: §§ 2278, 2299.

Zulässiger Inhalt, eines Vertrages ein Vertrag darf weder gegen gesetzliche Verbote noch gegen gesetzliche oder behördliche Veräußerungsverbote, noch gegen die guten Sitten oder die Wuchervorschriften verstoßen, bei Gefahr der Nichtigkeit: §§ 134—138; schuldrechtliche Verträge dürfen sich nicht auf eine objektiv-ursprünglich unmögliche Leistung beziehen, auf die Übertragung des künftigen Vermögens oder einen Bruchteil desselben oder auf den Nachlaß eines noch lebenden Dritten: §§ 306—312.

Zurückbehaltungsrecht Recht eines Schuldners, eine fällige Leistung ohne Gefahr des Schuldnerverzuges zu verweigern, wenn er einen fälligen Gegenanspruch, der aus dem gleichen oder einem wirtschaftlich mit diesem zusammenhängenden Rechtsverhältnis stammt, gegen den Gläubiger hat; führt zur Sicherung des Schuldners: § 273.

Zurückbehaltungsrecht, Ausschluß ein Zurückbehaltungsrecht ist nicht gegeben: an einer Vollmachtsurkunde: § 175; ferner hat der Mieter von Grundstücken oder Räumen kein Zurückbehaltungsrecht wegen seiner Ansprüche gegen den Vermieter: § 556; endlich hat der Besitzer einer Sache gegenüber einer Herausgabeklage kein Zurückbehaltungsrecht, wenn er die Sache durch eine vorsätzlich begangene unerlaubte Handlung erlangt hat: § 1000.

Zurückbehaltungsrecht, bei der Eigentumsherausgabeklage gegenüber der Herausgabeklage kann der Besitzer bis zur Befriedigung wegen der von ihm gemachten Verwendungen ein Zurückbehaltungsrecht geltend machen; dieses führt hier nicht nur zu einer Sicherheit, sondern gewährt dem Besitzer sogar Befriedigung aus der Sache nach den Vorschriften über den Pfandverkauf: §§ 1000, 1003.

Zurückbehaltungsrecht, bei gegenseitigen Verträgen hier ist bei einem Zug um Zug zu erfüllenden gegenseitigen Vertrag der eine Teil zur Zurückhaltung seiner eigenen Leistung berechtigt, solange die Gegenleistung nicht bewirkt wird: das Zurückbehaltungsrecht gründet sich hier auf die Einrede des nichterfüllten Vertrages; es kann durch Sicherheitsleistung nicht abgewendet werden, für das Nichtvorhandensein ist der andere Teil beweispflichtig: § 320.

Zurückerstattung von Einlagen, bei der Gesellschaft s. Gesellschaft, Auseinandersetzung.

Zurückweisung, der Anmeldung eines Vereins entspricht die Anmeldung eines einzutragenden Vereins nicht den Erfordernissen, insbesondere nicht hinsichtlich der Satzung, so wird sie vom Amtgericht durch begründeten Beschluß zurückgewiesen, gegen den es sofortige Beschwerde gibt: § 60.

Zurückweisung einer Leistung, bei Verträgen zu Gunsten Dritter wenn bei einem Vertrage zu Gunsten Dritter der Dritte das ihm aus dem Vertrage dem Versprechenden gegenüber erworbene Recht zurückweist, so gilt das Recht als nichterworben: § 333.

Zusammenhanglose Frist hier wird der Monat zu 30, das Jahr zu 365 Tagen berechnet: § 191.

Zusatz „e. V.“ mit der Eintragung bekommt der Verein den Zusatz „eingetragener Verein“: § 65.

Zuschlag diejenige Willenserklärung, durch welche bei einer Versteigerung die Annahme eines Angebotes ausgesprochen wird; der Vertrag kommt durch den Zuschlag zustande: § 156.

Zuschreibung, von Grundstücken wird ein Grundstück auf Veranlassung des Eigentümers einem anderen Grundstück auf dessen Grundbuchblatt zugeschrieben, so wird es dadurch zum Bestandteil des anderen Grundstückes: § 890 Abs. 2.

Zuschreibung, von Grundstücken bei der Hypothek die Hypotheken des Hauptgrundstückes erstrecken sich auf das zugeschriebene Grundstück, jedoch gehen Rechte, mit denen das zugeschriebene Grundstück belastet ist, diesen Hypotheken im Range vor: § 1131.

Zustellung Ersatz des Zugehens, durch Gerichtsvollzieher: § 132.

Zustimmung empfangsbedürftiges einseitiges Rechtsgeschäft dritter Person, wonach diese mit dem von einer anderen vorgenommenen Rechtsgeschäft einverstanden ist.

Zustellung, öffentliche wenn der Erklärende unverschuldet über Person oder Aufenthalt des Empfängers einer Willenserklärung in Unkenntnis ist, dann kann die Zustellung nach den für die öffentliche Zustellung einer Ladung geltenden Vorschriften der ZPO. erfolgen: § 132.

Zustimmung, zur Aufhebung von Grundstücksrechten soll ein Grundstücksrecht, das mit dem Recht eines Dritten belastet ist, aufgehoben werden, so ist außer der Aufgabeerklärung und Löschung die Zustimmung des Drittberechtigten notwendig; sie ist unwiderruflich dem Grundbuchamt oder dem gegenüber zu erklären, zu dessen Gunsten sie erfolgt: § 876.

Zustimmung, beim Eheabschluß s. Ehe, Einwilligung des gesetzlichen Vertreters und des Sorgeberechtigten.

Zustimmung, Ersatz der Zustimmung eines Ehegatten durch das Vormundschaftsgericht gibt bei der Zugewinngemeinschaft ein Ehegatte grundlos die Einwilligung zu einem General-Vermögensgeschäft oder einem Haushaltsgeschäft nicht bzw. ist er durch Krankheit oder Abwesenheit an der Abgabe der Erklärung verhindert, so kann auf Antrag das Vormundschaftsgericht die Zustimmung ersetzen: §§ 1365, 1369; für die Gütergemeinschaft: s. Gütergemeinschaft, Ersatz der Zustimmung durch das Vormundschaftsgericht.

Zuwendung Begriff der Schenkung (und des Erbrechts!) = Überlassung irgend eines Vermögensvorteils an den Beschenkten (nicht nur wirtschaftliche Güter wie beim Kauf, sondern z. B. auch Bezahlung von Schulden des Beschenkten u. a. m.); eine Zuwendung liegt nicht vor: beim Unterlassen eines Rechtserwerbes oder bei Ausschlagung einer Erbschaft zu Gunsten eines Anderen: § 517.

Zuwendung, bei der Ausgleichungspflicht andere Zuwendungen, wie Ausstattungen, Zuschüsse zwecks Verwendung als Einkünfte, Aufwendungen zwecks Berufsvorbildung, sind zur Ausgleichung nur zu bringen, wenn der Erblasser dies bei der Zuwendung angeordnet hat: § 2050.

Zwang, Drohung Beugung des Willens einer Person durch psychischen Zwang, berechtigt zur Anfechtung: § 123.

Zwangsvollstreckung, bei der Hypothek der Gläubiger kann sich aus dem verpfändeten Grundstück sowie den der Hypothek unterworfenen Gegenständen nur im Wege der Zwangsvollstreckung befriedigen (also: keine freiwillige Versteigerung wie beim Faustpfand): § 1147.

Zwischenzins derjenige Zins, welcher für vorzeitige Leistung von dieser vom Schuldner in Abzug gebracht wird: nur bei verzinslichen Leistungen statthaft, bei unverzinslichen hingegen nur bei besonderer Vereinbarung: § 272.

Zwischenzins, Berechnung es ist die Summe zu errechnen, welche mit Hinzurechnung der gesetzlichen Zinsen für die Zeit von der Zahlung bis zur Fälligkeit dem Betrage der Forderung gleichkommt (sog. Hoffmann'sche Zwischenzins-Ermittlungsmethode): § 1133.

Bei Fragen zur Produktsicherheit wenden Sie sich bitte an:
If you have any questions regarding product safety,
please contact:

Walter de Gruyter GmbH
Genthiner Straße 13
10785 Berlin
productsafety@degruyterbrill.com